AnwaltFormulare

Vorläufiger Rechtsschutz

Schriftsätze und Erläuterungen

5. Auflage 2015

Von
Vorsitzender Richter am LG a.D.
Harald Crückeberg,
Oldenburg

DeutscherAnwaltVerlag

Zitiervorschlag:
Crückeberg, AnwF Vorläufiger Rechtsschutz, § 1 Rn 1

Hinweis
Die Formulierungsbeispiele in diesem Buch wurden mit Sorgfalt und nach bestem Wissen erstellt. Sie stellen jedoch lediglich Arbeitshilfen und Anregungen für die Lösung typischer Fallgestaltungen dar. Die Eigenverantwortung für die Formulierung von Verträgen, Verfügungen und Schriftsätzen trägt der Benutzer. Autor und Verlag übernehmen keinerlei Haftung für die Richtigkeit und Vollständigkeit der in dem Buch und auf der CD-ROM enthaltenen Ausführungen und Formulierungsbeispiele.

Anregungen und Kritik zu diesem Werk senden Sie bitte an
kontakt@anwaltverlag.de
Autor und Verlag freuen sich auf Ihre Rückmeldung.

Satz: Cicero Computer GmbH, Bonn
Druck: Hans Soldan Druck GmbH, Essen
Umschlaggestaltung: gentura, Holger Neumann, Bochum
ISBN 978-3-8240-1365-4

Bibliografische Information der Deutschen Nationalbibliothek
Die Deutsche Nationalbibliothek verzeichnet diese Publikation in der Deutschen Nationalbibliografie; detaillierte bibliografische Daten sind im Internet über http://dnb.d-nb.de abrufbar.

Vorwort zur 5. Auflage

In der Neuauflage habe ich alle Abschnitte gründlich überarbeitet, um praxisrelevante Fragen erweitert und an einigen Stellen vertieft. Berücksichtigt sind die bis Mai 2015 veröffentlichte Rechtsprechung und das Schrifttum. Geblieben ist das Bestreben, Praktikern eine Hilfe an die Hand zu geben, sich besser in dem zum Teil komplizierten und für einen Anwalt regressträchtigen Gebiet des vorläufigen Rechtsschutzes zurechtzufinden und ihnen die Arbeit mit Mustertexten zu erleichtern.

Oldenburg, im Juli 2015 *Harald Crückeberg*

Inhaltsübersicht

Inhaltsverzeichnis

Musterverzeichnis

Literaturverzeichnis

Kommentare:

Baumbach/Hueck, GmbHG, 20. Auflage 2013 (zitiert: *Bearbeiter*, in: *Baumbach/Hueck*)

Baumbach/Lauterbach/Albers/Hartmann, ZPO, 73. Auflage 2015 (zitiert: *Baumbach/Lauterbach/Albers/Hartmann*)

Ensthaler/Füller/Schmidt, GmbHG, 2. Auflage 2010 (zitiert: *Ensthaler/Füller/Schmidt*)

Gottwald, Zwangsvollstreckung, 3. Auflage 1999 (zitiert: *Gottwald*)

Großkommentar GmbHG, herausgegeben von Ulmer, Habersack und Löbbe, 2. Auflage 2014 (zitiert: *Ulmer/Bearbeiter*)

Großkommentar HGB, begründet von Staub, Band 3, 5. Auflage 2009 (zitiert: *Bearbeiter*, in: *Großkomm. HGB*)

Hartmann, Kostengesetze, 45. Auflage 2015 (zitiert: *Hartmann*)

Köhler/Bornkamm, Gesetz gegen den unlauteren Wettbewerb UWG, 33. Auflage 2015 (zitiert: *Köhler/Bornkamm*)

Michalski, GmbHG, 2. Auflage 2010 (zitiert: Michalski/*Bearbeiter*)

MüKo zum HGB, Band 2, 3. Auflage 2011 (zitiert: MüKo-HGB/*Bearbeiter*)

MüKo zur Zivilprozeßordnung, Band 2 und 3, 4. Auflage 2012/2013 (zitiert MüKo/*Bearbeiter*)

Musielak/Borth, Familiengerichtliches Verfahren, 5. Auflage 2015 (zitiert: *Musielak/Borth*)

Musielak/Voit, ZPO, 12. Auflage 2015 (zitiert: Musielak/Voit/*Bearbeiter*)

Ohly/Sosnitza, UWG, 6. Auflage 2014 (zitiert: *Ohly/Sosnitza*)

Palandt, BGB, 74. Auflage 2015 (zitiert: Palandt/*Bearbeiter*)

Prütting/Helms, FamFG, 3. Auflage 2014 (zitiert: Prütting/Helms/*Bearbeiter*)

Scholz, GmbHG, Band II, 11. Auflage 2014 (zitiert: Scholz/*Bearbeiter*)

Schulte-Bunert/Weinreich, FamFG, 4. Auflage 2014 (zitiert: Schulte-Bunert/Weinreich/*Bearbeiter*)

Schuschke/Walker, Vollstreckung und vorläufiger Rechtsschutz, 5. Auflage 2011 (zitiert: Schuschke/Walker/*Bearbeiter*)

Stein/Jonas, Kommentar zur ZPO, Band 5 §§ 328 bis 510b, 22. Auflage 2006; Band 8 §§ 828 bis 915h, 22. Auflage 2004; Band 9 §§ 916 bis 1068, 22. Auflage 2002 (zitiert: Stein/Jonas/*Bearbeiter*)

Thomas/Putzo, ZPO, 35. Auflage 2014 (zitiert: Thomas/Putzo/*Bearbeiter*)

Wieczorek/Schütze, Zivilprozessordnung und Nebengesetze, 4. Auflage, seit 2013 (zitiert: Wieczorek/Schütze/*Bearbeiter*)

Zöller, Kommentar zur ZPO, 30. Auflage 2014 (zitiert: Zöller/*Bearbeiter*)

Lehrbücher und Monographien:

Ahrens, Der Wettbewerbsprozess, 7. Auflage 2013 (zitiert: Ahrens/*Bearbeiter*)

Berneke/Schüttpelz, Die einstweilige Verfügung in Wettbewerbssachen, 3. Auflage 2015 (zitiert: *Berneke/Schüttpelz*)

Bub/Treier, Handbuch der Geschäfts- und Wohnraummiete, 4. Auflage 2014 (zitiert: Bub/Treier/*Bearbeiter*)

Dose, Einstweiliger Rechtsschutz in Familiensachen, 3. Auflage 2010 (zitiert: *Dose*)

Dunkl u.a., Handbuch des vorläufigen Rechtsschutzes, 2. Auflage 1991 (zitiert: Dunkl/*Bearbeiter*)

Gießler/Soyka, Vorläufiger Rechtsschutz in Ehe-, Familien- und Kindschaftssachen, 5. Auflage 2010 (zitiert: *Gießler/Soyka*)

Gloy/Loschelder/Erdmann, Handbuch des Wettbewerbsrechts, 4. Auflage 2010 (zitiert: *Bearbeiter*, in: Gloy/Loschelder/Erdmann)

Ingenstau/Korbion, VOB Teil A und B, 18. Auflage 2013 (zitiert: Ingenstau/Korbion/*Bearbeiter*)

Kleine-Möller/Merl/Oelmaier, Handbuch des privaten Baurechts, 1992 (zitiert: *Bearbeiter*, in: Kleine-Möller/Merl/Oelmaier)

Littbarski, Einstweiliger Rechtsschutz im Gesellschaftsrecht, 1996 (zitiert: *Littbarski*)

Melullis, Handbuch des Wettbewerbsprozesses, 3. Auflage 2000 (zitiert: *Melullis*)

Schwab, Handbuch des Scheidungsrechts, 6. Auflage 2010 (zitiert: Schwab/*Bearbeiter*)

Teplitzky, Wettbewerbsrechtliche Ansprüche und Verfahren, 10. Auflage 2014 (zitiert: *Teplitzky*)

Weise, Praxis des selbstständigen Beweisverfahrens, 1994 (zitiert: *Weise*)

Werner/Pastor, Der Bauprozess, 15. Auflage 2015 (zitiert: *Werner/Pastor*)

Wolf/Eckert/Ball, Handbuch des gewerblichen Miet-, Pacht- und Leasingrechts, 10. Auflage 2009 (zitiert: *Wolf/Eckert/Ball*)

§ 1 Systematik und Strukturen

Der vorläufige (oder einstweilige) Rechtsschutz ermöglicht es Parteien, Regelungen herbeizuführen, um den Zeitraum bis zur endgültigen Entscheidung eines Rechtsstreits zu überbrücken. Hierfür besteht ein Bedürfnis, wenn zu befürchten ist, dass in der Zwischenzeit vollendete Tatsachen geschaffen werden, die eine spätere Durchsetzung von Ansprüchen oder die Rechtsposition einer Partei gefährden. Mittel des vorläufigen Rechtsschutzes sind 1

- selbstständige Beweisverfahren,
- Arreste,
- einstweilige Verfügungen und
- einstweilige Anordnungen.

Diese Verfahren sind einer Entscheidung in der Hauptsache **vorgeschaltet**. Selbstständige Beweisverfahren dienen der Vorbereitung bzw. Vermeidung eines Rechtsstreits. Arreste, einstweilige Verfügungen und – in Familienstreitsachen – einstweilige Anordnungen sichern die Durchsetzung noch zuzuerkennender Ansprüche. In Betracht kommen hierfür in bestimmten Fällen auch Sicherheitsleistungen.

Nach einer Entscheidung in der Hauptsache kann das Bedürfnis bestehen, hieraus schon vorzugehen, bevor sie rechtskräftig geworden ist oder das zu verhindern. Mittel dieses **nachgeschalteten** vorläufigen Rechtsschutzes ergeben sich aus Regelungen über die vorläufige Vollstreckbarkeit bzw. deren Einstellung.

Die Erfolgsaussichten eines Prozesses können durch den drohenden Verlust von Beweismitteln gefährdet werden. Davor schützen vorweggenommene Beweisaufnahmen im **selbstständigen Beweisverfahren**. 2

Der Gefahr, wegen des Zeitablaufs bis zur endgültigen Entscheidung im Hauptsacheprozess einen Anspruch nicht mehr oder nur unter erschwerten Bedingungen durchsetzen zu können, beugen Verfahren vor, die dem Gläubiger Sicherheiten für die künftige Erfüllung seines Anspruchs verschaffen oder zur sofortigen Titulierung seines Anspruchs führen. Der Sicherung von Ansprüchen dienen **Arreste** (Geldforderungen) und **einstweilige Sicherungsverfügungen** (andere Ansprüche), der vorläufigen Erfüllung **einstweilige Leistungsverfügungen**. Mit einstweiligen Verfügungen können außerdem streitige Rechtsverhältnisse vorläufig geordnet werden (**Regelungsverfügungen**).

In Familiensachen ist vorläufiger Rechtsschutz durch **Arreste** (Geldforderungen) und **einstweilige Anordnungen** anstelle von einstweiligen Verfügungen zu erreichen.

3 Die Verfahren des vorgeschalteten vorläufigen Rechtsschutzes (selbstständiges Beweisverfahren, Arrest-, einstweiliges Verfügungs- und einstweiliges Anordnungsverfahren) können grundsätzlich vor (zu Ausnahmen bei bestimmten Unterhaltsanordnungen siehe § 9 Rn 25) und während (ausgenommen streitschlichtende Beweisverfahren, siehe § 2 Rn 12) des Prozesses in der Hauptsache betrieben werden. Zuständig ist in der Regel das Gericht der Hauptsache. Antragsgegner können auf ein Hauptsacheverfahren hinwirken, indem sie es entweder selbst einleiten oder dem Antragsteller eine Frist hierfür setzen lassen. Arrestbefehle, einstweilige Verfügungen und einstweilige Anordnungen werden nach einer Versäumung der Frist oder einer Entscheidung in der Hauptsache auf Antrag aufgehoben bzw. treten außer Kraft. Nach selbstständigen Beweisverfahren muss der Antragsteller die Kosten der Beweiserhebung tragen, wenn er eine angeordnete Klage nicht erhebt oder damit unterliegt.

4 Über die Sicherung von Ansprüchen (Arrest, einstweilige Verfügung, einstweilige Anordnung) wird in **beschleunigten Verfahren** entschieden. Erforderlich ist im Allgemeinen ein **Regelungsbedürfnis**. Eine vorläufige Entscheidung muss notwendig sein, um Gefährdungen abzuwenden. **Streitgegenstand** ist die Sicherung des Anspruchs oder eine vorläufige Regelung, nicht – wie im Hauptsacheverfahren – der Anspruch selbst. Vorläufige Regelungen hindern weder den Gläubiger noch den Schuldner, endgültige Entscheidungen im ordentlichen Verfahren herbeizuführen.

Die Beschleunigung wird erreicht durch ein **erleichtertes Beweisverfahren** und die Möglichkeit, **ohne mündliche Verhandlung** zu entscheiden. Entscheidungserhebliche Tatsachen müssen nicht bewiesen, sondern nur glaubhaft gemacht werden. Bei einer mündlichen Verhandlung werden in der Regel nur präsente Beweismittel berücksichtigt.

5 **Entscheidungen** ergehen in Arrest- und einstweiligen Verfügungsverfahren nach mündlicher Verhandlung durch Urteil, ohne mündliche Verhandlung und in einstweiligen Anordnungsverfahren stets durch Beschluss, jeweils mit einer Kostenentscheidung. Sie richtet sich nach den Bestimmungen, die für das Hauptsacheverfahren gelten. Stattgebende Beschlüsse in selbstständigen Beweisverfahren enthalten keine Kostenentscheidung.

Aus Arresten und einstweiligen Verfügungen muss der Gläubiger die **Zwangsvollstreckung** betreiben, aus einstweiligen Anordnungen nicht. Die Vollstreckung aus nicht gerechtfertigten Arresten und einstweiligen Verfügungen führt unter bestimmten Voraussetzungen zu **Schadensersatzansprüchen** des Schuldners unabhängig vom Verschulden des Gläubigers (§ 945 ZPO). 6

Anträge auf Durchführung eines selbstständigen Beweisverfahrens, auf Erlass eines Arrests, einer einstweiligen Verfügung und einer einstweiligen Anordnung **hemmen** den Ablauf der **Verjährungsfrist** des Anspruchs, auf den sich das Verfahren bezieht (§ 204 Abs. 1 Nrn. 7 und 9 BGB). 7

§ 2 Selbstständiges Beweisverfahren

A. Ziele und Alternativen

Selbstständige Beweisverfahren dienen dazu, durch eine vorweggenommene Beweisaufnahme des Gerichts gefährdete Beweismittel zu sichern (**Beweissicherung**) oder Sachverhalte aufzuklären, um Prozesse zu vermeiden (**streitschlichtendes Verfahren**). Sie können außerdem mit Zustimmung des Gegners betrieben werden (**einvernehmliches Verfahren**). Zugelassen sind selbstständige Beweisverfahren in Rechtsstreitigkeiten, die nach den Verfahrensvorschriften der ZPO ablaufen, aus dem Familienrecht Unterhalts-, Güterrechts- und sonstige Familiensachen (siehe § 9 Rn 1). Für zulässig gehalten werden sie – wie nach dem früheren Recht[1] – auch in Streitverfahren der freiwilligen Gerichtsbarkeit.[2] 1

Beweisthemen können alle Tatsachen sein, die eine Partei für relevant hält. Es kommt nicht darauf an, ob davon die Entscheidung eines Rechtsstreits wirklich abhängt oder eine Klage Aussicht auf Erfolg verspricht.[3] Der Antragsgegner braucht nicht der wahre Schuldner zu sein. Es reicht aus, wenn er einem Anspruch des Antragstellers ausgesetzt sein kann. Ausgenommen sind nur Fälle, in denen kein Rechtsverhältnis vorliegt, aus dem ein Anspruch in Betracht kommt. Das muss dann aber klar auf der Hand liegen.[4] 2

Eine **Beweissicherung** ist geboten, wenn der Ausgang eines künftigen oder bereits anhängigen Prozesses von beweisbedürftigen Tatsachen abhängt, das Gericht darüber noch keinen Beweis erhoben hat und bis dahin der Verlust des Beweismittels zu befürchten ist. Wartet die Partei dann eine Beweisaufnahme im Klageverfahren ab, läuft sie Gefahr, ihr Beweismittel und damit unter Umständen auch den Prozess zu verlieren. 3

Das **streitschlichtende Verfahren** soll zu einer gütlichen Einigung vor allem in Fällen beitragen, in denen der Streit im Wesentlichen auf ungeklärten Tatsachen beruht, die nur ein Sachverständiger zuverlässig feststellen kann. Die Parteien 4

1 Z.B. in Verfahren nach dem damaligen WEG (OLG Frankfurt FamRZ 1997, 1021) und auf Feststellung der Vaterschaft (OLG Celle, Beschl. v. 13.3.2000 – 15 UFH 1/100).

2 Musielak/Voit/*Huber*, § 485 Rn 5; *Prütting/Helms*, § 30 Rn 17.

3 BGH NJW 2000, 960, 961.

4 BGH NJW-RR 2010, 946; NJW 2004, 3488.

können darüber zunächst ein gerichtliches Sachverständigengutachten einholen lassen und brauchen keinen zeitaufwändigeren Prozess zu führen, um dies zu erreichen. Gutachten eines vom Gericht bestellten Sachverständigen klären häufig den Streit und erleichtern es Parteien, sich zu einigen. Eine Gefährdung des Beweismittels ist nicht erforderlich. Das Verfahren soll dazu dienen, Parteien und Gerichte von Streitverfahren zu entlasten.

Der Antragsteller kann ein streitschlichtendes Verfahren aber auch einleiten, um mit dem Gutachten Tatsachen in Erfahrung zu bringen, die ihm infolge seiner fehlenden Sachkunde nicht bekannt sind und von denen seine Prozessaussichten abhängen. Hieran ist zu denken, auch wenn kein Vergleich angestrebt wird. Der Antragsteller kann damit einen **Prozess vorbereiten**. Dies kommt vor allem bei Gewährleistungsansprüchen und Streitigkeiten über Ursachen und Folgen von Schäden in Betracht (siehe Rn 10).

5 **Alternativen** zu Sachverständigengutachten im selbstständigen Beweisverfahren sind vor einem Prozess **Privatgutachten** und **Schiedsgutachten**.

Ein Gutachten im **selbstständigen Beweisverfahren** beschleunigt einen nachfolgenden Prozess, hemmt die Verjährungsfrist und ist relativ kostengünstig, weil der Sachverständige nach dem Justizvergütungs- und -entschädigungsgesetz abrechnen muss. Einigen sich die Parteien nicht, erhöhen sich allerdings durch ein nachfolgendes Streitverfahren die Gerichtsgebühren und im Allgemeinen auch die Anwaltsgebühren (siehe Rn 48).

6 Ein **Privatgutachten** ist in der Regel teurer, hemmt nicht die Verjährungsfrist und darf in einem nachfolgenden Rechtsstreit nur mit Zustimmung beider Parteien als Sachverständigengutachten verwertet werden.[5] Widerspricht eine Partei, so ist es als Parteivortrag zu würdigen, der durch eine Urkunde belegt ist.[6] Er reicht zum Nachweis nur aus, wenn das Gutachten ohne besondere Sachkunde nachzuvollziehen ist und der Gegner keine substantiellen Einwendungen erhebt.[7] Sonst muss das Gericht ein weiteres Gutachten einholen, sich mit dem entgegenstehenden Privatgutachten auseinander setzen und den gerichtlichen Sachverständigen anhören, wenn Zweifel verbleiben.[8] Die Parteien können den Privatgutachter als sach-

5 BGH NJW-RR 1994, 255, 256.

6 BGH NJW 1982, 2874, 2875; OLG Oldenburg OLG-Report 1999, 259, 260; Thomas/Putzo/*Reichold*, vor § 402 Rn 5; Zöller/*Greger*, § 402 Rn 2; Stein/Jonas/*Leipold*, vor § 402 Rn 56.

7 BGH VersR 1989, 587.

8 BGH NJW-RR 1994, 219, 220.

verständigen Zeugen zu seinen Feststellungen benennen. Vorteile eines Privatgutachtens sind, dass es in der Regel zeitsparender ist als ein gerichtliches Beweisverfahren und der Auftraggeber den Gegenstand des Gutachtens beliebig bestimmen kann, ohne – wie im gerichtlichen Beweisverfahren – Gefahr zu laufen, dass eine Begutachtung abgelehnt wird, weil sie nur der Ausforschung diene (siehe Rn 20).

Ein **Schiedsgutachten** setzt eine Vereinbarung der Parteien voraus, dass ein be- 7
stimmter Sachverständiger Tatsachen feststellen soll. Kommen mehrere als Haftende in Betracht, ist eine Vereinbarung aller erforderlich. Das ist oft nicht zu erreichen. Die Parteien sind an das Ergebnis eines Schiedsgutachtens stärker gebunden als an die Feststellungen eines gerichtlichen Sachverständigen. Das Gericht darf nach § 319 BGB ein Schiedsgutachten nur daraufhin überprüfen, ob es offenbar unrichtig oder so lückenhaft ist, dass selbst ein Fachmann das Ergebnis aus dem Zusammenhang des Gutachtens nicht überprüfen kann.[9] Deswegen ist besonders auf die Auswahl eines kompetenten und neutralen Sachverständigen zu achten. Ein Schiedsgutachtenverfahren hemmt – ebenso wie ein selbstständiges Beweisverfahren – den Ablauf der Verjährungsfrist.[10] Ein Vorteil ist, dass die Parteien eine Vereinbarung über die Verteilung der Kosten treffen können.

In VOB-Verträgen kann jede Partei Meinungsverschiedenheiten über Eigenschaften von Stoffen und Bauteilen, über die allgemein gültige Prüfungsverfahren bestehen, durch ein Schiedsgutachten einer staatlichen oder staatlich anerkannten Materialprüfungsstelle klären lassen (§ 18 Abs. 4 VOB/B). Voraussetzung ist eine vorherige Benachrichtigung des Gegners. Die Kosten muss der Vertragspartner tragen, dessen Behauptung durch die Prüfung widerlegt worden ist.

B. Voraussetzungen

I. Beweissicherung

Eine Beweissicherung ist nicht für alle Beweismittel zugelassen, sondern nur für 8
die **Einnahme des Augenscheins**, die **Vernehmung von Zeugen** und die schriftliche oder mündliche **Begutachtung durch Sachverständige** (§ 485 Abs. 1 ZPO).

9 BGH MDR 2001, 1281; NJW-RR 1988, 506; WM 1985, 174.
10 BGH NJW 1990, 1231.

Parteien können nicht vernommen werden. Ausgeschlossen ist auch der Urkundenbeweis.

Die **Tatsachen**, über die Beweis erhoben werden soll, brauchen nicht streitig zu sein. Eine Beweissicherung ist auch über unstreitige Tatsachen zulässig. Der Antragsteller ist sonst nicht geschützt, wenn der Gegner sie später in einem Prozess bestreitet.[11]

Parteien können Beweismittel vor dem Streitverfahren sichern, aber auch während des Prozesses, solange das Gericht die Beweisaufnahme noch nicht beschlossen hat, bei einer bereits angeordneten Beweisaufnahme nur, wenn sie nicht zeitnah durchgeführt werden kann, weil z.B. das Verfahren ausgesetzt oder unterbrochen ist.

9 Erforderlich ist eine **Gefährdung des Beweismittels**. Davon ist auszugehen, wenn die berechtigte Besorgnis besteht, dass ein Beweismittel später verloren gehen oder seine Benutzung erschwert werden könnte (§ 485 Abs. 1 ZPO). Dies kann sich nur aus bevorstehenden tatsächlichen Veränderungen ergeben. Die **drohende Verjährung** eines Anspruchs reicht nicht aus. Dadurch wird die Beweisaufnahme in einem nachfolgenden Prozess nicht beeinträchtigt, sondern unnötig.[12]

Die **Einnahme eines Augenscheins** und die **Begutachtung** durch einen Sachverständigen sind vor allem in Fällen gefährdet, in denen Sachen zu besichtigen oder zu überprüfen sind, die zu verderben drohen oder deren Zustand verändert werden soll, wie z.B. ein beschädigter Pkw durch Reparaturarbeiten, ein mangelhaftes Bauwerk durch Nachbesserungsarbeiten oder ein nur teilweise fertig gestelltes Bauvorhaben nach einer Kündigung des Werkvertrages durch Nachfolgearbeiten.[13] Unzulässig – weil rechtsmissbräuchlich – ist in diesen Fällen ein Beweissicherungsantrag, wenn es dem Antragsteller zuzumuten ist, den bestehenden Zustand bis zu einer Beweisaufnahme im Hauptprozess aufrechtzuerhalten. [14] Ein schriftliches Sachverständigengutachten kann aber im streitschlichtenden Verfahren auch eingeholt werden, wenn das Beweismittel nicht gefährdet ist (siehe Rn 11). Die Frage eines Rechtsmissbrauchs stellt sich dann nicht. Um ein unnötiges Risiko zu vermeiden, ist daher vor einem Rechtsstreit der Parteien zu einem Vorgehen im

11 OLG Karlsruhe NJW-RR 1989, 1465.

12 Zöller/*Herget*, § 485 Rn 5; MüKo/*Schreiber*, § 485 Rn 11; Stein/Jonas/*Leipold*, § 485 Rn 10; *Weise*, Rn 187; a.A. *Baumbach/Lauterbach/Albers/Hartmann*, § 485 Rn 7.

13 Zöller/*Herget*, § 485 Rn 5.

14 Z.B. Stein/Jonas/*Leipold*, § 485 Rn 13; MüKo/*Schreiber*, § 485 Rn 10.

streitschlichtenden Beweisverfahren zu raten. Für einen Antrag, ein gerichtliches Sachverständigengutachten zur Sicherung dieses Beweises einzuholen, kann nur ein Bedürfnis während eines bereits anhängigen Rechtsstreits bestehen, weil das streitschlichtende Verfahren dann nicht mehr zulässig ist (siehe Rn 11).

Zeugen können bei einer schweren Erkrankung oder einem bevorstehenden längeren Aufenthalt im Ausland vorweg vernommen werden, nach verbreiteter Auffassung auch schon dann, wenn sie sehr alt sind.[15] Nicht ausreichend ist die Besorgnis, der Zeuge werde sich bei seiner späteren Vernehmung vor dem Prozessgericht allein wegen des Zeitablaufs nicht mehr genau an den Geschehensablauf erinnern[16] oder seine Zeugenstellung verlieren, weil er z.B. Geschäftsführer oder Vorstand der klagenden oder zu verklagenden Partei werden soll.[17]

II. Streitschlichtendes Verfahren

Im streitschlichtenden Verfahren sind nur **schriftliche Gutachten** über den Zustand 10
einer Person,[18] den Zustand oder Wert einer Sache, die Ursache eines Personenschadens, Sachschadens bzw. -mangels oder den Aufwand für die Beseitigung dieses Schadens oder Mangels zugelassen (§ 485 Abs. 2 Satz 1 Nrn. 1–3 ZPO).

Beweisthema kann nach § 485 Abs. 2 Satz 1 Nr. 1 ZPO sowohl der gegenwärtige **Zustand oder Wert einer Sache** sein (z.B. Sachmängel beim Kauf, Baumängel, Mängel einer Mietwohnung) als auch ein früherer,[19] wie der Wert eines Grundstücks im Anfangs- oder Endvermögen beim Zugewinnausgleich.[20] Unter dem **Wert einer Sache** ist nach verbreiteter Auffassung nur der Verkehrswert zu verstehen, wie z.B. auch ein merkantiler Minderwert,[21] nicht der Ertragswert. Deshalb hält die Rechtsprechung überwiegend eine Beweiserhebung über die **ortsübliche Vergleichsmiete** für unzulässig.[22] Keine geeigneten Beweisthemen – weil keine

15 Z.B. OLG Nürnberg MDR 1997, 594: 84-jähriger Zeuge.

16 KG, Beschl. v. 19.3.2009 – 2 U 10/07.

17 *Oelmaier*, in: Kleine-Möller/Merl/Oelmaier, § 17 Rn 107.

18 Z.B. den Grad der Invalidität eines Versicherungsnehmers (OLG Nürnberg NJW-RR 2015, 160).

19 OLG Oldenburg MDR 1995, 746 f.; Stein/Jonas/*Leipold*, § 485 Rn 18; *Weise*, Rn 218.

20 OLG Stuttgart NJW 2014, 2885; OLG Naumburg FamRZ 2011, 1531.

21 OLG Schleswig OLG-Report 2000, 61.

22 LG Freiburg WuM 1997, 337; LG Berlin NJW-RR 1997, 585 f.; LG Köln WuM 1996, 484; LG Braunschweig WuM 1996, 221; ebenso Stein/Jonas/*Leipold*, § 485 Rn 20; a.A. LG Köln WuM 1995, 490 und in der Literatur Zöller/*Herget*, § 485 Rn 9; *Fischer*, in: Bub/Treier, Kap. IX Rn 221.

„Sachen" im Sinne des § 485 Abs. 2 Satz 1 Nr. 1 ZPO – sind der **entgangene Gewinn**[23] und die Feststellung von Vermögensschäden.[24] Beruht ein entgangener Gewinn, aber auf einem vorangegangenen Personenschaden, Sachschaden oder Sachmangel, kann er nach § 485 Abs. 2 Satz 1 Nr. 3 ZPO als „Aufwand zur Beseitigung" der Schäden oder Mängel ermittelt werden.[25] Das Ausmaß von **Geräusch- und Geruchsbelästigungen** ist nach Auffassung des OLG Saarbrücken[26] als **Zustand einer Sache** geeignetes Beweisthema, nach Auffassung des OLG Düsseldorf[27] nur bei gleichbleibenden und nicht ständig wechselnden Immissionen. Zur **Feststellung der Ursache** gehört nach § 485 Abs. 2 Satz 1 Nr. 2 ZPO auch, wer für bestimmte Schäden oder Mängel verantwortlich ist, ob also z.B. Baumängel auf Planungs-, Ausschreibungs-, Bauüberwachungs- und/oder Ausführungsfehlern beruhen. Der Antragsteller braucht in einem Verfahren gegen mehrere Antragsgegner nicht vorzutragen, weshalb er sie für verantwortlich hält. Sie müssen nur ernsthaft als Verursacher in Betracht kommen.[28] Bei einem Baumangel, den mehrere verursacht haben, kann der Sachverständige auch die Verursachungsquote aus technischer Sicht feststellen.[29] Ein Beweisantrag, der sich gegen alle möglichen Verursacher richtet, ist aber mit einem Kostenrisiko verbunden (siehe Rn 51). Alternative ist in diesen Fällen eine Streitverkündung (siehe Rn 27). Der Beweisantrag darf sich – wie ein Beweisantrag im Klageverfahren – nicht auf die Klärung von **Rechtsfragen** beziehen, wie z.B., ob Durchfeuchtungen eines Kellers einen Mangel darstellen.[30] Nach Auffassung des Kammergerichts[31] ist die Feststellung der Höhe einer **Mietminderung** keine bloße Rechtsfrage und kann somit Beweisthema sein. Der Bundesgerichtshof[32] hat dies auch für die Frage bejaht, ob Schäden und Mängel eines Gebäudes für dessen Eigentümer bzw. Bewohner aus sachverständiger Sicht erkennbar waren.

23 BGH NJW-RR 2014, 180.

24 OLG Hamm, Beschl. v. 3.5.2013 – 11 W 25/13.

25 BGH NJW-RR 2010, 946.

26 Beschl. v. 5.1.2015 – 5 W 89/14.

27 MDR 1992, 807.

28 OLG München MDR 1998, 495; OLG Frankfurt BauR 1995, 275.

29 OLG München MDR 1998, 495; OLG Köln BauR 2005, 752; Thomas/Putzo/*Reichold*, § 485 Rn 6.

30 OLG Hamm NJW 2013, 2980.

31 NJW-RR 2000, 513; zustimmend Zöller/*Herget*, § 485 Rn 9; a.A. LG Hamburg, Beschl. v. 27.7.2011 – 333 T 43/11; LG Saarbrücken WuM 1992, 144 f.; LG Berlin WuM 1991, 163 f.; LG Göttingen WuM 1989, 563; *Weise*, Rn 218.

32 NJW-RR 2010, 233.

An dem Gutachten muss ein **rechtliches Interesse** bestehen. Davon ist auszugehen, wenn die Feststellungen des Sachverständigen dazu dienen können, einen Rechtsstreit der Parteien zu vermeiden (§ 485 Abs. 2 Satz 2 ZPO). 11

Der Sachverhalt, der im streitschlichtenden Beweisverfahren geklärt werden soll, darf daher nicht schon **Gegenstand eines Hauptsacheprozesses** der Parteien sein. Das ist er, wenn eine Partei hieraus bereits Ansprüche eingeklagt oder sich hiermit gegen eine Klage verteidigt hat. Unzulässig ist auch ein Verfahren über die Höhe eines Schadens, den eine Partei in einem Prozess bereits geltend gemacht, aber noch nicht beziffert hat.[33] Außerdem müssen die **Tatsachen streitig** sein. Für ein Gutachten über unstreitige Tatsachen besteht – anders als bei der Beweissicherung – kein Rechtsschutzbedürfnis.

Ausgenommen sind auch Tatsachen, die sich **ohne besondere Sachkunde** feststellen lassen.[34] Ein streitschlichtendes gerichtliches Beweisverfahren ist nach Auffassung verschiedener Oberlandesgerichte auch bei einem wirksamen **Schiedsgutachtervertrag** zugelassen,[35] nach Auffassung anderer nicht[36] oder nur, um die offenbare Unrichtigkeit eines Schiedsgutachtens feststellen zu lassen.[37]

Der Bundesgerichtshof hat ein rechtliches Interesse grundsätzlich auch in **Arzthaftungsfällen** bejaht,[38] selbst wenn das Gutachten den Streit nicht abschließend klären kann, sondern in einem Prozess noch weitere Beweiserhebungen erforderlich sind, wie z.B. die Vernehmung von Zeugen.[39] Gegenstand eines Gutachtens können der körperliche Zustand eines Patienten, die medizinische Ursache für einen bestimmten Körperschaden und die Wege zur Beseitigung des Schadens sein. Umstritten ist, ob sich das Gutachten auch auf die Frage erstrecken kann, der Schaden sei auf einen ärztlichen Behandlungsfehler zurückzuführen.[40] Alternative

33 OLG Düsseldorf NJW-RR 1996, 510; Stein/Jonas/*Leipold*, § 485 Rn 15.

34 OLG München OLGZ 1993, 252, 253.

35 Z.B. OLG Köln NJW-RR 2009, 159; OLG Brandenburg NJW-RR 2002, 1537; zustimmend Zöller/*Herget*, § 485 Rn 7a; Thomas/Putzo/*Reichold*, § 485 Rn 7.

36 Z.B. OLG Düsseldorf BauR 1998, 1111; OLG Hamm NJW 1998, 689.

37 OLG Bremen NJW-RR 2009, 1294.

38 NJW 2003, 1741 f.

39 BGH NJW 2013, 3656.

40 **Bejahend**: OLG Karlsruhe, Beschl. v. 23.11.2010 – 7 W 27/10; OLG Düsseldorf VersR 2010, 1056; OLG Nürnberg VersR 2009, 803; OLG Oldenburg VersR 2009, 805; OLG Düsseldorf NJW 2000, 3438; OLG Stuttgart NJW 1999, 874; **verneinend**: KG, Beschl. v. 15.5.2011 – 20 W 29/11; OLG Saarbrücken, Beschl. v. 5.5.2011 – 1 W 8/11 – 2; OLG Köln, Beschl. v. 28.10.2010 – 5 W 31/10; OLG Karlsruhe, Beschl. v. 23.11.2010 – 7 W 27/10; OLG Naumburg OLG-Report 2006, 255.

für Patienten sind Verfahren vor Gutachterkommissionen bei den Ärztekammern. Sie stellen anhand der Krankenunterlagen fest, ob ein schuldhafter Behandlungsfehler vorgelegen hat.

Ein streitschlichtendes Beweisverfahren ist schon dann zulässig, wenn es dazu führen kann, dass ein Rechtsstreit in der Hauptsache vermieden wird. Das muss nicht feststehen oder auch nur wahrscheinlich sein. Ein rechtliches Interesse wird auch für Verfahren gegen Antragsgegner bejaht, die zu erkennen gegeben haben, sie werden es unter allen Umständen auf einen Prozess ankommen lassen, weil sie z.B. aus Rechtsgründen nicht haften oder an einem Vergleich nicht interessiert sind: Das Gutachten könne in diesen Fällen einen Rechtsstreit vermeiden, wenn es für den Antragsteller negativ ausfalle, weil dann die Aussicht bestehe, dass er von einer Klage Abstand nehme.[41] Das trifft zu, wenn ein ungünstiges Beweisergebnis einen Anspruch ausschließt, nicht aber ohne weiteres, wenn es ihn nur einschränkt, wie z.B. ein Gutachten nur über die Höhe von Unfallschäden oder Nachbesserungskosten, wenn tatsächlich Schäden oder Mängel aufgetreten sind und der Antragsgegner seine Verantwortung hierfür in Abrede stellt. Fallen nach dem Gutachten geringere Kosten an als vom Antragsteller erwartet, ist im Allgemeinen nicht zu erwarten, dass er deshalb die Sache auf sich beruhen lässt oder der Antragsgegner seine ablehnende Einstellung ändert. Sind der Anspruchsgrund und die Anspruchshöhe streitig, ist daher zu einem streitschlichtenden Beweisverfahren in der Regel nur zu raten, wenn ein Sachverständigengutachten nicht nur über die Höhe, sondern auch über streitige Tatsachen eingeholt werden kann und soll, die den Anspruchsgrund betreffen und klären können.

III. Einvernehmliches Beweisverfahren

12 Für eine Beweisaufnahme mit Zustimmung des Gegners besteht im Allgemeinen kein Bedürfnis. Sind Beweismittel gefährdet, bedarf es keiner Zustimmung. Denkbar ist – ohne Gefährdung des Beweismittels – vor einem Prozess die einvernehmliche Vernehmung eines Zeugen, von dessen Aussage die Entscheidung eines Rechtsstreits abhängt, um hierdurch – ähnlich wie im streitschlichtenden Verfahren – einen Prozess zu vermeiden. Dies setzt dann aber zumindest eine hohe

41 OLG Nürnberg NJW-RR 2015, 160; OLG Karlsruhe VersR 2014, 217; OLG Celle NJW-RR 2011, 1180; OLG Koblenz MDR 2005, 888; OLG Stuttgart NJW 1999, 874, 875; OLG Oldenburg MDR 1995, 746, 747; OLG Zweibrücken OLGZ 1993, 218 ff.

Glaubwürdigkeit des Zeugen voraus. Denkbar ist auch die einvernehmliche Vernehmung von Zeugen im streitschlichtenden Verfahren, wenn dort der Sachverständige für seine Begutachtung vorab die Klärung streitiger Tatsachen für erforderlich gehalten hat, die nur durch Zeugenbeweis festgestellt werden können.[42] Schließlich kommen einvernehmliche anstelle streitschlichtender Beweisverfahren in Betracht, um die Verjährungsfrist zu hemmen, die durch ein einseitiges Verfahren nicht gehemmt wird (siehe Rn 64).

C. Selbstständiger Beweisantrag

Für den Antrag besteht **kein Anwaltszwang** (§§ 486 Abs. 4, 78 Abs. 3 ZPO). **13**
Parteien müssen sich in Verfahren vor Landgerichten nach Auffassung des OLG Nürnberg[43] erst durch einen Rechtsanwalt vertreten lassen, wenn mündlich verhandelt wird, nach Auffassung des OLG Köln[44] schon bei Stellungnahmen, z.B. zu einem schriftlichen Sachverständigengutachten. Der Bundesgerichtshof hat dies noch nicht ausdrücklich entschieden, jedoch die Auffassung vertreten, das selbstständige Beweisverfahren sei bei Landgerichten ein „Anwaltsprozess“. Die Befreiung vom Anwaltszwang für den Antrag beruhe auf einer Ausnahmevorschrift, die nicht auf das gesamte Verfahren außerhalb einer etwaigen mündlichen Verhandlung analog anzuwenden sei.[45]

Bedürftige Antragsteller können **Prozesskostenhilfe** beanspruchen. Voraussetzung ist nicht eine Erfolg versprechende Klage. Es reicht aus, wenn Aussicht auf Erfolg besteht, dass der beantragte Beweisbeschluss ergeht.[46] Die Beiordnung eines Anwalts richtet sich nach § 121 Abs. 2 ZPO. Ein Anwalt ist danach immer beizuordnen, wenn der Gegner durch einen Rechtsanwalt vertreten ist. Ansonsten hängt die Beiordnung von Umfang, Schwierigkeit und Bedeutung der Sache sowie den

42 So in dem Fall, der dem Beschluss des OLG Köln vom 18.8.2014 – I-16 W 13/14, 16 W 13/14 zugrunde lag.

43 Beschl. v. 24.4.2012 – 13 W 393/12, 13 W 394/12 und NJW 2011, 1613.

44 BauR 2015, 302.

45 BGH NJW 2012, 2810.

46 OLG Hamm BauR 2005, 1360 f.; OLG Celle BauR 2004, 1659 f.; OLG Oldenburg MDR 2002, 910 f.; OLG Koblenz OLG-Report 2001, 214; OLG Köln Rpfleger 1995, 303; Stein/Jonas/*Leipold*, vor § 485 Rn 7; *Weise*, Rn 561.

persönlichen Fähigkeiten des Antragstellers ab.[47] Sie ist überdies im Verlaufe eines Verfahrens vor den Landgerichten zwingend vorgeschrieben, sobald Anwaltszwang besteht. Das selbstständige Beweisverfahren und das Streitverfahren sind gebührenrechtlich besondere Angelegenheiten (§ 18 Abs. 1 Ziff. 3 RVG). Prozesskostenhilfe erstreckt sich nicht von einem Verfahren auf das andere und Anwälte erhalten eine Vergütung aus der Staatskasse nur aus dem Verfahren, für das sie beigeordnet worden sind (§ 48 Abs. 5 Satz 2 Ziff. 3 RVG).

I. Zuständiges Gericht

14 Der Antrag ist bei dem **Gericht der Hauptsache** einzureichen. Haben die Parteien eine **Schiedsgerichtsvereinbarung** getroffen, so bleibt nach § 1033 ZPO auch das staatliche Gericht zuständig.[48]

15 Gericht der Hauptsache ist bei einem bereits **anhängigen Rechtsstreit** das damit in erster oder zweiter Instanz befasste Prozessgericht (§ 486 Abs. 1 ZPO). Ein Arrest- oder einstweiliges Verfügungsverfahren reicht nicht aus.[49] Die Zuständigkeit der ersten Instanz endet mit der Einlegung der Berufung, die Zuständigkeit des Berufungsgerichts mit der Einlegung der Revision. Während der Revisionsinstanz bleibt das Berufungsgericht zuständig, wenn die Beweistatsache nicht vom Revisionsgericht festzustellen ist.[50] Bei einem anhängigen Mahnverfahren wird der Prozess in der Hauptsache erst mit dem Eingang der Anspruchsbegründung beim Streitgericht anhängig.[51]

Die Parteien des selbstständigen Beweisverfahrens müssen auch Parteien des anhängigen Prozesses sein und einer von ihnen muss sich in dem Prozess zur Stützung oder Abwehr der Klage auf den Sachverhalt berufen haben, der im selbstständigen Beweisverfahren geklärt werden soll.[52] Zulässig ist dann aber nur eine Beweissicherung oder eine Beweisaufnahme mit Zustimmung des Antragsgegners (§ 485 Abs. 1 ZPO). Ein Antrag im streitschlichtenden Verfahren wäre unzulässig (siehe Rn 11). Wird nach der Einleitung eines selbstständigen Beweisverfahrens zwischen

47 BGH NJW-RR 2012, 1153.

48 Zur internationalen Zuständigkeit bei der Vereinbarung eines ausländischen Schiedsgerichts: OLG Düsseldorf IPRax 2010, 442 mit ablehnender Anmerkung von *Steinbrück*.

49 OLG Frankfurt NJW 1985, 811.

50 BGHZ 17, 117 f.

51 Musielak/Voit/*Huber*, § 486 Rn 2 b; Stein/Jonas/*Leipold*, § 486 Rn 1.

52 OLG Hamm OLG-Report 2004, 278.

den Parteien der Rechtsstreit in der Hauptsache anhängig, geht die Zuständigkeit für das Beweisverfahren auf das Gericht der Hauptsache über, sobald es die Akten über das selbstständige Beweisverfahren beigezogen hat.[53]

Bei einem noch **nicht anhängigen Rechtsstreit** ist das Gericht zuständig, das nach dem Vorbringen des Antragstellers in der Hauptsache zu entscheiden hätte (§ 486 Abs. 2 ZPO). Der Antragsteller muss daher den Anspruch nennen, den er verfolgen will, und er muss ihn beziffern, wenn davon die sachliche Zuständigkeit des Hauptsachegerichts abhängt. Will er sich – im Vorgriff auf eine negative Feststellungsklage – gegen den Antragsgegner verteidigen, muss er vortragen, was dieser von ihm verlangt. 16

Sind mehrere Gerichte **örtlich zuständig**, kann sich der Antragsteller aussuchen, an welches er sich wendet (§ 35 ZPO). Hieran ist er dann innerhalb des selbstständigen Beweisverfahrens gebunden,[54] aber nicht auch für den anschließenden Prozess in der Hauptsache. Sowohl er als auch der Gegner können die Klage bei einem anderen Gericht erheben.[55] Sind in einem Verfahren gegen mehrere Antragsgegner verschiedene Gerichte örtlich zuständig und fehlt ein gemeinsamer Gerichtsstand, ist das für das Beweisverfahren zuständige Gericht nach § 36 Abs. 1 Nr. 3 ZPO zu bestimmen.[56] Der Antragsteller kann – vor allem in eiligen Fällen – aber auch mehrere Verfahren bei dem jeweils zuständigen Gericht einleiten.

Der Antragsteller kann sich in einem nachfolgenden Streitverfahren nicht auf die fehlende Zuständigkeit des Gerichts berufen, das die Beweisaufnahme durchgeführt hat, wohl aber der Antragsgegner (siehe Rn 63).

In **dringenden Fällen** kann der Antragsteller eine **Beweissicherung** auch bei dem **Amtsgericht** beantragen, in dessen Bezirk sich der zu vernehmende Zeuge aufhält oder die Sache befindet, die in Augenschein genommen oder begutachtet werden soll (§ 486 Abs. 3 ZPO). Ein dringender Fall liegt vor, wenn eine Beweisaufnahme sofort notwendig, vor dem an sich zuständigen Gericht aber nicht durchzuführen ist.[57] Das sind **extreme Ausnahmefälle**. 17

53 BGH BauR 2004, 1656.

54 OLG Zweibrücken BauR 1997, 885.

55 OLG Celle NJW-RR 2000, 1737; Musielak/Voit/*Huber*, § 487 Rn 4.

56 OLG Naumburg BauR 2014, 1038; BayObLG NJW-RR 1998, 209; zur Auswahl des Gerichts bei widerstreitenden Gerichtsstandvereinbarungen: *Weise*, NJW-Spezial 2014, 428.

57 Thomas/Putzo/*Reichold*, § 486 Rn 6; Zöller/*Herget*, § 486 Rn 5; *Baumbach/Lauterbach/Albers/Hartmann*, § 486 Rn 9.

II. Inhalt des Antrages

18 In einem selbstständigen Beweisantrag sind die **Parteien**, die **Beweisthemen** und die **Beweismittel** zu bezeichnen. Außerdem muss der Antrag begründet werden (§ 487 ZPO).

1. Parteien

19 Die Parteien sind in der Antragsschrift so genau zu bezeichnen wie in einer Klageschrift.

Kennt der Antragsteller den Schuldner nicht, kann er das Verfahren gegen den **unbekannten Antragsgegner** richten, wenn er glaubhaft macht, dass er ihn ohne sein Verschulden nicht bezeichnen kann (§ 494 Abs. 1 ZPO), wie z.B. einen Schädiger, der noch nicht ermittelt ist. Das Ergebnis der Beweisaufnahme ist dann in einem nachfolgenden Prozess gegen den dann bekannten Schuldner zu verwerten. Die Verjährungsfrist wird aber durch das Beweisverfahren nicht gehemmt.[58]

2. Beweisthemen

20 Die Tatsachen, über die Beweis erhoben werden soll, müssen – wie im Klageverfahren – präzise vorgetragen werden. Eine **Ausforschung**, wie z.B. mit den Fragen, ob Mängel vorliegen, ein Bau von der Planung abweicht oder Arbeiten entsprechend einem Angebot durchgeführt worden sind, ist unzulässig. In Arzthaftungsfällen haben die Oberlandesgerichte Oldenburg[59] und Jena[60] die Bezeichnung gewisser Anhaltspunkte für die Behauptung eines ärztlichen Behandlungsfehlers verlangt. Soll ein Gutachten über die Höhe eines entgangenen Gewinns eingeholt werden, muss wenigstens angegeben werden, wie hoch der Gewinn vor und nach dem Schadensereignis war. Behauptet der Antragsteller, seine Schäden seien durch überobligatorische Leistungen Dritter minimiert worden, gehört zur Substantiierung die Darstellung dieser Leistungen und ein Vortrag, weshalb sie überobligatorisch waren.[61]

Im **Gewährleistungsrecht aus Bauverträgen** sollten sich die Beweisfragen auf die Feststellung der Mängel, deren Ursachen, die notwendigen Maßnahmen zu

58 BGH NJW 1980, 1458 f.

59 Beschl. v. 28.5.2008 – 5 W 41/08.

60 Beschl. v. 19.12.2005 – 4 W 503/05.

61 BGH NJW-RR 2010, 946.

ihrer Behebung und die dafür anfallenden Kosten richten. Dabei empfiehlt es sich, das **äußere Erscheinungsbild von Mängeln** zu beschreiben (z.B. „Putzrisse“) und die Stellen anzugeben, an denen sie aufgetreten sind. Die Verjährungsfrist wird dann hinsichtlich aller Schäden gehemmt, die auf der gleichen Ursache beruhen, auch wenn sie an anderen Stellen noch nicht zutage getreten sind.[62] Gibt der Antragsteller die Ursache an (z.B. „fehlerhafter Putz“), liegt tatsächlich aber eine andere vor (z.B. „mangelhafte Steine“), so ist die Verjährungsfrist hierfür nicht gehemmt.

Sollen Mängel von EDV-Hard- oder -Software festgestellt werden, ist als Beweisthema zumindest das aufgetretene Fehlerbild mitzuteilen. Unzulässig sind Beweisfragen, ob die „gelieferte Hard- oder Software fehlerhaft ist und die betrieblichen Anforderungen des Bestellers nicht erfüllt“ und „ob die installierten Programme ständig systemimmanente Fehler produzieren, die einen ordnungsgemäßen Betriebsablauf nicht ermöglichen“. Sie dienen der Ausforschung.[63]

3. Beweismittel

Der Antragsteller muss die Beweismittel benennen. Verlangt er die **Einnahme des** 21
Augenscheins, so ist das Objekt anzugeben und der Ort, an dem es sich befindet (§ 371 Abs. 1 ZPO). Befinden sich die Gegenstände nicht in seinem Besitz, kann er verlangen, sie herbeizuschaffen oder vorzulegen (§ 371 Abs. 2 ZPO i.V.m. § 144 ZPO). **Zeugen** sind mit dem vollständigen Namen und ihrer Anschrift zu bezeichnen (§ 373 ZPO). Einen **Sachverständigen** braucht der Antragsteller nicht zu benennen. Er wird vom Gericht ausgewählt, sofern sich die Parteien nicht auf einen bestimmten Sachverständigen geeinigt haben (§ 404 Abs. 4 ZPO).

4. Begründung

Zur Begründung sind die Tatsachen vorzutragen und glaubhaft zu machen, aus 22
denen sich die Zuständigkeit des Gerichts und ein Rechtsverhältnis der Parteien mit möglichen Ansprüchen ergibt, bei einer einvernehmlichen Beweisaufnahme überdies die Zustimmung des Gegners, bei einer Beweissicherung deren Notwendigkeit (§ 485 Abs. 1 ZPO) und bei einem Antrag gegen einen unbekannten Gegner, dass der Antragsteller ihn ohne sein Verschulden nicht kennt (§ 494 Abs. 1 ZPO).

62 BGH NJW 1987, 381, 382 und z.B. KG BauR 2014, 115.
63 OLG Köln MDR 2000, 226 f.

D. Einwendungen und Rechte des Antragsgegners

I. Beteiligung am Verfahren

23 Das Gericht stellt dem Antragsgegner vor einer Entscheidung die Antragsschrift zur Stellungnahme zu. Er kann sich an dem Verfahren beteiligen. Dies ist ihm zu empfehlen, wenn er das Ergebnis beeinflussen will. Er kann dann zunächst **Einwendungen gegen den Antrag** erheben und sich später an der **Beweisaufnahme beteiligen**, insbesondere Zeugen befragen und nach einem schriftlichen Gutachten die Anhörung des Sachverständigen beantragen. Damit ist er in einem späteren Klageverfahren unter Umständen ausgeschlossen.

Prozesskostenhilfe ist auch für den Antragsgegner zugelassen. Ihre Bewilligung hängt von seinen Erfolgsaussichten im selbstständigen Beweisverfahren ab, wenn er andere Beweisthemen einführen oder Gegenbeweis antreten will (siehe Rn 24 ff.). Dann muss insoweit Aussicht auf einen entsprechenden Beweisbeschluss bestehen. Will er nur Einwendungen gegen den Antrag erheben oder sich an der Beweisaufnahme beteiligen, hängt die Bewilligung von Prozesskostenhilfe weder von seinen Erfolgsaussichten in der Hauptsache noch im selbstständigen Beweisverfahren ab. Ihm ist in jedem Fall Prozesskostenhilfe zu bewilligen, auch wenn das Gericht dem Beweisantrag des Gegners bereits stattgegeben hat.[64] Die Beiordnung eines Anwalts richtet sich – wie beim Antragsteller – nach § 121 Abs. 2 ZPO (siehe Rn 13).

II. Ergänzungs- und Gegenanträge

24 Ob der Antragsgegner mit Gegenanträgen das Beweisthema des Antragstellers erweitern, andere Beweisthemen einführen und Gegenbeweis antreten darf, hängt von der Art des selbstständigen Beweisverfahrens ab.

25 In **streitschlichtenden Verfahren** sind Ergänzungs- und Gegenanträge zugelassen, die mit dem Beweisthema im Zusammenhang stehen und keine weiteren Beteilig-

64 OLG Naumburg MDR 2010, 403; OLG Saarbrücken MDR 2003,1436; Stein/Jonas/*Leipold*, vor § 485 Rn 12.

ten in das Verfahren einbeziehen.[65] In einem selbstständigen Beweisverfahren des Bauherrn gegen den ausführenden Bauunternehmer wegen Baumängel ist z.B. ein Gegenantrag des Bauunternehmers zulässig, mit dem zusätzlich geklärt werden soll, ob die Mängel auf Planungsfehler zurückzuführen sind.[66] Unzulässig ist ein Gegenantrag, mit dem der Antragsgegner seine Verantwortlichkeit im Verhältnis zu einem Dritten abklären will, der in keiner unmittelbaren Beziehung zum Antragsteller steht.[67] Für einen Gegenantrag, mit dem anstatt der Mangelhaftigkeit nur die Mangelfreiheit der Leistung behauptet wird, besteht kein rechtliches Interesse.[68]

Bei Gegenanträgen oder einer Erweiterung des Beweisthemas kann von dem Antragsgegner – unabhängig von der Beweislast – ein Kostenvorschuss verlangt werden.[69]

Bei einer **Beweissicherung** sind Gegenanträge nur unter den Voraussetzungen des 26
§ 485 Abs. 1 ZPO zulässig. Auf Gegenzeugen kann sich der Antragsgegner daher nur berufen, wenn der Antragsteller zustimmt oder die Gefahr besteht, dass auch die Gegenzeugen später nicht mehr oder nur unter erschwerten Bedingungen vernommen werden können.

E. Streitverkündung

Sowohl der Antragsteller als auch der Antragsgegner können in selbstständigen 27
Beweisverfahren Dritten den Streit verkünden.[70] Eine zulässige Streitverkündung hemmt nach § 204 Abs. 1 Nr. 6 BGB den Ablauf der Verjährungsfrist von Ansprüchen des Streitverkünders gegen den Streitverkündeten[71] und steht einer Beweisaufnahme in einem anschließenden Streitverfahren gegen ihn gleich (§ 493 Abs. 1 i.V.m. § 68 ZPO).[72]

65 OLG Koblenz BauR 2008, 570; OLG Köln BauR 2005, 752; OLG Düsseldorf BauR 2004, 1657; OLG Nürnberg MDR 2001, 51 f.; OLG Hamm BauR 2003, 1763 ff.; OLG Jena MDR 1997, 1160 f.; OLG München NJW-RR 1996, 1277 f.

66 OLG Frankfurt BauR 1996, 896 f.

67 OLG Hamm OLG-Report 2009, 150; OLG Düsseldorf ZMR 2000, 522.

68 OLG Frankfurt BauR 1997, 167.

69 OLG Frankfurt OLG-Report 2008, 405.

70 BGH NJW 2015, 559; NJW 2009, 3240; NJW-RR 2006, 1312; NJW 1997, 859.

71 BGH NJW 1997, 859 zum früheren Recht.

72 BGH NJW 2015, 559; NJW 1997, 859.

An eine Streitverkündung ist in Fällen zu denken, in denen eine Partei von einem Dritten Schadensersatz oder Gewährleistung verlangen kann, wenn sie den Hauptprozess verliert (§ 72 Abs. 1 ZPO), wie z.B. der auf Gewährleistung in Anspruch genommene Generalunternehmer seinen Subunternehmer, den er für etwaige Baumängel verantwortlich machen will. Der Bauunternehmer braucht, um dies zu erreichen, kein eigenes selbstständiges Beweisverfahren gegen den Subunternehmer einzuleiten. Eine Streitverkündung kommt aber auch in Fällen in Betracht, in denen dem Antragsteller aus tatsächlichen Gründen, die durch das Gutachten geklärt werden sollen, entweder der Antragsgegner oder der Streitverkündete haften,[73] wie z.B. ein Architekt wegen unterlassener Planung einer Abdichtung oder der Bauunternehmer wegen mangelhaft durchgeführter Abdichtungsarbeiten[74] oder der Verantwortlichkeit eines Vorunternehmers oder des Unternehmers für Nässeschäden.[75]

Voraussetzung für die Interventionswirkung einer Streitverkündung ist, dass der Sachverständige in seinem Gutachten nicht nur die Verantwortlichkeit des Antragsgegners verneint, sondern die des Streitverkündeten feststellt. Der Streitverkündete kann dann in einem anschließenden Prozess gegen ihn immer noch die Anhörung des Sachverständigen verlangen, sollte dies aber so rechtzeitig tun, dass er zum ersten Termin geladen werden kann, weil sich dann die Erledigung des Rechtsstreits nicht verzögert (§ 296 ZPO).

Unzulässig – und damit wirkungslos – ist eine Streitverkündung, wenn der Antragsgegner und der Streitverkündete als Gesamtschuldner haften. Dies ist anhand des Sachverhalts aus der Sicht des Streitverkünders im Zeitpunkt der Streitverkündung zu beurteilen. Es darf nicht von vornherein klar sein, dass sich die Ansprüche gegen beide richten.[76]

28 Der Streit wird mit einem **Schriftsatz der Partei** verkündet (§ 73 ZPO). Darin ist mitzuteilen, wem sie den Streit verkündet, warum sie glaubt, ihn in Regress nehmen zu können, und in welchem Stadium sich das Verfahren befindet. Das Gericht muss dem Streitverkündeten die Streitverkündungsschrift zustellen (§ 73 Satz 2 ZPO). Unterbleibt dies, so ist die Streitverkündung unwirksam (§ 73 Satz 3 ZPO). Der Anwalt sollte sie daher deutlich hervorheben und im Verlaufe des Verfahrens

73 BGH NJW 2015, 559.
74 BGH BauR 1982, 514.
75 BGH NJW 1976, 39.
76 BGH, NJW 2015, 559; NJW 1978, 643; NJW 1976, 39.

die **Zustellung überprüfen**. Ein Zustellungsmangel wird nicht gemäß § 189 ZPO geheilt, wenn das Gericht die Streitverkündungsschrift gar nicht zustellen wollte, wie z.B. bei einer formlosen Übersendung „zur Kenntnisnahme“.[77]

Der Streitverkündete kann dem selbstständigen Beweisverfahren auf Seiten des Antragstellers oder Antragsgegners **beitreten**, sich dann wie diese an dem Verfahren beteiligen und insbesondere auch zusätzliche Beweisanträge stellen, die im Zusammenhang mit dem ursprünglichen Beweisthema stehen. Nicht zugelassen sind Beweisfragen, deren Beantwortung allein zu Lasten der Partei des selbstständigen Beweisverfahrens geht, der der Streitverkündete beigetreten ist (§§ 67, 74 Abs. 1 ZPO), und Beweisthemen, die nur das Verhältnis des Streithelfers zum Streitverkünder[78] oder zu einem weiteren Streithelfer betreffen.[79] Will der Streitverkündete diese Beweisfragen klären lassen, muss er ein eigenes selbstständiges Beweisverfahren einleiten.

Eine Beitrittserklärung unterliegt nicht dem Anwaltszwang (zum Anwaltszwang nach einer Beitrittserklärung siehe Rn 13).[80] Der Streitverkündete muss den Beitritt erklären, bevor das Verfahren beendet ist (siehe Rn 66). Ein Beitritt erst danach ist unwirksam.[81]

F. Entscheidung des Gerichts und Rechtsmittel

Das Gericht entscheidet über den Beweisantrag durch **Beschluss**. Es darf den 29
Antrag nur zurückweisen, wenn er oder das Beweisverfahren unzulässig ist. Liegt bereits ein gerichtliches Sachverständigengutachten über bestimmte Beweisthemen vor, ist ein Beweisantrag hinsichtlich anderer Beweisthemen zulässig, auch wenn sich der Sachverständige dazu bereits geäußert hat.[82] Die erneute Begutachtung desselben Beweisthemas durch einen anderen Sachverständigen kann eine Partei nur unter den Voraussetzungen des § 412 ZPO verlangen (siehe Rn 39).

77 BGH NJW 2011, 1965.
78 OLG Düsseldorf BauR 2004, 1657 ff.
79 OLG Karlsruhe MDR 2008, 1354.
80 BGH NJW 2012, 2810.
81 OLG Karlsruhe MDR 1998, 238, 239.
82 BGH NJW 2000, 960 f.

30 Ein **stattgebender Beweisbeschluss** ist unanfechtbar (§ 490 Abs. 2 Satz 2 ZPO), auch wenn er „greifbar gesetzwidrig" ist.[83] Das Gericht darf ihn aber abändern (§ 360 ZPO). Hierauf kann der Antragsgegner mit einer **Gegenvorstellung** hinwirken.[84] Das Gleiche gilt für die Entscheidung, ein bereits eingeleitetes selbstständiges Beweisverfahren fortzusetzen.[85]

31 Gegen einen ganz oder teilweise **zurückweisenden Beschluss** eines erstinstanzlichen Gerichts kann sich der Antragsteller mit der **sofortigen Beschwerde** wenden, gegen einen zurückweisenden Gegenantrag der Antragsgegner (§ 567 Abs. 1 Nr. 2 ZPO). Gegen ablehnende Beschlüsse eines Berufungsgerichts und ablehnende Beschwerdeentscheidungen kommt die Rechtsbeschwerde in Betracht, wenn sie zugelassen worden ist (§ 574 Abs. 1 Nr. 2 ZPO).

G. Beweisaufnahme

32 Das Gericht führt die angeordnete Beweisaufnahme durch, sobald der Antragsteller den darin angeforderten Auslagenvorschuss gezahlt hat (§ 17 Abs. 1 GKG). Die Anforderung ist unanfechtbar.[86] Das Verfahren folgt dann den allgemeinen Vorschriften und den Regeln für die einzelnen Beweismittel (§ 492 Abs. 1 ZPO). Die Parteien werden zu Beweisaufnahmeterminen geladen (§ 491 Abs. 1 ZPO). Ist der Gegner nicht erschienen oder vertreten, sollte der Antragsteller vor der Beweisaufnahme überprüfen lassen, ob er ordnungsgemäß geladen worden ist. Die Beweisaufnahme ist sonst im Hauptsacheprozess unter Umständen nicht zu verwerten (siehe Rn 63).

Das Verfahren wird durch ein **Insolvenzverfahren** bis zur Beendigung der Beweisaufnahme nicht unterbrochen,[87] wohl aber danach.[88] Ist ein Beweisbeschluss ergangen und wollen beide Parteien Vergleichsgespräche führen, um die Kosten der Beweiserhebung zu sparen, können sie beantragen, das Verfahren auszusetzen (§ 251 ZPO). Ein Aussetzungsantrag ist aber nur in streitschlichtenden Verfahren

83 BGH NJW 2002, 1577.
84 BGH NJW 2002, 1577.
85 OLG Celle, Beschl. v. 17.3.2014 – 4 W 26/14.
86 BGH NJW-RR 2009, 1433.
87 BGH NJW 2004, 1388 f.
88 BGH NJW 2011, 1679.

zu empfehlen. Sollen Beweise gesichert werden, scheitert er an der Eilbedürftigkeit.[89] Alternative ist in streitschlichtenden Verfahren, dass der Antragsteller den angeordneten Auslagenvorschuss für das Sachverständigengutachten nicht einzahlt. Er läuft dann aber Gefahr, mit den Kosten des Beweisverfahrens belastet zu werden (siehe Rn 61), und er muss auf die Verjährungsfrist achten (siehe Rn 66).

I. Augenscheinseinnahme

Das Gericht nimmt den Gegenstand in Augenschein. Es kann dabei einen Sachverständigen zuziehen (§ 372 Abs. 1 ZPO). Das Ergebnis ist in einem Protokoll festzuhalten (§ 160 Abs. 3 Nr. 5 ZPO), von dem die Parteien Abschriften erhalten. **33**

II. Vernehmung von Zeugen

Zeugen werden vernommen und ihre Aussage wird protokolliert (§ 160 Abs. 3 Nr. 4 ZPO). Parteien und ihre Anwälte können das Ergebnis beeinflussen, indem sie **nachfragen** und auf eine genaue **Protokollierung** der Aussage achten. **34**

Sollen Zeugen einen Sachverhalt bekunden, den die Partei selbst wahrgenommen hat, ist ihr in der Regel zu empfehlen, am Termin teilzunehmen. Sie kann dann Einzelheiten ansprechen und dem Zeugen vorhalten, die der Anwalt nicht kennt. **35**

Zeugen werden befragt, um den Beweiswert einer günstigen Aussage zu erhöhen oder den Beweiswert einer ungünstigen Aussage zu erschüttern. Bei einer ungünstigen Aussage ist intensiv nachzufragen, bei einer schon günstigen Aussage im Allgemeinen nicht.

Ein Zeuge kann nur schildern, was er früher wahrgenommen hat. Er kann sich dabei irren, aber auch lügen. Irrtümer ergeben sich aus einer falschen Wahrnehmung oder einer falschen Erinnerung. Auf diese Fehlerquellen ist bei der Vernehmung zu achten:

Eine zuverlässige **Wahrnehmung** setzt voraus, dass der Zeuge den Vorgang, den er schildert, beobachten konnte und auch aufmerksam beobachtet hat. Angaben über Zeitspannen, Geschwindigkeiten und Entfernungen beruhen im Allgemeinen nur auf Schätzungen. Ob der Zeuge dazu imstande ist, lässt sich bei seiner Vernehmung testen. Eine zutreffende Beobachtung ist eher von jemandem zu erwarten,

89 OLG Düsseldorf NJW-RR 2009, 496.

der sich für einen Vorgang interessiert und ihn nicht nur routinemäßig wahrgenommen hat oder sogar abgelenkt war.

Das **Erinnerungsvermögen** hängt im Wesentlichen vom Zeitablauf und vom Gedächtnis des Zeugen ab. Zu **bewusst** – aber auch unbewusst – **falschen Aussagen** kann es vor allem bei Zeugen kommen, die voreingenommen sind. Dies lässt sich häufig aus einer einseitig gefärbten Darstellung erkennen, oft hervorgerufen durch persönliche Zuneigung oder Abneigung, aber auch durch die Abhängigkeit von einer Partei oder ein eigenes wirtschaftliches Interesse am Ausgang des Rechtsstreits. Bei der Vernehmung ist daher klarzustellen, was der Zeuge mit den Parteien und der Sache zu tun hat.

Der Anwalt sollte **klare Fragen** stellen und eine neue erst, wenn die alte beantwortet ist. Er kann dem Zeugen **Widersprüche** z.B. in seiner Aussage, zu objektiven Umständen oder anderen Beweismitteln vorhalten. **Mutmaßungen** eines Zeugen ersetzen keine Fakten. Der Zeuge ist danach zu befragen, wie er dazu kommt.

Die Parteien können **Fragen** des Gerichts oder des Gegners **beanstanden**, die nichts mit dem Beweisthema zu tun haben, der Ausforschung dienen oder dem Zeugen die Antwort in den Mund legen. Hierüber entscheidet dann das Gericht (§ 140 ZPO).

36 Bei der **Protokollierung** ist auf eine möglichst objektive Wiedergabe des Verlaufs der Vernehmung zu achten. Die Parteien können dies verlangen (§ 160 Abs. 4 ZPO). Erweckt das Protokoll einen falschen Eindruck, so kann es sich nachteilig in einem anschließenden Hauptsacheprozess auswirken.

Eine unklare Aussage darf nicht in eine klare umformuliert werden, eine unsichere nicht in eine sichere. Hat der Zeuge seine Aussage berichtigt, so ist auch aufzunehmen, was er zunächst bekundet hat, nicht nur die berichtigte Aussage. Teile der Aussage dürfen nur weggelassen werden, wenn sie weder für das Beweisthema noch für die Glaubwürdigkeit des Zeugen relevant sind. Aufschlussreiche Ausdrücke sollten wörtlich wiedergegeben werden. Hieraus kann sich z.B. ergeben, dass der Zeuge voreingenommen war.

37 Über die **Vereidigung** eines Zeugen entscheidet bei einer bereits anhängigen Hauptsache das Prozessgericht, sonst das Gericht des selbstständigen Beweisverfahrens.

Eine **Wiederholung der Vernehmung** ist zulässig (§ 398 Abs. 1 ZPO). Das Gericht muss sie anordnen, wenn die erste Vernehmung verfahrensrechtlich fehlerhaft war und eine Partei dies gerügt hat (§ 295 ZPO), oder der Verfahrensverstoß auch durch einen Rügeverzicht nicht geheilt werden kann, wie z.B. die Nichtbeeidigung eines hinzugezogenen Dolmetschers,[90] oder wenn eine Partei schuldlos verhindert war, an der Beweisaufnahme teilzunehmen (§ 367 Abs. 2 ZPO).

III. Sachverständigengutachten

Das Gericht beauftragt einen Sachverständigen mit der Erstattung des Gutachtens. 38
Es kann zur Beweissicherung und bei einer Beweisaufnahme im Einverständnis des Antragsgegners eine mündliche oder schriftliche Begutachtung anordnen (§ 485 Abs. 1 ZPO), im streitschlichtenden Verfahren nur eine schriftliche (§ 485 Abs. 2 ZPO). Die Parteien können sich auf einen bestimmten Sachverständigen einigen. Dann ist das Gericht hieran gebunden (§ 404 Abs. 4 ZPO). Sonst steht die Auswahl im Ermessen des Gerichts und ist als Teil des Beweisbeschlusses – wie im Klageverfahren[91] – unanfechtbar.[92] Der Antragsgegner muss vor der Bestellung des Sachverständigen zu dessen Person angehört werden. Eine Beschwerde wegen einer unterbliebenen Anhörung ist aber ebenfalls unzulässig und als Gegenvorstellung auszulegen, über die das Gericht der I. Instanz zu entscheiden hat.[93]

Eine **erneute Begutachtung** durch einen anderen Sachverständigen ist nur in 39
Fällen zulässig, in denen das bereits vorliegende Gutachten ungenügend oder der bisherige Sachverständige mit Erfolg abgelehnt worden ist (§§ 485 Abs. 3, 412 ZPO). Das gilt auch, wenn der Antragsgegner nach der Beweiserhebung mit einem Gegenantrag eine Begutachtung verlangt, um das Ergebnis der bisherigen Begutachtung zu erschüttern[94] oder wenn er ein neues selbstständiges Beweisverfahren gegen den Antragsteller zu demselben Beweisthema einleitet.[95]

Ungenügend ist ein Gutachten, aus dem sich trotz Ergänzung oder Anhörung des Sachverständigen keine sichere Überzeugung gewinnen lässt. Ist eine Partei dieser Auffassung, so sollte sie dies begründen und ausdrücklich beantragen, ein weiteres Gutachten einzuholen. Anlass hierzu besteht

90 BGH NJW 1994, 941, 942.
91 BGH NJW-RR 2009, 995.
92 KG, Beschl. v. 31.3.2005 – 24 W 170/04: zumindest für den Antragsgegner.
93 OLG Koblenz MDR 2013, 171.
94 OLG Stuttgart WuM 2011, 244; OLG Jena OLG-Report 2006, 147.
95 OLG Düsseldorf NJW-RR 1997, 1086.

- wenn die Sachkunde des bisherigen Gutachters zweifelhaft ist,[96]
- sein Gutachten nicht aufklärbare Widersprüche enthält,[97]
- Schlussfolgerungen nicht nachprüfbar sind,[98]
- das Gutachten unvollständig ist[99] oder
- ein anderer Sachverständiger über bessere Forschungsmittel verfügt.[100]

Gegen die Ablehnung des Antrags, ein weiteres Gutachten einzuholen, ist im selbstständigen Beweisverfahren kein Rechtsmittel gegeben.[101] Die Partei kann eine weitere Begutachtung gegebenenfalls im Hauptsachverfahren beantragen und – wenn dies auch dort erfolglos geblieben ist – den etwaigen Verfahrensfehler im Berufungs- oder Revisionsverfahren überprüfen lassen.

Gelegentlich benötigt ein Sachverständiger für die Begutachtung Gegenstände, die sich im Besitz der Parteien oder Dritter befinden, z.B. Krankenunterlagen in Arzthaftungsfällen. Das Gericht kann dann im Klageverfahren die Vorlage anordnen (§ 144 Abs. 1 Satz 2 ZPO). Ob es dies auch im selbstständigen Beweisverfahren darf, ist im Gesetz – anders als bei einer Augenscheinseinnahme zur Beweissicherung (siehe Rn 21) – nicht ausdrücklich geregelt und in der Rechtsprechung umstritten. Das OLG Düsseldorf[102] hat dies bejaht. Anders die Oberlandesgerichte Frankfurt,[103] Karlsruhe[104] und wohl auch das Kammergericht.[105]

1. Anhörung des Sachverständigen

40 Die Parteien können nach einem schriftlichen Gutachten die Anhörung **des Sachverständigen** verlangen (§§ 402, 397 ZPO). Dies muss in einem angemessenen Zeitraum nach dem Zugang des Gutachtens geschehen (§ 411 Abs. 4 ZPO). Sonst ist das Verfahren beendet (siehe Rn 66).

96 BayObLG NJW 1986, 2892, 2893.
97 BGH VersR 1982, 849 f.
98 BGH NJW 1994, 2899.
99 BGH NJW 1996, 730, 731.
100 BGHZ 53, 245, 258.
101 BGH BauR 2011, 1366; BauR 2010, 932.
102 BauR 2014, 1182.
103 Beschl. v. 12.6.1014 – 3 W 25/14.
104 Beschl. v. 12.8.2013 – 6 W 56/12.
105 NJW 2014, 85 (nicht abschließend entschieden, weil der Sachverständige die Unterlagen nicht benötigte).

Hat das Gericht eine **Frist für Einwendungen** gegen das schriftliche Gutachten gesetzt (§ 411 Abs. 4 Satz 2 ZPO), sind die Parteien hieran gebunden, wenn sie auf die Folgen der Nichtbeachtung der Frist ordnungsgemäß hingewiesen worden waren.[106] Ein späterer Antrag, den Sachverständigen anzuhören, ist dann nur zulässig, wenn sich hierdurch die Erledigung des Beweisverfahrens nicht verzögert oder die Partei die Verspätung genügend entschuldigt (§ 411 Abs. 4 Satz 2 ZPO). Eine Verzögerung hat das OLG Köln[107] bei einem um drei Tage verspäteten Antrag verneint, das Gutachten zu mehreren Fragen zu ergänzen. Das Gericht kann die Frist auf Antrag verlängern. Gegen die Zurückweisung des Antrags ist nach Auffassung des OLG Köln[108] die sofortige Beschwerde statthaft.

Hat das Gericht **keine Frist** gesetzt oder auf die Folgen der Versäumung einer gesetzten Frist nicht hingewiesen, richtet sich der angemessene Zeitraum, in dem die Anhörung eines Sachverständigen beantragt werden kann, danach, in welcher Zeit angesichts des Umfangs und des Schwierigkeitsgrads des Gutachtens eine Stellungnahme zumutbar ist. Für noch rechtzeitig gehalten haben Oberlandesgerichte Anträge auf Anhörung eines Sachverständigen innerhalb eines Monats,[109] innerhalb von sechs Wochen bei einem umfangreichen Gutachten,[110] weniger als drei Monate[111] oder vier Monate[112] bei der Überprüfung durch einen Privatgutachter und weniger als drei Monate bei einem umfangreichen Gutachten mit Materialprüfungen.[113] Einem verspäteten Antrag geht das Gericht im selbstständigen Beweisverfahren nicht mehr nach, weil es beendet ist. Die Parteien können einen selbstständigen Beweisverfahren unterbliebenen Anhörungsantrag im Hauptsacheverfahren nachholen,[114] müssen dann aber auf die **Verspätungsvorschriften** achten. Eine Verzögerung wird dort mit einem Antrag schon im ersten Schriftsatz vermieden. Das Gericht kann den Sachverständigen dann zum Verhandlungstermin laden.

Das Gericht darf einen rechtzeitigen Antrag, den Sachverständigen anzuhören, 41
nicht mit der Begründung ablehnen, es halte das Gutachten auch ohne weitere

106 BGH NJW 2011, 594; NJW-RR 2006, 428.
107 OLG-Report 2000, 27 f.
108 Beschl. v. 28.2.2014 – 16 W 34/13.
109 OLG Hamm BauR 2005, 752 f.
110 OLG Düsseldorf NJW-RR 1997, 1220.
111 OLG Düsseldorf NZBau 2000, 385.
112 OLG München MDR 2001, 531.
113 OLG Celle MDR 2001, 108.
114 BGH NJW-RR 2007, 1294.

Erläuterungen für überzeugend.[115] Als **rechtsmissbräuchlich** sind nur Anträge zurückzuweisen, die überhaupt nicht oder nicht nachvollziehbar begründet worden sind.[116] Die Partei muss aber nur mitteilen, inwiefern sie das Gutachten für erklärungsbedürftig hält und in welcher Richtung sie ihr Fragerecht ausüben will.[117] Die Fragen brauchen nicht formuliert zu werden.[118] Dies ist aber in bestimmten Fällen zu empfehlen, damit sich der Sachverständige besser auf den Termin vorbereiten kann.

42 Lehnt das Gericht einen Antrag auf schriftliche oder mündliche Erläuterung eines erstatteten Gutachtens ab, kann die Partei hiergegen mit der sofortigen Beschwerde vorgehen.[119]

2. Ablehnung wegen Befangenheit

43 Die Parteien können den Sachverständigen nach § 406 Abs. 1 ZPO wegen der **Besorgnis der Befangenheit ablehnen**. Dies gilt auch für einen Streithelfer, **solange er sich damit nicht in Widerspruch zu Erklärungen oder Handlungen der von ihr unterstützten Partei setzt**.[120] Ausgeschlossen ist ein Ablehnungsantrag in Beweissicherungsverfahren, wenn er wegen der damit verbundenen Verzögerung zu einer Beweisvereitelung führt. Der Sachverständige kann dann im Hauptsacheprozess abgelehnt werden.[121]

44 Erfährt eine Partei im **Verlauf des selbstständigen Beweisverfahrens** Ablehnungsgründe, muss sie schon dort die Ablehnung des Sachverständigen beantragen. Dies kann sie sonst nicht mehr nachholen. In einem anschließenden Hauptsacheprozess sind nur Ablehnungsgründe zugelassen, die erst später entstanden oder bekannt geworden sind.[122]

Die Parteien müssen einen Ablehnungsantrag **so früh wie möglich** stellen. Sie dürfen nicht abwarten, ob das Gutachten für sie günstig ausfällt. Sind Ablehnungsgründe bereits bei der Bestellung des Sachverständigen bekannt, ist ein Ableh-

115 BVerfG NJW 1998, 2273; BGH NJW 1998, 162, 163; 1997, 802 f.
116 BGH NJW 1994, 1286, 1287; OLG Oldenburg NJW-RR 1999, 178, 179; Zöller/*Greger*, § 411 Rn 5a.
117 OLG Celle MDR 2014, 109.
118 BGH NJW-RR 2007, 1294.
119 BGHZ 164, 94; OLG Stuttgart MDR 2014, 744.
120 BGH NJW-RR 2006, 1312.
121 KG BauR 1998, 364; OLG Frankfurt OLGZ 1993, 330 f.; OLG Düsseldorf BauR 1985, 725, 726.
122 OLG Saarbrücken OLG-Report 2008, 66; OLG Köln BauR 1992, 408 f.; OLG Bamberg BauR 1991, 656; OLG Düsseldorf NJW-RR 1986, 63; OLG München BauR 1985, 241 f.

nungsantrag spätestens innerhalb von zwei Wochen nach der Bekanntgabe der Ernennung des Sachverständigen zu stellen (§ 406 Abs. 2 Satz 1 ZPO). Später zu Tage getretene Befangenheitsgründe müssen unverzüglich geltend gemacht werden (§ 406 Abs. 2 Satz 2 ZPO), bei einfach gelagerten Sachverhalten – wie z.B. für unangemessen gehaltenen Äußerungen eines Sachverständigen in Gegenwart der Partei – nach Auffassung des OLG Stuttgart[123] binnen 5 Tagen. Ergeben sich Ablehnungsgründe aus dem **Inhalt des schriftlichen Gutachtens**, läuft im Allgemeinen die Frist zur Ablehnung gleichzeitig mit der vom Gericht gesetzten Frist zur Stellungnahme zum Gutachten ab.[124] Vergleichsgespräche rechtfertigen es nicht, ein Ablehnungsgesuch zurückzustellen.[125]

Ablehnungsgründe sind Tatsachen oder Umstände, die geeignet sind, **Misstrauen** 45
gegen die **Unparteilichkeit** des Sachverständigen zu rechtfertigen (§§ 406 Abs. 1, 42 Abs. 2 ZPO). Der Ablehnende muss sie glaubhaft machen. Eine eigene eidesstattliche Versicherung ist dabei nicht zugelassen (§ 406 Abs. 3 ZPO). Begründet ist ein Ablehnungsantrag, wenn aus der Sicht des Ablehnenden bei vernünftiger Betrachtung die Befürchtung erweckt werden kann, der Sachverständige stehe der Sache nicht unvoreingenommen gegenüber.[126]

Dies kann sich aus persönlichen oder geschäftlichen Beziehungen des Sachverständigen zu einer Partei ergeben,[127] aus wirtschaftlichen Interessen am Streitobjekt, aber auch z.B. in Fällen, in denen der Sachverständige bereits früher in derselben Sache ein Privatgutachten im Auftrag einer Partei oder ihrer Versicherung erstattet,[128] eine Partei beraten,[129] sich Informationen von einer Partei ohne Wissen der anderen verschafft und dies nicht offengelegt[130] oder vor einem Anhörungstermin mit einer Partei telefoniert und dies erst auf Nachfrage des Gerichts offenbart hat.[131] Kein Ablehnungsgrund ist die unterbliebene Benachrichtigung beider Parteien von einer Ortsbesichtigung,[132] wohl aber eine Ortsbesichtigung in Anwesenheit nur

123 Justiz 2012, 474; ähnlich OLG Naumburg NJW-RR 2014, 93: „Frist von einigen Tagen".
124 BGH NJW 2005, 1869.
125 OLG Hamm NJW-RR 2013, 1018.
126 BGH NJW-RR 2013, 851.
127 BGH NJW-RR 2012, 1463.
128 OLG Oldenburg, Beschl. v. 12.7.2012 – 2 W 38/12; OLG Frankfurt BauR 2006, 147.
129 OLG Hamm BauR 1989, 366, 376 f.
130 BGH NJW 1992, 1817; OLG Koblenz MDR 2012, 994; OLG Saarbrücken MDR 2005, 233.
131 OLG Stuttgart MDR 2011, 190.
132 OLG Stuttgart BauR 2013, 271; OLG Nürnberg MDR 2007, 237; OLG Dresden NJW-RR 1997, 1354.

einer Partei, von der die andere nicht benachrichtigt worden war[133] oder zu der ihr die Gegenseite den Zutritt verweigert hatte.[134] Häufiger können sich Zweifel an der Neutralität des Sachverständigen aus der Überschreitung seines Auftrags im Beweisbeschluss ergeben. So ist z.B. die Besorgnis seiner Befangenheit als gerechtfertigt gewertet worden, wenn er bei einem Ortstermin bis dahin noch nicht entdeckte Baumängel zutage fördert,[135] in Arzthaftungsfällen die Verletzung von Aufklärungspflichten feststellt, obwohl die Beweisfragen ausschließlich Behandlungsfehler betrafen,[136] oder anregt, über eine bis dahin nicht behauptete Pflichtverletzung des Antragsgegners Beweis zu erheben,[137] nicht die gestellte Beweisfrage untersucht, sondern feststellt, dass es hierauf nicht ankomme[138] oder streitiges Vorbringen der Parteien bewertet, ohne danach vom Gericht gefragt worden zu sein.[139] Schließlich können unangemessene Äußerungen oder Reaktionen des Sachverständigen den Eindruck erwecken, er sei voreingenommen.[140]

Die **Ablehnung** ist **nicht zu rechtfertigen** mit einer mangelnden Sachkunde des Sachverständigen oder Fehlern im Gutachten.[141]

46 Das Gericht entscheidet über einen Ablehnungsantrag durch Beschluss. Eine stattgebende **Entscheidung** ist unanfechtbar. Gegen einen **zurückweisenden Beschluss** kann sich der Ablehnende mit der sofortigen Beschwerde wenden (§ 406 Abs. 5 ZPO). Das Gutachten eines erfolgreich abgelehnten Sachverständigen darf nicht verwertet werden. Die Parteien können den Sachverständigen aber im Hauptsacheprozess für seine tatsächlichen Feststellungen als Zeugen benennen (§ 414 ZPO).

133 BGH NJW 1975, 1363; OLG Saarbrücken, Beschl. v. 18.12.2012 – 5 W 430/12; OLG Karlsruhe MDR 2010, 1148.

134 OLG Saarbrücken MDR 2014, 180.

135 KG BauR 2012, 536.

136 OLG Oldenburg MDR 2008, 101.

137 OLG Naumburg, Beschl. v. 28.11.2013 – 10 W 66/13 (Abl), 10 W 66/13.

138 OLG Köln NJW-RR 1987, 1198.

139 OLG Jena, Beschl. v. 28.12.2012 – 6 W 422/12; OLG Nürnberg, Beschl. v. 6.10.2008 – 5 W 790/08.

140 Z.B. OLG Stuttgart MDR 2014, 1346: Der Sachverständige hatte sich bei den Ausführungen eines Prozessvertreters „kurz mit dem Zeigefinger an die Schläfe getippt und ihm den Vogel gezeigt"; OLG Nürnberg, Beschl. v. 11.4.2013 – 13 W 616/13: Der Sachverständige hatte auf Nachfragen einer Partei erklärt: „Ihre wiederholte Fragerei geht mir auf die Nerven. Ich kann auch gehen."

141 BGH NJW-RR 2011, 1555; NJW 2005, 1869.

Übergeht das Gericht im selbstständigen Beweisverfahren einen Ablehnungsantrag, so ist darüber im Hauptsacheverfahren zu entscheiden.[142]

H. Vergleich

Die Parteien können das selbstständige Beweisverfahren mit einem **Prozessvergleich** beenden (§ 492 Abs. 3 ZPO). Bei einer Kostenregelung ist darauf zu achten, dass Sachverständigengebühren zu den Gerichtskosten gehören.[143] Werden die Kosten „gegeneinander aufgehoben“, muss der Antragsgegner sie zur Hälfte tragen. Ein Streithelfer kann sich am Vergleich beteiligen. Geschieht dies nicht und treffen die Parteien keine Vereinbarung über seine außergerichtlichen Kosten, hat er einen Kostenerstattungsanspruch gegen den Gegner wie die von ihm unterstütze Partei nach der Kostenregelung im Vergleich, bei einer Aufhebung der Kosten also keinen.[144] 47

Ein **außergerichtlicher Vergleich** wirkt sich auf das Beweisverfahren nicht unmittelbar aus. Haben die Parteien in dem Vergleich ihren Streit in der Hauptsache beigelegt und auch eine Kostenregelung getroffen, sollte der Antragsteller den Beweisantrag zurücknehmen, um weitere Kosten zu vermeiden (z.B. durch ein Sachverständigengutachten). Die Kosten des Beweisverfahrens sind dann so zu verteilen, wie die Parteien dies vereinbart haben (siehe Rn 61). Bei einem Verfahren gegen mehrere Antragsgegner und einem Vergleich mit nur einem muss der Antragsteller nach einer Rücknahme – wenn der Vergleich hierüber keine Regelung enthält – aber die außergerichtlichen Kosten der übrigen Antragsgegner tragen.[145] Ist die Verteilung der Kosten vom Vergleich ausgenommen, weil sich die Parteien hierüber nicht geeinigt haben, kann der Antragsteller einen etwaigen materiellen Kostenerstattungsanspruch einklagen und der Antragsgegner nach einer durchgeführten Beweisaufnahme mit einem Antrag nach § 494a Abs. 1 ZPO[146] auf eine für ihn günstige Kostenentscheidung hinwirken.[147] Die Parteien sollten dann aber

142 OLG München ZIP 1983, 1515 f.; Thomas/Putzo/*Reichold*, § 487 Rn 6.

143 BGH NJW 2003, 1322.

144 BGH NJW-RR 2005, 1159; NJW 2003, 1948.

145 OLG Stuttgart NJW-RR 2010, 1462.

146 OLG Stuttgart, Beschl. v. 18.4.2012 – 10 W 17/12.

147 Klageantrag in diesem Fall: Feststellung, dass die Verpflichtung des Antragsgegners, auf die sich die Beweisaufnahme bezogen hat, bestanden hat (BGH NJW 2013, 3586).

ausdrücklich die Anwendung des § 98 ZPO ausschließen, weil sie sonst Gefahr laufen, dass die Kosten als gegeneinander aufgehoben angesehen werden.[148]

I. Kosten und Kostenentscheidung

I. Gebühren und Streitwert

48 Im selbstständigen Beweisverfahren wird – auch bei einer späteren Rücknahme des Beweisantrags – **eine Gerichtsgebühr** nach Nr. 1610 KV GKG bzw. – in Familiensachen – Nr. 1503 FamGKG-KV erhoben. Sie entsteht mit der Einreichung der Antragsschrift und fällt zusätzlich zu den Kosten eines Hauptsacheprozesses an. Die Entscheidung über den Beweisantrag ist gebührenfrei.

Anwälte erhalten eine 1,3-fache Verfahrensgebühr (Nr. 3100 RVG-VV), für die Vertretung in einem Termin fällt eine 1,2-fache Terminsgebühr an (Nr. 3104 RVG-VV). Die Verfahrensgebühr wird auf die Gebühr des Hauptsacheprozesses angerechnet, wenn der Anwalt die Partei auch im Hauptsacheprozess vertritt, die Terminsgebühr nicht (Vorbem. 3 Abs. 5 RVG-VV). Hat eine Partei für das Klageverfahren einen anderen Anwalt mandatiert als für das Beweisverfahren, verdienen beide eine Verfahrensgebühr.[149] Die Mehrkosten sind nach ganz überwiegender Auffassung aber nur zu erstatten, wenn der Anwaltswechsel im Sinne des § 91 Abs. 2 Satz 2 ZPO notwendig war.[150] Einigen sich die Parteien im selbstständigen Beweisverfahren, verdienen Anwälte für ihr Mitwirkung eine 1,5-fache Einigungsgebühr, wenn der Hauptsacheprozess noch nicht anhängig ist (Nr. 1000 RVG-VV), sonst eine 1,0-fache Gebühr (Nr. 1003 RVG-VV).

49 Der **Streitwert** ist mit dem vollen Wert des Anspruchs anzusetzen, auf den sich die Beweiserhebung bezieht,[151] also z.B. bei der Feststellung von Vermögenswerten für einen späteren Zugewinnausgleich mit der Hälfte der Differenz zwischen dem beiderseitigen Zugewinn bei den unterschiedlichen Wertangaben der Parteien über

148 So für das selbstständige Beweisverfahren OLG Koblenz MDR 2005, 232 und OLG Schleswig, Beschl. v. 26.7.2001 – 16 W 137/01.

149 BGH NJW 2014, 3518.

150 OLG Köln JurBüro 2013, 590; OLG Koblenz Rpfleger 2002, 281; OLG Hamm, Beschl. v. 12.4.2002 – 23 W 113/02; OLG Hamburg MDR 1998, 928.

151 BGH NJW 2004, 3488 ff.

den Beweisgegenstand.[152] In Verfahren gegen mehrere Antragsgegner sind verschiedene Streitwerte für deren außergerichtliche Kosten festzusetzen, wenn der Antragsteller mehrere Beweisfragen stellt und nicht alle Antragsgegner hieran beteiligt.[153]

Sind Baumängel Gegenstand eines selbstständigen Beweisverfahrens, richtet sich der Streitwert nach der Höhe der Mängelbeseitigungskosten. Dies gilt nach überwiegender Auffassung auch dann, wenn der Unternehmer das Verfahren eingeleitet hat, um sich gegen ein Zurückbehaltungsrecht des Auftraggebers zu wehren.[154] Hat der Antragsteller die Kosten zunächst geschätzt, kann der Streitwert nachträglich korrigiert werden, wenn sich aus dem Gutachten des Sachverständigen ein höherer oder niedrigerer Betrag ergibt.[155] Der in der Antragsschrift angegebene Betrag ist weder bindend noch maßgeblich.[156] Bestätigt der Sachverständige alle Mängel, ergibt sich der Streitwert aus den vom Sachverständigen ermittelten Nachbesserungskosten.[157] Werden Mängel nicht bestätigt, erhöht sich der Streitwert um die Kosten, die angefallen wären, wenn die Mängel vorgelegen hätten.[158]

Die 6-monatige Frist des § 63 Abs. 3 Satz 2 GKG für eine Beschwerde gegen die Festsetzung des Streitwerts beginnt im Zeitpunkt der Beendigung des selbstständigen Beweisverfahrens, nicht des Klageverfahrens.[159]

152 OLG Hamm MDR 2014, 179.

153 OLG Koblenz BauR 2005, 1372; KG NJW-RR 2000, 1622; OLG Nürnberg MDR 1999, 1522.

154 OLG Düsseldorf NJW-RR 2003, 1530 und BauR 2001, 835; OLG Brandenburg NJW-RR 2001, 311; a.A. OLG Celle, Beschl. v. 29.3.2010 – 6 W 50/10: offener Werklohn in Höhe eines angemessenen Teils, den der Auftraggeber wegen der Mängel zurückhalten kann.

155 BGH NJW 2004, 3488, 3489 f.; OLG Frankfurt NZBau 2000, 81; OLG Köln NJW-RR 2000, 802; OLG Frankfurt NZBau 2000, 81; OLG Naumburg MDR 1999, 1093; OLG Koblenz JurBüro 1998, 267; Thüring. OLG OLG-Report 98, 24; OLG Köln NJW-RR 1997, 1292; *Schneider*, MDR 1998, 255 f.; a.A. OLG Düsseldorf NJW-RR 1996, 319, 320.

156 BGH NJW 2004, 3488 ff.

157 OLG Karlsruhe NJW-RR 2011, 22; OLG Hamm BauR 2005, 142; OLG Celle BauR 2004, 705 f.; KG BauR 2003, 1765 f.; OLG Köln BauR 2003, 929 f.; OLG Düsseldorf BauR 2001, 1785 f.

158 BGH NJW 2004, 3488, 3490; OLG Köln JurBüro 2013, 423; OLG Düsseldorf NZBau 2010, 705; OLG Stuttgart BauR 2009, 282; OLG Hamm BauR 2005, 142.

159 OLG Köln NJW-RR 2013, 1178; OLG Nürnberg MDR 2002, 538.

II. Kostenentscheidung

50 In selbstständigen Beweisverfahren ergeht grundsätzlich keine Kostenentscheidung. Wer die Kosten zu tragen hat, wird im Hauptsacheverfahren über den Anspruch entschieden, auf den sich das Beweisverfahren bezogen hat (§ 493 Abs. 1 ZPO). Die Kosten des Beweisverfahrens sind dann Kosten des Hauptsacheverfahrens. Eine Kostenentscheidung im selbstständigen Beweisverfahren kommt nur in Betracht, wenn **kein Hauptsacheverfahren anhängig** ist, in dem über die Kosten entschieden werden kann. Im Gesetz ist nur ausdrücklich geregelt, dass der Antragsgegner dem Antragsteller dann eine Frist zur Erhebung der Klage setzen lassen kann und dem Antragsteller die Kosten auferlegt werden, wenn er die Klage nicht erhebt (§ 494a ZPO). Die Kosten werden dem Antragsteller überdies – in entsprechender Anwendung der §§ 91 und 269 Abs. 3 ZPO – auferlegt, wenn der Beweisantrag zurückgewiesen oder zurückgenommen wird (siehe Rn 61).

In bestimmten Fällen können Antragsgegner aber auch darüber hinaus zu ihren Gunsten eine Kostenentscheidung im selbstständigen Beweisverfahren erwirken. Hierauf sind sie unter Umständen angewiesen, wenn der Rechtsstreit in der Hauptsache nicht anhängig ist und Anträge nach § 494a nicht zugelassen sind (siehe Rn 52). Hat der Antragsteller sie nach dem Beweisergebnis oder auch unabhängig davon zu Unrecht als Schuldner in Anspruch genommen, kommt zwar ein materiell-rechtlicher Kostenerstattungsanspruch in Betracht, der notfalls eingeklagt werden müsste. Er setzt jedoch vertragliche oder vorvertragliche Beziehungen der Parteien voraus[160] und sonst eine unerlaubte Handlung im Sinne der §§ 823, 826 BGB.[161] Auch wenn diese Voraussetzungen vorliegen, ist ein Kostenantrag im selbstständigen Beweisverfahren der einfachere Weg. Dies ist aber nur in Ausnahmefällen erfolgversprechend (siehe Rn 61).

Antragsteller können materiell-rechtliche Kostenerstattungsansprüche gegen zu Recht als Schuldner in Anspruch genommene Antragsgegner aus dem Gesichtspunkt des Verzuges herleiten (§§ 280 Abs. 1 und 2, 286 BGB), aber z.B. Aufwendungen für die Begutachtung von Mängeln auch als Mangelfolgeschäden geltend machen[162] Befürwortet wird auch hier unter bestimmten Voraussetzungen eine

160 Anspruchsgrundlage: culpa in contrahendo bzw. positive Vertragsverletzung.

161 BGH NJW 2007, 1488.

162 BGH NJW 2002, 141.

isolierte Kostenentscheidung zu ihren Gunsten im selbstständigen Beweisverfahren (siehe Rn 61).

1. Verfahren nach § 494a ZPO

Der **Antragsgegner** kann auf eine Kostenentscheidung zu seinen Gunsten hinwirken, indem er dem Antragsteller von dem Gericht, das die Beweisaufnahme angeordnet hat, eine **Frist zur Erhebung der Klage in der Hauptsache** gegen ihn setzen lässt (§ 494a Abs. 1 ZPO). Dies bietet sich vor allem an, wenn der Sachverständige die vom Antragsteller unter Beweis gestellten Behauptungen nicht bestätigt hat und deshalb nicht damit zu rechnen ist, dass er Klage erhebt. Bei einem für den Antragsgegner ungünstigen Beweisergebnis sollte er – wenn er den Anspruch nicht erfüllen oder den Streit nicht in anderer Weise außergerichtlich beilegen will – eher abwarten, wie sich der Antragsteller weiter verhält. Im Allgemeinen ist dann mit einer Klage zu rechnen. Ein Antrag nach § 494a Abs. 1 ZPO würde sie provozieren. Dies ist allenfalls sinnvoll, um Rechtsklarheit zu schaffen. Überdies muss der Antragsgegner einer Klage erfolgversprechend entgegentreten können. Voraussetzung hierfür sind nach einem überzeugenden oder nicht zu erschütternden Sachverständigengutachten stichhaltige Gründe, wonach der Ausgang des Prozesses nicht oder nicht allein vom Ergebnis des Gutachtens abhängt. Hat sich ein selbstständiges Beweisverfahren gegen mehrere Antragsgegner gerichtet, kann jeder von ihnen den Antrag nach § 494a Abs. 1 ZPO stellen. 51

Der Fristsetzung- und der Kostenantrag können verbunden werden.[163] Antragsberechtigt ist auch ein **Streithelfer**. Er kann aber nur die Erhebung einer Klage gegen den Antragsgegner beantragen, nicht gegen sich selbst. Weitere Voraussetzung ist, dass er sich damit nicht in Widerspruch zu dem Willen der von ihm unterstützten Partei setzt,[164] wie z.B. nach einem Vergleich der Parteien[165]

Zulässig ist der Antrag „nach Beendigung der Beweiserhebung". Eine Beweisaufnahme muss also stattgefunden haben.[166] Ist sie unterblieben, weil z.B. der Antragsteller den angeforderten Kostenvorschuss für ein Sachverständigengutachten nicht eingezahlt hat, ist der Antrag nicht zulässig. Der Antragsgegner könnte damit in 52

163 Musielak/Voit/*Huber*, § 494a Rn 4.

164 BGH NJW 2009, 3240.

165 BGH NJW-RR 2008, 261.

166 Vgl. nur BGH BauR 2005, 133 und OLG München NJW-RR 2001, 1580; anders: OLG Köln NJW 2015, 708.

einem Hauptsacheprozess auch keine Entscheidung über die Kosten des selbstständigen Beweisverfahrens erreichen, weil darüber im Hauptsacheprozess nur nach einer vorangegangenen Erhebung verwertbarer Beweise mit entschieden wird.[167]

Ausgeschlossen sind Fristsetzungen überdies bei allen bereits anhängigen Prozessen, in denen sich die Kostenentscheidung auf die Kosten des Beweisverfahrens erstrecken kann (siehe Rn 58). Das Gericht darf auch dann keine Frist zur Erhebung der Klage setzen, wenn der Antragsgegner den streitigen **Anspruch erfüllt**[168] oder anerkannt[169] hat oder wenn sich die Parteien verglichen haben.[170] Dies gilt auch bei einer Erfüllung oder einem Anerkenntnis durch einen von mehreren Antragsgegnern oder durch Dritte, die als Gesamtschuldner haften.[171] Zulässig bleibt ein Antrag nach § 494a Abs. 1 ZPO, wenn noch Streit über die Verteilung des Kosten des selbstständigen Beweisverfahrens besteht[172] und wenn der Anspruch nur teilweise erfüllt oder anerkannt wird, weil dann in einem anschließenden Hauptsacheverfahren über die gesamten Kosten des selbstständigen Beweisverfahrens entschieden werden kann (siehe Rn 59). Für unzulässig gehalten werden überdies Fristsetzungsanträge nach einem Verzicht des Antragstellers auf eine Klage oder den Anspruch.[173] Befürwortet werden in diesen Fällen Kostenentscheidungen im selbstständigen Beweisverfahren ohne Fristsetzung (siehe Rn 61).

Rechtsmissbräuchlich sind Anträge, mit denen der Antragsgegner so lange wartet, bis alle Ansprüche verjährt sind, wegen derer Beweis erhoben worden war.[174] Für rechtsmissbräuchlich haben einige Oberlandesgerichte auch Fristsetzungsanträge gehalten, wenn der Erfolg der Hauptsacheklage des Antragstellers nach dem Beweisergebnis offensichtlich und der Antragsgegner in Vermögensverfall geraten

167 BGH NJW 2011, 1292.

168 BGH NJW-RR 2003, 454; OLG München MDR 2014, 1346; OLG Frankfurt BauR 2002, 1298; OLG Hamm NJW-RR 2000, 733; OLG Celle BauR 2002, 1888.

169 OLG Hamm, Beschl. v. 15.11.2013 – 11 W 15/13; OLG Düsseldorf BauR 1999, 277; OLG Hamburg MDR 1998, 242.

170 OLG Koblenz MDR 2005, 232; OLG Köln NJW-RR 2001, 1650; OLG Stuttgart, Beschl. v. 16.8.2001 – 13 W 65/00; OLG Schleswig, Beschl. v. 26.7.2001 – 16 W 65/01.

171 OLG Hamm, Beschl. v. 15.11.2013 – 11 W 15/13; OLG Hamburg BauR 2004, 1822; OLG Celle BauR 2002, 1888; OLG Dresden NJW-RR 1999, 1516; OLG Schleswig JurBüro 1999, 595.

172 OLG Stuttgart, Beschl. v. 18.12.2012 – 10 W 17/12.

173 OLG München MDR 2014, 1346 und MDR 2001, 108; OLG Jena NJW-RR 2011, 1219; OLG Karlsruhe NJW-RR 1996, 1343.

174 BGH NJW 2010, 1460; OLG Köln NJW-RR 2013, 1488.

war.[175] Dem ist allenfalls beizupflichten, wenn der Vermögensverfall erst im Verlaufe des Beweisverfahrens eingetreten ist,[176] aber auch dann zweifelhaft: Der Antragsgegner braucht im selbstständigen Beweisverfahren nicht vorzutragen, womit er sich gegen eine Klage verteidigen würde. Aus seinem Vorbringen hierzu kann daher nicht entnommen werden, es sei vollständig und seine Verteidigung im Klageverfahren aussichtslos.

Ein Beschluss, der die Erhebung der Klage anordnet, ist unanfechtbar.[177] Gegen **53**
einen zurückweisenden Beschluss kann sich der Antragsgegner mit der sofortigen Beschwerde wenden (§ 567 Abs. 1 Nr. 2 ZPO). Die festgesetzte Frist kann nach § 224 Abs. 2 ZPO auf Antrag verlängert werden. Ein Kostenbeschluss darf nicht ergehen, wenn die Klage verspätet, aber noch vor der Entscheidung über den Kostenantrag nach § 494a Abs. 2 ZPO erhoben worden ist.[178]

Will der Antragsteller einem **Anordnungsbeschluss nachkommen**, muss er den **54**
Anspruch, dessen Vorbereitung das Beweisverfahren dienen sollte, gegen den Antragsgegner **einklagen**,[179] der den Anordnungsbeschluss erwirkt hat, oder in einem vom Antragsgegner bereits begonnenen Rechtsstreit **Widerklage**[180] erheben bzw. **aufrechnen**.[181] Eine Hilfsaufrechnung reicht aus.[182] Anstelle einer Klage sind auch ausreichend ein Antrag auf Erlass eines Mahnbescheids,[183] die Einleitung eines vereinbarten Schiedsgerichtsverfahrens und bei einer Insolvenzforderung die Anmeldung der Forderung im Insolvenzverfahren.[184]

Riskant ist es, aus Gegenrechten in einem bereits anhängigen Prozess nur ein **Zurückbehaltungsrecht** anstelle einer Widerklage herzuleiten. Einige Oberlan-

175 OLG Schleswig NZBau 2014, 361; OLG Karlsruhe BauR 2003, 1931; OLG Rostock BauR 1997, 169; a.A. OLG Frankfurt NJW-RR 2008, 1552; OLG Hamm BauR 2007, 2118.

176 So OLG Dresden BauR 2000, 137.

177 BGH NJW-RR 2010, 1318; NJW-RR 2004, 1580.

178 BGH NJW-RR 2008, 330; NJW 2007, 3357.

179 Ausreichend ist auch eine Teilklage – BGH NJW 2005, 294; NJW 2004, 3121.

180 BGH NJW-RR 2003, 1240.

181 BGH-NJW-RR 2005, 1688.

182 OLG Hamburg NJW-RR 2014, 1535; OLG Stuttgart, Beschl. v. 25.7.2011 – 12 W 37/11; OLG Hamm, Beschl. v. 29.7.1997 – 21 W 15/97; a.A. OLG Karlsruhe NJW-RR 2008, 1196.

183 OLG Koblenz OLG-Report 2000, 50.

184 Stein/Jonas/*Leipold*, § 494a Rn 15.

desgerichte halten dies für ausreichend,[185] andere nicht.[186] Der Unterschied ist: Ein Urteil über die Widerklage stellt rechtskräftig fest, ob die Gegenforderung besteht, eine Zug-um-Zug-Verurteilung nicht.[187] Dies kann zu widersprechenden Kostenentscheidungen führen, wenn z.B. das Gericht im ersten Prozess die Gegenforderung, mit der der Antragsteller sein Zurückbehaltungsrecht begründet hat, verneint, sie ihm dann auf eine anschließende Klage zugesprochen wird (oder umgekehrt) und sich eine Partei in beiden Fällen auf Tatsachen berufen hat, über die selbstständig Beweis erhoben worden war. Eine Widerklage erhöht den Gebührenstreitwert (§ 45 Abs. 1 Satz 1 GKG) und damit das Prozesskostenrisiko.

Richtige Klage ist bei einem bereits erfüllten Anspruch nicht eine Klage auf Erstattung der Kosten des Beweisverfahrens, sondern auf Feststellung, dass der erfüllte Anspruch bestanden hat.[188]

Die **Parteien des Hauptsacheverfahrens** müssen die des Beweisverfahrens oder ihre Rechtsnachfolger sein, wie z.B. aufgrund einer späteren Abtretung[189] oder im Erbfall.[190] Das Gleiche gilt für Insolvenzverwalter über das Vermögen einer Partei des Beweisverfahrens[191] und Zwangsverwalter anstelle eines im Beweisverfahren beteiligten Eigentümers.[192] Ausreichend ist auch die Klage eines Dritten im Wege der zulässigen Prozessstandschaft anstelle des materiellen Rechtsinhabers, der das selbstständige Beweisverfahren betrieben hatte.[193] Keine Parteiidentität besteht, wenn das Hauptsacheverfahren anstelle des Antragstellers oder Antragsgegners nur von oder gegen einen Streithelfer aus dem selbstständigen Beweisverfahren betrieben wird.[194]

185 U.a. OLG München, Urt. v. 2.5.2008 – 9 W 1268/08; OLG Stuttgart BauR 2007, 1098; OLG Köln NJW-RR 2000, 361; OLG Stuttgart, Beschl. v. 25.7.2011 – 12 W 37/11: auch ein hilfsweise ausgeübtes Zurückbehaltungsrecht.

186 U.a. OLG Zweibrücken BauR 2004, 1490; OLG Nürnberg BauR 2000, 442; OLG Köln BauR 1997, 517.

187 BGH, zuletzt Beschl. v. 12.2.2015 – V ZR 111/14 und vorher z.B. NJW 1992, 1172 und BB 1984, 1834.

188 BGH NJW-RR 2004, 1005 und 1580.

189 OLG Düsseldorf MDR 1985, 1032, 1033; KG JurBüro 1981, 1392 f.; a.A. *Oelmaier*, in: Kleine-Möller/Merl/Oelmaier, § 17 Rn 333.

190 OLG München JurBüro 1992, 105, 106.

191 OLG Köln JurBüro 1987, 433 f.

192 OLG Hamburg JurBüro 1983, 1257 f.

193 BGH NJW 2013, 3586.

194 BGH 2013, 3452.

Kommt der Beweisführer der Anordnung nicht nach, werden ihm auf Antrag die Kosten des Antragsgegners und dessen Streithelfers[195] auferlegt (§ 494a Abs. 2 Satz 1 ZPO). Hat das Gericht eine Frist für eine Klage gegen mehrere Antragsgegner gesetzt und verklagt der Antragsteller nicht alle, können die nicht verklagten mit einem Kostenantrag nach § 494a Abs. 2 Satz 1 ZPO vorgehen. War ein Streithelfer mehreren Antragsgegnern beigetreten und hat der Antragsteller ein Hauptsacheverfahren nur gegen einzelne von ihnen eingeleitet, wird im selbstständigen Beweisverfahren nicht über die außergerichtlichen Kosten des Streithelfers entschieden. Sie sind Kosten des Hauptsacheverfahrens.[196] Der 5. Zivilsenat des Bundesgerichtshofs hat die Auffassung vertreten, eine Kostenentscheidung nach § 494a Abs. 2 ZPO sei auch dann zu treffen, wenn die Frist zur Erhebung der Klage zu Unrecht gesetzt worden war.[197] Das hat der 7. Zivilsenat in einer späteren Entscheidung als zweifelhaft bezeichnet.[198] 55

Gegen einen Kostenbeschluss kann sich der Antragsteller mit der **sofortigen Beschwerde** wenden, gegen einen ablehnenden Beschluss der Antragsgegner (§ 494a Abs. 2 Satz 2 ZPO). 56

2. Kostenerstattung nach einem Prozess in der Hauptsache

Führen Parteien des selbstständigen Beweisverfahrens einen Prozess über den Anspruch, der dem Beweisverfahren zugrunde lag, erstreckt sich die **Kostenentscheidung im Hauptsacheverfahren** auf die Gerichtskosten des selbstständigen Beweisverfahrens und die Anwaltskosten der an beiden Verfahren beteiligten Parteien sowie ihrer Streithelfer, auch wenn sie nur im Beweisverfahren beigetreten sind, nicht aber im Hauptsacheprozess.[199] Der Anspruch ist Gegenstand eines Prozesses, wenn er mit einer Klage bzw. Widerklage geltend gemacht worden ist, eine Partei mit ihm aufgerechnet oder – das ist allerdings umstritten – daraus ein Zurückbehaltungsrecht hergeleitet hat (siehe Rn 54). Voraussetzung ist, dass spätestens zur Zeit der letzten mündlichen Verhandlung das Beweisverfahren abgeschlossen war oder das Prozessgericht vor dem Abschluss die Akte beigezogen hatte.[200] 57

195 BGH NJW 2009, 3240.
196 BGH NJW 2009, 3240.
197 BGH NJW-RR 2004, 1580.
198 BGH NJW-RR 2010, 1318.
199 BGH NJW 2014, 1018.
200 BGH, Beschl. v. 21.7.2005 – VII ZB 44/05.

58 Die Kosten des selbstständigen Beweisverfahrens werden auch dann von der Kostenentscheidung im Hauptsacheverfahren erfasst, wenn das Hauptsachegericht das Beweisergebnis nicht verwertet hat.[201] Über ihre Erstattung wird im Kostenfestsetzungsverfahren entschieden.[202] Sie sind nur dann erstattungsfähig, wenn das Gericht über den Anspruch entschieden hat, dessen Voraussetzungen durch das Beweisverfahren geklärt werden sollten. Sonst waren sie zur zweckentsprechenden Rechtsverfolgung und Rechtsverteidigung nicht notwendig.[203] Hat das Gericht im Streitverfahren über den Anspruch nicht entschieden, kann anschließend der Antragsteller ihn oder einen etwaigen materiell-rechtlichen Kostenerstattungsanspruch einklagen und der Antragsgegner mit einem Antrag nach § 494a ZPO vorgehen,[204] wie z.B. bei einer Klagerücknahme,[205] wenn eine Klage oder Widerklage des Antragstellers als unzulässig abgewiesen, seine Aufrechnung für nicht statthaft erklärt oder bei einer Hilfsaufrechnung die Klage aufgrund der Hauptverteidigung abgewiesen worden ist.

59 Die Kostenentscheidung des Hauptsacheprozesses ist auch dann maßgebend, wenn das selbstständige Beweisverfahren einen höheren Streitwert hat, z.B. weil derselbe Anspruch unterschiedlich bewertet worden ist[206] oder weil eine Partei Schadensersatzansprüche, auf die sich die Beweisaufnahme bezogen hat, im Hauptsacheprozess um unstreitige Gegenforderungen gekürzt hat.[207] Das Gleiche gilt, wenn in einem selbstständigen Beweisverfahren über Baumängel nur ein Teil der behaupteten Mängel bestätigt worden ist und der Antragsteller dann mit der Klage nur hieraus Ansprüche herleitet. Eine Teilkostenentscheidung im selbstständigen Beweisverfahren ist unzulässig.[208] Das Gericht kann im Hauptsacheverfahren dem Antragsteller nach § 96 ZPO die Kosten auferlegen, die durch den überschießenden Teil des selbstständigen Beweisverfahrens entstanden sind. Hierauf sollte der Anwalt des Antragsgegners im Klageverfahren hinweisen. Hat das Gericht dies über-

201 BGH NJW 2007, 1279; BauR 2004, 1487.
202 BGH NJW-RR 2010, 674.
203 OLG Hamm JurBüro 1996, 376; OLG Hamburg JurBüro 1990, 1470; OLG München JurBüro 1982, 1252.
204 BGH NJW-RR 2005, 1688.
205 BGH NJW 2007, 1279.
206 OLG München MDR 1995, 1073.
207 OLG München JurBüro 2000, 39.
208 BGH NJW 2005, 294; 2004, 3121.

sehen, ist die getroffene Kostenentscheidung maßgebend; sie kann bei der Kostenfestsetzung nicht korrigiert werden.[209]

Verklagt der Antragsteller von mehreren Antragsgegnern eines selbstständigen 60
Beweisverfahrens nur einen und obsiegt er, so hat ihm der Beklagte die vollen Gerichtskosten des selbstständigen Beweisverfahrens zu erstatten, wenn sich die gesamte Beweisaufnahme auf den eingeklagten Anspruch bezogen hat. Betrafen einzelne Beweisthemen, wie z.B. Baumängel, nur den nicht verklagten Antragsgegner, werden die hierdurch verursachten Kosten nicht von der Kostenentscheidung umfasst.[210] Über die Anwaltskosten nicht mitverklagter Antragsgegner wird im Prozess nicht entschieden. Wird ein selbstständiges Beweisverfahren Gegenstand mehrerer Prozesse, sind die Kosten auf die Verfahren zu verteilen.[211]

3. Isolierte Kostenentscheidung

Der Antragsgegner kann nicht nur im Verfahren nach § 494a ZPO eine isolierte 61
Kostenentscheidung zu seinen Gunsten erwirken. Die Kosten des selbstständigen Beweisverfahrens werden dem Antragsteller auch dann auferlegt, wenn sein Beweisantrag zurückgewiesen[212] oder – ohne dass eine Klage in der Hauptsache anhängig ist – zurückgenommen wird.[213] Hat der Antragsteller den Antrag aufgrund eines außergerichtlichen Vergleichs zurückgenommen, ist – wie bei einer Rücknahme im Klageverfahren[214] – die Kostenregelung im Vergleich maßgebend.[215] Eine davon abweichende Kostenentscheidung kann auch ein Streithelfer nicht erwirken. Dem Antragsteller sind die Kosten des selbstständigen Beweisverfahrens überdies aufzuerlegen, wenn er auf eine Klage oder den Anspruch verzichtet hat.[216] Hat der Antragsgegner einen Teil des Anspruchs erfüllt und der Antragsteller auf den Rest verzichtet, werden die Kosten im Verhältnis der Kostenbeträge gequotelt.[217]

209 BGH NJW 2006, 2557.
210 BGH BauR 2004, 1809 f.
211 Im Verhältnis der Streitwerte: OLG Hamburg MDR 1986, 591, 592; Stein/Jonas/*Leipold*, vor § 485 Rn 33; Zöller/*Herget*, § 91 Rn 13; zu gleichen Teilen: OLG München MDR 1989, 548 f.
212 BGH NJW 2011, 1292; NJW-RR 2011, 932.
213 BGH BauR 2005, 133.
214 BGH NJW-RR 2004, 1506.
215 BGH NJW-RR 2008, 261.
216 OLG Jena NJW-RR 2011, 1219; OLG München MDR 2001, 108; OLG Köln MDR 1997, 105; OLG Karlsruhe NJW-RR 1996, 1343.
217 OLG München MDR 2014, 1346; OLG Jena NJW-RR 2011, 1219.

In der Rechtsprechung der Oberlandesgerichte wird überwiegend eine Kostenentscheidung zugunsten des Antragsgegners auch dann befürwortet, wenn der Antragsteller das **Verfahren nicht weiter betreibt**, indem er z.B. den Auslagenvorschuss für die Beweiserhebung nicht einzahlt und auch keinen Antrag auf Prozesskostenhilfe stellt.[218] Begründet wird dies im Wesentlichen damit, der Antragsteller hätte es sonst in der Hand, sich durch das Nichtbetreiben des Beweisverfahrens dessen kostenmäßigen Risiken zu Lasten des Antragsgegners zu entziehen. Das trifft zu, wenn der Antragsgegner keinen materiell-rechtlichen Kostenerstattungsanspruch hat, benachteiligt ihn aber auch dann nicht unbillig, wenn vor der Durchführung des Beweisbeschlusses das Beweisinteresse des Antragstellers entfallen ist und der Antragsgegner dazu beigetragen hat, z.B. durch schwebende Vergleichsverhandlungen, ein Anerkenntnis des Anspruchs oder indem er im streitschlichtenden Verfahren die Beweistatsachen unstreitig stellt. Anders verhält es sich auch in Fällen, in denen der Antragsteller eine Beweisaufnahme nur nicht fortsetzt, weil er das Ergebnis der bereits erhobenen Beweise für ausreichend hält.[219]

Eine **einseitige Erledigungserklärung** ist nicht zugelassen. Der Bundesgerichtshof sieht in ihr regelmäßig eine Rücknahme des Beweissicherungsantrags, einerlei ob noch ein Interesse des Antragstellers an der Beweissicherung besteht[220] oder nicht.[221]

Eine **übereinstimmende Erledigungserklärung** ermöglicht keine Kostenentscheidung entsprechend § 91a ZPO, wenn das Gericht die Beweisaufnahme angeordnet hat. Sie hinge davon ab, ob der Anspruch des Antragstellers ohne das erledigende Ereignis voraussichtlich begründet gewesen wäre oder nicht. Das kann das Gericht des selbstständigen Beweisverfahrens nicht überprüfen, weil ihm dafür die erforderlichen Grundlagen fehlen.[222] Dem Antragsgegner ist hiernach im Allgemeinen von der Zustimmung zu einer Erledigungserklärung des Antragstellers abzuraten. Er verhindert hierdurch eine Kostenentscheidung zu seinen Gunsten. Eine Kostenentscheidung nach § 91a ZPO kommt nur in Betracht, wenn die Par-

218 Z.B. OLG Saarbrücken NJW-RR 2011, 500; OLG München MDR 2001, 768 f., 1011 f.; OLG Jena BauR 2002, 667 ff.; OLG Celle NJW-RR 1998, 1079; OLG Frankfurt-RR 1995, 1150; OLG Koblenz MDR 2005, 291; OLG Stuttgart OLG-Report 1999, 419; a.A. OLG Köln NJW 2015, 708 und NJW-RR 2001, 1650; OLG Düsseldorf NJW-RR 2002, 864.

219 OLG Düsseldorf NJW 2014, 1748.

220 BGH BauR 2005, 133.

221 BGH WuM 2011 46 und 61; NJW-RR 2011, 932 und 1292.

222 BGH NJW-RR 2011, 931.

teien das Verfahren für erledigt erklärt haben, bevor das Gericht über den Beweisantrag entschieden hat. War er unbegründet, sind die Kosten dem Antragsteller aufzuerlegen, weil er sie auch ohne das erledigende Ereignis hätte tragen müssen. Der Antrag wäre auf seine Kosten zurückgewiesen worden. Ob der materielle Anspruch, auf den sich die Beweisthemen bezogen, bestanden hat oder nicht, spielt dabei keine Rolle.

Das OLG Dresden[223] hat auch eine Kostenentscheidung zugunsten des Antragstellers für zulässig gehalten: Der Antragsgegner hatte den Anspruch, auf den sich das Beweisverfahren bezog, und seine Pflicht anerkannt, die Kosten zu tragen.

J. Wirkungen des selbstständigen Beweisverfahrens

I. Im Hauptsacheprozess

Das Ergebnis eines selbstständigen Beweisverfahrens ist im Hauptsacheprozess **62** von Amts wegen zu verwerten, wenn sich eine Partei dort auf Tatsachen beruft, über die Beweis erhoben worden ist. Es wird dann **wie eine Beweisaufnahme im Hauptsacheverfahren** behandelt (§ 493 Abs. 1 ZPO). Voraussetzung ist bei Zeugenvernehmungen und einer Augenscheinseinnahme, dass sich die Parteien im selbstständigen Beweisverfahren als Antragsteller und Antragsgegner gegenübergestanden haben oder deren Rechtsnachfolger sind. Ein schriftliches Sachverständigengutachten kann auch verwertet werden, wenn eine Partei am selbstständigen Beweisverfahren nicht beteiligt war (§ 411a ZPO).

Das Prozessgericht darf nur eine Beweisaufnahme verwerten, die **gesetzmäßig** **63** **verlaufen** ist. Unzulässig ist eine Verwertung, wenn das Beweisergebnis auch bei einer entsprechenden Beweisaufnahme des Prozessgerichts nicht verwertet werden dürfte. Die Parteien können sich im Hauptsacheverfahren nicht mehr darauf berufen, der selbstständige Beweisantrag sei unzulässig gewesen;[224] der Antragsteller nicht auf die fehlende Zuständigkeit des mit der Beweisaufnahme befassten Gerichts (§ 486 Abs. 2 Satz 2 ZPO), wohl aber der Antragsgegner, auch wenn er dies im selbstständigen Beweisverfahren nicht gerügt hat.[225] Hat eine Partei an dem

223 BauR 2005, 1671.

224 Zöller/*Herget*, § 493 Rn 3; Stein/Jonas/*Leipold*, § 493 Rn 2; Thomas/Putzo/*Reichold*, § 493 Rn 1.

225 Zöller/*Herget*, § 486 Rn 4; Stein/Jonas/*Leipold*, § 486 Rn 11.

Beweisaufnahmetermin oder dem Ortstermin eines Sachverständigen nicht teilgenommen, so ist das Ergebnis nur zu verwerten, wenn sie rechtzeitig geladen war (§ 493 Abs. 2 ZPO). Eine nicht rechtzeitige Ladung muss in der ersten mündlichen Verhandlung vor dem Hauptsachegericht gerügt werden. Sonst ist dieser Mangel geheilt (§ 295 ZPO).

II. Hemmung der Verjährungsfrist

64 Die Zustellung eines selbstständigen Beweisantrags hemmt den Ablauf der Verjährungsfrist (§ 204 Abs. 1 Nr. 7 BGB). Voraussetzung ist, dass der Antragsteller während des selbstständigen Beweisverfahrens Inhaber des Anspruchs war[226] und der Antragsgegner Schuldner.[227] Beweisanträge des Schuldners wirken sich – ähnlich wie negative Feststellungsklagen[228] – auf die Verjährungsfrist nicht aus. Leitet z.B. der Auftragnehmer eines Bauvertrages ein selbstständiges Beweisverfahren ein, um feststellen zu lassen, dass keine Baumängel vorliegen, wird hierdurch die Verjährungsfrist der Mängelansprüche des Auftraggebers nicht gehemmt. Auch umgekehrt bei einem vom Auftraggeber eigeleiteten Verfahren wird die Verjährung des Vergütungsanspruchs des Auftragnehmers nicht gehemmt. Sind Ansprüche vor der Einleitung des selbstständigen Beweisverfahrens an Dritte abgetreten worden, wie häufig Gewährleistungsansprüche von Bauträgern an den Erwerber des Bauvorhabens, hemmt nur ein selbstständiges Beweisverfahren des Erwerbers gegen den Bauunternehmer die Verjährung der Gewährleistungsansprüche, nicht ein Verfahren des Bauträgers. Erwirbt der Antragsteller die Ansprüche während des Beweisverfahrens, wird die Verjährung von da an gehemmt, auch wenn die Abtretung nicht offen gelegt worden ist.[229]

Gehemmt wird nach herrschender Meinung nur die Verjährungsfrist von Ansprüchen des Antragstellers, die von den Tatsachenbehauptungen abhängen, über die Beweis erhoben werden soll.[230] Die Fälligkeit einer Werklohnforderung hängt nach § 641 Abs. 1 Satz 1 BGB von der Abnahme ab. Verweigert der Auftraggeber wegen angeblicher Mängel die Abnahme, hemmt ein selbstständiges Beweisverfahren des

226 BGH NJW 1993, 1916.
227 BGH NJW 1980, 1458.
228 BGH NJW 2012, 3633.
229 BGH NJW 1993, 1916.
230 BGH NJW 2008, 1729; OLG Koblenz, Urt. v. 21.8.2013 – 5 U 273/13; OLG Saarbrücken NJW-RR 2006, 163.

Auftragnehmers, mit dem die Mangelfreiheit festgestellt werden soll, die Verjährung des Vergütungsanspruchs.[231]

Die Hemmung der Verjährungsfrist erstreckt sich bei Gewährleistungsansprüchen nur auf Mängel, die Gegenstand des Verfahrens waren. Liegen bei einem Bauvorhaben mehrere, voneinander unabhängige Mängel vor, so wird die Verjährungsfrist nur für Ansprüche aus den Mängeln gehemmt, die im Beweisantrag aufgeführt waren.[232]

In allen nicht eindeutigen Fällen ist es für den jeweiligen Gläubiger der „sicherste Weg", von keiner Auswirkung des selbstständigen Beweisverfahrens auf die Verjährung seines Anspruchs auszugehen und eigene verjährungshemmende Maßnahmen zu ergreifen. Einem Klageverfahren sind dabei im Allgemeinen ein Verzicht der Gegenseite auf die Einrede der Verjährung oder ein einvernehmliches Beweisverfahren vorzuziehen, mit dem die Ansprüche beider Parteien nach § 203 BGB gehemmt werden.

Die **Hemmung** der Verjährungsfrist **beginnt** mit dem Eingang des Beweisantrages beim Gericht, wenn er demnächst zugestellt wird (§ 167 ZPO), sonst mit der Zustellung des Antrags, bei einer unterbliebenen Zustellung von dem Zeitpunkt an, zu dem der Antrag dem Antragsgegner tatsächlich zugegangen ist (§ 189 ZPO).[233] 65

Die **Hemmung endet** sechs Monate nach dem **Abschluss des Beweisverfahrens** (§ 204 Abs. 2 Satz 1 BGB). Die Einnahme des Augenscheins und die Vernehmung von Zeugen ist mit der Verlesung des Protokolls oder der Vorlage zur Durchsicht beendet (§ 162 Abs. 1 Satz 1 ZPO), ebenso die Vernehmung eines Sachverständigen, wenn innerhalb eines angemessenen Zeitraums danach keine Anträge zur Ergänzung des Gutachtens gestellt werden.[234] Eine Beweiserhebung durch ein schriftliches Sachverständigengutachten ist mit dessen Übersendung an die Parteien beendet, wenn weder das Gericht eine Frist zur Stellungnahme gesetzt hat noch die Parteien innerhalb eines angemessenen Zeitraums Einwände gegen das Gutachten erhoben oder die Anhörung des Sachverständigen beantragt haben (siehe Rn 40). Werden mehrere Gutachten wegen desselben Mangels eingeholt, so ist der Zugang des letzten Gutachtens maßgebend, bei mehreren Gutachten über verschiedene, voneinander unabhängige Mängel hinsichtlich eines jeden Mangels der Zu- 66

231 BGH NJW 2012, 1140.
232 BGH BauR 1993, 221 ff. und z.B. OLG Koblenz VersR 2013, 1542.
233 BGH NJW 2011, 1965.
234 BGH NJW-RR 2009, 1243.

gang des Gutachtens, das sich auf ihn bezieht.[235] Nach Auffassung des OLG Hamm[236] endet die Hemmung auch zu unterschiedlichen Zeitpunkten, wenn ein Sachverständiger in einem Gutachten verschiedene, voneinander unabhängige Mängel untersucht hat und das Beweisverfahren – etwa durch ergänzende Fragen und die Einholung eines Ergänzungsgutachtens – zu einem Mangelpunkt fortgesetzt wird, hinsichtlich eines anderen aber nicht. Der Antragsteller ist hiernach bei kurzen Verjährungsfristen unter Umständen gezwungen, seine Ansprüche aus den „geklärten" Mängeln einzuklagen, bevor das selbstständige Beweisverfahren beendet ist. Um dies zu vermeiden und die Aussichten zu erhalten, den Streit über alle Mängel durch einen außergerichtlichen Vergleich beizulegen, können die Parteien einen Verzicht auf die Einrede der Verjährung bis zu einem Zeitraum von sechs Monaten nach dem endgültigen Abschluss des selbstständigen Beweisverfahrens vereinbaren.

Trotz rechtzeitiger Einwendungen ist das selbstständige Beweisverfahren beendet, wenn das Gericht zum Ausdruck gebracht hat, dass eine weitere Beweisaufnahme nicht stattfinde und dagegen innerhalb einer angemessenen Frist keine Einwände erhoben werden.[237]

Nach § 204 Abs. 2 Satz. 2 BGB endet die Hemmung der Verjährung auch, wenn das Verfahren nicht mehr betrieben wird. Das sind vor allem Fälle, in denen das Gericht einen Beweisbeschluss erlassen, der Antragsteller jedoch den angeordneten Kostenvorschuss nicht eingezahlt hat.[238]

235 BGH NJW 1993, 851.
236 BauR 2009, 1477.
237 BGH NJW 2011, 594.
238 OLG Düsseldorf NJW-RR 2013, 246; OLG Schleswig SchlHA 2011, 414; OLG Frankfurt OLG-Report 2004, 325.

K. Muster für das selbstständige Beweisverfahren

I. Muster: Antrag auf Beweissicherung (Zeugenvernehmung)

▼

An das 67
Amtsgericht

Eilt! Bitte sofort vorlegen
Selbstständiger Beweisantrag

der

– Antragstellerin –

– Verfahrensbevollmächtigter: Rechtsanwalt –

gegen

den

– Antragsgegner –

Vorläufiger Streitwert: Euro

Namens und in Vollmacht der Antragstellerin beantrage ich, zur Sicherung des Beweises gemäß § 485 Abs. 1 ZPO Herrn aus als Zeugen darüber zu vernehmen,

> dass der Antragsgegner beim Abschluss des Kaufvertrages der Parteien über den Pkw der Antragstellerin erklärt hat, das Fahrzeug befinde sich in einem technisch einwandfreien Zustand.

Begründung:

Die Antragstellerin hat am für EUR vom Antragsgegner mit dem in Kopie beigefügten Kaufvertrag den gebrauchten Pkw erworben. Sie verlangt die Wandelung des Vertrages, weil die aufgezogenen Reifen für die Felgen nicht zugelassen waren. Dies hat sich bei der späteren Inspektion in einer Werkstatt herausgestellt. Der Antragsgegner hat wegen des vereinbarten Gewährleistungsausschlusses eine Behebung des Mangels abgelehnt. Die Antragstellerin ist deshalb mit dem beigefügten Schreiben vom) von dem Kaufvertrag zurückgetreten. Sie verlangt die Rückzahlung des Kaufpreises. Ein Prozess ist noch nicht anhängig.

Die Antragstellerin kann durch den Zeugen ______ nachweisen, dass der Antragsgegner beim Abschluss des Kaufvertrages einen technisch einwandfreien Zustand des Pkw zugesichert hat. Der Zeuge war dabei, als sich die Parteien darüber unterhalten haben.

Der Zeuge hat der Antragstellerin jetzt mitgeteilt, er werde im nächsten Monat nach Brasilien übersiedeln. Dies mache ich durch die anliegende eidesstattliche Versicherung der Antragstellerin glaubhaft. Seine Vernehmung in einem späteren Prozess wäre dann erschwert, weil eine Beweisaufnahme in Brasilien nur unter schwierigen Bedingungen durchgeführt werden kann. Es ist daher zur Beweissicherung geboten, den Zeugen zu vernehmen, bevor er Deutschland verlassen hat.

Das Gericht wird gebeten, die Beweisaufnahme ohne mündliche Verhandlung sofort anzuordnen und den Zeugen unverzüglich zu vernehmen. Für den Kostenvorschuss übernehme ich persönlich die Haftung.

(Rechtsanwalt)

Anlagen:

1) Kaufvertrag der Parteien vom ______
2) Schreiben der Antragstellerin vom ______
3) eidesstattliche Versicherung der Antragstellerin vom ______

▲

II. Muster: Antrag auf Beweissicherung (Sachverständigengutachten)

2.2

▼

68 An das

Landgericht

______

Eilt! Bitte sofort vorlegen

Selbstständiger Beweisantrag

der ______

– Antragstellerin –

– Verfahrensbevollmächtigter: Rechtsanwalt ______ –

gegen

den ______

– Antragsgegner –

Vorläufiger Streitwert: ___ Euro

Namens und in Vollmacht der Antragstellerin beantrage ich, zur Beweissicherung gemäß § 485 Abs. 1 ZPO ein schriftliches Sachverständigengutachten darüber einzuholen,

> dass bei dem Bauvorhaben ___ in ___ 50 % der Maurerarbeiten ausgeführt worden sind, die nach den beiliegenden Vertragsunterlagen vorgesehen waren.

Begründung:

Der Antragsgegner hat die Antragstellerin mit dem in Kopie beigefügten Bauvertrag vom ___ beauftragt, zu einem Pauschalendpreis von ___ EUR die Maurerarbeiten bei dem Bauvorhaben ___ in ___ auszuführen. Der vorgesehene Leistungsumfang ergibt sich aus der anliegenden Bauzeichnung und Baubeschreibung.

Während der Arbeiten kam es zwischen den Parteien zu Differenzen. Der Antragsgegner hat deshalb den Vertrag mit dem beigefügten Schreiben vom ___ fristlos gekündigt, den Mitarbeitern der Antragstellerin verboten, die Baustelle zu betreten, und angekündigt, dass er die Restarbeiten an einen anderen Unternehmer vergeben werde. Er weigert sich, die erbrachten Leistungen zu bezahlen.

Die Antragstellerin hat 50 % der vorgesehenen Maurerarbeiten ausgeführt und beansprucht hierfür die Hälfte des vereinbarten Pauschalendpreises. Den Umfang ihrer Leistungen kann sie in einem späteren Prozess mit einem Sachverständigengutachten nicht mehr beweisen, wenn der Antragsgegner, wie er angekündigt hat, die Arbeiten durch einen anderen Unternehmer fortführen lässt. Zur Sicherung dieses Beweismittels ist daher eine sofortige Begutachtung geboten.

Das Gericht wird gebeten, den Beweisbeschluss ohne mündliche Verhandlung zu erlassen und unverzüglich einen Sachverständigen mit der Erstattung des Gutachtens zu beauftragen. Für den Kostenvorschuss übernehme ich bis zur Höhe von ___ persönlich die Haftung. Sollte das Gericht einen höheren Vorschuss verlangen, bitte ich, mir dies telefonisch mitzuteilen.

(Rechtsanwalt)

Anlagen:

1) Bauvertrag der Parteien vom ___
2) Bauzeichnung des ___ vom ___
3) Baubeschreibung des ___ vom ___
4) eidesstattliche Versicherung des Bauleiters ___ vom ___

▲

III. Muster: Antrag im streitschlichtenden Verfahren

2.3

69 An das

Landgericht

…

Selbstständiger Beweisantrag

des …

– Antragstellers –

– Verfahrensbevollmächtigter: … –

gegen

1) die …

2) den …

– Antragsgegner –

Vorläufiger Streitwert: … Euro

Namens und in Vollmacht des Antragstellers beantrage ich, gemäß § 485 Abs. 2 ZPO ein schriftliches Sachverständigengutachten darüber einzuholen,

1) dass die Außenwand des Kellers im Gebäude … in … feucht ist,
2) worauf dies beruht,
3) Welche Maßnahmen erforderlich sind, um den Mangel zu beheben.

   und

4) Welche Kosten bei einer fachgerechten Beseitigung des Mangels anfallen.

Begründung:

Die Antragsgegnerin zu 1) hat im Auftrag des Antragstellers den Rohbau des Gebäudes … in … errichtet und dabei u.a. die Keller-Betonwanne gefertigt. Sie ist 0,75 m hoch. Dies hatte der Antragsgegner zu 2) in der Bauzeichnung so vorgesehen. Er war als Architekt vom Antragsteller mit der Planung beauftragt.

Nachdem das Gebäude fertig gestellt war, traten an der Außenwand des Kellers wiederholt Feuchtigkeitsschäden auf. Die Betonwanne dichtet den Keller offensichtlich nicht richtig ab. Die Antragsgegnerin zu 1) hat es abgelehnt, den Mangel zu beheben. Nach ihrer Darstellung in dem beigefügten Schreiben vom … ist die Wanne fehlerfrei. Die Antragsgegnerin zu 1) führt die Feuchtigkeitsschäden auf einen Planungsfehler des Antragsgegners zu 2) zurück. Die von ihm vorgegebene Höhe der Kellerwanne reiche bei dem Grundwasserstand nicht aus. Der Antragsgegner zu 2) hat dies in dem anliegenden Schreiben vom bestritten und sich auf Mängel der Kellerwanne berufen. Ein Prozess ist noch nicht anhängig.

Der Antragsteller hat ein rechtliches Interesse, die im Beweisantrag genannten Tatsachen durch einen gerichtlichen Sachverständigen feststellen zu lassen. Aus seinem Gutachten wird sich ergeben, wer für die unzulängliche Abdichtung verantwortlich ist. Es ist zu erwarten, dass die Antragsgegner dies dann akzeptieren und zu einer einvernehmlichen Lösung bereit sind, sodass sich ein Prozess erübrigt.

Das Landgericht ist gemäß § 486 Abs. 2 ZPO als Gericht der Hauptsache zuständig. Der Antragsteller veranschlagt die Mängelbeseitigungskosten auf EUR. Diesen Betrag hat die Antragsgegnerin zu 1) in dem beigefügten Kostenvoranschlag verlangt.

Das Gericht wird gebeten, den Beweisbeschluss ohne mündliche Verhandlung zu erlassen.

Zur Glaubhaftmachung sind beigefügt:

1) der Bauvertrag mit der Antragsgegnerin zu 1) vom
2) der Architektenvertrag mit dem Antragsgegner zu 2) vom
3) die Bauzeichnung des Antragsgegners zu 2)
4) das Schreiben der Antragsgegnerin zu 1) vom
5) das Schreiben des Antragsgegners zu 2) vom
6) der Kostenvoranschlag der Antragsgegnerin zu 1) vom

(Rechtsanwalt)

▲

IV. Muster: Sofortige Beschwerde gegen ablehnenden Beschluss

2.4

▼

An das 70

Amtsgericht/Landgericht

Az.:

In dem selbstständigen Beweisverfahren

./.

lege ich namens und in Vollmacht des Antragstellers

sofortige Beschwerde

gegen den am … zugestellten Beschl. v. … ein, mit dem Antrag,

ihn aufzuheben und die beantragte Beweisaufnahme anzuordnen.

Begründung:

Das Amtsgericht/Landgericht hat dem Antragsteller zu Unrecht ein Rechtsschutzbedürfnis für den selbstständigen Beweisantrag vom … abgesprochen. Der Antrag beruht auf § 485 Abs. 2 ZPO. Ein rechtliches Interesse ist danach anzunehmen, wenn die Feststellungen des Sachverständigen dazu dienen können, einen Prozess zu vermeiden. Die Antragsgegnerin hat zwar eine gütliche Einigung mit der Begründung ausgeschlossen, sie brauche schon aus Rechtsgründen für etwaige Gewährleistungsansprüche des Antragstellers nicht einzustehen. Das Gericht hat hieraus entnommen, das Gutachten eines Sachverständigen über die behaupteten Mängel sei nicht geeignet, den Streit der Parteien beizulegen; die Antragsgegnerin werde es in jedem Fall auf einen Rechtsstreit ankommen lassen. Das mag für die Antragsgegnerin zutreffen. Der Antragsteller ist unabhängig von dem Ergebnis des Sachverständigengutachtens nicht entschlossen, einen Prozess gegen sie zu führen. Sollte sich – wider Erwarten – herausstellen, dass die Mängel auf Ursachen beruhen, die von der Antragsgegnerin nicht zu verantworten sind, wird er sie nicht verklagen. Ein Rechtsstreit der Parteien würde dann durch das Gutachten vermieden. Dies reicht für ein rechtliches Interesse an einem selbstständigen Beweisverfahren nach § 485 Abs. 2 ZPO aus (vgl. OLG Koblenz MDR 2005, 888; OLG Oldenburg MDR 1995, 746, 747; OLG Zweibrücken OLGZ 1993, 218 ff.).

(Rechtsanwalt)

▲

V. Muster: Erweiterungsantrag

▼

71 An das

Amtsgericht/Landgericht

…

Az.: …

In dem selbstständigen Beweisverfahren

… ./. …

beantrage ich namens und in Vollmacht des Antragsgegners, den Sachverständigen zusätzlich damit zu beauftragen, festzustellen, ob der behauptete Baumangel auf Planungsfehler des Architekten zurückzuführen ist.

Begründung:

Wenn tatsächlich – wie die Antragstellerin behauptet hat – die Außenwand des Hauses undicht ist, dann beruht dies nicht auf den Arbeiten des Antragsgegners. Er hat die Fassadenplatten fehlerfrei verlegt und sich dabei an die beigefügte Bauzeichnung des von der Antragstellerin beauftragten Architekten gehalten, der die Verkleidung geplant hat. Ihm muss dann hierbei ein Fehler unterlaufen sein. Um dies zu klären, ist eine Stellungnahme des Sachverständigen auch hierzu erforderlich. Von seinem Gutachten ist sonst eine gütliche Einigung nicht zu erwarten.

(Rechtsanwalt)

Anlage: Bauzeichnung des vom

▲

VI. Muster: Streitverkündung des Antragsgegners

▼

An das 72

Amtsgericht/Landgericht

Az.:

Streitverkündung

In dem selbstständigen Beweisverfahren

./.

verkünde ich namens und im Auftrag des Antragsgegners der Firma den Streit.

Das Gericht wird gebeten, der Streitverkündeten Abschriften dieses Schriftsatzes sowie die beigefügten Kopien der Antragsschrift und der Erwiderung des Antragsgegners alsbald zuzustellen.

Begründung:

Der Antragsteller hat beantragt, ein Sachverständigengutachten wegen angeblich mangelhafter Estricharbeiten im Badezimmer seines neu gebauten Wohnhauses einzuholen. Er will hierfür den Antragsgegner als Generalunternehmer des Bauvorhabens verantwortlich machen. Sollten tatsächlich Mängel vorliegen, wird der Antragsgegner die Kosten seiner Gewährleistung von der Streitverkündeten ersetzt verlangen. Die Streitverkündete muss hierfür einstehen, weil sie im Auftrag des Antragsgegners als Subunternehmerin die Estricharbeiten ausgeführt und trotz einer vorsorglichen Aufforderung des Antragsgegners nicht nachgebessert hat.

Das Gericht hat den beantragten Beweisbeschluss noch nicht erlassen.

(Rechtsanwalt)

Anlagen:

1) Kopie der Antragsschrift des Antragstellers vom
2) Kopie der Erwiderung des Antragsgegners vom

▲

VII. Muster: Streitverkündung des Antragstellers

2.7

▼

73 An das

Amtsgericht/Landgericht

Az.:

Streitverkündung

In dem selbstständigen Beweisverfahren

./.

verkünde ich namens und im Auftrag des Antragstellers dem Architekten den Streit.

Das Gericht wird gebeten, dem Streitverkündeten Abschriften dieses Schriftsatzes sowie die beigefügten Kopien der Antragsschrift und der Erwiderung des Antragsgegners alsbald zuzustellen.

Begründung:

Der Antragsteller hat beantragt, ein schriftliches Sachverständigengutachten wegen der Risse an seinem Neubau einzuholen. Er macht hierfür den Antragsgegner als Bauunternehmer verantwortlich. Der Antragsgegner hat eingewandt, es handele sich um Setzungsrisse. Sollte sich dies herausstellen, wird der Antragsteller den Streitverkündeten in Regress nehmen. Der Streitverkündete hat als Architekt das Bauvorhaben geplant und auch die statischen Berechnungen durchgeführt. Er ist daher zum Schadensersatz verpflichtet, wenn ihm hierbei Fehler unterlaufen sind.

Das Gericht hat den beantragten Beweisbeschluss noch nicht erlassen.

(Rechtsanwalt)

Anlagen:

1) Kopie der Antragsschrift des Antragstellers vom
2) Kopie der Erwiderung des Antragsgegners vom

▲

VIII. Muster: Beitritt des Streitverkündeten

2.8

▼

An das 74

Amtsgericht/Landgericht

Az.:

In dem selbstständigen Beweisverfahren

./.

vertrete ich den Streitverkündeten .

Er tritt dem Verfahren auf Seiten bei, schließt sich dessen Antrag an und trägt ergänzend vor:

(Rechtsanwalt)

▲

IX. Muster: Antrag auf Erläuterung eines schriftlichen Gutachtens

2.9

▼

An das 75

Amtsgericht/Landgericht

Az.:

In dem selbstständigen Beweisverfahren

./.

beantrage ich namens und im Auftrag des Antragstellers/Antragsgegners/Streithelfers,

> den Sachverständigen zur mündlichen Erläuterung seines schriftlichen Gutachtens vom zu laden.

Die Ausführungen in dem Gutachten über sind nicht überzeugend. Der Sachverständige hat dabei nicht hinreichend berücksichtigt, dass . Außerdem ist nicht nachzuvollziehen, .

Der Antragsteller/Antragsgegner/Streithelfer will den Sachverständigen hiernach befragen. Hierauf hat er ein Recht, auch wenn das Gericht keine Fragen hat (vgl. u.a. BGH NJW-RR 2007, 1294; NJW 1998, 162, 163; NJW 1997, 802 f.).

(Rechtsanwalt)

▲

X. Muster: Ablehnung eines Sachverständigen wegen der Besorgnis der Befangenheit

2.10

▼

76 An das

Amtsgericht/Landgericht

Az.:

In dem selbstständigen Beweisverfahren

./.

lehne ich namens und im Auftrag des Antragsgegners den Sachverständigen wegen der Besorgnis der Befangenheit ab.

Begründung:

Der Sachverständige hat – wie der Seite seines schriftlichen Gutachtens zu entnehmen ist – Konstruktionspläne des Antragstellers verwertet, die er von ihm angefordert hatte, ohne den Antragsgegner darüber zu informieren. Das wird der Sachverständige bestätigen, wenn ihn das Gericht danach befragt. Der Antragsgegner kennt diese Pläne nicht. Er wusste auch nicht, dass sie dem Sachverständigen vorlagen. Dies hat er erst aus dem Gutachten erfahren.

Der Sachverständige hat sich danach auf einseitige Informationen des Antragstellers gestützt und es ihm dadurch ermöglicht, das Gutachten zu beeinflussen, dies aber dem Antragsgegner versagt, indem er ihn nicht beteiligt hat. Der Antragsgegner befürchtet daher, dass der Sachverständige voreingenommen ist.

(Rechtsanwalt)

▲

XI. Muster: Anträge gemäß § 494a ZPO

▼

An das Amtsgericht/Landgericht 77

Az:

In dem selbstständigen Beweisverfahren

./.

beantrage ich namens und in Vollmacht des Antragsgegners,

dem Antragsteller aufzugeben, binnen zwei Wochen Klage zu erheben und

ihm nach dem Ablauf der Frist die Kosten des Antragsgegners aus dem selbstständigen Beweisverfahren aufzuerlegen.

Begründung:

Das Beweisverfahren ist beendet, nachdem die Parteien innerhalb der gesetzten Frist keine Einwendungen gegen das schriftliche Gutachten des Sachverständigen vom erhoben haben. Damit sind die Voraussetzungen des § 494a Abs. 1 ZPO für die beantragte Anordnung erfüllt. Sie ist erforderlich, weil der Antragsteller seinen vermeintlichen Anspruch bislang nicht eingeklagt hat. Eine Frist von zwei Wochen dürfte angemessen sein.

Sollte der Antragsteller keine Klage erheben, wird schon jetzt der Kostenantrag nach § 494a Abs. 2 ZPO gestellt.

Es wird angeregt, ohne mündliche Verhandlung zu entscheiden.

(Rechtsanwalt)

▲

§ 3 Einstweilige Verfügung

A. Einleitung

Gläubiger können mit einer einstweiligen Verfügung gefährdete Ansprüche sichern, bis sie tituliert sind (§ 935 ZPO), und in dringenden Fällen streitige Rechtsverhältnisse vorläufig regeln lassen (§ 940 ZPO). Diese **Sicherungs- und Regelungsverfügungen** führen nicht zur Erfüllung des Anspruchs. Sie verschaffen dem Gläubiger einen Titel, mit dem er seine Rechte bis zur Entscheidung in der Hauptsache wahren kann. 1

In Ausnahmefällen sind mit einer einstweiligen Verfügung Ansprüche vorläufig durchzusetzen (**Leistungsverfügung**). Voraussetzung ist im Allgemeinen, dass sich der Gläubiger sonst in einer **Notlage** befindet oder ihm **irreparable Schäden** drohen.

Bestimmte Leistungsverfügungen sind zugelassen, auch wenn kein Notfall besteht. Bei ihnen wird vermutet, dass der Anspruch gefährdet ist (siehe Rn 59). Sie sind eine Alternative zum Klageverfahren und diesem in der Regel vorzuziehen, weil ein Antrag im einstweiligen Verfügungsverfahren schneller und leichter zu einem Titel führt.

Das Verfügungsverfahren bietet einen **effektiven Rechtsschutz**. Es ist überdies billiger als das Klageverfahren, weil der Streitwert in der Regel niedriger ist. 2

Der Gläubiger geht mit einem Verfügungsantrag aber ein **zusätzliches Kostenrisiko** ein. Hat er eine einstweilige Verfügung erwirkt, so steht es nicht mehr in seinem Belieben, ob er die **Klage in der Hauptsache** erhebt. Nach einer sichernden und regelnden Verfügung ist er hierzu gezwungen, wenn der Schuldner den Anspruch nicht freiwillig erfüllt. Nach einer Leistungsverfügung muss er den Anspruch unter Umständen einklagen, damit er nicht verjährt. Außerdem kann ihm der Schuldner eine Frist für die Klage setzen lassen (§§ 926, 936 ZPO). Erhebt der Gläubiger die Klage nicht oder unterliegt er im Klageverfahren, so muss er die Kosten der einstweiligen Verfügung tragen, auch wenn er im Verfügungsverfahren obsiegt hat. 3

Deshalb ist vor einem Verfügungsantrag das Kostenrisiko einer Klage einzukalkulieren. Von einer einstweiligen Verfügung ist nicht nur abzuraten, wenn für sie keine Aussicht auf Erfolg besteht. Sie ist auch dann nicht zu empfehlen, wenn der Antragsteller zwar im einstweiligen Verfügungsverfahren Erfolg versprechend vorgehen kann, nicht aber mit einer Klage.

4 Das Verfügungsverfahren ist überdies mit einem **Schadensersatzrisiko** verbunden. Der Antragsteller **muss** aus einer einstweiligen Verfügung – anders als aus einer einstweiligen Anordnung und einem noch nicht rechtskräftigen Urteil – die **Zwangsvollstreckung betreiben** (§§ 929 Abs. 2, 936 ZPO). Entstehen dem Antragsgegner hierdurch Schäden und erweist sich die einstweilige Verfügung später als von Anfang an ungerechtfertigt, so ist der Antragsteller unabhängig von seinem Verschulden zum Schadensersatz verpflichtet (§ 945 ZPO).

B. Arten der einstweiligen Verfügung

5 Sicherungs-, Regelungs- und Leistungsverfügungen unterscheiden sich nicht durch ihre **Voraussetzungen**. Erforderlich ist in jedem Fall

- ein materieller Anspruch des Antragstellers (**Verfügungsanspruch**) und in der Regel
- die Gefährdung dieses Anspruchs (**Verfügungsgrund**).

Abweichungen bestehen bei den **Rechtsfolgen**.

Sicherungs- und Regelungsverfügungen dienen dazu, Ansprüche oder Rechte zu schützen. Mit ihnen sind nur Anordnungen zu erreichen, die es ermöglichen sollen, gefährdete Ansprüche später durchzusetzen.

Leistungsverfügungen führen – ganz oder teilweise – zur Erfüllung eines Anspruchs. Sie nehmen Urteile vorweg, verpflichten den Gegner aber auch dann nur vorläufig, weil sie – ebenso wie Sicherungs- und Regelungsverfügungen – unter dem Vorbehalt der endgültigen Klärung im Hauptverfahren stehen. Ergeht dort eine abweichende Entscheidung, wird die einstweilige Verfügung auf Antrag des Gegners aufgehoben.

I. Sicherungsverfügung

6 Sicherungsverfügungen bezwecken, die künftige Durchsetzung eines Rechts zu sichern. Sie sollen verhindern, dass Ansprüche nach einer Titulierung nicht mehr zu realisieren sind.

1. Verfügungsanspruch

Eine Sicherungsverfügung kann sich auf alle materiellen Ansprüche bis auf Geldforderungen erstrecken, die mit einer Leistungs-, Feststellungs- oder Gestaltungsklage einklagbar sind (**Verfügungsanspruch**). In Betracht kommen vor allem Ansprüche auf 7

- Herausgabe,
- Handlungen,
- Duldungen und Unterlassungen sowie
- Abgabe von Willenserklärungen.

Zahlungsansprüche sind nur mit einem Arrest zu sichern. In Ausnahmefällen können sie mit einer einstweiligen Verfügung **durchgesetzt** werden (siehe Rn 20 f.).

2. Verfügungsgrund

Ein **Verfügungsgrund** liegt vor, wenn zu befürchten ist, dass der Gläubiger wegen einer drohenden Veränderung des bestehenden Zustandes seinen Anspruch ohne die Sicherungsverfügung nicht mehr oder nur noch unter wesentlich erschwerten Umständen durchsetzen kann (§ 935 ZPO). 8

Ein **Herausgabeanspruch** kann z.B. gefährdet sein durch den bevorstehenden Verbrauch der Sache oder die drohende Zerstörung, Veräußerung, Belastung, Verarbeitung bzw. übermäßige Abnutzung. Der drohende Wertverlust durch eine normale Weiterbenutzung reicht nicht aus.[1]

3. Sicherungsmittel

Ein typisches **Mittel zur Sicherung gefährdeter Herausgabeansprüche** ist die **Verwahrung** und – wenn erforderlich – **Verwaltung** von Sachen. 9

Müssen Sachen **nur verwahrt** werden, so nimmt der Gerichtsvollzieher sie in Besitz. Bewegliche Sachen lagert er in einer behördeneigenen Pfandkammer oder z.B. bei einem Spediteur ein, Grundstücke kann er räumen lassen. Der Gerichtsvollzieher ist hierzu dienstlich verpflichtet. Seine Kosten kann der Gläubiger aufgrund der Kostenentscheidung im einstweiligen Verfügungsverfahren festsetzen lassen (§ 103 ZPO) und dann vom Schuldner beitreiben. 10

1 OLG Hamm, Beschl. v. 28.10.2010 – 5 W 77/10, I-5 W 77/10; OLG Düsseldorf OLG-Report 2005, 731; OLG Brandenburg MDR 2001, 1185; OLG Köln NJW-RR 1998, 1588; OLG Dresden MDR 1998, 305; a.A. OLG Düsseldorf MDR 1984, 411 (Möbelkauf).

11 Mit der **Verwaltung** sichergestellter Sachen wird auf Antrag ein **Sequester beauftragt.** Gerichtsvollzieher brauchen das Amt nicht zu übernehmen (§ 154 Abs. 1 Satz 3 der Geschäftsanweisung für Gerichtsvollzieher). Die Sequestration ist für sie eine freiwillige Nebentätigkeit. Der Sequester hat gegen den Gläubiger einen Vergütungsanspruch. Die Höhe kann er mit ihm vereinbaren. Sonst beziffert sie das Gericht, im Allgemeinen nach den Vergütungssätzen für Zwangsverwalter.[2] Die Kosten einer Sequestration können ebenfalls aufgrund der Kostenentscheidung im einstweiligen Verfügungsverfahren, in dem die Sequestration angeordnet worden ist, festgesetzt werden.[3]

Grundstücke werden durch die Eintragung der Sequestration im Grundbuch oder die Anordnung der Zwangsverwaltung sequestriert, Forderungen oder Rechte durch die Überleitung mit einem Pfändungs- und Überweisungsbeschluss auf den Sequester.[4]

12 Einer **drohenden Veräußerung** kann der Gläubiger auch mit einem Veräußerungs- oder Erwerbsverbot vorbeugen, einer **drohenden Belastung** mit einem Belastungsverbot (§ 938 Abs. 2 ZPO).

13 Ein **Veräußerungsverbot** ist billiger als eine Sequestration, weil keine Lagerkosten anfallen. Es schützt aber nicht vor einem gutgläubigen Erwerb durch Dritte (§§ 136, 135 Abs. 2 BGB). Um dies zu erreichen, kann der Gläubiger bei **beweglichen Sachen** zusätzlich und mit vergleichsweise geringen Kosten die **Siegelung** anordnen lassen. Sie sind dann gesichert wie gepfändete Sachen, die zunächst beim Schuldner verbleiben. Ist ein Rechtsstreit über das Eigentum an einem Grundstück anhängig, verhindert die Eintragung eines Widerspruchs oder eines Rechtshängigkeitsvermerks im Grundbuch den gutgläubigen Erwerb Dritter durch eine Veräußerung des Grundstücks. Eine fehlende Bewilligung kann – auch hinsichtlich eines Rechtshängigkeitsvermerks[5] – im Wege der einstweiligen Verfügung nach § 899 Abs. 2 BGB erzwungen werden.

14 Ein **Erwerbsverbot** kann nur dem Schuldner des Antragstellers auferlegt werden, nicht einem Dritten. Mit ihm kann z.B. der Verkäufer eines Grundstücks, der den Kaufvertrag angefochten hat oder von ihm zurückgetreten ist, es dem Käufer untersagen lassen, die Umschreibung des Eigentums im Grundbuch zu beantragen

2 BGH NJW-RR 2005, 1283.

3 BGH NJW 2006, 3010.

4 *Wieczorek/Thümmel*, § 938 Rn 14.

5 BGH NJW 2013, 2357.

oder den Eintragungsantrag aufrechtzuerhalten. Ein Erwerbsverbot kann nicht im Grundbuch eingetragen werden.[6] Das Grundbuchamt muss es aber von Amts wegen beachten, wenn es hiervon Kenntnis erlangt.[7] Verstößt der Käufer gegen ein Erwerbsverbot und trägt ihn das Grundbuchamt ein, so wird er Eigentümer. Der Verkäufer ist dann auf einen Rückübertragungsanspruch angewiesen, den er mit einer Vormerkung sichern kann.

Bei zu **befürchtenden Einwirkungen** kann der Gläubiger statt einer Verwahrung oder Sequestration auch beantragen, dem Schuldner die Einwirkungen zu untersagen, wie z.B. durch ein **Verbot der Benutzung** oder der Bebauung eines herauszugebenden Grundstücks. Davon ist im Allgemeinen abzuraten, weil der Gläubiger hierdurch nicht hinreichend gesichert ist. Er kann bei einem Verstoß nur mit einem Ordnungsgeldantrag nach § 890 ZPO vorgehen und ist auf Schadensersatzansprüche angewiesen. 15

II. Regelungsverfügung

Regelungsverfügungen dienen dazu, streitige Rechtsbeziehungen vorläufig zu ordnen. Aus ihnen müssen noch keine Ansprüche des Antragstellers entstanden sein. Sie müssen nur entstehen können.[8] 16

Ein **Verfügungsgrund** liegt vor, wenn eine vorläufige Regelung bis zu einer Entscheidung im ordentlichen Prozessweg nötig ist, um wesentliche Nachteile abzuwenden (§ 940 ZPO). Die einstweilige Regelung muss so dringlich sein, dass es dem Antragsteller nicht zuzumuten ist, mit der Realisierung seines Rechts bis zur Entscheidung im normalen Klageverfahren zu warten.[9] Dabei sind die schutzwürdigen Interessen des Gläubigers und des Schuldners gegeneinander abzuwägen. Der Vorteil für den Gläubiger darf nicht außer Verhältnis zu den Nachteilen des Schuldners stehen.[10] Ein Bedürfnis nach vorläufigen Regelungen besteht häufig im Gesellschaftsrecht (siehe § 8). 17

6 Zöller/*Vollkommer*, § 938 Rn 14; Stein/Jonas/*Grunsky*, § 938 Rn 26.

7 BayObLG NJW-RR 1997, 913.

8 OLG Koblenz NJW-RR 1986, 1039; Thomas/Putzo/*Seiler*, § 940 Rn 2; Zöller/*Vollkommer*, § 940 Rn 2; Stein/Jonas/*Grunsky*, § 940 Rn 2; Schuschke/Walker/*Schuschke*, § 940 Rn 5; MüKo/*Drescher*, § 940 Rn 3.

9 Stein/Jonas/*Grunsky*, § 940 Rn 7; Schuschke/Walker/*Schuschke*, § 940 Rn 8.

10 Thomas/Putzo/*Seiler*, § 940 Rn 5; Zöller/*Vollkommer*, § 940 Rn 4.

III. Leistungsverfügung

18 Die Gefahr von Fehlentscheidungen ist im einstweiligen Verfügungsverfahren – vor allem wegen der Beschränkung der Beweismittel – größer als im normalen Klageverfahren. Deshalb sind einstweilige Verfügungen, die Parteien verpflichten, Ansprüche zu erfüllen, im Allgemeinen unzulässig. Das Verfügungsverfahren soll das Hauptsacheverfahren nicht ersetzen.

Nur aus besonderen Gründen können schon mit einer einstweiligen Verfügung **Ansprüche vorläufig durchgesetzt** werden. Dies ergibt sich entweder

- aus gesetzlichen Bestimmungen oder
- weil sich Gläubiger in einer „**Notlage**" befinden. Eine „Notlage" besteht, wenn Parteien auf die sofortige Erfüllung eines Anspruch so dringend angewiesen sind, dass sie ein ordentliches Verfahren nicht abwarten können, ohne einen unverhältnismäßig großen oder sogar irreparablen Schaden zu erleiden.[11]

19 Leistungsverfügungen liegen nur vor, wenn sie zur vorläufigen Erfüllung einer **Hauptpflicht** führen. **Keine Leistungsverfügungen** sind Anordnungen, die sich aus **Nebenpflichten** ergeben und lediglich dazu dienen, die Erfüllung der Hauptpflicht zu sichern. Sie ersetzen nicht das Urteil im Hauptsacheverfahren und sind daher grundsätzlich zulässig. Dazu zählen vor allem rechtsgestaltende Maßnahmen zur vorläufigen Regelung eines Rechtsverhältnisses sowie Ge- und Verbote, mit denen erreicht werden soll, dass der Hauptanspruch erfüllbar bleibt.

1. Vorweggenommene Leistungsurteile

a) Geldleistungen

20 In **Notlagen** kann ein Gläubiger zeitlich begrenzt – in der Regel für einen Zeitraum von sechs Monaten[12] – **Abschlagszahlungen z.B.** auf den **Arbeitslohn**[13] sowie auf **Schadensersatzrenten** nach den §§ 843, 844 BGB verlangen[14] und ein Vermieter **Mietzinsen**. Voraussetzung ist, dass er diese Beträge dringend benötigt, um seinen Lebensunterhalt bestreiten zu können. Eine Zahlungsverfügung darf darüber nicht

11 Z.B. OLG München, Urt. v. 26.9.2012 – 7 U 3821/11; OLG Düsseldorf NJW-RR 1996, 123, 124; Thomas/Putzo/*Seiler*, § 940 Rn 6; Zöller/*Vollkommer*, § 940 Rn 6; Stein/Jonas/*Grunsky*, Vor § 935 Rn 39.

12 U.a. Stein/Jonas/*Grunsky*, Vor § 935 Rn 43.

13 Nachweise bei Stein/Jonas/*Grunsky*, Vor § 935 Rn 41 in Fußnote 117.

14 Z.B. OLG Düsseldorf VersR 1988, 803; OLG Celle VersR 1990, 212.

hinausgehen. Nach Auffassung des OLG Koblenz[15] ist eine Notlage nach den Regelsätzen der Grundsicherung für Arbeitssuchende zu beurteilen; besteht ein Anspruch auf Grundsicherungsleistungen, muss sich der Antragsteller vorrangig hierauf verweisen lassen.

Auch **einmalige Zahlungen** kommen in Betracht, wie z.B. **Arzt- oder Kurkosten** nach Unfällen, die der Gläubiger dringend benötigt, um ernsthafte Dauerschäden abzuwenden[16] oder Schadensersatzansprüche aus den §§ 842, 843 BGB.[17] Voraussetzung ist eine materielle Notlage. Sie besteht nicht, wenn der Geschädigte Leistungen von einem Krankenversicherer, Rente oder Pensionszahlungen erhält. In der Literatur werden überdies einstweilige Verfügungen auf Zahlung von **Schmerzensgeld** in Fällen für zulässig gehalten, in denen das Opfer den Abschluss eines Klageverfahrens mit einer gewissen Wahrscheinlichkeit nicht mehr erleben wird.[18] 21

b) Herausgabe von Sachen

Parteien können im Wege der einstweiligen Verfügung die Herausgabe von Sachen verlangen, die ihnen durch verbotene Eigenmacht rechtswidrig entzogen worden sind (siehe Rn 59). Dies ist für die Räumung von Wohnraum ausdrücklich im Gesetz bestimmt (siehe § 7 Rn 5), hinsichtlich anderer Sachen allgemein anerkannt.[19] Herausgabeverfügungen sind außerdem in Fällen zulässig, in denen der Gläubiger auf den unmittelbaren Besitz einer Sache für seinen **Lebensunterhalt dringend angewiesen** ist, wie Arbeitspapiere, Arbeitsgeräte, Betriebsaufzeichnungen oder Buchführungsunterlagen, ohne die er seinen Beruf nicht ausüben kann.[20] 22

c) Handlungen

Mit einer einstweiligen Verfügung sind **presserechtliche Gegendarstellungen** nach den Landespressegesetzen und **Auskunftsansprüche** bei offensichtlichen Rechtsverletzungen im **gewerblichen Rechtsschutz** durchzusetzen (§ 19 Abs. 7 23

15 VersR 2011, 1000.
16 KG NJW 1969, 2019; Thomas/Putzo/*Seiler*, § 940 Rn 11.
17 OLG Frankfurt NJW 2007, 851.
18 *Spickhoff*, VersR 1994, 1155 ff.
19 Z.B. OLG Koblenz OLG-Report 2007, 553; OLG Saarbrücken NJW-RR 2003, 229; OLG Köln VersR 1997, 465; OLG Stuttgart NJW-RR 1996, 1516; OLG Hamm NJW-RR 1991, 1526; OLG Frankfurt BB 1981, 148.
20 OLG Köln NJW-RR 1997, 57; OLG Hamm NJW-RR 1992, 640; Zöller/*Vollkommer*, § 940 Rn 8 „Herausgabe und Sequestration, Räumung und Besitzschutz".

MarkenG, § 46 Abs. 7 GeschmMG, § 24b Abs. 7 GebrMG, § 140b Abs. 7 PatG, § 101 Abs. 7 UrhG, § 37b Abs. 7 SortenSchG).

Einstweilige Verfügungen zur Erteilung von **Auskünften** sind in der Regel unzulässig. Ausgenommen sind nach überwiegender Auffassung nur Auskünfte, die der Antragsteller umgehend benötigt, um Ansprüche – z.B. mit einer anschließenden Geldleistungsverfügung – verfolgen zu können, die für ihn von existentieller Bedeutung sind.[21] Das OLG Karlsruhe[22] hat eine einstweilige Verfügung bestätigt, mit der einem in Konkurs gefallenen Schuldner, der vom Gläubiger Waren unter verlängertem Eigentumsvorbehalt bezogen und weiterverkauft hatte, aufgegeben wurde, einem vom Gläubiger zu benennenden Rechtsanwalt Auskunft über die Bezieher der Waren zu erteilen. Der Gläubiger hatte glaubhaft gemacht, dass er die Bezieher nicht kannte und in Liquidationsschwierigkeiten geriete, wenn er mit seiner Forderung gegen den Schuldner ausfiele. Der Anwalt sollte die Bezieher der Waren von der Vorausabtretung unterrichten, um befreiende Zahlungen an den Schuldner zu verhindern.

24 Der uneingeschränkte **Widerruf einer Behauptung** kann nach herrschender Meinung mit einer einstweiligen Verfügung grundsätzlich nicht erzwungen werden.[23] In Betracht kommen – sofern nicht eine einstweilige Verfügung ausreicht, die Behauptung nicht zu wiederholen – nur vorläufige Regelungen, wie z.B. dem Antragsgegner die Erklärung aufzugeben, er halte seine Behauptung bis zur Entscheidung im Hauptsacheverfahren nicht aufrecht.[24]

25 **Andere Handlungen** sind mit einem Verfügungsantrag durchzusetzen, wenn sie nur innerhalb eines bestimmten Zeitraums vorgenommen werden können und der Gläubiger bis zum Ablauf kein Urteil im Klageverfahren erwirken kann[25] oder wenn der Gläubiger auf die Erfüllung dringend angewiesen ist, weil er sonst in eine Notlage geriete, wie z.B. die ausreichende Belieferung mit lebensnotwendigen Gütern, wie Wasser, Gas und Strom oder die Beheizung einer Mietwohnung (siehe § 7 Rn 4).

21 OLG Brandenburg, Beschl. v. 5.12.2007 – 12 W 51/07; OLG Schleswig GRUR-RR 2001, 70; OLG Hamm NJW-RR 1992, 640; KG GRUR 1988, 404; Zöller/*Vollkommer*, § 940 Rn 8 „Auskunft".

22 NJW 1984, 1905 ff.

23 Stein/Jonas/*Grunsky*, Vor § 935 Rn 52 mit Nachweisen in Fußnote 172.

24 Schuschke/Walker/*Schuschke*, Vorb. zu § 935 Rn 35 mit Nachweisen in Fußnote 117.

25 Stein/Jonas/*Grunsky*, vor § 935 Rn 55 mit Nachweisen in Fußnote 184.

d) Unterlassung und Duldung

Unterlassungsverfügungen kommen vor allem im **Wettbewerbsrecht** sowie zum **Schutz der Ehre und des Persönlichkeitsrechts** vor, wie z.B. mit der Untersagung, ehrenrührige Behauptungen zu verbreiten. 26

Parteien können mit Unterlassungs- und Duldungsverfügungen aber auch Haupt- oder Nebenpflichten aus Verträgen durchsetzen, um irreparable Schäden abzuwenden.

Beispiele aus dem **Mietrecht** sind die Abwehr von Störungen oder Beeinträchtigungen, die Duldung unaufschiebbarer Reparaturarbeiten oder der Besichtigung der Wohnung durch Interessenten nach einer Kündigung des Mietvertrages und die Untersagung der Vermietung bestimmter Räumlichkeiten an ein Konkurrenzunternehmen aufgrund einer Konkurrenzschutzklausel (siehe § 7 Rn 4). 27

Schuldner können es Gläubigern untersagen lassen, eine **Bürgschaft** oder **Bankgarantie** in Anspruch zu nehmen, wenn die Hauptforderung (noch) nicht besteht und zu befürchten ist, dass der Gläubiger nicht in der Lage ist, die zu Unrecht in Anspruch genommene Leistung zurückzuerstatten.[26] 28

Der Zahlungsanspruch eines Berechtigten aus einer Bankbürgschaft oder Bankgarantie **„auf erstes Anfordern"** scheitert nach ständiger Rechtsprechung des Bundesgerichtshofs[27] nur, wenn offensichtlich oder liquide beweisbar ist, dass der Bürgschafts- oder Garantiefall nicht eingetreten ist. Der Hauptschuldner kann dann dem **Gläubiger** im Wege der einstweiligen Verfügung die Inanspruchnahme der Bürgschaft oder Garantie untersagen lassen.[28] Er muss den drohenden Rechtsmissbrauch aber mit „liquiden Beweismitteln" belegen. Eidesstattliche Versicherungen reichen hierfür nicht aus.[29] Liquide Beweismittel sind Urkunden und Sachverständigengutachten.

Umstritten ist, ob der Hauptschuldner dann auch der **Bank** die Auszahlung der Bürgschafts- oder Garantiesumme untersagen lassen kann. Das OLG Frankfurt[30] hat dies mit der Begründung verneint, dem Hauptschuldner drohe durch die Aus-

26 OLG Düsseldorf OLG-Report 1995, 29; OLG Celle OLG-Report 1995, 269; OLG Frankfurt NJW-RR 1991, 174 ff.

27 Z.B. NZBau 2002, 270.

28 OLG Stuttgart MDR 1998, 435, 436; OLG Hamm MDR 1991, 636; Zöller/*Vollkommer*, § 940 Rn 8 „Bankrecht"; Schuschke/Walker/*Schuschke*, Vorb. zu § 935 Rn 79; *Jedzig*, WM 1988, 1469 ff.

29 OLG Düsseldorf NJW-RR 1998, 767, 777; OLG Stuttgart OLG-Report 1997, 103, 104.

30 WM 1988, 1480.

zahlung kein Schaden, weil die Bank bei einer offensichtlich rechtsmissbräuchlichen Inanspruchnahme keinen Rückgriffsanspruch gegen ihn habe.[31]

29 Nur in Fällen eines extremen Rechtsmissbrauchs ist es zulässig, Gläubigern die Vorlage oder den Protest eines **Wechsels** verbieten zu lassen, weil ihnen hierdurch der Rückgriffsanspruch abgeschnitten wird.[32] Besteht die Gefahr, dass der Gläubiger aus einem Wechsel abredewidrig vorgeht, kann im Wege der einstweiligen Verfügung die Herausgabe des Wechsels an einen Sequester zur Einziehung verlangt werden, um den gutgläubigen Erwerb der Wechselforderung durch einen Dritten zu verhindern.[33] Ein Verfügungsgrund besteht nicht, wenn ein gutgläubiger Erwerb nicht mehr möglich ist.[34]

e) Willenserklärung

30 Im Gesetz ausdrücklich vorgesehen sind einstweilige Verfügungen zur Bewilligung der Eintragung eines **Widerspruchs** und einer **Vormerkung** im **Grundbuch** (§§ 899, 885 BGB). Hierdurch können sich Parteien vor Veränderungen schützen, die ihren Anspruch gefährden. Die unmittelbare Eintragung eines Rechts im Grundbuch oder die Löschung einer unzutreffenden Eintragung ist mit einer einstweiligen Verfügung nicht zu erreichen, weil der Gläubiger durch eine Vormerkung hinreichend abgesichert ist.[35]

Die Zulässigkeit einstweiliger Verfügungen zur Abgabe einer Willenserklärung wird sonst ganz überwiegend verneint, wenn sie zur Befriedigung des Gläubigers führt und damit die Entscheidung in der Hauptsache vorwegnimmt.[36] Das OLG Köln[37] hat aber eine einstweilige Verfügung zur Genehmigung einer Grundschuldbestellung in einem Fall für zulässig gehalten, in dem der Gläubigerin durch die Verzögerung Schäden in Millionenhöhe drohten und die abzugebende Erklärung

31 Zustimmend: Zöller/*Vollkommer*, § 940 Rn 8 „Bankrecht“; *Werner/Pastor*, Rn 371; *Jedzig*, WM 1988, 1469, 1471; a.A. Schuschke/Walker/*Schuschke*, Vorb. zu § 935 Rn 82 mit weiteren Nachweisen in Fußnote 385.

32 Schuschke/Walker/*Schuschke*, Vorb. zu § 935 Rn 79; Zöller/*Vollkommer*, § 940 Rn 8 „Wechselrecht“; *Beisswinger/Vossius*, BB 1986, 2358 ff.

33 Schuschke/Walker/*Schuschke*, Vorb. zu § 935 Rn 79; Zöller/*Vollkommer*, § 940 Rn 8 „Wechselrecht“.

34 OLG Hamm ZIP 1988, 1245.

35 Schuschke/Walker/*Schuschke*, Vorb. zu § 935 Rn 62.

36 OLG Zweibrücken MDR 2009, 221; OLG Hamburg NJW-RR 1991, 382; Thomas/Putzo/*Seiler*, § 940 Rn 17.

37 NJW-RR 1997, 59 f.

den Gegner nicht wesentlich beeinträchtigte. In Betracht kommt auch ein Verfügungsantrag, der Auszahlung eines hinterlegten Geldbetrages zuzustimmen, auf den der Gläubiger dringend angewiesen ist, um seinen Lebensunterhalt bestreiten zu können.[38] Das OLG Schleswig[39] hat eine einstweilige Verfügung zur Einwilligung in die Verwahrung eines von beiden Parteien beanspruchten Geldbetrages auf einem Notaranderkonto bis zur Entscheidung in der Hauptsache gebilligt. Hierdurch wurde die Entscheidung in der Hauptsache nicht vorweggenommen, sondern die Durchsetzung einer späteren Hauptsacheentscheidung gesichert.

2. Vorweggenommene Feststellungsurteile

Feststellungsverfügungen werden **grundsätzlich** für **unzulässig** gehalten, weil sie 31
nicht geeignet sind, das Rechtsverhältnis verlässlich zu klären, solange eine abweichende Entscheidung im Hauptverfahren nicht ausgeschlossen ist.[40]

Die Literatur bejaht sie teilweise in Fällen, in denen es unzumutbar ist, den Antragsteller auf das Hauptsacheverfahren zu verweisen.[41] Als Beispiel wird genannt die Feststellung der Berechtigung eines Mieters, eine dringend erforderliche Reparatur auszuführen.

3. Vorweggenommene Gestaltungsurteile

Einstweilige Verfügungen, die Gestaltungsurteile vorwegnehmen, sind **grundsätz-** 32
lich nicht statthaft.[42] Für zulässig gehalten werden sie im Gesellschaftsrecht, wie z.B. mit der vorläufigen Entziehung der Geschäftsführungsbefugnis (siehe § 8 Rn 13).

38 Stein/Jonas/*Grunsky*, Vor § 935 Rn 50.

39 Beschl. v. 24.10.2007 – 1 W 52/07.

40 OLG Düsseldorf, Urt. v. 29.12.2004 – VI-U (Kart) 41 /04, U (Kart) 41/04; OLG Frankfurt OLG-Report 1997, 23 f.

41 Z.B. Stein/Jonas/*Grunsky*, vor § 935 Rn 60 und eingehend *Kohler*, ZZP 103, 184 ff. sowie *Vogg*, NJW 1993, 1357 ff.; zum negativen Feststellungsantrag nach einer Abmahnung in Wettbewerbsstreitigkeiten: *Bernreuther*, WRP 2010, 1191.

42 Stein/Jonas/*Grunsky*, § 938 Rn 7.

C. Zulässigkeit des Verfügungsverfahrens

33 Der Gläubiger kann eine einstweilige Verfügung nur erwirken, wenn sie als Sicherungsmittel zulässig ist und die allgemeinen Verfahrensvoraussetzungen vorliegen. Außerdem muss in der Regel neben einem Verfügungsanspruch ein Verfügungsgrund bestehen.

I. Zulässiges Sicherungsmittel

34 Die ZPO enthält für bestimmte Fälle **Sonderregelungen des vorläufigen Rechtsschutzes**. Eine einstweilige Verfügung ist dann in der Regel unzulässig.

1. Gefährdung von Beweismitteln

35 Einstweilige Verfügungen dienen der Sicherung materiellrechtlicher Ansprüche. Sind keine Ansprüche gefährdet, sondern Beweismittel, können Parteien nur im **selbstständigen Beweisverfahren** vorgehen.[43] Befürwortet werden in dringenden Fällen einstweilige Verfügungen mit Anträgen, die eine Beweisaufnahme ermöglichen sollen, wie z.B. Sachen zur Besichtigung durch einen unabhängigen Sachverständigen vorzulegen[44] oder an einen Sequester herauszugeben,[45] die Besichtigung eines Objekts zu dulden[46] oder den gegenwärtigen Zustand einer Sache nicht zu verändern.[47]

Der Verfügungsanspruch ist bei einem Vertragsverhältnis der Parteien aus einer vertraglichen Nebenpflicht herzuleiten, sonst aus § 809 BGB.

2. Verfahren der freiwilligen Gerichtsbarkeit

36 Gegenstand eines einstweiligen Verfügungsverfahrens können nur Ansprüche sein, die im ordentlichen Klageverfahren der ZPO durchzusetzen sind. Bei Ansprüchen in Verfahren der freiwilligen Gerichtsbarkeit richtet sich der vorläufige Rechtsschutz nach dem Gesetz über Verfahren in Familiensachen und in den Angelegen-

43 OLG Köln BauR 1995, 874 f.

44 KG NJW 2001, 233 ff.

45 *Wieczorek/Thümmel*, § 935 Rn 10.

46 *Werner/Pastor*, Rn 353.

47 Hdb. priv. BauR/*Oelmaier*, § 17 Rn 198; *Werner/Pastor*, Rn 353; einschränkend OLG Stuttgart NJW-RR 1986, 1448.

heiten der freiwilligen Gerichtsbarkeit (FamFG). Er wird durch einstweilige Anordnungen gewährt (§ 49 FamFG).

3. Familiensachen

In Familiensachen kann das Familiengericht **einstweilige Anordnungen** treffen (§ 49 FamFG). Einstweilige Verfügungen sind unzulässig. **37**

4. Vollstreckbare Urteile

Hat der **Gläubiger** bereits einen Titel erwirkt, aus dem er ohne Sicherheitsleistung die Zwangsvollstreckung betreiben oder den er auf sich umschreiben lassen kann, so ist er auf eine zusätzliche **Sicherung** des titulierten Anspruchs nicht angewiesen. Eine Sicherungsverfügung kommt nur in Betracht, wenn die Zwangsvollstreckung von einer Sicherheitsleistung abhängt, die der Gläubiger nicht aufbringen kann,[48] die Vollstreckung durch das Rechtsmittelgericht einstweilen eingestellt worden ist[49] oder der Schuldner die Vollstreckung durch Sicherheitsleistung abwenden kann und abgewendet hat. **38**

Ob nach Urteilen, die gegen Sicherheitsleistung des Gläubigers vorläufig vollstreckbar sind, auch entsprechende **Leistungsverfügungen** zulässig sind, wenn der Gläubiger die Sicherheit nicht leisten kann, ist zweifelhaft, weil der Gläubiger vor dem Schluss der mündlichen Verhandlung im Hauptsacheprozess hätte beantragen können, das Urteil ohne Sicherheitsleistung für vorläufig vollstreckbar zu erklären (siehe § 10 Rn 5).

Will der **Schuldner** die Zwangsvollstreckung aus einem vorläufig vollstreckbaren Urteil verhindern, so fehlt für eine Unterlassungsverfügung das Rechtsschutzbedürfnis, wenn er dies auf dem einfacheren und billigeren Weg der einstweiligen Einstellung erreichen kann.[50] **39**

5. Arrest

Eine **Geldforderung** ist nur mit einem Arrest zu **sichern**, nicht mit einer einstweiligen Verfügung. **40**

Das Arrestverfahren ist auch für Zahlungsansprüche vorgesehen, die aus anderen **Individualansprüchen hervorgehen** können (siehe § 5 Rn 2). Ist sowohl der Indi-

48 OLG Karlsruhe WRP 1996, 590 f.; Thomas/Putzo/*Seiler*, § 927 Rn 13.
49 BGH GRUR 1957, 506.
50 BGH LM Nr. 14 zu § 719 ZPO; OLG Köln NJW-RR 1995, 576.

vidualanspruch als auch der aus ihm hervorgehende Zahlungsanspruch gefährdet, so kann der Gläubiger nebeneinander den Individualanspruch mit einer Sicherungsverfügung und den Zahlungsanspruch mit einem Arrest sichern, wenn beide Leistungen gefährdet sind.

Liegen die Voraussetzungen einer **einstweiligen Verfügung auf Zahlung einer Geldsumme** vor (siehe Rn 20 f.), kann der Gläubiger eine Leistungsverfügung beantragen, sich mit einer Sicherung durch einen Arrest begnügen oder mit dem Hauptantrag eine Leistungsverfügung und hilfsweise die Anordnung eines Arrests verlangen.[51] Ein bereits erwirkter Arrest schließt eine Zahlungsverfügung nicht aus. Führt eine Leistungsverfügung nur zu einer teilweisen Befriedigung, kann die Restforderung zusätzlich mit einem Arrest gesichert werden.

41 Hat der Gläubiger anstelle des allein zulässigen Arrests eine einstweilige Verfügung beantragt oder umgekehrt, so muss er die **Verfahrensart wechseln**. Der Antrag wird sonst als unzulässig zurückgewiesen. Ob ein Wechsel des Verfahrens ohne weiteres möglich ist[52] oder nur nach den Grundsätzen der Klageänderung,[53] ist umstritten. Dieser Streit hat keine praktische Bedeutung, weil der Verfahrenswechsel immer sachdienlich ist.

Der Übergang in das richtige Verfahren ist auch noch mit einem Rechtsmittel gegen eine zurückweisende Entscheidung zulässig.[54]

II. Allgemeine Verfahrensvoraussetzungen

42 Bestimmte **Sachurteilsvoraussetzungen des ordentlichen Klageverfahrens** müssen auch im einstweiligen Verfügungsverfahren vorliegen. Dies sind:

- die Gerichtsbarkeit über den Antragsgegner (§§ 18–20 GVG),
- die internationale Zuständigkeit des angerufenen Gerichts,
- die Partei- und Prozessfähigkeit beider Parteien und
- die Prozessführungsbefugnis des Antragstellers.

51 Schuschke/Walker/*Walker*, § 916 Rn 8.

52 So KG NJW 1961, 1978; Stein/Jonas/*Grunsky*, Vor § 916 Rn 54; Zöller/*Vollkommer*, Vor § 916 Rn 3.

53 So OLG Düsseldorf NJW 1991, 2028 f.

54 OLG Düsseldorf NJW 1991, 2028 f.; KG NJW 1961, 1978; Thomas/Putzo/*Seiler*, Vor § 916 Rn 8; Stein/Jonas/*Grunsky*, Vor § 916 Rn 54.

Die übrigen Sachurteilsvoraussetzungen gelten zum Teil nicht oder nur mit Abweichungen. Dies ergibt sich aus ausdrücklichen gesetzlichen Bestimmungen oder der Eilbedürftigkeit einstweiliger Verfügungsverfahren.

1. Rechtsweg

Das Verfügungsverfahren steht nur für Ansprüche offen, die im ordentlichen Klage- **43**
verfahren geltend gemacht werden können. Ist in der Hauptsache der ordentliche Rechtsweg unzulässig, so ist dort auch eine einstweilige Verfügung ausgeschlossen. Das angerufene Gericht hat in diesem Fall die Sache von Amts wegen in den richtigen Rechtsweg zu verweisen (§ 17a Abs. 2 GVG). Gegen einen Verweisungsbeschluss ist nach § 17a Abs. 4 GVG die sofortige Beschwerde zulässig.[55] Um die damit verbundene Verzögerung zu vermeiden, ist es einem Antragsteller unter Umständen zu empfehlen, nach einer sofortigen Beschwerde des Gegners den Verfügungsantrag zurückzunehmen und ihn in dem anderen Rechtsweg zu erneuern.

Hält das im Eilverfahren angerufene Gericht entgegen der Rüge einer Partei den Rechtsweg für gegeben, so entscheidet es darüber wegen der sonst eintretenden Verzögerung nicht vorab, sondern – abweichend von § 17a Abs. 3 GVG – im Rahmen der Entscheidung über den Verfügungsantrag.[56]

2. Zuständiges Gericht

Für die einstweilige Verfügung ist das **Gericht der Hauptsache** zuständig (§ 937 **44**
Abs. 1 ZPO), in dringenden Fällen und für einstweilige Verfügungen mit dem Ziel der Eintragung einer Vormerkung oder eines Widerspruchs im Grundbuch, im Schiffsregister oder im Schiffsbauregister auch das **Amtsgericht**, in dessen Bezirk sich der Streitgegenstand befindet (§ 942 ZPO). Es handelt sich hierbei um eine **ausschließliche Zuständigkeit** (§ 802 ZPO). Die Parteien können weder die Zuständigkeit eines anderen Gerichts vereinbaren noch wird ein anderes Gericht zuständig, wenn der Antragsgegner rügelos verhandelt (§ 40 Abs. 2 ZPO).

55 BGH NJW 2003, 1194.

56 Schuschke/Walker/*Walker*, Vor § 916 Rn 18; Stein/Jonas/*Grunsky*, Vor § 916 Rn 36.

a) Gericht der Hauptsache

45 Prozessgericht der Hauptsache ist bei einem bereits **anhängigen Rechtsstreit** der Parteien über den zu sichernden Anspruch oder das zu regelnde Rechtsverhältnis das damit in erster oder zweiter Instanz befasste Gericht (§ 943 Abs. 1 ZPO). Nach einer Berufung gegen ein Grund-, Zwischen- oder Vorbehaltsurteil ist das Gericht erster Instanz zuständig; in der Literatur wird daneben auch die Zuständigkeit des Berufungsgerichts bejaht.[57] Nach der Berufung gegen ein Teilurteil ist das Gericht zuständig, auf dessen Anspruchsteil sich der Verfügungsantrag bezieht.[58]

Der Antragsteller muss den Anspruch im Wege der **Klage oder Widerklage** geltend gemacht haben. Leitet er daraus in einem vom Gegner angestrengten Prozess nur ein Zurückbehaltungsrecht her oder rechnet er auf, so ist das damit befasste Gericht nicht das Gericht der Hauptsache.[59]

Hat der Schuldner eine **negative Feststellungsklage** erhoben, kann der Gläubiger bei diesem Gericht die einstweilige Verfügung beantragen, aber auch bei einem anderen Gericht, das für die Leistungsklage zuständig ist.[60]

46 Das **erstinstanzliche Gericht** bleibt zuständig, auch wenn es bereits ein Endurteil erlassen hat. Das **Berufungsgericht** wird zuständig, wenn Berufung eingelegt ist. War bei der Einlegung der Berufung schon ein Verfügungsverfahren anhängig, so bleibt dafür das erstinstanzliche Gericht zuständig (§ 261 Abs. 3 Nr. 2 ZPO). Die Zuständigkeit des Berufungsgerichts endet mit der Rechtskraft des Berufungsurteils oder der Einlegung der Revision. Bei einem **Hauptsacheverfahren vor dem Bundesgerichtshof** ist die einstweilige Verfügung bei dem Landgericht zu beantragen, das in erster Instanz über die Klage entschieden hat. Wird während des einstweiligen Verfügungsverfahrens die Hauptsache an ein anderes Gericht verwiesen, so ist es auch für die einstweilige Verfügung zuständig.[61]

47 Bei einer **noch nicht anhängigen Hauptsache** kann sich der Antragsteller an jedes Gericht wenden, bei dem er in erster Instanz die Klage erheben könnte (§ 943

57 Zöller/*Vollkommer*, § 919 Rn 7; Thomas/Putzo/*Seiler*, § 943 Rn 2 bei Grundurteil; Schuschke/Walker/*Walker*, § 919 Rn 8 bei Grund- und Vorbehaltsurteil; a.A. (nur das erstinstanzliche Gericht) Stein/Jonas/*Grunsky*, § 919 Rn 6.

58 Zöller/*Vollkommer*, § 919 Rn 7; Schuschke/Walker/*Walker*, § 919 Rn 7.

59 MüKo/*Drescher*, § 919 Rn 4; Schuschke/Walker/*Walker*, § 919 Rn 6.

60 BGH NJW 1994, 3107; OLG Hamburg GRUR 2001, 361; OLG Düsseldorf GRUR 2000, 611.

61 Stein/Jonas/*Grunsky*, § 919 Rn 5; MüKo/*Drescher*, § 919 Rn 7.

Abs. 1 ZPO). Es bleibt zuständig, auch wenn später andernorts Hauptsacheklage erhoben wird (§ 261 Abs. 3 Nr. 2 ZPO).[62]

Die sachliche Zuständigkeit richtet sich nach dem Streitwert der Hauptsacheklage, nicht des Verfügungsverfahrens.

b) Sonderzuständigkeit des Amtsgerichts

In **besonders dringenden Fällen** ist anstelle des Gerichts der Hauptsache auch das Amtsgericht zuständig, in dessen Bezirk sich der Streitgegenstand befindet (§ 942 Abs. 1 ZPO). Der Antragsteller muss dann glaubhaft machen, dass beim Amtsgericht eine schnellere Entscheidung zu erwarten ist als beim Gericht der Hauptsache und dass bei einer Verzögerung erhebliche Nachteile zu befürchten sind. Das ist in der Regel nicht anzunehmen, wenn sich das Amtsgericht am selben Ort befindet wie das Gericht der Hauptsache. Anders kann es sich in Fällen verhalten, in denen die Hauptsache – z.B. in zweiter Instanz – bei einem Gericht anhängig ist, bei dem – anders als beim Amtsgericht – an Wochenenden kein Bereitschaftsdienst besteht. Glaubhaft gemacht werden muss dann, dass und warum eine einstweilige Verfügung erst nach dem Wochenende zu spät käme. 48

Die Eintragung einer **Vormerkung** oder eines **Widerspruchs** gegen die Richtigkeit des Grundbuchs, des Schiffsregisters oder des Schiffsbauregisters kann der Gläubiger auch bei dem in der Hauptsache nicht zuständigen Amtsgericht der belegenen Sache beantragen (§ 942 Abs. 2 ZPO). Eine besondere Dringlichkeit ist dafür nicht erforderlich. 49

Eine Beschlussverfügung des in der Hauptsache nicht zuständigen Amtsgerichts führt in der Regel – in den Fällen des § 942 Abs. 1 ZPO auch ohne Widerspruch des Antragsgegners – zu einer mündlichen Verhandlung vor dem Gericht der Hauptsache, in der überprüft wird, ob die einstweilige Verfügung zu Recht besteht oder nicht (siehe Rn 80). 50

3. Postulationsfähigkeit des Antragstellers

Für den Verfügungsantrag besteht **kein Anwaltszwang** (§§ 936, 920 Abs. 3, 78 Abs. 3 ZPO). Die Partei kann ihn daher selbst einreichen. 51

62 OLG Karlsruhe WRP 2010, 793.

4. Rechtshängigkeit

52 Das Verfügungsverfahren wird – anders als nach § 253 Abs. 1 ZPO das Klageverfahren – bereits mit dem **Eingang der Antragsschrift beim Gericht** rechtshängig, nicht erst mit der Zustellung an den Gegner.[63]

Während der Rechtshängigkeit ist ein **identischer weiterer Verfügungsantrag** unzulässig. Für unzulässig gehalten wird es, zwei Verfügungsanträge parallel zu stellen und dann vor der Entscheidung einen zurückzunehmen, nachdem das damit befasste Gericht dem Antragsteller mitgeteilt hatte, dass er bei ihm nicht den gewünschten Erfolg haben werde.[64]

53 Die Rechtshängigkeit des Verfügungsantrags steht einer **Klage in der Hauptsache** nicht entgegen, weil beide Verfahren **unterschiedliche Streitgegenstände** haben. Im Klageverfahren wird über den materiellen Anspruch entschieden, im Eilverfahren über die Sicherung der Zwangsvollstreckung wegen dieses Anspruchs. Dies gilt auch für Leistungsverfügungen. Der Antragsteller kann daher auch während des Hauptsacheprozesses eine einstweilige Verfügung beantragen und während des Verfügungsverfahrens die Klage zur Hauptsache erheben.

5. Rechtskraft

54 Entscheidungen über den Verfügungsantrag werden **formell rechtskräftig**, wenn im Anordnungsverfahren kein Rechtsmittel mehr zulässig ist. **Verfügungsbeschlüsse** sind nach einem Verzicht des Antragsgegners auf den Widerspruch unanfechtbar, **zurückweisende Beschlüsse** nach einer erfolglosen Beschwerde oder einem Verzicht auf die Beschwerde, **Urteile in erster Instanz**, wenn eine Berufung nicht statthaft ist, die unterlegene Partei die Berufungsfrist versäumt, auf das Rechtsmittel verzichtet oder es zurückgenommen hat und **Urteile in zweiter Instanz** mit der Verkündung.

55 Ein rechtskräftig zurückgewiesener Verfügungsantrag kann nicht beliebig wiederholt werden. Einem neuen Antrag mit **identischen Tatsachen und Beweismitteln** steht im Allgemeinen die **materielle Rechtskraft** der Entscheidung entgegen.[65] Ausgenommen sind Fälle, in denen der Verfügungsantrag mit der Begründung

63 U.a. Stein/Jonas/*Grunsky*, Vor § 935 Rn 12 und *Wieczorek/Thümmel*, Vor § 916 Rn 15 mit weiteren Nachweisen in Fußnote 59.

64 OLG Hamburg WRP 2010, 790.

65 OLG Frankfurt NJW 2005, 3222 (auch weil die Dringlichkeit verloren gegangen ist).

abgewiesen worden ist, das angerufene Gericht sei unzuständig. Der Antragsteller kann sich dann mit dem Antrag an das zuständige Gericht wenden. Er darf ihn auch wiederholen, wenn eine einstweilige Verfügung zunächst ergangen, später aber aufgehoben worden ist, weil der Antragsteller sie nicht rechtzeitig vollzogen hat.[66]

Hat das Gericht die ablehnende Entscheidung damit begründet, der Antragsteller habe die **Voraussetzungen eines Verfügungsanspruchs oder -grundes nicht schlüssig vorgetragen**, ist ein neuer Antrag zulässig, wenn er sich auf Tatsachen stützt, die erst nach dem ersten Verfahrens entstanden sind.[67] Nach herrschender Meinung in der Literatur reichen auch Tatsachen aus, die dem Antragsteller erst nachträglich bekannt geworden sind.[68] Ist der Antrag zurückgewiesen worden, weil der **Verfügungsanspruch oder der Verfügungsgrund nicht glaubhaft gemacht** war, ist nach herrschender Meinung ein Antrag mit neuen Beweismitteln zulässig, die der Antragsteller im ersten Verfahren noch nicht vorbringen konnte.[69]

6. Rechtsschutzbedürfnis

Das Rechtsschutzinteresse ergibt sich im Allgemeinen aus dem **Verfügungsgrund**. 56
Es entfällt, wenn der Gläubiger sein Ziel auf einem einfacheren und billigeren Weg erreichen kann. Der Gläubiger braucht sich aber z.B. nicht auf ein **Selbsthilferecht** verweisen zu lassen, wie z.B. nach § 562 b Abs. 1 BGB. Der Vermieter kann daher ein gefährdetes Vermieterpfandrecht im Eilverfahren sichern (siehe § 7 Rn 3).

Hat der Gläubiger eine einstweilige Verfügung erwirkt, besteht für einen neuen identischen Verfügungsantrag nur ein Rechtsschutzbedürfnis, wenn der Gläubiger aus dem erwirkten Verfügungsbeschluss oder -urteil nicht die Vollstreckung betreiben kann. Das sind z.B. Fälle, in denen der **Titel zu unbestimmt** ist. Bei Unterlassungsverfügungen – vor allem im Wettbewerbsrecht – bestehen gelegentlich **Zweifel**, ob eine „neue" Verletzungshandlung des Schuldners dem Titel unterfällt oder nicht. Zu empfehlen ist dann im Allgemeinen zunächst ein Ordnungsgeldantrag. Wird er zurückgewiesen, weil sich das Unterlassungsgebot nicht auf die Handlung

66 OLG Frankfurt, Beschl. v. 8.5.2009 – 8 U 10/09.

67 KG MDR 1979, 64; Stein/Jonas/*Grunsky*, Vor § 916 Rn 15.

68 Z.B. Stein/Jonas/*Grunsky*, Vor § 916 Rn 17; *Wieczorek/Thümmel*, Vor § 916 Rn 16; Schuschke/Walker/*Walker*, § 922 Rn 36; MüKo/*Drescher*, Vor § 916 Rn 31.

69 Stein/Jonas/*Grunsky*, Vor § 916 Rn 16; Thomas/Putzo/*Seiler*, § 922 Rn 10; Zöller/*Vollkommer*, Vor § 916 Rn 13; *Wieczorek/Thümmel*, Vor § 916 Rn 16; Schuschke/Walker/*Walker*, § 922 Rn 36; MüKo/*Drescher*, Vor § 916 Rn 31.

erstreckt, kann der Antragsteller den Erlass einer neuen einstweiligen Verfügung beantragen. Riskant ist ein solches Vorgehen, wenn der aus dem erneuten Verstoß herzuleitende Anspruch zu verjähren droht. Zulässig ist dann ein sofortiger neuer Verfügungsantrag bei einem ungewissen Ausgang im Zwangsvollstreckungsverfahren.[70]

Aus einer einstweiligen Verfügung kann auch dann nicht mehr die Vollstreckung betrieben werden, wenn der Antragsteller die **Vollziehungsfrist versäumt** hat (siehe Rn 109). In der Literatur wird die Auffassung vertreten, der Antragsteller könne nach dem Ablauf der Vollziehungsfrist ohne weiteres eine neue einstweilige Verfügung beantragen.[71] Dem steht aber nach überwiegender Auffassung die Rechtshängigkeit des ersten Verfahrens entgegen.[72] Dem Antragsteller ist daher vor einem neuen identischen Verfügungsantrag zu empfehlen, zunächst seinen ursprünglichen Antrag zurückzunehmen. Die Erfolgsaussichten für eine neue einstweilige Verfügung sind meistens gering, weil nach einer Versäumung der Vollziehungsfrist im Allgemeinen kein Verfügungsgrund mehr besteht.

7. Prozesshindernde Einreden

57 Der Antragsgegner kann sich im Eilverfahren nicht – wie im Klageverfahren nach § 1032 ZPO – auf eine **Schiedsvereinbarung** der Parteien berufen. Der Antragsteller hat – wenn die Parteien keine abweichende Vereinbarung im Schiedsvertrag getroffen haben – die Wahl zwischen dem einstweiligen Verfügungsverfahren und dem einstweiligen Rechtsschutz im Schiedsverfahren (§§ 1033, 1041 ZPO). Das einstweilige Verfügungsverfahren ist im Allgemeinen vorzuziehen, weil eine einstweilige Verfügung sofort vollstreckbar ist, während einstweilige Maßnahmen des Schiedsgerichts zunächst durch das ordentliche Gericht für vollziehbar erklärt werden müssen (§ 1041 Abs. 2 ZPO). Dies kann wertvolle Zeit kosten.[73]

Nach wohl überwiegender Auffassung ist ebenfalls die Einrede der **fehlenden Ausländersicherheit** nach den §§ 110, 113 ZPO ausgeschlossen.[74] Der Antragsgegner braucht sich aber – wie nach § 269 Abs. 6 ZPO im Klageverfahren – nach

70 BGH NJW 2011, 2787.

71 Zöller/*Vollkommer*, § 929 Rn 23; Schuschke/Walker/*Schuschke*, § 929 Rn 40.

72 OLG Hamm WRP 1996, 581; OLG Koblenz GRUR 1981, 91; *Ahrens/Büttner*, Kap. 57 Rn 58; *Teplitzky*, Kap. 55 Rn 51; *Melullis*, Rn 237.

73 Zum einstweiligen Rechtsschutz im Schiedsverfahren: *Schütze*, BB 1998, 1650 ff.

74 Schuschke/Walker/*Walker*, Vor § 916 Rn 26 und weitere Nachweise bei *Leible*, NJW 1995, 2817 ff.; a.A. – wenn mündlich verhandelt wird – OLG Köln NJW 1987, 76; ZIP 1994, 326.

der Rücknahme eines Verfügungsantrags auf einen neuen identischen Antrag erst einzulassen, wenn ihm der Antragsteller die **Kosten des Vorprozesses** erstattet hat.[75]

III. Verfügungsgrund

Voraussetzung für den Erlass einer einstweiligen Verfügung ist in der Regel eine Gefährdung des zu sichernden Anspruchs oder eine besondere Dringlichkeit für eine sofortige Regelung. 58

Der Verfügungsgrund muss bei einer Beschlussverfügung im Zeitpunkt ihres Erlasses vorliegen, sonst – auch im Widerspruchs- und Berufungsverfahren – beim Schluss der mündlichen Verhandlung. Entfällt er bis zur Widerspruchsverhandlung oder im Rechtsmittelverfahren, so muss der Gläubiger den Rechtsstreit für erledigt erklären. Sonst unterliegt er.

Ob der Verfügungsgrund zur Zulässigkeit des Verfügungsantrags gehört oder ob davon die Begründetheit abhängt, ist umstritten. Diese Frage hat keine praktische Bedeutung. Das Gericht braucht nach allgemeiner Ansicht nicht zu klären, ob ein Verfügungsgrund besteht, wenn es den Verfügungsanspruch verneint.

In bestimmten Fällen wird ein **Verfügungsgrund vermutet** oder sogar unwiderlegbar **unterstellt**. Der Antragsteller braucht ihn dann weder vorzutragen noch glaubhaft zu machen. In diesen Fällen ist das Verfügungsverfahren im Allgemeinen einer Klage vorzuziehen. Der Gläubiger kommt rascher zum Ziel und er muss die Tatsachen, die zu seinem Anspruch führen, nur glaubhaft machen, nicht – wie im Klageverfahren – beweisen. 59

Ein Verfügungsgrund wird vor allem vermutet bei Unterlassungsansprüchen im Wettbewerbsrecht (siehe § 4 Rn 6 f.) und für Anträge auf Eintragung einer Vormerkung oder eines Widerspruchs im Grundbuch (§§ 885, 899 BGB) (zur Bauhandwerkersicherungshypothek siehe § 6 Rn 8). Ohne besonderen Verfügungsgrund sind im Wege der einstweiligen Verfügung Ansprüche wegen Besitzentziehung (§ 861 BGB) oder Besitzstörung (§ 862 BGB) durchzusetzen. Die verbotene Eigenmacht

75 Schuschke/Walker/*Walker*, Vor § 916 Rn 26.

(§ 858 BGB) genügt als Verfügungsgrund.[76] Zu achten ist nur auf die einjährige Ausschlussfrist des § 864 Abs. 1 BGB.

D. Antragsschrift

60 Einstweilige Verfügungsverfahren werden mit einer Antragsschrift eingeleitet. Der Antrag kann nicht mit einer Klage über den zu sichernden Anspruch oder das zu regelnde Rechtsverhältnis verbunden und auch nicht widerklagend in einem Termin zur Verhandlung in der Hauptsache gestellt werden.[77] Für das Verfahren braucht kein Kostenvorschuss eingezahlt zu werden, weil es nicht mit einer Klage beginnt (§§ 12, 10 GKG).[78] Der Antragsteller kann unter den Voraussetzungen des § 114 ZPO **Prozesskostenhilfe** beanspruchen.[79] Nicht gegen die Eilbedürftigkeit des Verfügungsantrags spricht, wenn die Durchführung des Verfahrens von der vorherigen Bewilligung von Prozesskostenhilfe abhängig gemacht wird.[80] In der Antragsschrift sind die **Parteien** –zu bezeichnen. Sie muss einen **Antrag** und eine **Begründung** enthalten. Außerdem sind ihr **Beweismittel** beizufügen.

I. Antrag

61 Der Antragsteller muss angeben, was er mit der einstweiligen Verfügung erreichen will (**Sachantrag**). Außerdem kann er anregen, wie das Verfahren ablaufen soll (**Verfahrensanträge**).

1. Sachantrag

62 Für eine **Leistungsverfügung** ist– wie nach § 253 Abs. 2 Nr. 2 ZPO im Klageverfahren– ein bestimmter Sachantrag erforderlich.[81] Bei **Sicherungs- und Rege-**

76 Z.B. OLG Koblenz FamRZ 2009, 1934; OLG Saarbrücken NJW-RR 2003, 1717; OLG Stuttgart NJW-RR 1996, 1516; Zöller/*Vollkommer*, § 940 Rn 8 „Herausgabe und Sequestration, Räumung und Besitzschutz".

77 OLG Karlsruhe GRUR-RR 2014, 362.

78 *Hartmann*, § 12 GKG Rn 4.

79 Zöller/*Geimer*, § 114 Rn 2.

80 OLG Saarbrücken MDR 2008, 200.

81 U.a. Stein/Jonas/*Grunsky*, Vor § 935 Rn 10; Schuschke/Walker/*Schuschke*, § 938 Rn 4; *Wieczorek/Thümmel*, § 938 Rn 4.

lungsverfügungen muss der Antragsteller wenigstens angeben, welcher Anspruch gesichert werden soll (§ 938 Abs. 1 ZPO). Sinnvoll ist es, auch die für erforderlich gehaltenen Maßnahmen zu bezeichnen.

Will der Antragsteller eine Forderung in erster Linie durchsetzen, aber wenigstens sichern lassen, so kann er mit dem Hauptantrag die Leistungsverfügung verlangen und mit dem Hilfsantrag die Sicherungsverfügung (oder den Arrest).

Schwierigkeiten bereitet häufig die richtige Formulierung eines **Unterlassungsantrags**, vor allem in Wettbewerbssachen. Er muss so deutlich gefasst sein, dass der Antragsgegner erkennen kann, wogegen er sich verteidigen soll und was ihm bei einer entsprechenden Verurteilung verboten ist. Die Entscheidung hierüber darf nicht dem Vollstreckungsverfahren überlassen bleiben.[82] **63**

Nicht hinreichend bestimmt sind im Allgemeinen Anträge, die nur den Wortlaut der gesetzlichen Vorschrift wiedergeben, aus der sich der Unterlassungsanspruch ergibt.[83] Stets ausreichend ist es, den Antrag nur gegen die **konkrete Verletzungshandlung** zu richten. Ein entsprechendes Verbot erstreckt sich dann nicht nur auf identische Handlungen, sondern auch auf Abwandlungen, die im Kern gleichartig sind („Kerntheorie").[84] Vorangestellt werden kann in dem Antrag eine abstrakte Beschreibung kerngleicher Verletzungshandlungen mit dem Zusatz z.B. „wie" oder „wenn dies geschieht wie" der konkreten Verletzungshandlung.

Bei diesen Erweiterungsformen sind **Verallgemeinerungen** zugelassen, die das Charakteristische der konkreten Verletzungshandlung richtig erfassen, wie z.B. „im geschäftlichen Verkehr",[85] „werben",[86] „Waren"[87] bzw. „wörtlich oder sinngemäß".[88] Ihre Bedeutung muss dann aber zwischen den Parteien unstreitig sein. Verallgemeinerungen, die den **Kern des Rechtsstreits** betreffen, sind unzulässig, weil sie den Umfang des Verbots nicht eindeutig festlegen. So können z.B. einem Presseunternehmen nicht „redaktionelle Beiträge werbenden Inhalts" untersagt werden, wenn die Parteien darüber streiten, ob ein bestimmter Beitrag eine unzuläs- **64**

82 BGH GRUR 2010, 749; WRP 2000, 390, 391; WRP 1999, 1035, 1036.
83 BGH WRP 2011, 576; 2000, 390.
84 BGH WRP 2010, 1035; 2000, 386; 1998, 973.
85 BGH GRUR 1962, 310, 313.
86 BGH WRP 2010, 1030; 2000, 389.
87 BGH GRUR 1987, 371, 372.
88 BGH GRUR 1977, 114, 115.

sige Werbung oder eine unbedenkliche redaktionelle Berichterstattung enthielt.[89] Zu unbestimmt sind auch Formulierungen wie „Zeitungsanzeigen, ähnlich wie die veröffentlichten",[90] „irreführende Werbeangaben",[91] „herabsetzende Äußerungen"[92] oder „überwiegend pauschale Anpreisung".[93]

In der Regel unzulässig sind überdies Verfügungsanträge mit auslegungsbedürftigen Formulierungen wie „eindeutig", „angemessen" oder „unübersehbar".[94] Nicht hinreichend bestimmt ist deshalb z.B. ein Antrag, dem Antragsgegner zu verbieten, unaufgefordert Telefonwerbung zu betreiben, ohne dass ein vorheriges Einverständnis des Adressaten besteht „oder zumindest Umstände vorliegen, aufgrund deren das Einverständnis mit einer solchen Kontaktaufnahme vermutet werden kann".[95] Anders verhält es sich, wenn mit undeutlich gefassten Formulierungen bei einer irreführenden Werbung nur klargestellt werden soll, unter welchen Voraussetzungen eine Irreführung vermieden wird.[96] Diese Einschränkung ist überflüssig.[97]

65 *Hinweis*

Erstrebt der Antragsteller eine Unterlassungs- oder Duldungsverfügung, so sollte er zugleich die Androhung von Ordnungsmitteln beantragen (§ 890 Abs. 2 ZPO). Das Gericht darf dies nicht ohne Antrag aussprechen. Eine Unterlassungs- oder Duldungsverfügung, die keine Ordnungsmittel androht, ist nicht vollziehbar. Bei einem Antrag gegen eine GmbH reicht die Androhung von Ersatzordnungshaft gegenüber „dem" oder „einem der" Geschäftsführer aus. Er braucht nicht namentlich benannt zu werden.[98]

66 Soll die einstweilige Verfügung zu einer **Eintragung im Grundbuch** führen, so kann der Antragsteller beantragen, dass das Gericht das Eintragungsgesuch stellt (§ 941 ZPO). Dies gilt insbesondere bei der Eintragung einer Vormerkung (§§ 883 ff. BGB), eines Widerspruchs (§ 899 BGB), eines Veräußerungsverbots

89 BGH WRP 2000, 390, 392; WRP 1993, 478.
90 BGH GRUR 1991, 254, 257.
91 *Ahrens/Jestaedt*, Kap. 22 Rn 19.
92 *Köhler/Bornkamm*, § 12 Rn 2.39.
93 BGH WRP 1998, 42, 45 f.
94 BGH NJW 2005, 2550.
95 BGH MDR 2007, 966.
96 BGH WRP 1999, 1035, 1036.
97 BGH GRUR 1992, 525, 526; GRUR 1989, 445, 446; GRUR 1989, 110, 113.
98 BGH NJW 1992, 749.

(§ 136 BGB) und einer Löschung. Das Ersuchen des Gerichts an das Grundbuchamt verursacht keine Gerichtsgebühren.

Kommt das Gericht dem Antrag nach, muss der Antragsteller die einstweilige Verfügung spätestens innerhalb einer Woche nach dem Eingang des Eintragungsgesuchs beim Grundbuchamt zustellen (siehe Rn 114). Der Antragsteller muss sich daher darüber informieren, ob das Gericht tätig geworden ist. Dies steht in seinem Ermessen. Eine Ablehnung ist unanfechtbar.

Will der Antragsteller **selbst die Eintragung bewirken**, so sollte er beim Verfügungsgericht beantragen, ihm zwei Ausfertigungen des Titels zu erteilen. Sonst ist die rechtzeitige Zustellung im Parteibetrieb gefährdet, weil eine Ausfertigung mit dem Eintragungsantrag beim Grundbuchamt einzureichen ist.

2. Verfahrensanträge

Das Gericht kann in besonders dringenden Fällen **ohne mündliche Verhandlung** 67
entscheiden (§ 937 Abs. 2 ZPO). Dem Antragsteller ist ein entsprechender Antrag zu empfehlen, wenn er dies erreichen will. Das Gericht setzt sonst in der Regel einen Verhandlungstermin an, weil der fehlende Antrag ein Indiz dafür ist, dass der Antragsteller selbst die Sache nicht für besonders dringlich hält.

Der Antragsteller muss die **besondere Dringlichkeit darlegen und glaubhaft machen**. Sie ergibt sich nicht schon aus dem Verfügungsgrund. Voraussetzung ist, dass der zu sichernde Anspruch durch eine mündliche Verhandlung stärker gefährdet ist als ohne sie. Dies kann sich aus der längeren Dauer des Verfahrens ergeben oder deshalb zu befürchten sein, weil anspruchsgefährdende Handlungen des Gegners drohen, wenn er vor einer Entscheidung erfährt, dass eine einstweilige Verfügung beantragt ist.

Will der Antragsteller Zeitverzögerungen durch die üblichen Postlaufzeiten vermeiden, sollte er die Bitte äußern, das Büro des Rechtsanwalts telefonisch über den Erlass der einstweiligen Verfügung zu informieren. Der Anwalt kann dann den Beschluss auf der Geschäftsstelle abholen lassen.

Beim Land- und Oberlandesgericht kann außerdem auf Antrag der **Vorsitzende** 68
allein entscheiden (§ 944 ZPO). Voraussetzung hierfür ist, dass eine Entscheidung mit den Beisitzern zu Verzögerungen führt, die mit Nachteilen für den Antragsteller verbunden sind. Dies ist in der Praxis allenfalls bei Kammern für Handelssachen zu befürchten, deren ehrenamtliche Beisitzer nicht sofort zu erreichen sind.

II. Begründung

69 Der Antragsteller muss die **Tatsachen** vortragen, aus denen sich der **Verfügungsanspruch** und der **Verfügungsgrund** ergibt, sofern dieser nicht vermutet wird. Erstrebt er eine Entscheidung ohne mündliche Verhandlung, nach § 942 Abs. 1 ZPO, so ist außerdem die besondere Dringlichkeit darzulegen.

III. Glaubhaftmachung

1. „Beweislast"

70 In der **Antragsschrift** sind **alle relevanten Tatsachen** glaubhaft zu machen, die zu dem Verfügungsanspruch und dem Verfügungsgrund führen, in Zweifelsfällen auch die Verfahrensvoraussetzungen. Liegen Hinweise auf **Einwendungen oder Einreden des Antragsgegners** gegen den Verfügungsanspruch vor, so muss der Antragsteller nach herrschender Meinung im einseitigen Beschlussverfahren überdies glaubhaft machen, dass die tatsächlichen Voraussetzungen dafür nicht vorliegen.[99] Hierauf ist insbesondere zu achten, wenn der Antragsschrift Schreiben des Gegners beigefügt werden. Einwendungen oder Einreden können sich aber auch aus einer **Schutzschrift** ergeben.

71 Bei einer **mündlichen Verhandlung** gelten die **Beweislastregeln des Klageverfahrens**: Unstreitige Tatsachen sind glaubhaft. Streitige entscheidungserhebliche Tatsachen muss die Partei glaubhaft machen, die sie im Hauptsacheverfahren beweisen müsste.[100]

72 Ein Verfügungsantrag muss nicht in jedem Fall scheitern, in dem der Antragsteller den Verfügungsanspruch oder -grund nicht glaubhaft gemacht hat. Das Gericht kann dann die Anordnung der einstweiligen Verfügung oder die Vollziehung von einer **Sicherheitsleistung** des Antragstellers abhängig machen (§ 921 S. 1 ZPO). Das kommt in der Praxis aber nur selten vor.

99 Z.B. Schuschke/Walker/*Walker*, Vor § 916 Rn 50; Thomas/Putzo/*Seiler*, Vor § 916 Rn 9; Stein/Jonas/*Grunsky*, § 920 Rn 11; *Melullis*, Rn 191.

100 Thomas/Putzo/*Seiler*, Vor § 916 Rn 9; Stein/Jonas/*Grunsky*, § 920 Rn 11; Zöller/*Vollkommer*, Vor § 916 Rn 6a; Schuschke/Walker/*Walker*, § 920 Rn 21 f.; *Hirtz*, NJW 1986, 110 ff.

2. Beweismittel

Tatsachen sind glaubhaft, wenn das Gericht sie für **wahrscheinlich** hält. Zugelassen sind alle **Beweismittel** des ordentlichen Klageverfahrens, die der **Antragsschrift beigefügt** werden können, wie 73

- Urkunden,
- Bescheinigungen von Privatpersonen oder Behörden,
- Augenscheinsobjekte,
- schriftliche Sachverständigengutachten,
- eidesstattliche Versicherungen (§ 294 ZPO) oder
- die **anwaltliche Versicherung** über Vorgänge, die der Rechtsanwalt in seiner Berufstätigkeit wahrgenommen hat.[101]

Der Antragsteller kann überdies auf die **Akten des Hauptverfahrens** verweisen, vor allem auf dort bereits erhobene Beweise oder ein ergangenes Urteil. Zu achten ist auch auf vorprozessuale **Schreiben des Gegners**. Hat er darin bestimmte Tatsachen eingeräumt, so sind sie hiermit glaubhaft zu machen.

Als Beweismittel **nicht zugelassen** sind Anträge auf Einholung von Sachverständigengutachten und von amtlichen Auskünften.

Eine **eidesstattliche Versicherung** sollte nicht nur pauschal auf die Antragsschrift oder einen Schriftsatz Bezug nehmen. Sie ist dann meistens wertlos.[102] Ungeeignet sind Schilderungen, die keine eigene Wahrnehmung wiedergeben[103] und bedenklich wortgleiche Erklärungen mehrerer Personen. Überzeugender ist es, wenn Parteien oder Zeugen in eidesstattlichen Versicherungen mit eigenen Worten detailliert schildern, was sie wahrgenommen haben. 74

E. Beschlussverfahren und Rechtsmittel

Das Gericht kann den Antrag auf Erlass einer einstweiligen Verfügung durch Beschluss zurückweisen oder ihm in **dringenden Fällen** durch Beschluss stattgeben (§ 937 Abs. 2 ZPO). 75

101 OLG Köln WRP 1986, 170.

102 BGH NJW 1988, 2045; OLG Karlsruhe OLG-Report 1998, 95; OLG Dresden OLG-Report 1997, 74; Thüring. OLG OLG-Report 1995, 94.

103 BGH NJW 2004, 3491.

Keine Entscheidung über den Verfügungsantrag ergeht, wenn der Antragsteller ihn vorher zurückgenommen oder für erledigt erklärt hat. Zu einer **Erledigungserklärung** ist bei erledigenden Ereignissen (siehe dazu Rn 95 ff.) nach dem Eingang des Verfügungsantrags beim Gericht zu raten. Der Antragsgegner braucht noch nicht am Verfahren beteiligt gewesen zu sein.[104] Ihm wird die Erledigungserklärung zusammen mit dem Verfügungsantrag zugestellt, damit er sich hierzu äußern kann.[105] Eine Rücknahme des Verfügungsantrags ist bei dieser Konstellation riskant. Sie ermöglicht nach überwiegender Auffassung in der Rechtsprechung[106] keine Kostenentscheidung nach § 269 Abs. 3 Satz 3 ZPO zugunsten des Antragstellers, weil das einstweilige Verfügungsverfahren bereits mit dem Eingang der Antragsschrift beim Gericht rechtshängig war (siehe Rn 52). Hat sich der Rechtsstreit schon vor der Einreichung der Antragsschrift erledigt, ist eine **Rücknahme** des Verfügungsantrags zu empfehlen. Eine für ihn günstige Kostenentscheidung kann der Antragsteller dann erwarten, wenn ihm das erledigende Ereignis nicht bekannt sein musste: In Klageverfahren wird in solchen Fällen eine entsprechende Anwendung des § 269 Abs. 3 Satz 3 ZPO befürwortet.[107] Anwendungsfall in einstweiligen Verfügungsverfahren ist z.B. ein vom Antragsgegner verschwiegenes Vertragsstrafeversprechen gegenüber einem Dritten, durch das die Wiederholungsgefahr eines mit dem Verfügungsantrag geltend gemachten Unterlassungsanspruchs entfallen war (siehe § 4 Rn 35).

I. Zurückweisender Beschluss

76 Gegen einen **Beschluss, mit dem der Verfügungsantrag zurückgewiesen** worden ist, kann sich der Antragsteller mit der **sofortigen Beschwerde** wenden (§ 567

104 OLG Köln GRUR 2001, 425; Stein/Jonas/*Grunsky*, § 922 Rn 18; Zöller/*Vollkommer*, § 922 Rn 4; *Berneke/Schüttpelz*, Rn 474; *Dunkl*, A Rn 50; a.A. OLG Brandenburg NJW-RR 1996, 1470.

105 Schuschke/Walker/*Schuschke*, § 935 Rn 30.

106 OLG Brandenburg, Beschl. v. 13.9.2011 – 6 W 73/11; KG NJW-RR 2009, 1080; OLG Celle NJW-RR 2009, 1074; ebenso: *Baumbach/Lauterbach/Albers/Hartmann*, § 269 Rn 38; Musielak/Voit/*Huber*, § 922 Rn 10a; *Vossler*, MDR 2009, 667; a.A. OLG Stuttgart NJW-RR 2007, 527; ebenso: Zöller/*Vollkommer*, § 920 Rn 13; Schuschke/Walker/*Schuschke*, § 935 Rn 30; Thomas/Putzo/*Seiler*, § 920 Rn 2 (wenn das Gesuch dem Antragsgegner nicht mitgeteilt war).

107 OLG Frankfurt NJW-RR 2014, 1406; OLG Karlsruhe NJW 2012, 1373; OLG Jena, Beschl. v. 3.6.2011 – 4 W 248/11; KG NJW-RR 2009, 1411; OLG München OLG-Report 2004, 218.

Abs. 1 Nr. 2 ZPO). Ob sie dem Anwaltszwang unterliegt, ist umstritten.[108] Nach überwiegender Auffassung ist eine sofortige Beschwerde auch zulässig, wenn der Wert des Beschwerdegegenstandes die Berufungssumme nicht erreicht.[109]

Denkbare **Alternative** ist ein neuer Verfügungsantrag bei einem anderen, auch zuständigen Gericht.[110] Der Antragsteller müsste dann aber verhindern, dass der abweisende Beschluss rechtskräftig wird. Sonst kann er seinen zweiten Antrag nur mit neuen Tatsachen oder neuen Beweismitteln begründen (siehe Rn 55). In Betracht käme eine Rücknahme des Verfügungsantrags im ersten Verfahren, durch die der abweisende Beschluss wirkungslos wird (§ 269 Abs. 3 Satz 1 ZPO). Der Antragsteller bliebe dann aber mit den Kosten des ersten Verfahrens belastet, hätte keine Gewähr für eine günstigere Entscheidung über seinen neuen Antrag und müsste überdies befürchten, dass diesem die Eilbedürftigkeit abgesprochen wird. Hat sich das **Verfahren nach dem zurückweisenden Beschluss erledigt**, ist eine sofortige Beschwerde mit dem Ziel, die Erledigung festzustellen und dem Antragsgegner die Kosten aufzuerlegen, nach herrschender Meinung – anders als bei einer Berufung gegen eine Urteilsverfügung (siehe Rn 108) – unzulässig.[111]

Hält das erstinstanzliche Gericht die Beschwerde für begründet, so erlässt es die **77**
einstweilige Verfügung durch Beschluss (§ 572 Abs. 1 ZPO). Sonst legt es die Sache dem Beschwerdegericht vor. Dieses kann die Beschwerde durch Beschluss zurückweisen, die einstweilige Verfügung durch Beschluss erlassen oder nach

108 **Verneinend**: OLG Naumburg, Beschl. v. 2.7.2014 – 1 W 17/14; OLG Celle NJW-RR 2009, 977; OLG Hamm OLG-Report 1996, 44; OLG Karlsruhe NJW-RR 1993, 1470 f.; KG NJW-RR 1992, 576; OLG Köln NJW-RR 1988, 254 f.; OLG München NJW 1984, 2414; Zöller/*Vollkommer*, § 922 Rn 13; Musielak/Voit/*Huber*, § 922 Rn 10; Thomas/Putzo/*Seiler*, § 922 Rn 7; Stein/Jonas/*Grunsky*, § 922 Rn 8; *Walker*, in: Schuschke/Walker, § 922 Rn 31; **bejahend**: OLG Saarbrücken OLG-Report 1998, 250; OLG Frankfurt GRUR-RR 2011, 31; OLG Düsseldorf OLGZ 1983, 358; OLG Hamm MDR 2008, 257.

109 LG Zweibrücken NJW-RR 1987, 1199; Zöller/*Vollkommer*, § 922 Rn 13; Thomas/Putzo/*Seiler*, § 922 Rn 7; Schuschke/Walker/*Walker*, § 922 Rn 31; MüKo/*Drescher*, § 922 Rn 15; a.A. LG Köln MDR 2003, 831; LG Konstanz NJW-RR 1995, 1102; Musielak/Voit/*Huber*, § 922 Rn 10.

110 *Wieczorek/Thümmel*, Vor § 916 Rn 15; a.A. Stein/Jonas/*Grunsky*, Vor § 916 Rn 11: nur sofortige Beschwerde zulässig.

111 OLG Celle NJW-RR 2009, 1074; OLG Koblenz OLG-Report 2003, 144; OLG Stuttgart OLG-Report 2001, 181; OLG Bamberg OLG-Report 2002, 464; OLG Karlsruhe WRP 1988, 429 f.; OLG Hamm WRP 1985, 227, 228; Musielak/Voit/*Huber*, § 922 Rn 10a; *Teplitzky*, Kap. 55 Rn 6; MüKo/*Drescher*, § 922 Rn 14; Schuschke/Walker/*Schuschke*, § 935 Rn 34; a.A. OLG Frankfurt NJW-RR 1992, 493 f.; *Stein/Jonas/Grunsky*, § 922 Rn 18; Zöller/*Vollkommer*, § 922 Rn 4; *Ahrens/Scharen*, Kap. 51 Rn 73; *Vossler*, MDR 2009, 667.

mündlicher Verhandlung durch Urteil entscheiden. Erlässt das Beschwerdegericht die einstweilige Verfügung durch Beschluss, kann der Antragsgegner hiergegen Widerspruch einlegen, über den das Gericht der ersten Instanz zu entscheiden hat.[112] Gegen einen zurückweisenden Beschluss und ein zurückweisendes Urteil ist kein Rechtsmittel statthaft.[113]

II. Stattgebender Beschluss

78 Der Antragsteller erreicht mit einer stattgebenden Beschlussverfügung am schnellsten sein Ziel.

Das Gericht kann die Anordnung oder Vollziehung – auch im Urteilsverfahren – von einer **Sicherheitsleistung des Gläubigers abhängig** machen (§ 921 Satz 2 ZPO). Dies kommt vor allem in Betracht, wenn dem Schuldner aus dem Vollzug ein besonders hoher Schaden droht (wie z.B. bei der Untersagung der Produktion und des Vertriebs von Waren[114]) und die Rechtslage nicht völlig sicher ist.[115] Gegen die Anordnung einer Sicherheitsleistung kann sich der Antragsteller mit der **sofortigen Beschwerde** wenden, wenn er sie nicht selbst angeboten hat; ist die Anordnung unterblieben und will der Antragsgegner sie erreichen, muss er Widerspruch gegen die Beschlussverfügung einlegen.[116]

1. Reaktion des Antragsgegners

79 Die sachgerechte Reaktion des Antragsgegners auf eine Beschlussverfügung hängt im Wesentlichen davon ab, ob er ihr mit Aussicht auf Erfolg entgegentreten kann oder nicht: In Erfolg versprechenden Fällen ist zu einem **Widerspruch** zu raten (siehe Rn 127 ff.), in aussichtslosen Fällen unter Umständen zu einem Widerspruch nur gegen die Kostenentscheidung (siehe Rn 131). Ist auch dies nicht erfolgversprechend und will der Antragsgegner sich nicht auch noch dem Risiko einer für ihn **aussichtslosen Klage** in der Hauptsache aussetzen, muss er den gesicherten **Anspruch erfüllen** oder dem Antragsteller darüber **freiwillig einen Titel ver-**

112 KG NJW-RR 2008, 520; OLG Hamburg MDR 1957, 105; OLG Düsseldorf MDR 1984, 324; OLG Hamm OLGZ 1987, 492 f.; Musielak/Voit/*Huber*, § 924 Rn 6; Zöller/*Vollkommer*, § 924 Rn 6; Stein/Jonas/*Grunsky*, § 924 Rn 18.

113 BGH NJW 2003, 1531 f.

114 KG NJW-RR 1986, 1127.

115 KG WRP 1995, 25 mit weiteren Nachweisen.

116 Zöller/*Vollkommer*, § 921 Rn 6.

schaffen, z.B. mit einem notariellen Schuldanerkenntnis im Sinne des § 794 Abs. 1 Nr. 5 ZPO, bei Unterlassungsansprüchen mit einer **Abschlusserklärung** (siehe § 4 Rn 50 ff.).

2. Rechtfertigungsverfahren

Der Antragsgegner kann Widerspruch auch gegen eine Beschlussverfügung des in der Hauptsache nicht zuständigen Amtsgerichts einlegen (siehe Rn 48 f.). Darauf ist er aber nur angewiesen, wenn er möglichst schnell eine mündliche Verhandlung erreichen will: Dem Antragsteller wird in der einstweiligen Verfügung – im Falle des § 942 Abs. 2 ZPO auf Antrag des Gegners, sonst von Amts wegen – eine Frist gesetzt, in der er beim Gericht der Hauptsache zu beantragen hat, eine mündliche Verhandlung im Rechtfertigungsverfahren zu beantragen. Nach fruchtlosem Ablauf der Frist hebt das Amtsgericht auf Antrag die einstweilige Verfügung auf (§ 942 Abs. 3 ZPO). Ein Widerspruch ist nur sinnvoll, wenn der Antragsgegner den Ablauf der Frist nicht abwarten will. Hierüber entscheidet dann das Gericht der Hauptsache. **80**

F. Urteilsverfahren und Rechtsmittel

Das Gericht entscheidet über einen Verfügungsantrag nach mündlicher Verhandlung, wenn es nicht im Beschlusswege vorgeht, der Antragsgegner gegen eine Beschlussverfügung Widerspruch erhoben hat oder im Rechtfertigungsverfahren. **81**

I. Terminsbestimmung und Ladung

Zu dem Verhandlungstermin werden die Parteien geladen. Die **Ladungsfrist** des § 217 ZPO ist einzuhalten,[117] kann aber auf Antrag abgekürzt werden (§ 226 ZPO). Die **Einlassungsfrist** des § 274 Abs. 3 ZPO gilt nicht.[118] Der Antragsgegner erhält mit der Ladung eine Abschrift der Antragsschrift. **82**

117 Musielak/Voit/*Stadler*, § 217 Rn 3; Zöller/*Stöber*, § 217 Rn 2.

118 Z.B. Zöller/*Greger*, § 274 Rn 5; Musielak/Voit/*Foerste*, § 274 Rn 3; Thomas/Putzo/*Reichold*, § 274 Rn 3.

II. Mündliche Verhandlung

83 Verfügungsanträge sind grundsätzlich in **einer mündlichen Verhandlung** zu erledigen. Die Regeln des normalen Urteilsverfahrens gelten deshalb nur mit Einschränkungen. Soweit sie zu einer Verzögerung führen, sind sie nicht anzuwenden.

Uneingeschränkt anzuwenden sind die Vorschriften des **Säumnisverfahrens** (§§ 330 ff. ZPO). Bei einem **Verzicht** des Antragstellers auf sein Sicherungsbegehren ergeht – wie nach § 306 ZPO im Klageverfahren – auf Antrag des Gegners ein Verzichtsurteil,[119] bei einem **Anerkenntnis** ein Anerkenntnisurteil.[120]

1. Aussetzung und Unterbrechung des Verfahrens

84 Eine Aussetzung des Verfahrens **nach § 148 ZPO** ist unzulässig.

Über Zweifelsfragen bei der **Auslegung des europäischen Gemeinschaftsrechts** entscheidet das Gericht im Eilverfahren selbst. Eine Vorlage beim Europäischen Gerichtshof ist nicht erforderlich, wenn – wie nach einstweiligen Verfügungen – europarechtliche Rechtsfragen noch in einem ordentlichen Verfahren zur Hauptsache geprüft werden können.[121]

Ein Insolvenzverfahren über das Vermögen einer Partei unterbricht nach § 240 ZPO das Verfahren bei Verfügungsanträgen, die sich auf die Insolvenzmasse auswirken können.[122]

2. Zurückweisung von Vorbringen und Schriftsatznachlass

85 Die Parteien können bis zum Schluss der mündlichen Verhandlung neue Tatsachen vortragen und glaubhaft machen. Der Gegner erhält grundsätzlich keinen Schriftsatznachlass.[123] Er muss sich sofort äußern.

119 Thomas/Putzo/*Seiler*, § 922 Rn 2; Stein/Jonas/*Grunsky*, Vor § 916 Rn 24; *Berneke/Schüttpelz*, Rn 227; a.A. *Wieczorek/Thümmel*, § 922 Rn 5.

120 Stein/Jonas/*Grunsky*, Vor § 916 Rn 22 mit Nachweisen in Fußnote 46.

121 EuGH NJW 1977, 1585.

122 BGH NJW 1962, 591.

123 OLG Hamm GRUR 1989, 931; Thomas/Putzo/*Seiler*, § 922 Rn 2; Schuschke/Walker/*Walker*, Vor § 916 Rn 41; Stein/Jonas/*Grunsky*, § 922 Rn 23; *Berneke/Schüttpelz*, Rn 324; a.A. *Schote/Lührig*, WRP 2008, 1281.

Hinweis
In Fällen, in denen der maßgebende Sachverhalt nicht von vornherein unstreitig ist, empfiehlt es sich daher, die Partei oder einen Vertreter mitzubringen, der die Sache kennt. Diese können sich dann zu einem neuen Tatsachenvorbringen des Gegners sofort äußern und ihre entgegen gesetzte Darstellung durch eine eidesstattliche Versicherung glaubhaft machen.

Neues Vorbringen einer Partei erst im Verhandlungstermin kann nur ausnahmsweise nach § 296 Abs. 2 ZPO als **verspätet zurückgewiesen** werden.[124] Voraussetzung ist, dass es die Entscheidung verzögern würde, weil der Gegner nicht sofort reagieren kann, und weiter ein grob nachlässiges Verhalten, wie z.B. in Fällen, in denen eine Partei ihr Vorbringen zurückgehalten hat, um den Gegner in der mündlichen Verhandlung zu überrumpeln.[125] Dafür müssen dann aber hinreichende Anhaltspunkte vorliegen. **86**

Wird der **Antragsgegner** im Verhandlungstermin von einem neuen Tatsachenvorbringen des Antragstellers oder Beweismitteln überrascht und kann er hierauf nicht sachgerecht reagieren, ist ihm unter Umständen nach einer Beschlussverfügung die **Rücknahme des Widerspruchs** und sonst die **Flucht in die Säumnis** anzuraten. Mit einem erneuten Widerspruch oder dem Einspruch gegen ein Versäumnisurteil kann er sich dann auf den nachfolgenden Termin besser vorbereiten. **87**

Der **Antragsteller** muss es in der Regel auf eine Entscheidung ankommen lassen. Nimmt er den Verfügungsantrag zurück, so kann ein neuer Antrag an der Eilbedürftigkeit scheitern; das gleiche gilt bei einer Flucht in die Säumnis (siehe § 4 Rn 13).

3. Antragsänderung und -rücknahme

Der Antragsteller kann den Verfügungsantrag bis zum rechtskräftigen Abschluss des Verfahrens **zurücknehmen**, auch noch und in der Berufungsinstanz. Eine Einwilligung des Antragsgegners ist auch nach mündlicher Verhandlung – anders als im Klageverfahren (§ 269 Abs. 1 ZPO) – nicht erforderlich.[126] Beim Landge- **88**

124 So Thomas/Putzo/*Seiler*, § 922 Rn 2; Stein/Jonas/*Grunsky*, § 922 Rn 23; Schuschke/Walker/*Walker*, § 922 Rn 15; a.A. OLG Hamburg NJW-RR 1987, 36; Zöller/*Vollkommer*, § 922 Rn 15: „nur in Fällen des Rechtsmissbrauchs".

125 OLG Koblenz GRUR 1987, 319, 321 f.

126 OLG Düsseldorf NJW 1982, 2452 f.; KG MDR 1988, 239; Thomas/Putzo/*Seiler*, § 920 Rn 2; Zöller/*Stephan*, § 269 Rn 14; Stein/Jonas/*Grunsky*, § 920 Rn 4; Schuschke/Walker/*Walker*, § 920 Rn 12; *Berneke/Schüttpelz*, Rn 456; a.A. OLG Koblenz WRP 1980, 646.

richt besteht für die Rücknahme nach einem Widerspruch gegen eine Beschlussverfügung Anwaltszwang.[127] Eine bereits erlassene einstweilige Verfügung wird mit der Rücknahme des Antrags wirkungslos (§ 269 Abs. 3 Satz 1 ZPO entspr.). Ihrer Aufhebung bedarf es nicht. Sie ist aber auf Antrag entsprechend § 269 Abs. 4 ZPO für wirkungslos zu erklären[128] Nach einer Rücknahme werden dem Antragsteller die Kosten des Verfahrens auferlegt (§ 269 Abs. 3 ZPO entspr.). Dem Antragsgegner sind die außergerichtlichen Kosten auch dann zu erstatten, wenn ihm der Verfügungsantrag nicht zugestellt worden ist.[129]

89 Eine **Änderung des Antrags** ist wie im ordentlichen Prozess zulässig.[130] Ausgeschlossen ist nach ganz überwiegender Auffassung ein Übergang vom einstweiligen Verfügungsverfahren in das Klageverfahren.[131]

4. Gegenanträge

90 **Eine Widerklage** des Antragsgegners ist unzulässig. Für statthaft gehalten werden aber Gegenanträge auf Erlass einer einstweiligen Verfügung, die mit dem Verfügungsantrag im Zusammenhang stehen und die Entscheidung nicht verzögern.[132]

5. Beweisaufnahme

91 Beweise werden nur erhoben, wenn dies sofort möglich ist (§ 294 Abs. 2 ZPO). Das Gericht lädt in der Regel keine Zeugen. Es ist hierzu allenfalls verpflichtet, wenn eine Partei arm ist und glaubhaft macht, dass sie deshalb einen Zeugen nicht selbst zum Termin stellen kann.[133] Sollen sonst Zeugen vernommen werden, so müssen die Parteien sie mitbringen. Dies ist im Allgemeinen zu empfehlen, wenn der entscheidungserhebliche Sachverhalt streitig oder damit zu rechnen ist, dass er

127 Stein/Jonas/*Grunsky*, § 920 Rn 4; Thomas/Putzo/*Seiler*, § 920 Rn 2; Zöller/*Vollkommer*, § 920 Rn 13.

128 Schuschke/Walker/*Walker*, § 920 Rn 12.

129 OLG Hamburg MDR 2000, 786.

130 Stein/Jonas/*Grunsky*, § 920 Rn 3a.

131 OLG München OLG-Report 1994, 178; OLG Karlsruhe OLGZ 1977, 484; OLG Hamm NJW 1971, 387; Zöller/*Vollkommer*, § 920 Rn 14; Thomas/Putzo/*Seiler*, § 920 Rn 3; Stein/Jonas/*Grunsky*, § 920 Rn 3; Schuschke/Walker/*Walker*, Vor § 916 Rn 15; *Dunkl/Baur*, H Rn 329; a.A. bei Einverständnis beider Parteien: OLG Frankfurt FamRZ 1989, 296; OLG Celle WRP 1972, 323; OLG Braunschweig MDR 1971, 1017.

132 OLG Rostock OLG-Report 2001, 560; Stein/Jonas/*Grunsky*, Vor § 935 Rn 27; Zöller/*Vollkommer*, § 935 Rn 4; *Wieczorek/Thümmel*, § 922 Rn 1; a.A. OLG Frankfurt, Urt. v. 20.10.2011 – 6 U 101/11; *Baumbach/Lauterbach/Albers/Hartmann*, § 936 Rn 2; *Weber*, WRP 1985, 527 ff.

133 Thomas/Putzo/*Reichold*, § 273 Rn 5; *Teplitzky*, DRiZ 1982, 41.

streitig werden könnte, und sich der Gegner auf Zeugen oder andere Beweismittel berufen kann. Aussagen von Zeugen sind häufig ergiebiger als eidesstattliche Versicherungen, weil sich das Gericht bei der Vernehmung einen persönlichen Eindruck von Zeugen verschaffen und nachfragen kann.

Reisekosten von Zeugen, die eine Partei zum Nachweis streitiger Tatsachen sistiert, sind erstattungsfähig, auch wenn das Gericht sie nicht vernimmt.[134]

6. Anerkenntnis und Alternativen

Ist der Antragsgegner **zu Recht in Anspruch genommen** worden, kann er den 92 Verfügungsantrag anerkennen oder ein Versäumnisurteil gegen sich ergehen lassen, um das Verfahren möglichst **kostengünstig** zu beenden (zum Ausschluss des Risikos einer Klage siehe Rn 79).

Zu einem **sofortigen Anerkenntnis** ist zu raten, wenn **kein Anlass für das einst-** 93 **weilige Verfügungsverfahren** bestanden hat. Es ergeht dann ein Anerkenntnisurteil (§ 307 ZPO) und der Antragsteller muss die Kosten des Rechtsstreits tragen (§ 93 ZPO). Im Urteilsverfahren muss der Antragsgegner den Verfügungsantrag im Verhandlungstermin anerkennen. Er darf keinen Abweisungsantrag stellen. Im Widerspruchsverfahren nach einer Beschlussverfügung kommt ein Anerkenntnis erst im Verhandlungstermin zu spät. Der Antragsgegner muss schon seinen Widerspruch auf die Kostenentscheidung beschränken (siehe Rn 131).

Bei **Sicherungs- und Regelungsverfügungen** bleibt ein sofortiges Anerkenntnis meistens erfolglos, weil sich aus dem Verfügungsgrund der **Anlass für das Verfahren** ergibt.

Anders sind unter Umständen Fälle zu beurteilen, in denen ein **Verfügungsgrund vermutet** wird (siehe Rn 59). Hier kann es dem Antragsteller zuzumuten sein, den Antragsgegner zunächst aufzufordern, den Anspruch freiwillig zu erfüllen. Ist dies unterblieben, so besteht Anlass für ein einstweiliges Verfügungsverfahren, wenn der Antragsgegner zu erkennen gegeben hat, dass er der Aufforderung nicht nachgekommen wäre, wie z.B. in einer **Schutzschrift**, mit der er dem Verfügungsantrag entgegengetreten war. Eine Abmahnung ist in der Regel geboten, bevor der Gläubiger eine Unterlassungsverfügung im Wettbewerbsrecht beantragt (siehe § 4 Rn 16 ff.).

134 OLG Koblenz NJW-RR 1997, 1293.

94 Hat der Antragsgegner das **Verfügungsverfahren veranlasst**, so kann er auch mit einem sofortigen Anerkenntnis keine Kostenentscheidung mehr zu seinen Gunsten erwirken, sondern nur die Kosten des Verfügungsverfahrens ermäßigen.

Die **geringsten Prozesskosten** fallen an, wenn der Antragsgegner den Verfügungsanspruch erfüllt oder bei einem Unterlassungsanspruch eine vertragsstrafebewehrte Unterlassungserklärung abgibt, dem Antragsteller die notwendigen außergerichtlichen Kosten erstattet und auf die Erstattung seiner eigenen außergerichtlichen Kosten verzichtet. Der Antragsteller kann dann den Verfügungsantrag zurücknehmen. Hiernach fällt nur eine Gerichtsgebühr an (Nr. 1411 KV GKG). Die bloße Erfüllung des Verfügungsanspruchs verteuert das Verfahren, wenn der Antragsteller es wegen der Kostenentscheidung weiter betreibt.

Kann oder will der Antragsgegner den Anspruch nicht erfüllen, ist es für ihn – wenn beide Parteien von Anwälten vertreten sind – am kostengünstigsten, wenn er zur mündlichen Verhandlung nicht erscheint und ein Versäumnisurteil gegen sich ergehen lässt. Stellt sich erst im Verhandlungstermin heraus, dass für den Antragsgegner keine Erfolgsaussichten bestehen, ist ein Anerkenntnis kostengünstiger.[135]

7. Erledigungserklärung

95 Das Verfügungsverfahren kann sich – ebenso wie das Klageverfahren – in der „Hauptsache" erledigen. Ein **Erledigungsgrund** liegt vor, wenn der Verfügungsanspruch oder der Verfügungsgrund nachträglich weggefallen ist.

96 Der **Verfügungsanspruch entfällt**, wenn die zu sichernde **Forderung erloschen** ist (z.B. durch Erfüllung, weil sich der Sachverhalt geändert hat oder ein Unterlassungsanspruch durch eine „Unterwerfungserklärung") oder das Gericht sie im Hauptsacheverfahren – auf eine Klage des Gläubigers oder eine negative Feststellungsklage des Schuldners – **rechtskräftig aberkannt** hat. Ein noch nicht rechtskräftiges Urteil genügt nur, wenn eine Abänderung in der zweiten Instanz unwahrscheinlich ist.[136]

Der **Verfügungsgrund entfällt,** wenn der **Schuldner** in der Hauptsache **rechtskräftig verurteilt** ist. Ein Feststellungsurteil genügt nicht, weil der Gläubiger aus

135 Zum Ganzen näher *König*, NJW 2005, 1243 f. und *Schroeder/Riechert*, NJW 2005, 2187 ff.

136 BGH WM 1976, 134; OLG Düsseldorf NJW-RR 1987, 993; Zöller/*Vollkommer*, § 927 Rn 5.

ihm nicht die Vollstreckung betreiben kann (zur Erledigung durch ein vorläufig vollstreckbares Urteil siehe Rn 38).

Ein „erledigendes Ereignis“ liegt auch dann vor, wenn der Verfügungsgläubiger es verursacht oder zu verantworten hat, wie z.B. bei einem Verzicht auf den Anspruch.

Kein erledigendes Ereignis ist nach herrschender Meinung die **Versäumung der Vollziehungsfrist** und wenn die Eilbedürftigkeit entfallen ist, weil der Antragsteller den Prozess nur schleppend betrieben hat (siehe § 4 Rn 11 ff.).[137] Begründet wird dies damit, hieraus ergebe sich, dass die Sache von Anfang an nicht eilbedürftig gewesen sei. Der Antragsteller kann hiernach durch eine Erledigungserklärung eine für ihn negative Kostenentscheidung im einstweiligen Verfügungsverfahren nicht verhindern. Davon auszunehmen sind Fälle, in denen die Vollziehung unterblieben ist, weil der Antragsgegner vor dem Ablauf der Vollziehungsfrist den geltend gemachten Anspruch erfüllt oder nach einer Verbotsverfügung eine hinreichende Unterlassungsverpflichtung mit einem Vertragsstrafeversprechen erklärt hat (siehe § 4 Rn 24 ff.). Die einstweilige Verfügung brauchte danach nicht mehr vollzogen zu werden (siehe Rn 120). 97

Ist der Verfügungsanspruch oder der Verfügungsgrund entfallen, muss der Antragsteller den Rechtsstreit **für erledigt erklären**. Er unterliegt sonst. Das weitere Verfahren richtet sich dann danach, wie der Antragsgegner hierauf reagiert. Er kann sich der **Erledigungserklärung anschließen** oder ihr **widersprechen**. Was für ihn günstiger ist, hängt vor allem davon ab, ob er dem ursprünglichen Verfügungsantrag mit Aussicht auf Erfolg entgegentreten konnte oder nicht. 98

Nach einer **übereinstimmenden Erledigungserklärung** entscheidet das Gericht mit einem **Beschluss** nach § 91a ZPO darüber, wer die **Kosten des Rechtsstreits** zu tragen hat. Ob sich der Rechtsstreit tatsächlich erledigt hat, wird nicht geprüft. Das Gericht ist an eine übereinstimmende Erledigungserklärung gebunden. Eine bereits erlassene einstweilige Verfügung wird ohne weiteres wirkungslos.[138] 99

Die Entscheidung über die Kosten richtet sich in erster Linie danach, wie das **Verfügungsverfahren voraussichtlich ausgegangen** wäre. Beweise werden grundsätzlich nicht mehr erhoben.

137 OLG Karlsruhe WRP 1998, 330; OLG Hamm GRUR 1989, 931, 932; OLG Düsseldorf GRUR 1985, 458, 460; OLG Köln WRP 1985, 362; OLG Koblenz WRP 1980, 646; Stein/Jonas/*Grunsky*, § 922 Rn 18; Schuschke/Walker/*Schuschke*, § 935 Rn 33; a.A. *Ulrich*, WRP 1996, 84, 86.

138 BGH NJW 2004, 506; OLG Nürnberg GRUR 1996, 79; OLG Hamburg WRP 1987, 260; OLG Hamm WRP 1985, 591.

Der Antragsteller muss die Kosten tragen, wenn der Verfügungsantrag unzulässig oder unbegründet war. Bei einem ursprünglich begründeten Antrag sind die Kosten in der Regel dem Antragsgegner aufzuerlegen. Anders verhält es sich, wenn kein Anlass für das Verfügungsverfahren bestanden und der Antragsgegner bis zur mündlichen Verhandlung den Verfügungsanspruch erfüllt oder bei einem Unterlassungsanspruch eine strafbewehrte Unterlassungsverpflichtung abgegeben hat. Dann werden dem Antragsteller nach dem Rechtsgedanken des § 93 ZPO die Kosten auferlegt.

Nach einer übereinstimmenden Erledigungserklärung darf aus Unterlassungsverfügungen nicht mehr vollstreckt werden und ein noch nicht rechtskräftiger Ordnungsgeldbeschluss wird wirkungslos. Der Antragsteller kann aber seine Erledigungserklärung auf die Zeit nach dem erledigenden Ereignis beschränken. Wegen Zuwiderhandlungen des Antragsgegners in der Vergangenheit dürfen dann Ordnungsmittel verhängt werden.[139]

100 **Widerspricht der Antragsgegner** der Erledigungserklärung, entscheidet das Gericht mit einem **Urteil** darüber, ob sich der Rechtsstreit erledigt hat. Der Antragsteller begehrt mit der einseitigen Erklärung, dies festzustellen. Sein Antrag ist begründet, wenn der Verfügungsantrag zunächst zulässig und begründet war, später aber unzulässig oder unbegründet geworden ist. Dies ist ggf. durch eine Beweisaufnahme zu klären. Nach einer Feststellung der Erledigung wird die einstweilige Verfügung ebenfalls wirkungslos.[140] Vollstreckungsmaßnahmen aus Unterlassungsverfügungen wegen bereits vorher begangener Verstöße bleiben jedoch aufrechterhalten.[141]

101 Bestehen **Zweifel**, ob tatsächlich ein erledigendes Ereignis vorliegt, ist dem Antragsteller zu empfehlen, den Rechtsstreit für erledigt zu erklären und den ursprünglichen Verfügungsantrag als Hilfsantrag aufrechtzuerhalten. Ohne den Hilfsantrag unterliegt er, wenn sich der Rechtsstreit nicht erledigt hat und der Antragsgegner der Erledigungserklärung widerspricht. Von einer hilfsweisen Erledigungserklärung ist abzuraten, weil der Bundesgerichtshof sie für unzulässig hält.[142]

139 BGH WRP 2004, 235, 237.
140 BGH NJW 1973, 1329.
141 BGH WRP 2012, 829.
142 BGH NJW 1989, 2885, 2887.

Der Antragsgegner wird einer Erledigungserklärung des Antragstellers in der Regel **nicht zustimmen**, wenn der Verfügungsantrag **unzulässig oder unbegründet** war. Müsste das Gericht Beweis erheben, um dies zu klären, so unterliegt der Antragsgegner bei einer einseitigen Erledigungserklärung, wenn die Beweisaufnahme für ihn ungünstig ausfällt. Will er dieses Risiko nicht eingehen, muss er der Erledigungserklärung zustimmen. Hierdurch kann er unter Umständen eine Kostenquote erwirken.

8. Vergleich

Die Parteien können das Verfügungsverfahren mit einem Vergleich beenden und 102
dabei auch die Hauptsache und andere Streitigkeiten mit erledigen.

Wollen die Parteien eine **Entscheidung im Hauptprozess** herbeiführen und keine weiteren Kosten mehr für das Verfügungsverfahren aufwenden, so können sie in einem **Zwischenvergleich** vereinbaren, dass sie das einstweilige Verfügungsverfahren nicht weiter betreiben und die bereits entstandenen Kosten die Partei tragen soll, die mit der Klage über den zu sichernden Anspruch unterliegt.

Dies kann zu Streitigkeiten führen, wenn das Klageverfahren nicht zu einer Entscheidung über den Anspruch führt, wie bei einem Prozessvergleich, einer Erledigungserklärung, einer Klagerücknahme oder einer Klageänderung.

Ähnlich verhält es sich bei einer Vereinbarung, wonach die Kostenentscheidung des Verfügungsverfahrens der Kostenregelung im Hauptsacheverfahren folgen soll. Zweifelhaft bleibt dann, was in Fällen der Klageänderung, der Klageerweiterung oder der Einbeziehung Dritter in den Hauptprozess gelten soll.

Die Parteien sollten bei einer Koppelung der Kosten des einstweiligen Verfügungsverfahrens an den Ausgang des Hauptsacheverfahrens diese Fälle mit bedenken. Keine Zweifel können aufkommen, wenn sie sich schon in dem Vergleich über die Verteilung der Kosten einigen oder die Entscheidung hierüber nach dem Abschluss des Hauptsacheverfahrens dem Gericht nach § 91a ZPO überlassen (wodurch dann allerdings weitere Kosten entstehen).

Hinweis 103

In einem Vergleich sind zusätzliche Regelungen zu empfehlen, wenn eine einstweilige Verfügung bereits ergangen ist und die Entscheidung im Hauptsacheprozess abgewartet werden soll. Der Antragsgegner muss sich sonst bis dahin an die einstweilige Verfügung halten. Erweist sie sich im Hauptprozess als ungerechtfertigt, so kann der Antragsgegner Schadensersatz verlangen (§ 945

ZPO). Will der Antragsteller dieses Risiko nicht eingehen, so müssen die Parteien Schadensersatzansprüche im Vergleich ausschließen. Sie können aber auch vereinbaren, dass der Antragsteller bis zur Entscheidung in der Hauptsache aus der einstweiligen Verfügung keine Rechte herleiten darf.

Ist eine **einstweilige Verfügung noch nicht ergangen**, so kann sich der Antragsgegner im Vergleich zur Sicherung des Antragstellers oder zur vorläufigen Erfüllung seines Anspruchs verpflichten. Ihm stehen dann aber keine Schadensersatzansprüche zu, wenn der Anspruch im Hauptprozess abgewiesen wird. Will er sich Ansprüche nach § 945 ZPO vorbehalten, muss sich der Antragsteller im Vergleich zum Schadensersatz verpflichten.

104 Bei einer im Vergleich übernommenen **Unterlassungsverpflichtung** ist es nicht möglich, eine Androhung von Ordnungsmitteln in den Vergleich aufzunehmen.[143] Der Androhungsbeschluss ist nach § 890 Abs. 2 ZPO vom Gericht zu erlassen. Dies kann der Antragsteller zusätzlich beantragen. Der Antrag ist – wenn der Gläubiger nicht ausdrücklich auf eine Vollstreckung gemäß § 890 Abs. 1 ZPO verzichtet hat – auch bei einem Vergleich zulässig, in dem der Schuldner für den Fall der Zuwiderhandlung eine Vertragsstrafe versprochen hat.[144]

Die Vertragsstrafe wirkt sich dann aber mindernd auf die Höhe eines zusätzlich zu verhängenden Ordnungsgeldes aus; ebenso kann ein bereits verhängtes Ordnungsgeld Anlass sein, die Vertragsstrafe nach § 343 BGB herabzusetzen.[145]

III. Verjährung des Verfügungsanspruchs

105 Die Verjährungsfrist des zu sichernden Anspruchs wird durch die Zustellung des Verfügungsantrags gehemmt (§ 204 Abs. 1 Nr. 9 BGB) und schon durch den Eingang des Antrags beim Gericht, wenn er demnächst zugestellt wird (§ 167 ZPO). Unterbleibt eine Zustellung, wie bei Beschlussverfügungen, tritt die Hemmung mit dem Eingang des Antrags beim Gericht ein, wenn die einstweilige Verfügung ergeht und dem Schuldner innerhalb eines Monats zugestellt wird. Ein Verfügungsantrag, der nicht zugestellt, sondern durch Beschluss zurückgewiesen wird, führt nicht zur Hemmung der Verjährungsfrist. Bei einem kurz bevorstehenden Ablauf

143 BGH WRP 2012, 1489.
144 BGH WM 2014, 1139.
145 BGH NJW 1998, 1138, 1139.

der Verjährungsfrist ist daher ein Antrag riskant, ohne mündliche Verhandlung zu entscheiden.

Die Hemmung endet nach § 204 Abs. 2 BGB bei einer Beschlussverfügung sechs Monate nach der Zustellung des Beschlusses und beginnt erneut, wenn Widerspruch eingelegt wird. Bei einer Urteilsverfügung oder einem Urteil im Widerspruchsverfahren endet die Hemmung sechs Monate nach der Rechtskraft des Urteils. Anträge nach den §§ 926 und 927 ZPO hemmen erneut die Verjährungsfrist.[146] **106**

Betreibt der Gläubiger aus der einstweiligen Verfügung die Zwangsvollstreckung, beginnt nach § 212 Abs. 1 Nr. 2 BGB die Verjährungsfrist neu zu laufen. Die bloße Parteizustellung der einstweiligen Verfügung reicht dazu nicht aus.[147] Erforderlich sind gerichtliche Vollstreckungsmaßnahmen, wie z.B. bei einer Unterlassungsverfügung die Beantragung oder Verhängung von Ordnungsmitteln, aber auch die nachträgliche Androhung.[148] **107**

IV. Entscheidung und Rechtsmittel

Das Gericht entscheidet nach mündlicher Verhandlung durch **Urteil**. Es kann die beantragte einstweilige Verfügung ganz oder teilweise erlassen, den Verfügungsantrag zurückweisen, im Widerspruchs- und Rechtfertigungsverfahren die ergangene einstweilige Verfügung ganz bzw. teilweise bestätigen, abändern oder aufheben und den zugrunde liegenden Antrag zurückweisen. **108**

Die Parteien können für sie nachteilige Urteile nach den allgemeinen Vorschriften mit der Berufung angreifen (siehe Rn 133). Der Antragsteller kann anstelle einer Berufung mit einem neuen Antrag auf Erlass einer einstweiligen Verfügung vorgehen,[149] bleibt dann aber mit den Kosten des ersten Verfahrens belastet, müsste sich auf neue Tatsachen oder Beweismittel berufen können (siehe Rn 55) und liefe Gefahr, dass dem neuen Antrag die Eilbedürftigkeit abgesprochen wird. Zulässig

146 *Schabenberger*, WRP 2002, 293, 298.

147 BGH GRUR 1979, 121; Schuschke/Walker/*Schuschke*, § 935 Rn 8.

148 BGH GRUR 1979, 121; Gloy/Loschelder/Erdmann/*Spätgens*, § 104 Rn 17 und 18; *Teplitzky*, Kap. 16 Rn 36.

149 OLG Zweibrücken FamRZ 1982, 413 f.; Thomas/Putzo/*Seiler*, § 922 Rn 11.

ist eine Berufung des in erster Instanz unterlegenen Antragstellers mit dem Ziel, den Rechtsstreit in der Hauptsache für erledigt zu erklären.[150]

G. Zustellung und Vollziehung

109 Der Antragsteller muss eine **Beschlussverfügung** im Parteibetrieb **zustellen**. Sie wird sonst nicht wirksam (§§ 936, 922 Abs. 2 ZPO). **Urteilverfügungen** werden von Amts wegen zugestellt (§ 317 ZPO) und sind wirksam mit der Verkündung des Urteils.[151]

Der Antragsteller muss darüber hinaus aus **Beschluss- und Urteilsverfügungen** innerhalb eines Monats die Zwangsvollstreckung betreiben (**Vollziehung** – §§ 936, 929 Abs. 2 ZPO). Unterlässt er dies, so kann er aus der einstweiligen Verfügung nicht mehr vorgehen. Sie wird auf Antrag des Gegners aufgehoben und der Antragsteller muss die Kosten des einstweiligen Verfügungsverfahrens tragen.

I. Zustellung

110 Beschlussverfügungen sind in vollständiger **Ausfertigung** oder **beglaubigter Abschrift** durch den Gerichtsvollzieher (§§ 191–194 ZPO) oder von Anwalt zu Anwalt (§ 195 ZPO) zuzustellen. Mit zugestellt werden müssen die Antragsschrift und andere Anlagen, wenn die Beschlussverfügung im Tenor hierauf verweist[152] oder das Gericht sie ausdrücklich zum Bestandteil des Beschlusses gemacht hat,[153] farbige Anlagen(z.B. Lichtbilder) grundsätzlich in farbigen Kopien. Sind nicht farbrichtige Anlagen beigefügt, wird die Abweichung für unwesentlich gehalten, wenn aus der zugestellten Form der Inhalt und der Umfang der titulierten Verpflichtung unmissverständlich zu erkennen sind.[154]

Hat sich für das einstweilige Verfügungsverfahren ein **Prozessbevollmächtigter** des Antragsgegners bestellt, ist an ihn zuzustellen (§ 172 Abs. 1 Satz 1 ZPO).

150 BGH NJW-RR 1992, 1032.
151 BGH WRP 2009, 999 (Verbotsverfügung).
152 OLG Frankfurt GRUR-RR 2011, 340; OLG Köln WRP 2004, 914.
153 OLG München NJW-RR 2003, 1722.
154 OLG Frankfurt NJW-RR 2014, 1023; OLG Köln NJW-RR 2010, 864; a.A. OLG Hamburg NJW-RR 2007, 986.

Eine Zustellung an die Partei ist unwirksam. Ob der Antragsgegner von einem Rechtsanwalt vertreten wird, ergibt sich zunächst aus dem **Passivrubrum** der Beschlussverfügung. Ist dort ein **Anwalt angegeben**, kann ihm zugestellt werden. Eine Zustellung an die Partei ist nur wirksam, wenn tatsächlich keine Prozessvollmacht bestand und die Angabe auf einem Versehen des Gerichts beruhte.[155] Ist im Passivrubrum **kein Anwalt aufgeführt**, der Antragsgegner jedoch von einem Prozessbevollmächtigten vertreten, muss ihm zugestellt werden, wenn der Antragsteller dies wusste. Seine Kenntnis kann sich aus einer **Schutzschrift** ergeben, die der Antragsteller zusammen mit der Beschlussverfügung erhalten hat, aber z.B. auch aus einem **vorprozessualen Schreiben** des gegnerischen Anwalts, in dem er die Vertretung des Antragsgegners in einem bevorstehenden einstweiligen Verfügungsverfahren angezeigt hatte oder dem eine Vollmacht beigefügt war, aus dem sich dies ergab.[156] Nach einer Mitteilung, für ein etwaiges **Hauptsacheverfahren** prozessbevollmächtigt zu sein, kann die Beschlussverfügung sowohl dem Antragsgegner als auch dem Anwalt (§ 82 ZPO) wirksam zugestellt werden.[157]

Zustellungsmängel werden nach § 189 ZPO geheilt, wenn die einstweilige Verfügung demjenigen tatsächlich zugegangen ist, dem sie zuzustellen war. Von diesem Zeitpunkt an gilt die einstweilige Verfügung als zugestellt. Die Monatsfrist ist daher bei einer Vertretung des Antragsgegners durch einen Anwalt gewahrt, wenn sie dem Antragsgegner zugestellt worden ist und dann vor dem Ablauf der Frist dem Anwalt zugeht. Der Zugang einer beglaubigten Abschrift genügt,[158] nach Auffassung des Kammergerichts[159] auch der Zugang einer Kopie, z.B. als eingescannter Anhang einer E-Mail. **111**

II. Vollziehung

Die einmonatige Vollziehungsfrist beginnt bei Urteilsverfügungen mit der Verkündung des Urteils und bei Beschlussverfügungen mit deren **Zustellung an den** **112**

155 OLG Hamburg NJW-RR 2002, 215.

156 OLG Jena Magazindienst 2011, 753; OLG Hamburg GRUR-RR 2006, 355; OLG Köln GRUR 2001, 456.

157 OLG Nürnberg MDR 2002, 232; OLG Oldenburg MDR 2002, 290; OLG Bamberg OLG-Report 2002, 239; OLG Frankfurt MDR 1984, 58.

158 OLG Köln, Urt. v. 11.7.2014 – 6 U 214/13.

159 WRP 2011, 612.

Antragsteller. Eine telefonische Mitteilung genügt nicht.[160] Ist eine förmliche Zustellung unterblieben, läuft die Vollziehungsfrist ab dem Tag, an dem der Antragsteller in den Besitz der Ausfertigung des Verfügungsbeschlusses gelangt ist.[161]

Die Frist kann weder vom Gericht noch durch eine Vereinbarung der Parteien **verlängert** werden.[162] Eine Versäumung ist nicht nach § 295 ZPO heilbar, eine Wiedereinsetzung in den vorigen Stand ausgeschlossen.[163] Der Ablauf der Frist wird nicht durch Rechtsbehelfe des Schuldners gehemmt, sondern nur unterbrochen, wenn das Gericht die Zwangsvollstreckung aus der einstweiligen Verfügung einstellt.[164]

113 Einstweilige Verfügungen sind ohne besonderen Ausspruch vollstreckbar. Eine **Vollstreckungsklausel** ist nur erforderlich, wenn die Vollziehung für einen anderen als den in der einstweiligen Verfügung bezeichneten Gläubiger erfolgen soll oder gegen einen anderen als den in der einstweiligen Verfügung bezeichneten Schuldner (§§ 936, 929 Abs. 1 ZPO).

114 Einstweilige Verfügungen können auch noch nach der Einleitung von Vollstreckungsmaßnahmen zugestellt werden. Dies muss dann aber innerhalb einer Woche und noch vor dem Ablauf der Vollziehungsfrist geschehen (§§ 936, 929 Abs. 3 ZPO).

Eine **Vollstreckung vor der Zustellung** ist insbesondere sinnvoll, wenn der Schuldner von der Existenz des Titels noch keine Kenntnis hat. Der Gläubiger kann so der Gefahr vorbeugen, dass der Schuldner schnell noch seine Handlungen zu Ende führt, die das Eilverfahren gerechtfertigt hatten. Die Wochenfrist für die Zustellung beginnt, wenn aufgrund der einstweiligen Verfügung eine Eintragung in das Grundbuch zu erfolgen hat, mit dem Eingang des Eintragungsantrags beim Grundbuchamt[165] und sonst nach herrschender Meinung mit dem Vollstreckungszugriff; nicht schon mit dem Eingang des Vollstreckungsantrags beim zuständigen Vollstreckungsorgan, weil dem Schuldner sonst die einstweilige Verfügung unter

160 Schuschke/Walker/*Schuschke*, § 929 Rn 9.

161 Zöller/*Vollkommer*, § 929 Rn 5; Thomas/Putzo/*Seiler*, § 929 Rn 3.

162 Zöller/*Vollkommer*, § 929 Rn 3; Schuschke/Walker/*Schuschke*, § 929 Rn 7.

163 BGH NJW 1993, 1076, 1079.

164 OLG Düsseldorf OLGZ 1987, 367, 370; Musielak/Voit/*Huber*, § 929 Rn 4; Schuschke/Walker/*Schuschke*, § 929 Rn 10.

165 OLG Hamburg MDR 2012, 1249; OLG Frankfurt, Urt. v. 15.3.2000 – 17 U 95/99; Zöller/*Vollkommer* § 929 Rn 24.

Umständen schon vor dem Zugriff zugestellt werden müsste und ihm dies Handlungen ermöglichte, die den Gläubiger schädigen.[166]

Versäumt der Verfügungsgläubiger die Wochenfrist, wird die zuvor getroffene Vollstreckungsmaßnahme unwirksam.[167] Der Schuldner kann dies mit der Erinnerung nach § 766 ZPO geltend machen. Die einstweilige Verfügung bleibt wirksam. Der Gläubiger kann die Vollziehung wiederholen, solange die Monatsfrist des § 929 Abs. 2 ZPO noch läuft.[168]

1. Vollstreckungsmaßnahmen

Welche Vollstreckungsmaßnahmen erforderlich sind, richtet sich nach dem Inhalt **115**
der einstweiligen Verfügung.

a) Vollstreckbare Verfügungen

Sind **Sachen sicherzustellen oder herauszugeben**, so muss der Gläubiger den **116**
Gerichtsvollzieher damit beauftragen (§§ 883, 885 ZPO).

Eine **Eintragung im Grundbuch** wird durch den Eintragungsantrag beim Grundbuchamt vollzogen. Er muss dort vor dem Ablauf der Vollziehungsfrist eingehen.[169] Der Gläubiger kann selbst das Grundbuchamt um die Eintragung ersuchen, auf seinen Antrag aber auch das Verfügungsgericht (siehe Rn 66).

Einstweilige Verfügungen zur **Vornahme vertretbarer Handlungen** werden durch die Ermächtigung zur Ersatzvornahme vollstreckt (§ 887 ZPO) und einstweilige Verfügungen zur Vornahme **unvertretbarer Handlungen** durch die Festsetzung von Zwangsgeld (§ 888 ZPO). Nach verbreiteter Auffassung soll zur Vollziehung schon eine Parteizustellung der einstweiligen Verfügung ausreichen.[170] Das ist

166 OLG Frankfurt Rpfleger 1999, 84 ff.; Thomas/Putzo/*Seiler*, § 929 Rn 7; Zöller/*Vollkommer*, § 929 Rn 24; Stein/Jonas/*Grunsky*, § 929 Rn 21; Musielak/Voit/*Huber*, § 929 Rn 10; MüKo/*Drescher*, § 929 Rn 18.

167 BGH NJW 1999, 3494.

168 Thomas/Putzo/*Seiler*, § 929 Rn 7.

169 OLG Düsseldorf NJW-RR 1997, 781.

170 OLG Hamm AfP 2011, 377; OLG München AfP 2007, 53 und MDR 2003, 53 f.; OLG Frankfurt NJW-RR 1998, 1007.

aber umstritten.[171] Der Antragsteller geht ein unnötiges Risiko ein, wenn er nicht innerhalb der Vollziehungsfrist auch einen Vollstreckungsantrag stellt.

Geldleistungsverfügungen werden durch Vollstreckungsaufträge beim zuständigen Vollstreckungsorgan vollzogen (z.B. Pfändungsauftrag an den Gerichtsvollzieher oder Antrag auf Erlass eines Pfändungs- und Überweisungsbeschlusses).

Ausreichend ist stets ein Vollstreckungsantrag oder Vollstreckungsauftrag vor Ablauf der Monatsfrist. Die beantragte Vollstreckung braucht innerhalb der Vollziehungsfrist nicht beendet zu sein und auch nicht begonnen zu haben, weil der Gläubiger dies nicht beeinflussen kann.[172] Ist eine Sicherheitsleistung des Gläubigers angeordnet, muss er sie zusätzlich innerhalb der Monatsfrist erbringen[173] und nach § 751 Abs. 2 ZPO den Nachweis im Parteibetrieb zustellen.[174]

b) Unterlassungsverfügungen

117 Aus einer Unterlassungsverfügung kann der Gläubiger nur vollstrecken, wenn darin Ordnungsmittel angedroht sind. Ist dies unterblieben, reicht zur Vollziehung einer Urteilsverfügung die rechtzeitige Beantragung eines separaten Androhungsbeschlusses aus,[175] zur Vollziehung einer Beschlussverfügung die nachträgliche Erwirkung eines Androhungsbeschlusses und dessen Zustellung mit der Beschlussverfügung im Parteibetrieb,[176] Über den Androhungsantrag hat das Prozessgericht des ersten Rechtszuges zu entscheiden (§ 890 Abs. 2 ZPO). Eine Entscheidung des Berufungsgerichts ist auf Gegenvorstellung des Antragsgegners aufzuheben.[177]

118 Beschluss- und Urteilsverfügungen, in denen Ordnungsmittel angedroht sind, werden mit dem Antrag vollzogen, **Ordnungsmittel** zu verhängen.[178] Hat der Schuldner keine Zuwiderhandlung begangen, muss der Gläubiger nach ständiger Rechtsprechung des Bundesgerichtshofs eine Urteilsverfügung – zusätzlich zur Amtszu-

171 A.A. OLG Koblenz AfP 2009, 59; OLG Rostock MDR 2006, 1425; OLG Hamburg WRP 1996, 1047 f.; OLG Hamm NJW-RR 1993, 959 f.; Schuschke/Walker/*Schuschke*, § 929 Rn 23 und 27; Musielak/Voit/*Huber*, § 936 Rn 5.

172 BGH NJW 2006, 1290; 1991, 496; 1990, 122.

173 OLG Celle Magazindienst 2010, 708 und AfP 2006, 251; OLG Oldenburg BauR 2008, 1932 und OLG-Report 2000, 44; OLG Hamm MDR 1995, 412; OLG Frankfurt WRP 1980, 423.

174 OLG München NJW-RR 1988, 1466; Zöller/*Vollkommer*, § 929 Rn 9; Stein/Jonas/*Grunsky*, § 929 Rn 15.

175 OLG Düsseldorf WRP 1982, 44.

176 BGH NJW 1996, 198, 199.

177 BGH NJW 2000, 590.

178 BGH NJW 1990, 122, 124.

stellung – innerhalb der Vollziehungsfrist **im** Parteibetrieb **zustellen**.[179] So beurteilen dies inzwischen – soweit ersichtlich – inzwischen auch alle Oberlandesgerichte.[180]

Nicht ausreichend sind die Übersendung der Urteilsverfügung als Anlage zu einem Privatschreiben,[181] die Übersendung des Verhandlungsprotokolls mit dem daraus ersichtlichen Urteilstenor[182] oder der Antrag, zum Zwecke der Zustellung eine abgekürzte Ausfertigung des Urteils zu erteilen.[183] Die Vollziehungsfrist wird durch eine rechtzeitige Parteizustellung auch dann gewahrt, wenn der Antragsgegner innerhalb der Frist gegen das Unterlassungsgebot verstoßen hat. Der Antragsteller muss nicht zusätzlich beantragen, Ordnungsmittel zu verhängen.[184] Mängel der Zustellung eines Urteils im Parteibetrieb werden unter den Voraussetzungen des § 189 ZPO geheilt.

Eine rechtzeitig zugestellte Beschlussverfügung muss nach einem bestätigenden Urteil im **Widerspruchsverfahren** erneut zugestellt werden, wenn das Urteil die **Beschlussverfügung wesentlich abändert und der Antragsteller keinen Ordnungsgeldantrag stellen kann**. Bei einer vollen oder inhaltlich nur unwesentlich veränderten Bestätigung – wie z.B. einer bloßen Klarstellung – reicht die Zustellung der Beschlussverfügung aus. Das gleiche gilt für Berufungsurteile, die eine Urteilsverfügung oder ein Bestätigungsurteil abändern.[185] Eine nur unwesentliche Abänderung hat z.B. das OLG Karlsruhe[186] in der Verurteilung zum Abdruck einer Gegendarstellung mit unverändertem Text, aber kleinerer Schriftgröße gesehen. Neu zugestellt werden muss in jedem Fall ein Berufungsurteil, mit dem eine einstweilige Verfügung erlassen worden ist, die das erstinstanzliche Gericht im Widerspruchsverfahren aufgehoben hatte.[187] Der Gläubiger vermeidet unnötige 119

179 BGH WRP 2009, 999; WRP 1996, 104 ff.; NJW 1993, 1076, 1077 f.

180 Zuletzt OLG Frankfurt GRUR 2014, 691.

181 KG WRP 1995, 325 ff.

182 OLG Frankfurt NJW-RR 1995, 445.

183 OLG Düsseldorf NJW-RR 1987, 763, 764.

184 BGH WRP 1989, 514; Schuschke/Walker/*Schuschke*, § 929 Rn 27; a.A. Musielak/Voit/*Huber*, § 936 Rn 5.

185 OLG Hamburg Magazindienst 2010, 287; OLG Stuttgart GRUR 2009, 194; OLG Karlsruhe NJW-RR 2009, 570; OLG Naumburg AfP 2005, 281; OLG Celle OLG-Report 2002, 172; KG NJWE-WettbR 2000, 197

186 NJW-RR 2009, 570.

187 OLG Frankfurt NJW-RR 2002, 1080; OLG Celle WRP 1986, 612; OLG Düsseldorf WRP 1995, 732; Stein/Jonas/*Grunsky*, § 929 Rn 6; Zöller/*Vollkommer*, § 929 Rn 7.

Risiken, wenn er bei jeder Änderung oder Neufassung erneut innerhalb der Monatsfrist zustellt.

c) Nicht vollstreckbare Verfügungen

120 Nicht vollstreckbar sind einstweilige Verfügungen auf Abgabe einer Willenserklärung und einstweilige Verfügungen über einen Anspruch, den der Schuldner vor dem Ablauf der Vollziehungsfrist erfüllt hat.

Eine **Beschlussverfügung** muss der Antragsteller in jedem Fall zustellen, damit sie gilt. Zu einer Parteizustellung ist bei einer **Urteilsverfügung** auf Abgabe einer Willenserklärung zu raten. Das OLG Köln[188] hat sie für entbehrlich gehalten. Das ist aber umstritten.[189] Ein Urteil über einen bereits erfüllten Verfügungsanspruch braucht der Antragsteller nicht zu vollziehen, weil er keinen zulässigen Vollstreckungsantrag stellen kann.[190]

2. Versäumung der Vollziehungsfrist

121 Der Antragsgegner kann sich im **Anordnungsverfahren** mit dem Widerspruch oder der Berufung auf die Versäumung der Vollziehungsfrist berufen, danach mit einem **Aufhebungsantrag nach § 927 ZPO**. Solange die einstweilige Verfügung nicht aufgehoben ist, bleibt die **Kostenentscheidung** bestehen und vollstreckbar.[191]

Liegen die Voraussetzungen für den Erlass einer einstweiligen Verfügung trotz der Versäumung der Vollziehungsfrist noch vor, kann der Antragsteller nach einem **Widerspruch** gegen eine Beschlussverfügung neben dem Antrag, die einstweilige Verfügung zu bestätigen, hilfsweise beantragen, eine neue gleich lautende einstweilige Verfügung zu erlassen.[192] Ein solcher Hilfsantrag erst mit der Berufung oder im Wege der Anschlussberufung ist unzulässig, weil für den Neuerlass einer einstweiligen Verfügung ausschließlich das Gericht erster Instanz zuständig ist.[193] In Betracht kommt dann nur ein Verfügungsantrag in einem neuen Verfahren (siehe

188 NJW-RR 1997, 59, 60.

189 A.A. Musielak/Voit/*Huber*, § 936 Rn 5.

190 OLG Naumburg, Beschl. v. 18.5.2010 – 6 W 37/10 (Hs); OLG Hamburg, Beschl. v. 28.3.2011 – 3 W 90/10; OLG Karlsruhe, Beschl. v. 8.10.1996 – 11 W 92/96; OLG Düsseldorf AfP 1987, 430.

191 OLG Koblenz OLG-Report 2007, 564; Zöller/*Vollkommer*, § 929 Rn 20.

192 OLG Hamm OLG-Report 1993, 93; Zöller/*Vollkommer*, § 929 Rn 23; Stein/Jonas/*Grunsky*, § 929 Rn 18.

193 OLG Brandenburg MDR 1999, 1219; OLG Hamm GRUR 1989, 457; OLG Frankfurt NJW-RR 1987, 764, 765; OLG Koblenz GRUR 1981, 91, 92; Schuschke/Walker/*Schuschke*, § 929 Rn 41 a.A. OLG Düsseldorf GRUR 1984, 385, 386; Stein/Jonas/*Grunsky*, § 929 Rn 18.

Rn 55). Ist ein Antrag auf Neuerlass der einstweiligen Verfügung im ursprünglichen Anordnungsverfahren nicht erfolgversprechend, empfiehlt es sich, den Verfügungsantrag vor einer Entscheidung über den Widerspruch oder die Berufung zurückzunehmen, um die Kosten zu ermäßigen.

H. Rechtsmittel und Rechtsbehelfe des Antragsgegners

Der Antragsgegner kann sich im **Anordnungsverfahren** gegen eine Beschlussverfügung mit dem **Widerspruch** wenden (§§ 936, 924 Abs. 1 ZPO) und gegen ein Urteil, das eine einstweilige Verfügung angeordnet oder eine Beschlussverfügung bestätigt hat, mit der **Berufung**. Er kann außerdem die **Aufhebung** der einstweiligen Verfügung verlangen, wenn der Antragsteller innerhalb einer bestimmten Frist **nicht die Klage zur Hauptsache erhoben** hat (§§ 936, 926 ZPO) oder sich die **Umstände nachträglich verändert** haben (§§ 936, 927 ZPO). **122**

Eine einstweilige Verfügung bleibt vollstreckbar, bis sie aufgehoben ist. Will der Antragsgegner schon vorher weitere Vollstreckungsmaßnahmen verhindern, muss er eine Einstellung der Vollziehung beantragen. Dies ist nach § 707 ZPO in allen Verfahren möglich, nach einer Berufung gemäß § 719 Abs. 1 S. 1 ZPO, nach einem Widerspruch gemäß § 924 Abs. 3 S. 2 ZPO und in den anderen Aufhebungsverfahren entsprechend § 924 Abs. 3 S. 2 ZPO.[194] **123**

Ein Einstellungsantrag ist immer Erfolg versprechend, wenn die angegriffene einstweilige Verfügung **offensichtlich zu Unrecht** besteht,[195] wie z.B. in Fällen, in denen der Verfügungskläger sie nicht rechtzeitig vollzogen,[196] eine gesetzte Klagefrist nicht eingehalten oder der Antragsgegner eine offensichtlich begründete Verjährungseinrede erhoben hat.[197] Nicht von vornherein aussichtslose Rechtsbehelfe rechtfertigen eine Einstellung der Vollziehung gegen Sicherheitsleistung des Antragsgegners bei einstweiligen Verfügungen, die – wie die Vormerkung für eine Bauhandwerkersicherungshypothek – nur der Sicherung einer Geldforderung dienen (siehe Rn 130).

194 Zöller/*Vollkommer*, § 926 Rn 28 und § 927 Rn 9c.
195 OLG Frankfurt ZIP 2013, 2018.
196 OLG Frankfurt MDR 1997, 393; OLG Rostock OLG-Report 1997, 114.
197 OLG Koblenz WRP 1981, 545; Schuschke/Walker/*Schuschke*, § 924 Rn 21.

Eine Einstellung ist in der Regel – abgesehen von offensichtlich begründeten Rechtsmitteln – ausgeschlossen bei Leistungsverfügungen, die einer Notlage des Antragstellers abhelfen sollen[198] und bei Unterlassungsverfügungen.[199] Unterlassungsansprüche würden sonst für die Zeit der Einstellung der Vollziehung endgültig vereitelt.

Bereits **vollzogene Vollstreckungsmaßnahmen** sind grundsätzlich bei Urteilen nach § 926 Abs. 2 und § 927 Abs. 2 ZPO erst nach deren Rechtskraft aufzuheben,[200] bei Urteilen im Widerspruchsverfahren, sobald sie verkündet worden sind.[201]

I. Verhältnis der Rechtsbehelfe

124 Will der Antragsgegner gegen eine einstweilige Verfügung vorgehen, so sollte er zunächst die **Rechtsmittel im Anordnungsverfahren ausschöpfen**.

Das Gericht prüft nach einem **Widerspruch** oder einer **Berufung** nicht, ob die einstweilige Verfügung zu Recht ergangen ist, sondern ob sie im Zeitpunkt der letzten mündlichen Verhandlung im Widerspruchs- oder anschließenden Berufungsverfahren noch zu Recht besteht. Der Antragsgegner kann sich deshalb zur Begründung auch auf Tatsachen stützen, die erst nach dem Erlass der einstweiligen Verfügung eingetreten sind, wie die **Versäumung der Klagefrist** (§ 926 ZPO), die **nicht rechtzeitige Vollziehung** der einstweiligen Verfügung, die **Verjährung des Verfügungsanspruchs** oder andere veränderte Umstände, die nach § 927 ZPO zur Aufhebung der einstweiligen Verfügung führen.[202]

125 Für ein **zusätzliches Aufhebungsverfahren wegen veränderter Umstände (§ 927 ZPO)** neben einem noch anhängigen Widerspruchs- oder Berufungsverfahren besteht deshalb kein Rechtsschutzinteresse.[203] Von einem Aufhebungsverfahren **anstelle eines Widerspruchs oder einer Berufung** ist im Allgemeinen abzuraten. Obsiegt der Antragsgegner mit den Rechtsmitteln im Anordnungsverfahren, muss

198 Stein/Jonas/*Grunsky*, § 924 Rn 24.

199 OLG Nürnberg WRP 1983, 177; OLG Koblenz WRP 1985, 657; Schuschke/Walker/*Schuschke*, § 924 Rn 21.

200 Zöller/*Vollkommer*, § 927 Rn 14; Stein/Jonas/*Grunsky*, § 927 Rn 18; Schuschke/Walker/*Walker*, § 927 Rn 25.

201 Schuschke/Walker/*Walker*, § 925 Rn 11 mit weiteren Nachweisen in Fußnote 41.

202 OLG Frankfurt OLG-Report 2006, 266; Zöller/*Vollkommer*, § 925 Rn 3.

203 OLG Frankfurt OLG-Report 2006, 266; OLG Hamm FamRZ 1995, 824; OLG Düsseldorf NJW-RR 1988, 188, 189.

ihm der Antragsteller die Kosten des Rechtsstreits erstatten, bei einem Erfolg mit einem Aufhebungsantrag in der Regel nicht (siehe Rn 150).

Ein **bereits anhängiges Aufhebungsverfahren** nach § 927 ZPO nimmt dem Antragsgegner des Verfügungsverfahrens nicht das Rechtsschutzbedürfnis für einen Widerspruch oder eine Berufung im Anordnungsverfahren, denn dies sind weitergehende Rechtsbehelfe.[204] Wird neben einem bereits laufenden Aufhebungsverfahren ein Widerspruchs- oder Berufungsverfahren eingeleitet, so entfällt für das Aufhebungsverfahren das Rechtsschutzinteresse.[205] Der Antragsgegner muss es daher für erledigt erklären. Sonst unterliegt er mit seinem Aufhebungsantrag. Nach einer Erledigungserklärung werden ihm die Kosten des Aufhebungsverfahrens auferlegt.[206]

Die **Versäumung** einer nach § 926 Abs. 1 ZPO angeordneten **Klagefrist** ist nicht **126**
nur im Anordnungsverfahren zu berücksichtigen, sondern auch im Aufhebungsverfahren nach § 927 ZPO. Deshalb besteht für ein besonderes Aufhebungsverfahren nach § 926 ZPO kein Rechtsschutzbedürfnis, wenn gegen die einstweilige Verfügung Widerspruch bzw. Berufung eingelegt ist oder schon das Verfahren nach § 927 ZPO betrieben wird.[207] Riskant ist es, im Anordnungsverfahren einen Widerspruch oder eine Berufung allein mit der Begründung einzulegen, der Antragsteller der einstweiligen Verfügung habe die Klagefrist versäumt, weil er die Klage nachholen kann (siehe Rn 143).

Eine Aufhebung der einstweiligen Verfügung wegen der Versäumung der Klagefrist erleichtert es dem Verfügungsschuldner, Schadensersatzansprüche gemäß § 945 aus der Vollziehung zu verfolgen (siehe Rn 157). Liegen weitere Gründe für die Aufhebung vor, kann er auf einer Entscheidung nach § 926 Abs. 2 ZPO bestehen. Wird die einstweilige Verfügung dennoch aus anderen Gründen aufgehoben, ist die Entscheidung im Rechtsmittelverfahren abzuändern.[208]

204 OLG Düsseldorf NJW-RR 1988, 188 f.; Zöller/*Vollkommer*, § 927 Rn 2; Schuschke/Walker/*Walker*, § 927 Rn 2.

205 OLG Düsseldorf NJW-RR 1988, 188 f.; Schuschke/Walker/*Walker*, § 927 Rn 2.

206 OLG Düsseldorf WRP 1987, 676, 677.

207 Stein/Jonas/*Grunsky*, § 924 Rn 6; Schuschke/Walker/*Walker*, § 927 Rn 4; *Berneke/Schüttpelz*, Rn 267.

208 Stein/Jonas/*Grunsky*, § 945 Rn 35; Schuschke/Walker/*Walker*, § 945 Rn 22.

II. Widerspruch gegen Beschlussverfügung

127 Der Widerspruch ist bei dem Gericht zu erheben, das die Beschlussverfügung erlassen hat, gegen eine einstweilige Verfügung des Beschwerdegerichts nach herrschender Meinung bei der ersten Instanz[209] und im Rechtfertigungsverfahren (siehe Rn 80) beim Gericht der Hauptsache.[210]

Beim Landgericht besteht Anwaltszwang.

128 Der Widerspruch ist **nicht fristgebunden**. Da das Gericht hiernach in der Regel kurzfristig terminiert, sollte der Antragsgegner ihn erst einlegen, wenn er auf den Verhandlungstermin gehörig vorbereitet ist. Nach einem längeren Zeitraum kann allerdings das Widerspruchsrecht **verwirkt** sein. Dann müssen aber Umstände vorliegen, aus denen der Gläubiger entnehmen durfte, dass kein Widerspruch mehr erhoben wird.[211] Diese Annahme ist nicht gerechtfertigt, solange der Prozess in der Hauptsache läuft.[212]

Ein Widerspruch ist unzulässig, wenn der Antragsgegner hierauf verzichtet hat, z.B. in einem Abschlussschreiben.

129 Das Gericht entscheidet über den Widerspruch nach mündlicher Verhandlung durch Urteil. Der Antragsgegner kann ihn bis zur Rechtskraft des Urteils ohne Zustimmung des Antragstellers **zurücknehmen**.[213] Er muss dann entsprechend § 516 Abs. 3 ZPO die Kosten des Widerspruchsverfahrens tragen.[214] Die Gerichtskosten ermäßigen sich durch eine Rücknahme nicht.[215]

209 KG NJW-RR 2008, 520 (5. Zivilsenat); OLG Hamm MDR 1987, 593; OLG Düsseldorf MDR 1984, 324; Thomas/Putzo/*Seiler*, § 924 Rn 2; Zöller/*Vollkommer*, § 924 Rn 6; Stein/Jonas/*Grunsky*, § 924 Rn 18 mit Nachweisen in Fußnote 50; a.A. KG NJW-RR 2004, 1665 (12. Zivilsenat); Schuschke/Walker/*Walker*, § 924 Rn 9 („herrschende Meinung wohl gewohnheitsrechtlich verfestigt").

210 OLG Hamm OLGZ 1989, 338 ff.; Stein/Jonas/*Grunsky*, § 942 Rn 7; Zöller/*Vollkommer*, § 942 Rn 4; Musielak/Voit/*Huber*, § 942 Rn 7.

211 OLG Saarbrücken NJW-RR 1989, 1512, 1513; KG GRUR 1985, 237; OLG Celle GRUR 1980, 945 f.; Stein/Jonas/*Grunsky*, § 924 Rn 11; Zöller/*Vollkommer*, § 924 Rn 10; MüKo/*Drescher*, § 924 Rn 11.

212 BGH NJW 1992, 2297, 2298.

213 Zöller/*Vollkommer*, § 924 Rn 8; Stein/Jonas/*Grunsky*, § 924 Rn 13; MüKo/*Drescher*, § 924 Rn 13.

214 Zöller/*Vollkommer*, § 924 Rn 8.

215 OLG Köln MDR 2009, 1418; a.A. OLG Hamburg MDR 2005, 418.

1. Voll- und Teilwiderspruch

Der Antragsgegner kann den Widerspruch auf **einzelne Teile** der einstweiligen Verfügung beschränken und mit dem Antrag verbinden, die **Zwangsvollstreckung** aus der Beschlussverfügung **einstweilen einzustellen** (siehe Rn 123). In bestimmten Fällen ist – zumindest hilfsweise und zulässig auch noch im Berufungsverfahren[216] – der Antrag zu empfehlen, die **Aufhebung** der Beschlussverfügung **gegen Sicherheitsleistung** zu gestatten (§ 939 ZPO). Dies ist bei einstweiligen Verfügungen erfolgversprechend, die der Sicherung eines Zahlungsanspruchs dienen, wie die Eintragung einer Vormerkung für eine Bauhandwerkersicherungshypothek[217] oder die Sicherstellung von Sachen, die dem Vermieterpfandrecht unterliegen.[218] Ihr Zweck wird auch durch eine Sicherheitsleistung des Schuldners in Höhe der Werklohn- oder Mietzinsforderung erreicht. 130

Stellt sich im Widerspruchsverfahren die **Unzuständigkeit des angerufenen Gerichts** heraus, so wird das Verfahren auf Antrag gemäß § 281 Abs. 1 ZPO an das zuständige Gericht verwiesen. Umstritten ist, ob der erlassene Verfügungsbeschluss vorher aufzuheben oder die Vollstreckung aus ihm wenigstens einzustellen ist. Die herrschende Meinung verneint dies.[219]

2. Kostenwiderspruch

Hat der Antragsgegner für das Verfügungsverfahren **keinen Anlass** gegeben und will er sich sachlich nicht zur Wehr setzen, so kann er mit einem Kostenwiderspruch den Verfügungsanspruch **sofort anerkennen**. Dem Antragsteller sind dann nach § 93 ZPO die Kosten des Verfahrens aufzuerlegen. 131

Erforderlich ist ein Widerspruch, der sich **nur gegen die Kostenentscheidung** in der Beschlussverfügung richtet. Legt der Antragsgegner zunächst einen Vollwiderspruch ein und beschränkt er ihn erst später auf die Kostenentscheidung, so liegt kein sofortiges Anerkenntnis vor.[220] Ein Kostenwiderspruch braucht nicht „sofort"

216 OLG Hamm OLGZ 1993, 332; OLG Saarbrücken BauR 1993, 348; OLG Köln NJW 1975, 454.

217 OLG Saarbrücken BauR 1993, 348; OLG Köln NJW 1975, 454; ablehnend OLG Hamm OLGZ 1993, 332.

218 Zöller/*Vollkommer*, § 939 Rn 1.

219 OLG Hamm OGZ 1989, 338, 340 f.; Thomas/Putzo/*Seiler*, § 925 Rn 1; Stein/Jonas/*Grunsky*, § 924 Rn 19; MüKo/*Drescher*, § 924 Rn 10; a.A. Schuschke/Walker/*Walker*, § 924 Rn 10.

220 OLG Düsseldorf NJW-RR 1086, 37; OLG Hamburg MDR 1989, 1002; OLG Hamm MDR 1989, 1001; OLG Schleswig GRUR 1986, 840; Zöller/*Vollkommer*, § 924 Rn 5; Schuschke/Walker/*Walker*, § 924 Rn 11.

erhoben zu werden.[221] Die Beschränkung des Angriffs gegen die Kostenentscheidung muss sich eindeutig schon aus der Widerspruchsschrift ergeben. Der Hinweis, der Anspruch werde im Termin unter Protest gegen die Kostenlast anerkannt, genügt nicht.[222]

Mit der Beschränkung des Widerspruchs auf die Kostenentscheidung hat der Antragsgegner auf einen **Vollwiderspruch verzichtet**. Hieran ist er gebunden. Er kann nicht nachträglich zum Vollwiderspruch übergehen.[223] Nicht ausgeschlossen ist ohne weiteres ein späterer Aufhebungsantrag nach § 927 ZPO wegen nachträglich veränderter Umstände, wohl aber in der Regel – wegen des Anerkenntnisses – die Anordnung einer Klageerhebung (§ 926 ZPO) und eine negative Feststellungsklage des Antragsgegners.[224]

Will der Antragsgegner den Verfügungsanspruch im Hauptsacheverfahren überprüfen lassen, sollte er sich ausdrücklich das Recht vorbehalten, dem Antragsteller nach § 926 Abs. 1 ZPO eine Frist für die Klage setzen zu lassen. Dem Kostenwiderspruch kann dann kein Verzicht auf dieses Recht entnommen werde.

Das Risiko einer Klage kann der Antragsgegner nach einem Kostenwiderspruch ausschließen, indem er den gesicherten Anspruch erfüllt, dem Gläubiger freiwillig einen Titel hierüber verschafft, bei wettbewerbsrechtlichen Unterlassungsansprüchen mit einer strafbewehrten Unterlassungsverpflichtung oder einer Abschlusserklärung.

Zulässiges Rechtsmittel gegen ein Urteil nach einem Kostenwiderspruch ist in entsprechender Anwendung des § 99 Abs. 2 ZPO die sofortige Beschwerde.[225]

Hat der Antragsgegner obsiegt, sind ihm Anwaltskosten nach dem Wert der im Streit stehenden Kosten zu erstatten, nicht nach dem Wert des einstweiligen Verfü-

221 KG Magazindienst 2011, 607.

222 KG WRP 1982, 530.

223 OLG Hamburg NJW-RR 2000, 1238; OLG Hamm GRUR 1991, 633 f.; *Ahrens/Scharen*, Kap. 51 Rn 56; *Teplitzky*, Kap. 55 Rn 11; Schuschke/Walker/*Walker*, § 924 Rn 11.

224 *Köhler/Bornkamm*, § 12 Rn 3.42; *Teplitzky*, Kap. 55 Rn 12; Gloy/Loschelder/Erdmann/*Spätgens*, § 105 Rn 16; a.A. Ahrens/*Scharen*, Kap. 51 Rn 57 f.; *Ohly/Sosnitza*, § 12 Rn 150.

225 KG, Beschl. v. 17.5.2011 – 5 W 75/11 und Urt. v. 8.3.2011 – 5 U 155/10; OLG Stuttgart OLG-Report 1999, 328; OLG Köln AfP 1993, 590; OLG Frankfurt OLG-Report 1992, 150; OLG München GRUR 1990, 482; OLG Celle OLG-Report 1998, 86; a.A. OLG Oldenburg WRP 1980, 649.

gungsverfahrens, auch wenn sich das Mandat nicht von vorneherein auf die Erhebung des Kostenwiderspruchs beschränkte.[226]

Alternative zum Kostenwiderspruch ist bei einem fehlenden Anlass für das Verfügungsverfahren die Erfüllung des Verfügungsanspruchs, bei einem wettbewerbsrechtlichen Unterlassungsanspruch durch eine strafbewehrte Unterlassungsverpflichtung, und ein anschließender Vollwiderspruch.[227] **132**

Der Antragsteller muss dann das Verfügungsverfahren für erledigt erklären. Sonst unterliegt er. Schließt sich der Antragsgegner der Erledigungserklärung an, wird die einstweilige Verfügung wirkungslos (siehe Rn 99). Das Gericht entscheidet über die Kosten nach § 91a ZPO. Sie werden dem Antragsteller nicht nur auferlegt, wenn für das Verfügungsverfahren kein Anlass bestanden hat. Überprüft wird auch, ob die einstweilige Verfügung zu Recht ergangen war oder nicht. Einwendungen hiergegen sind bei einem Kostenwiderspruch ausgeschlossen.

Der Antragsgegner muss nach einer strafbewehrten Unterlassungsverpflichtung nicht deshalb Vollwiderspruch erheben, weil er sonst bei einer Zuwiderhandlung doppelt in Anspruch genommen werden könnte (Vertragsstrafe und Ordnungsgeld). Ein verhängtes Ordnungsgeld wird auf die Vertragsstrafe angerechnet und umgekehrt wird eine festgesetzte Vertragsstrafe bei der Bemessung des Ordnungsgeldes berücksichtigt.[228] Ein **Kostenwiderspruch** ist **billiger**, weil hierbei die Verfahrensgebühr für den Anwalt des Antragsgegners nur aus dem Wert der bis dahin angefallenen Kosten anfällt (siehe Rn 156).

III. Berufung gegen Urteilsverfügung

Eine Berufung ist statthaft gegen **streitige Urteile** der Amts- oder Landgerichte in **erster Instanz**. Dies gilt auch, wenn die erste Instanz trotz mündlicher Verhandlung durch Beschluss entschieden hat.[229] **Nicht angreifbar** sind Urteile, die Landge- **133**

226 BGH NJW-RR 2003, 1293; OLG Hamburg, Beschl. v. 27.10.2010 – 4 W 277/10; OLG Karlsruhe WRP 2007, 1501.

227 OLG Hamburg NJW-RR 2002, 215; Ahrens/*Scharen*, Kap. 51 Rn 64; Gloy/Loschelder/Erdmann/*Spätgens*, § 105 Rn 14; *Teplitzky*, Kap. 55 Rn 10; Schuschke/Walker/*Walker*, § 924 Rn 11.

228 BGH NJW-RR 2010, 1127.

229 OLG Karlsruhe NJW 1987, 509; Thomas/Putzo/*Seiler*, § 922 Rn 7; a.A. (Widerspruch oder Berufung) Zöller/*Vollkommer*, § 922 Rn 17; Schuschke/Walker/*Walker*, § 925 Rn 14.

richte bzw. Oberlandesgerichte als Berufungsgerichte der Hauptsache (§ 943 Abs. 1 ZPO) oder nach mündlicher Verhandlung im Beschwerdeverfahren erlassen haben.

Das Berufungsverfahren richtet sich im Wesentlichen nach den Bestimmungen der §§ 511 ff. ZPO. Neue Angriffs- und Verteidigungsmittel werden in der Rechtsprechung grundsätzlich nur unter den Voraussetzungen des § 531 Abs. 2 ZPO zugelassen, wobei ein „nachlässiges Verhalten" wegen der Anforderungen im einstweiligen Verfügungsverfahren eher verneint wird als in Klageverfahren.[230] Eine Zurückverweisung nach § 538 ZPO scheidet aus. Sie wäre wegen der damit verbundenen Verzögerung nicht sachdienlich.[231]

Gegen Berufungsurteile sind **keine Rechtsmittel** zugelassen. Eine Revision zum Bundesgerichtshof ist ausgeschlossen (§ 542 Abs. 2 ZPO). Dies gilt auch, wenn das Berufungsgericht die Revision zugelassen hat. Nicht statthaft ist auch eine Rechtsbeschwerde gegen einen Beschluss, mit dem das Berufungsgericht eine Berufung als unzulässig verworfen hat.[232]

IV. Aufhebung wegen Versäumung der Klagefrist

134 Ist der Schuldner nach einer einstweiligen Verfügung an einer Entscheidung über den gesicherten Anspruch im ordentlichen Klageverfahren interessiert, so kann er sie mit einer **negativen Feststellungsklage** herbeiführen[233] und nach einem rechtskräftigen Urteil zu seinen Gunsten die einstweilige Verfügung gemäß § 927 ZPO aufheben lassen.

Er kann stattdessen aber auch den **Gläubiger** veranlassen, die Klage in der Hauptsache zu erheben, indem er ihm dafür eine **Frist setzen** lässt (§ 926 Abs. 1 ZPO). Kommt der Gläubiger dieser Aufforderung nicht nach, so wird auf Antrag des Schuldners die einstweilige Verfügung aufgehoben (§ 926 Abs. 2 ZPO). Der Gläubiger muss dann auch die Kosten des Anordnungsverfahrens tragen. Ausgenommen sind Fälle, in denen eine Hauptsacheklage kraft Gesetzes ausgeschlossen ist,

230 OLG Hamburg GRUR-RR 2008, 31 und GRUR-RR 2003, 135; OLG Stuttgart BauR 2005, 1047; OLG Jena OLG-NL 2004, 277; a.A. (in der Regel zugelassen) Musielak/Voit/*Huber*, § 925 Rn 10; MüKo/*Drescher*, § 922 Rn 25; Zöller/*Vollkommer*, § 925 Rn 12; *Schote/Lührig*, WRP 2008, 1281, 1284 f.

231 OLG Hamm VersR 2008, 1118; Stein/Jonas/*Grunsky*, § 922 Rn 30; MüKo/*Drescher*, § 922 Rn 25; *Baumbach/Lauterbach/Albers/Hartmann*, § 922 Rn 23; Schuschke/Walker/*Walker*, Vor § 916 Rn 49.

232 BGH NJW 2003, 69.

233 BGH NJW 1986, 1815.

wie nach den meisten Pressegesetzen der Länder bei **presserechtlichen Gegendarstellungen.**[234]

Der Schuldner kann **an einem zusätzlichen Hauptsacheverfahren** nur **interessiert** sein, wenn seine Erfolgsaussichten dort größer sind als im Verfügungsverfahren. Dies ist bei **unstreitigen Sachverhalten** gewöhnlich nicht der Fall. Die Parteien streiten dann nur über Rechtsfragen. Identische Gerichte beurteilen sie im Klageverfahren in der Regel nicht anders als im Verfügungsverfahren. Der Schuldner kann darüber allerdings im Hauptsacheprozess unter Umständen eine **Entscheidung des Bundesgerichtshofs** herbeiführen. 135

Hängt die Entscheidung von **Tatsachen** ab, die **streitig** sind, kann die **Beweislage** für den Schuldner im Klageverfahren günstiger sein als im Verfügungsverfahren: Im Klageverfahren muss der Gläubiger streitige anspruchsbegründende Tatsachen beweisen, nicht nur glaubhaft machen, und auf seine eigene Aussage darf er sich dabei – anders als im Verfügungsverfahren mit der eidesstattlichen Versicherung – gewöhnlich zum Nachweis nicht berufen. Gelegentlich verfügt der Schuldner im Klageverfahren auch über Beweismittel, mit denen er im Verfügungsverfahren ausgeschlossen ist, wie z.B. Zeugen, die er nicht sistieren konnte, oder einzuholende Sachverständigengutachten.

Sind seine **Erfolgsaussichten** im einstweiligen **Verfügungsverfahren gering**, kann er sich aber im **Klageverfahren besser** verteidigen, ist ihm unter Umständen zu empfehlen, dem Antragsteller zunächst nur eine Frist zur Erhebung der Klage in der Hauptsache setzen zu lassen und den Widerspruch erst einzulegen, wenn die Klage abgewiesen worden ist. Ein gleichzeitiger Widerspruch kann dennoch geboten sein, wenn der Antragsgegner dringend daran interessiert ist, dass die einstweilige Verfügung sofort aufgehoben wird.

1. Anordnung der Klageerhebung

a) Antrag

Für den Antrag, dem Gläubiger eine Frist für die Klage in der Hauptsache zu setzen, besteht **kein Anwaltszwang**. Der Schuldner kann ihn schon vor dem Erlass der einstweiligen Verfügung für den Fall stellen, dass dem Verfügungsantrag stattgegeben wird. 136

234 Einschlägige Vorschriften z.B. bei Schuschke/Walker/*Walker*, § 926 Rn 27 in Fußnote 138.

Zuständig ist das erstinstanzliche Gericht des Verfügungsverfahrens, auch wenn die einstweilige Verfügung erst auf die Berufung oder Beschwerde hin erlassen worden ist,[235] bei einer einstweiligen Verfügung des allein nach § 942 ZPO zuständigen Amtsgerichts das Gericht der Hauptsache.[236]

137 Der **Antrag** ist **unzulässig**, wenn der Schuldner auf ihn verzichtet hat (z.B. in einem Abschlussschreiben), die Klage in der Hauptsache bereits anhängig bzw. das Verfahren über sie bereits abgeschlossen ist oder die einstweilige Verfügung nicht mehr besteht, wie z.B. nach einer übereinstimmenden Erledigungserklärung (siehe Rn 99) oder einem Urteil, das die Erledigung festgestellt hat (siehe Rn 100).

138 Für den Antrag besteht kein **Rechtsschutzbedürfnis**, wenn der Verfügungsschuldner aus der einstweiligen Verfügung nicht mehr in Anspruch genommen werden oder wenn er die Aufhebung der einstweiligen Verfügung auch ohne den Umweg über ein Klageverfahren erreichen kann: Eine **weitere Inanspruchnahme** aus einer einstweiligen Verfügung ist bei zeitlich befristeten Regelungen nach dem Ablauf des Zeitraums **ausgeschlossen**.[237] Auf einem **einfacheren Weg** ist die Aufhebung einer einstweiligen Verfügung in Fällen zu erreichen, in denen der gesicherte Anspruch offensichtlich nachträglich entfallen oder nicht mehr durchsetzbar ist, wie z.B. durch Erfüllung des Schuldners[238] (ein Unterlassungsanspruch aufgrund einer nachträglichen Unterwerfungserklärung), weil der Anspruch verjährt ist[239] oder der Gläubiger auf ihn verzichtet hat.[240] Der Schuldner kann in diesen Fällen sofort einen Aufhebungsantrag nach § 927 ZPO stellen[241] oder ggf. Widerspruch gegen eine Beschlussverfügung einlegen.

139 Eine rechtswidrig gesetzte Klagefrist ist wirkungslos und begründet nicht das Rechtsschutzinteresse für eine Klage.[242] Der Verfügungsgläubiger darf sie verstrei-

235 OLG Köln ZIP 1994, 81; Zöller/*Vollkommer*, § 926 Rn 6; Stein/Jonas/*Grunsky*, § 926 Rn 5.

236 OLG Schleswig MDR 1997, 391 f.; Zöller/*Vollkommer*, § 926 Rn 6.

237 OLG Hamm MDR 1986, 418; OLG Karlsruhe NJW-RR 1988, 251, 252.

238 KG NJW-RR 2009, 23; OLG Saarbrücken NJW-RR 1989, 1512, 154; OLG Frankfurt NJW 1972, 1330; OLG Hamburg MDR 1970, 935.

239 Schuschke/Walker/*Walker*, § 926 Rn 8; Zöller/*Vollkommer*, § 926 Rn 12.

240 OLG Hamburg NJW-RR 1986, 1122, 1123; OLG Koblenz GRUR 1986, 94, 95; OLG Karlsruhe WRP 1980, 713, 714.

241 Zöller/*Vollkommer*, § 926 Rn 12; Stein/Jonas/*Grunsky*, § 926 Rn 7; *Wieczorek/Thümmel*, § 926 Rn 8; Schuschke/Walker/*Walker*, § 926 Rn 8.

242 BGH NJW 1974, 503, 504; NJW-RR 87, 685; OLG Düsseldorf NJW-RR 1988, 696; OLG Karlsruhe NJW-RR 1988, 696.

chen lassen, ohne eine Aufhebung der einstweiligen Verfügung befürchten zu müssen.[243]

b) Entscheidung und Rechtsmittel

Eine Anordnung der Klageerhebung kann bei einem schon vor dem Erlass der einstweiligen Verfügung gestellten Antrag in die einstweilige Verfügung aufgenommen werden. Eine solche richterliche Anordnung ist unanfechtbar. Gegen einen zurückweisenden Beschluss ist die sofortige Beschwerde statthaft (§ 567 Abs. 1 Nr. 2 ZPO). **140**

Über einen späteren Antrag entscheidet der **Rechtspfleger** (§ 20 Nr. 14 RPflG). Der Gläubiger kann gegen einen anordnenden Beschluss befristete Erinnerung einlegen (§ 11 Abs. 2 S. 1 RPflG), der Schuldner gegen die Ablehnung seines Antrags oder eine zu lange Frist sofortige Beschwerde (§ 11 Abs. 1 RPflG i.V.m. § 567 Abs. 1 Nr. 2 ZPO. Hebt der Richter auf eine Erinnerung des Gläubigers die vom Rechtspfleger angeordnete Klageerhebung auf, kann der Schuldner hiergegen mit der sofortigen Beschwerde vorgehen.[244]

Die Frist kann auf Antrag verlängert werden (§ 224 Abs. 2 ZPO). Eine **Einstellung der Zwangsvollstreckung** schon bei der Anordnung der Klageerhebung ist unzulässig.[245]

2. Fristwahrende Klage

Die **Klage** des Verfügungsgläubigers muss sich auf den Anspruch oder das Rechtsverhältnis beziehen, dessen Sicherung oder Regelung die einstweilige Verfügung dient. Sind **mehrere Gerichte örtlich zuständig**, kann sich der Verfügungsgläubiger nach § 35 ZPO das zuständige Gericht aussuchen. Er ist nicht an das Gericht gebunden, das er im einstweiligen Verfügungsverfahren angerufen hat.[246] Die Klagefrist ist bei einer verspätet zugestellten Klage nach § 167 ZPO gewahrt, wenn die Klageschrift innerhalb der Frist eingereicht worden war und dann demnächst **141**

243 BGH-NJW-RR 1987, 683; OLG Karlsruhe NJW-RR 1988, 251, 252; OLG Hamm JurBüro 1986, 1104, 1105 f.; OLG München GRUR 1982, 321; Schuschke/Walker/*Walker*, § 926 Rn 12; Musielak/Voit/*Huber*, § 926 Rn 20.

244 OLG Stuttgart Rpfleger 2008, 475.

245 *Wieczorek/Thümmel*, § 926 Rn 10.

246 Zöller/*Vollkommer*, § 926 Rn 29; Schuschke/Walker/*Walker*, § 926 Rn 16.

zugestellt worden ist.[247] Ausreichend ist auch eine rechtzeitige **Widerklage** in einem bereits anhängigen Parallelverfahren der Parteien.

Der Klage steht die Zustellung eines **Mahnbescheides** gleich.[248] Überwiegend wird auch ein Antrag auf **Prozesskostenhilfe** für ausreichend gehalten.[249] Bei einer Schiedsgerichtsvereinbarung genügt die rechtzeitige Einleitung des Verfahrens vor einem Schiedsgericht, weil der Antragsteller vor dem ordentlichen Gericht keine zulässige Klage erheben kann.[250]

Erhebt der Verfügungsgläubiger zunächst die Klage, nimmt er sie aber später wieder zurück, so kann der Schuldner das Aufhebungsverfahren weiter betreiben.[251] Auch eine als unzulässig abgewiesene Klage erfüllt die Anordnung nicht.[252] Ausreichend ist aber eine Klage bei einem unzuständigen Gericht, weil nach der Verweisung an das zuständige Gericht eine Entscheidung in der Hauptsache ergehen kann.[253]

3. Aufhebungsverfahren

a) Antrag

142 Hat der Verfügungsgläubiger die Klagefrist versäumt, so kann der Schuldner die Aufhebung der einstweiligen Verfügung verlangen (§ 926 Abs. 2 ZPO). Für den Antrag besteht beim Landgericht **Anwaltszwang**. Zuständig ist das Gericht, das die Klagefrist gesetzt hat.

Der Verfügungsschuldner braucht den Gläubiger vor dem Aufhebungsantrag nicht aufzufordern, freiwillig auf seine Rechte aus der einstweiligen Verfügung zu verzichten und den Titel herauszugeben. Wenn die Klagefrist abgelaufen ist, besteht Anlass für einen Aufhebungsantrag. Ein sofortiges Anerkenntnis des Verfügungsgläubigers kann daher nicht zur Kostenfolge des § 93 ZPO führen.

247 KG BauR 2004, 122 f.; OLG Köln OLG-Report 1999, 400; OLG Stuttgart OLG-Report 1998, 406.

248 OLG Köln OLGZ 1979, 118; Thomas/Putzo/*Seiler*, § 926 Rn 7; Zöller/*Vollkommer*, § 926 Rn 32.

249 OLG Düsseldorf, Beschl. v. 11.9.2014 – 20 W 134/13 mit Nachweisen.

250 Zöller/*Vollkommer*, § 926 Rn 32; Stein/Jonas/*Grunsky*, § 926 Rn 11 a; Schuschke/Walker/*Walker*, § 926 Rn 14.

251 Stein/Jonas/*Grunsky*, § 926 Rn 13; MüKo/*Drescher*, § 926 Rn 20; Schuschke/Walker/*Walker*, § 926 Rn 22.

252 OLG Düsseldorf JurBüro 1986, 625 f.; Stein/Jonas/*Grunsky*, § 926 Rn 14; Zöller/*Vollkommer*, § 926 Rn 24; MüKo/*Drescher*, § 926 Rn 20; Schuschke/Walker/*Walker*, § 926 Rn 22.

253 Zöller/*Vollkommer*, § 926 Rn 32; Schuschke/Walker/*Walker*, § 926 Rn 16; *Dunkl*, A Rn 334.

b) Entscheidung und Rechtsmittel

Das Gericht entscheidet nach mündlicher Verhandlung durch **Urteil**. Es überprüft dabei nicht nur, ob es zulässig war, dem Verfügungsgläubiger eine Frist für die Klage zu setzen (siehe Rn 137 f.). Die Voraussetzungen hierfür müssen auch im Zeitpunkt der letzten mündlichen Verhandlung über den Aufhebungsantrag noch vorliegen. Sind sie entfallen, nachdem die Frist gesetzt worden war, besteht für einen Aufhebungsantrag kein Rechtsschutzinteresse mehr.[254] **143**

Wird die **einstweilige Verfügung aufgehoben**, muss der Verfügungsgläubiger nicht nur die **Kosten des Aufhebungsverfahrens** tragen, sondern auch die **Kosten der einstweiligen Verfügung**[255] einschließlich der Kosten eines dort erfolglosen Berufungsverfahrens des Verfügungsschuldners.[256]

Bei einer **Zurückweisung des Antrags** verbleibt es bei der Kostenentscheidung des Anordnungsverfahrens. Die Kosten des Aufhebungsverfahrens werden dem Verfügungsschuldner auferlegt.

Der Verfügungsgläubiger kann die Aufhebung der einstweiligen Verfügung noch mit einer **Klage bis zum Schluss der mündlichen Verhandlung im Aufhebungsverfahren** verhindern (§ 231 Abs. 2 ZPO), aber nur in der ersten Instanz, nicht mehr im Berufungsverfahren.[257] Bei einer Klage erst während des Aufhebungsverfahrens ist dem Verfügungsschuldner bei einem bis dahin zulässigen Aufhebungsantrag zu einer **Erledigungserklärung** zu raten.[258] Dem Verfügungsgläubiger werden dann die zusätzlichen Kosten des Aufhebungsverfahrens auferlegt,[259] bei einer übereinstimmenden Erledigungserklärung durch einen Beschluss gemäß § 91a ZPO,[260] bei einer einseitigen Erledigungserklärung gemäß § 91 ZPO in dem Urteil, das die Erledigung feststellt.

Gegen ein stattgebendes Aufhebungsurteil kann sich der Verfügungsgläubiger mit der **Berufung** wenden, gegen ein zurückweisendes der Verfügungsschuldner. **144**

254 Schuschke/Walker/*Walker*, § 926 Rn 21.

255 Stein/Jonas/*Grunsky*, § 926 Rn 18 a; Zöller/*Vollkommer*, § 926 Rn 26; *Baumbach/Lauterbach/Albers/Hartmann*, § 926 Rn 15; MüKo/*Drescher*, § 926 Rn 22; Schuschke/Walker/*Walker*, § 926 Rn 24.

256 OLG München NJW-RR 1997, 832; Zöller/*Vollkommer*, § 926 Rn 26; Thomas/Putzo/*Seiler*, § 926 Rn 16; Schuschke/Walker/*Walker*, § 926 Rn 24.

257 OLG Frankfurt NJW-RR 1990, 190 f.

258 OLG Düsseldorf OLG-Report 2009, 92.

259 OLG Frankfurt OLG-Report 2005, 605; Zöller/*Vollkommer*, § 926 Rn 26.

260 Z.B. Zöller/*Vollkommer*, § 926 Rn 26.

V. Aufhebung wegen veränderter Umstände

145 Die Aufhebung einer einstweiligen Verfügung ist in dem Verfahren nach § 927 ZPO zu erreichen, wenn sie nicht mehr zu Recht besteht, weil sich **maßgebende Umstände nachträglich geändert** haben.

Der Antrag ist nur **zulässig**, wenn die einstweilige Verfügung noch besteht. Außerdem muss eine **Vollstreckung** aus ihr **noch möglich** sein. Sonst fehlt das Rechtsschutzbedürfnis für einen Aufhebungsantrag, wie z.B. bei einem **Verzicht des Gläubigers** auf die Rechte aus der einstweiligen Verfügung und einer Herausgabe des Titels.[261] Ein Titelverzicht und eine Herausgabe des Titels reichen nicht bei Aufhebungsgründen aus, die dazu führen, dass der Gläubiger auch die Kosten des Anordnungsverfahrens zu tragen hat (siehe Rn 150). Der Gläubiger muss dem Schuldner dann auch noch die Kosten des Anordnungsverfahrens erstattet haben (siehe Rn 153).

1. Veränderte Umstände

146 Der Verfügungsschuldner kann sich auf Umstände berufen, die dazu geführt haben, dass nachträglich der Verfügungsanspruch oder der Verfügungsgrund entfallen ist. Dies sind dieselben Gründe, die im Verlaufe des Verfügungsverfahrens zur **Erledigung des Rechtsstreits** führen (siehe Rn 96). Nach Auffassung des OLG Düsseldorf[262] ist nach einem Erfolg des Gläubigers in der Hauptsache eine Unterlassungsverfügung erst aufzuheben, wenn noch anhängige Ordnungsmittelverfahren aus der Zeit vor dem Erlass des Urteils abgeschlossen sind.[263]

Veränderte Umstände sind zusätzlich die **Versäumung der Klagefrist** und der **Vollziehungsfrist**.

147 Der Einwand, die einstweilige Verfügung sei **von Anfang an unberechtigt** gewesen, ist grundsätzlich ausgeschlossen. Der Schuldner kann sich aber auf Umstände berufen, die beim Erlass der einstweiligen Verfügung bereits vorlagen, ihm aber

261 OLG Frankfurt ZIP 1981, 210; OLG Köln OLGZ 1992, 448, 449; Stein/Jonas/*Grunsky*, § 927 Rn 2; Zöller/*Vollkommer*, § 927 Rn 3; MüKo/*Drescher*, § 927 Rn 11; Musielak/Voit/*Huber*, § 927 Rn 5.

262 MDR 1990, 732.

263 Ebenso Thomas/Putzo/*Seiler*, § 927 Rn 13.

nicht bekannt waren[264] und auf Beweismittel, die er im Anordnungsverfahren nicht benutzen konnte.[265]

2. Aufhebungsverfahren

Bevor der Verfügungsschuldner das Aufhebungsverfahren einleitet, sollte er den Gläubiger auffordern, auf die Ansprüche aus der einstweiligen Verfügung zu verzichten, den Titel herauszugeben und – in den dazu geeigneten Fällen – ihm die Kosten des Anordnungsverfahrens zu erstatten. Er riskiert sonst bei einem sofortigen Anerkenntnis des Gläubigers im Aufhebungsverfahren eine für ihn negative Kostenentscheidung gemäß § 93 ZPO.[266] **148**

Für den Aufhebungsantrag besteht beim Land- und Oberlandesgericht **Anwaltszwang**. **149**

Zuständig ist nach § 927 Abs. 2 ZPO das Gericht, bei dem die Hauptsache in erster oder zweiter Instanz anhängig ist, mit der Einlegung der Revision das erstinstanzliche Gericht,[267] bei einer nicht oder nicht mehr anhängigen Hauptsache das Verfügungsgericht erster Instanz, auch wenn das Rechtsmittelgericht die einstweilige Verfügung erlassen hat.[268] Es entscheidet nach mündlicher Verhandlung durch **Urteil**.

Obsiegt der Verfügungsschuldner mit dem Aufhebungsantrag, so muss der Gläubiger die Kosten des Aufhebungsverfahrens tragen. **150**

Überdies sind ihm auf Antrag des Schuldners die **Kosten des vorangegangenen einstweiligen Verfügungsverfahrens** aufzuerlegen, wenn sie aus Gründen aufgehoben wird, nach denen sie **von Anfang an ungerechtfertigt** gewesen ist, weil also ein Verfügungsanspruch oder ein Verfügungsgrund gefehlt hat. Ein fehlender Verfügungsanspruch ergibt sich vor allem aus Urteilen **im Hauptsacheverfahren**, in denen der Gläubiger – auf seine Klage oder eine negative Feststellungsklage des Gegners – rechtskräftig mit der Begründung **unterlegen** ist, ihm habe der

264 Stein/Jonas/*Grunsky*, § 927 Rn 3 und 5; Schuschke/Walker/*Walker*, § 927 Rn 11; Thomas/Putzo/*Seiler*, § 927 Rn 12; Zöller/*Vollkommer*, § 927 Rn 4.

265 Stein/Jonas/*Grunsky*, § 927 Rn 5; MüKo/*Drescher*, § 927 Rn 4; Zöller/*Vollkommer*, § 927 Rn 4.

266 OLG Nürnberg WM 2011, 1666; OLG Karlsruhe WRP 1996, 120, 121; OLG Koblenz GRUR 1989, 373, 374; OLG München GRUR 1985, 161; OLG Frankfurt NJW-RR 1999, 1742.

267 Stein/Jonas/*Grunsky*, § 927 Rn 12.

268 OLG Hamm OLGZ 1985, 492, 493; Stein/Jonas/*Grunsky*, § 927 Rn 13; Zöller/*Vollkommer*, § 927 Rn 10; *Berneke/Schüttpelz*, Rn 284.

gesicherte Anspruch nicht zugestanden.[269] Ein Verfügungsgrund hat nach herrschender Meinung von Anfang an bei einer **Versäumung der Vollziehungsfrist** nicht vorgelegen (siehe Rn 97). Dem Gläubiger werden hiernach ebenfalls die Kosten des Anordnungsverfahrens auferlegt.[270] Die Kostenentscheidung im einstweiligen Verfügungsverfahren ist außerdem zugunsten des Verfügungsschuldners zu ändern, wenn die einstweilige Verfügung aufgehoben wird, weil der Gläubiger **die Frist zur Erhebung der Klage** in der Hauptsache **versäumt** hat.[271]

Unterliegt der Verfügungsschuldner im Aufhebungsverfahren, so muss er die Kosten dieses Verfahrens tragen.

VI. Reaktion des Verfügungsgläubigers in aussichtslosen Fällen

151 Ist ein **Widerspruch** gegen einen Verfügungsbeschluss offensichtlich begründet, kann der Verfügungsgläubiger mit einer Rücknahme des Verfügungsantrags die Gerichtskosten ermäßigen (siehe Rn 155) und sich gegebenenfalls weitere Anwaltskosten durch eine mündliche Verhandlung ersparen(siehe Rn 156).

152 Will der Verfügungsgläubiger ein **Aufhebungsverfahren nach § 926 ZPO** vermeiden, weil ihm eine Klage zu riskant ist, muss er auf seine Rechte aus der einstweiligen Verfügung verzichten und dem Gegner den Titel aushändigen. Ist zwischen den Parteien umstritten, ob der gesicherte Anspruch entstanden war, muss er dem Schuldner überdies die Kosten des Anordnungsverfahrens erstatten. Dadurch entfällt das Rechtsschutzinteresse für ein Aufhebungsverfahren.

Der Verfügungsgläubiger verbessert damit auch seine Aussichten, **Schadensersatzansprüchen des Gegners** gemäß § 945 ZPO aus einer Vollziehung der einstweiligen Verfügung entgegenzutreten. Nach einem Aufhebungsurteil steht nach herrschender Meinung seine Schadensersatzpflicht dem Grunde nach fest (siehe Rn 158). Kann der Gegner kein Aufhebungsurteil nach § 926 Abs. 2 ZPO erwirken,

269 BGH NJW 1993, 2685, 2687.

270 OLG Hamm NJW-RR 1990, 1214; KG WRP 1990, 330, 333; OLG Koblenz GRUR 1989, 75, 76; OLG Düsseldorf NJW-RR 1988, 696, 697; OLG Köln WRP 1983, 702 f.; Stein/Jonas/*Grunsky*, § 927 Rn 16; Thomas/Putzo/*Seiler*, § 927 Rn 8.

271 Stein/Jonas/*Grunsky*, § 927 Rn 16; MüKo/*Drescher*, § 927 Rn 17; Schuschke/Walker/*Walker*, § 927 Rn 22; Thomas/Putzo/*Seiler*, § 927 Rn 8.

muss das Gericht im Schadensersatzprozess feststellen, ob die einstweilige Verfügung von Anfang an gerechtfertigt war.

Ein aussichtsloses **Aufhebungsverfahren nach § 927 ZPO** kann der Verfügungsgläubiger ebenfalls mit einem Verzicht auf die Rechte aus der einstweiligen Verfügung und einer Aushändigung des Titels vermeiden. Liegen Aufhebungsgründe vor, nach denen er auch die Kosten des Anordnungsverfahrens zu tragen hat (siehe Rn 150), muss er sie überdies dem Gegner erstatten. Dieser kann sonst das Aufhebungsverfahren mit dem Antrag betreiben, die Kostenentscheidung des Verfügungsverfahrens zu seinen Gunsten zu ändern.[272] **153**

I. Gerichtskosten und Anwaltsgebühren

I. Streitwert

Der Gebührenstreitwert des **Anordnungsverfahrens** liegt wegen des bloßen Sicherungsinteresses in der Regel unter dem Wert der Hauptsache, häufig bei 1/3.[273] Er kann sich jedoch im Einzelfall dem Wert der Hauptsache nähern oder ihn sogar erreichen, wenn die Hauptsache praktisch vorweggenommen wird, wie häufig bei Leistungsverfügungen.[274] Für die Berechnung des Wertes der Hauptsache gelten die allgemeinen Grundsätze. **154**

Der Streitwert des **Widerspruchs- und Berufungsverfahrens** ist mit dem des Anordnungsverfahrens identisch, sofern nicht nur eine teilweise Abänderung verlangt wird. Bei einem **Kostenwiderspruch** ergibt sich der Wert des Widerspruchsverfahrens aus den bis dahin angefallenen Kosten des Anordnungsverfahrens.[275]

Der Streitwert eines **Aufhebungsverfahrens** bemisst sich nach dem Interesse des Gläubigers an der Aufrechterhaltung der einstweiligen Verfügung.[276] Er stimmt in der Regel mit dem Wert des Anordnungsverfahrens überein. Streiten die Parteien

272 BGH NJW 1993, 2685 ff.; OLG Frankfurt, Beschl. v. 21.9.2010 – 10 U 183/10; OLG Saarbrücken OLG-Report 2009, 708; OLG Köln GRUR 2005, 101; OLG Karlsruhe WRP 1996, 120, 121.

273 Zöller/*Herget*, § 3 Rn 16 „einstweilige Verfügung“.

274 OLG Koblenz JurBüro 2009, 429 und OLG Köln OLG-Report 1999, 336 (Herausgabe einer Sache); Schuschke/Walker/*Walker*, Vor § 916 Rn 60 mit weiteren Rechtsprechungsnachweisen in Fußnote 232.

275 BGH NJW-RR 2003, 1293.

276 OLG Frankfurt AGS 2014, 184; OLG Saarbrücken, Beschl. v. 4.3.2010 – 5 W 12/10.

nicht mehr ernsthaft über die Rechtmäßigkeit des Fortbestandes der einstweiligen Verfügung, wie häufig bei einem Antrag nach § 926 Abs. 2 ZPO, kann er niedriger festgesetzt werden.[277] Der Streitwert der **Vollziehung** entspricht im Allgemeinen dem Wert der Anordnung.[278]

II. Gerichtskosten

155 Im **Anordnungsverfahren** und in **Verfahren über die Aufhebung** einer einstweiligen Verfügung (§ 926 Abs. 2 und § 927 ZPO) werden jeweils gesondert Gebühren erhoben (Vorbem. 1.4 S. 1 vor Nr. 1410 KV GKG). Für das Verfahren über den Antrag entsteht eine 1,5 Gebühr (Nr. 1410 KV GKG); bei einer mündlichen Verhandlung fallen drei Gebühren an (Nr. 1412 KV GKG). Eine Ermäßigung tritt ein, wenn das gesamte Verfahren durch die Rücknahme des Antrags vor dem Schluss der mündlichen Verhandlung, durch ein Anerkenntnis- bzw. Verzichtsurteil, durch übereinstimmende Erledigungserklärungen ohne streitige Kostenentscheidung oder vor einem Urteil durch einen Vergleich endet (Nr. 1411 KV GKG).

Im **Widerspruchs- und Rechtfertigungsverfahren** entstehen keine zusätzlichen Kosten. Im **Berufungsverfahren** fallen 4,0 Gebühren an (Nr. 1420 KV GKG). Sie ermäßigen sich auf 1,0, wenn das Verfahren durch die Rücknahme der Berufung, des Antrags oder des Widerspruchs oder durch übereinstimmende Erledigungserklärungen ohne entgegengesetzte Kostenanträge beendet wird, bevor die Berufungsbegründung beim Gericht eingegangen ist (Nr. 1421 KV GKG).

Bei **Beschwerden** gegen Beschlüsse, mit denen ein Verfügungsantrag zurückgewiesen worden ist, entsteht eine 1,5 Gebühr (Nr. 1430 KV GKG). Sie ermäßigt sich durch eine Rücknahme der Beschwerde auf 1,0 (Nr. 1431 KV GKG).

III. Anwaltsgebühren

156 Für die Anwaltsgebühren gilt im Gegensatz zu den Gerichtsgebühren das Anordnungsverfahren mit den Aufhebungsverfahren (§§ 926 Abs. 2 und 927 ZPO) als **eine Angelegenheit** (§ 16 Nr. 5 RVG). Die einschlägigen Gebühren fallen daher nur einmal an. Das Widerspruchs- und das Rechtfertigungsverfahren gehören zum Anordnungsverfahren. In der ersten Instanz entsteht mit der Einreichung des An-

277 KG JurBüro 2002, 479; OLG Bamberg JurBüro 1974, 1150, 1151; OLG Hamburg WRP 1977, 814.
278 KG Rpfleger 1991, 126, 127.

trags eine 1,3 Verfahrensgebühr (Nr. 3100 RVG-VV), bei einer mündlichen Verhandlung zusätzlich eine 1,2 Terminsgebühr (Nr. 3104 RVG-VV) und beim Abschluss eines Vergleichs eine 1,5 Einigungsgebühr (Nr. 1000 RVG-VV). Der Anwalt des Antragsgegners verdient bei einem Kostenwiderspruch eine 0,8 Verfahrensgebühr gemäß Nr. 3101 Nr. 2 RVG nach dem Wert der angefallenen Kosten, nicht nach dem Streitwert des Verfügungsverfahrens.[279] Im Berufungsverfahren erhöht sich die Verfahrensgebühr auf 1,6 (Nr. 3200 RVG-VV). Im Beschwerdeverfahren erhält der Anwalt eine 0,5 Verfahrensgebühr (Nr. 3500 RVG-VV) und bei einer Entscheidung nach mündlicher Verhandlung durch Urteil eine 1,2 Terminsgebühr (Nr. 3514 RVG-VV).

Die **Vollziehung** einer einstweiligen Verfügung ist – wenn sie sich nicht nur auf die Zustellung beschränkt – eine besondere Angelegenheit (§ 18 Abs. 1 Nr. 2 RVG). Der Anwalt verdient dann für jede Vollziehungsmaßnahme eine 0,3 Verfahrensgebühr (Nr. 3309 RVG-VV).

J. Schadensersatz

Der Verfügungsgläubiger muss dem Schuldner den Schaden aus der Vollziehung einer einstweiligen Verfügung ersetzen, wenn sie infolge der **Versäumung der Klagefrist** (§ 926 Abs. 2 ZPO) bzw. wegen der nicht rechtzeitigen Durchführung des **Rechtfertigungsverfahrens** (§ 942 Abs. 3 ZPO) aufgehoben worden ist oder **von Anfang an ungerechtfertigt** war (§ 945 ZPO). Die **Versäumung der Vollziehungsfrist** führt nicht zu Schadensersatzansprüchen nach § 945 ZPO.[280] 157

Hat das Verfügungsgericht eine **einstweilige Verfügung aufgehoben**, weil der Gläubiger die Hauptsacheklage nicht rechtzeitig erhoben (§ 926 Abs. 2 ZPO) oder die Ladungsfrist für das Rechtfertigungsverfahren versäumt hat (§ 942 Abs. 3 ZPO), steht nach herrschender Meinung seine Haftung für die Schäden des Schuldners aus der Vollziehung der einstweiligen Verfügung fest. Das Gericht überprüft im Schadensersatzprozess nicht, ob die einstweilige Verfügung zu Recht ergangen 158

279 BGH NJW 2013, 3104.

280 BGH MDR 1964, 224; Zöller/*Vollkommer*, § 945 Rn 12; MüKo/*Drescher*, § 945 Rn 19; Schuschke/Walker/*Walker*, § 945 Rn 24; a.A. Stein/Jonas/*Grunsky*, § 945 Rn 34.

war oder nicht.[281] Voraussetzung ist eine **Aufhebung** der einstweiligen Verfügung **wegen der versäumten Frist**. Kein Schadensersatzanspruch besteht nach dieser Alternative des § 945 ZPO in Fällen, in denen der Verfügungsgläubiger durch einen Verzicht auf seine Rechte aus der einstweiligen Verfügung eine für ihn ungünstige Entscheidung nach § 926 Abs. 2 ZPO verhindert hat.[282] Hat das Gericht die einstweilige Verfügung wegen veränderter Umstände (§ 927 ZPO) aufgehoben, kann sich der Verfügungsschuldner im Schadensersatzprozess nicht darauf berufen, dass auch der Aufhebungsgrund des § 926 Abs. 2 ZPO vorgelegen habe.[283] Er hätte die Entscheidung im einstweiligen Verfügungsverfahren mit einem Rechtsmittel angreifen müssen, um eine Aufhebung nach § 926 Abs. 2 ZPO zu erreichen (siehe Rn 126). Der Verfügungsgläubiger kann sich noch im Schadensersatzverfahren darauf berufen, dass die einstweilige Verfügung zu Unrecht nach § 926 Abs. 2 ZPO aufgehoben worden ist, z.B. weil keine Frist für die Klage hätte gesetzt werden dürfen.[284]

159 **Von Anfang an ungerechtfertigt** ist eine einstweilige Verfügung, wenn im Zeitpunkt des Erlasses **kein Verfügungsanspruch** oder **kein Verfügungsgrund** vorgelegen hat. Erwirbt der Verfügungsgläubiger den Anspruch nachträglich, sind dem Gegner nur die Schäden zu ersetzen, die ihm bis dahin aus der Vollziehung der einstweiligen Verfügung entstanden sind.[285] Verliert er den ursprünglich bestehenden Anspruch nachträglich, scheiden Schadensersatzansprüche nach § 945 ZPO aus.

Ob die einstweilige Verfügung von Anfang an ungerechtfertigt war, entscheidet der Richter im Schadensersatzprozess selbstständig. Maßgebend ist die objektive Rechtslage, nicht das Vorbringen der Parteien im Verfügungsverfahren. Sie können daher neue Tatsachen vortragen und sich auf neue Beweismittel berufen.[286]

281 Zöller/*Vollkommer*, § 945 Rn 12; Stein/Jonas/*Grunsky*, § 945 Rn 33; MüKo/*Drescher*, § 945 Rn 18; Musielak/Voit/*Huber*, § 945 Rn 7; einschränkend Schuschke/Walker/*Walker*, § 945 Rn 21 und 23 (kein Schadensersatzanspruch, wenn sich in einem nach der Aufhebung der einstweiligen Verfügung eingeleiteten Hauptsacheprozess herausgestellt hat, dass der Verfügungsanspruch von Anfang an bestanden hat).

282 BGH GRUR 1992, 203, 204 f.

283 Stein/Jonas/*Grunsky*, § 945 Rn 33a; Schuschke/Walker/*Walker*, § 945 Rn 22; *Wieczorek/Thümmel*, § 945 Rn 19; Zöller/*Vollkommer*, § 945 Rn 12.

284 Zöller/*Vollkommer*, § 945 Rn 12; Schuschke/Walker/*Walker*, § 945 Rn 22.

285 Schuschke/Walker/*Walker*, § 945 Rn 6.

286 BGH GRUR 1992, 203, 206; Stein/Jonas/*Grunsky*, § 945 Rn 17.

Das Gericht ist im Schadensersatzprozess an ein rechtskräftiges **Urteil im Hauptsacheverfahren** über den **Verfügungsanspruch** gebunden, soweit die materielle Rechtskraft des Urteils reicht.[287] Hat das Gericht den Verfügungsanspruch verneint, steht rechtskräftig fest, dass er im Zeitpunkt der letzten mündlichen Verhandlung nicht bestanden hat. Der Verfügungsgläubiger kann sich dann im Schadensersatzprozess nur noch darauf berufen, dass der Anspruch bei Erlass der einstweiligen Verfügung bestanden hat und später weggefallen ist.[288] Ist über den Verfügungsanspruch im Hauptsacheverfahren nicht entschieden worden, muss der Schadensersatzrichter ihn selbstständig überprüfen, wie z.B. in Fällen, in denen die Klage in der Hauptsache als unzulässig abgewiesen worden ist, sich die Parteien verglichen haben, bei einer Rücknahme der Klage oder wenn lediglich ein Kostenbeschluss nach § 91a ZPO ergangen ist. 160

Hat kein Hauptsacheverfahren stattgefunden, ist es noch nicht rechtskräftig abgeschlossen oder ist dort keine Entscheidung über den Verfügungsanspruch ergangen, ist das Gericht im Schadensersatzprozess nach herrschender Meinung an formell rechtskräftige **Entscheidungen im einstweiligen Verfügungsverfahren** (siehe Rn 54) nicht gebunden.[289] Ein darin **verneinter Verfügungsgrund** kann nur zu einem ersatzfähigen Schaden des Verfügungsschuldners führen, wenn gegen ihn kein materieller Verfügungsanspruch bestanden hat.[290] Der Bundesgerichtshof hat deshalb Schadensersatzansprüche auf entgangenen Gewinn aus der Vollziehung von Unterlassungsverfügungen in Fällen abgelehnt, in denen der Verfügungsschuldner materiellrechtlich verpflichtet war, die durch die einstweilige Verfügung untersagte Handlung zu unterlassen.[291] Bei der **Verneinung** eines **Verfügungsanspruchs** im Widerspruchs- oder Berufungsverfahren nach dem Erlass einer einstweiligen Verfügung haben der 6. und der 9. Zivilsenat des Bundesgerichtshofs eine Bindungswirkung im Schadensersatzprozess angenommen.[292] Der 1. Zivilsenat hat dies offen gelassen und eine Bindungswirkung jedenfalls dann verneint, wenn den 161

287 BGH NJW 1993, 2685; GRUR 1992, 203; NJW 1988, 3268, 3269.

288 Zöller/*Vollkommer*, § 945 Rn 11; Stein/Jonas/*Grunsky*, § 945 Rn 25; Schuschke/Walker/*Walker*, § 945 Rn 15.

289 OLG Frankfurt WRP 2004, 1196; OLG Stuttgart WRP 1992, 520; Thomas/Putzo/*Seiler*, § 945 Rn 9; Zöller/*Vollkommer*, § 945 Rn 9; Schuschke/Walker/*Walker*, § 945 Rn 19 mit weiteren Nachweisen in Fußnote 66.

290 Schuschke/Walker/*Walker*, § 945 Rn 10.

291 BGH NJW 1994, 2765, 2767; NJW 1990, 122, 125.

292 BGH VersR 1985, 335 und NJW 1980, 189 (6. Zivilsenat); NJW 1992, 2297 (9. Zivilsenat).

Gründen des die einstweilige Verfügung aufhebenden Urteils nicht entnommen werden könne, dass sich die einstweilige Verfügung als von Anfang an unberechtigt erwiesen habe, wie bei einem Versäumnisurteil gegen den Verfügungsgläubiger[293] oder einem Verzichtsurteil.[294]

162 Ist **keine bindende Vorentscheidung** ergangen, muss der Verfügungsgläubiger im Schadensersatzprozess beweisen, dass sein Verfügungsantrag von Anfang an gerechtfertigt war.[295] Der Verfügungsschuldner muss seinen Schaden beweisen und dass dieser durch die Vollziehung der einstweiligen Verfügung entstanden ist.

163 Zu ersetzen sind dem Verfügungsschuldner nur die Schäden, die ihm **durch die Vollziehung** der einstweiligen Verfügung entstanden sind (z.B. Wertverlust einer Sache bei einer Sequestration, Nutzungsausfall oder entgangener Gewinn bei einer Unterlassungsverfügung) oder dadurch, dass er Sicherheit geleistet hat, um die Vollziehung abzuwenden oder die Aufhebung der einstweiligen Verfügung zu bewirken (z.B. Zinsverluste). Darunter fallen nicht Schäden aus der bloßen **Anordnung des Titels**, wie z.B. Nachteile, weil die Anordnung bekannt geworden ist.[296] Keine Vollziehungsschäden sind nach herrschender Meinung auch die eigenen **Anwaltskosten** des Schuldners **aus dem Verfügungsverfahren**, sondern nur die aufgrund der Kostenentscheidung der einstweiligen Verfügung beigetriebenen oder freiwillig gezahlten Gerichts- und Parteikosten des Verfügungsgläubigers.[297] Der Gläubiger braucht nach einer Aufhebung des Titels auch keine **Ordnungsgelder** zu ersetzen, die der Schuldner gemäß § 890 ZPO gezahlt hat.[298]

Nicht zu ersetzen ist dem Verfügungsschuldner ein Schaden, der ihm dadurch entstanden ist, dass er die einstweilige Verfügung **freiwillig befolgt hat**.[299] Dies muss wenigstens geschehen sein, um eine drohende Vollziehung abzuwenden. Ein **Vollstreckungsdruck** setzt einen vollstreckbaren Titel voraus, bei einer Unterlassungsverfügung also die Androhung von Ordnungsmitteln. Ein Schuldner, der sich an eine Unterlassungsverfügung ohne Androhung von Ordnungsmitteln hält, kann

293 BGH WM 1971, 1129.

294 BGH NJW-RR 1998, 1651.

295 BGH NJW-RR 1992, 998, 1001.

296 BGH NJW 1988, 3268, 3269.

297 BGHZ 122, 172, 176 ff.; *Wieczorek/Thümmel*, § 945 Rn 22; Thomas/Putzo/*Seiler*, § 945 Rn 15; Zöller/*Vollkommer*, § 945 Rn 14b.

298 KG GRUR 1987, 591 f.; Zöller/*Vollkommer*, § 945 Rn 14 b; *Berneke/Schüttpelz*, Rn 740.

299 BGH NJW 1996, 198 ff.; Zöller/*Vollkommer*, § 945 Rn 14 a; Thomas/Putzo/*Seiler*, § 945 Rn 6.

keinen Schadensersatz nach § 945 ZPO verlangen.[300] Ein Vollstreckungsdruck besteht bei einer **Beschlussverfügung**, sobald sie im Parteibetrieb zugestellt worden ist. Eine formlose Übermittlung reicht nicht aus.[301] Bei **Urteilsverfügungen** genügt die Amtszustellung, weil der Schuldner sie ab Verkündung des Urteils befolgen muss.[302]

Will ein Schuldner sich Schadensersatzansprüche vorbehalten, sollte er in Zweifelsfällen den Gläubiger darauf hinweisen, dass er sich nur an die einstweilige Verfügung halte, um die Zwangsvollstreckung abzuwenden.

Schadensersatzansprüche mindern sich bei einem **Mitverschulden** des Verfügungsschuldner (§ 254 BGB). Es kann sich z.B. daraus ergeben, dass er die Vollziehung nicht durch Rechtsmittel im Verfügungsverfahren abgewendet[303] oder den Gläubiger nicht auf einen ungewöhnlich hohen Schaden hingewiesen hat, der ihm aus der Vollstreckung droht.[304] **164**

Die **Verjährungsfrist** beträgt drei Jahre (§ 195 BGB). Sie beginnt mit dem Schluss des Jahres, in dem der Anspruch entstanden ist **und** der Kläger von den anspruchsbegründenden Umständen und der Person des Schuldners Kenntnis erlangt hat oder ohne grobe Fahrlässigkeit erlangen müsste (§ 199 Abs. 1 BGB). Davon ist in der Regel auszugehen, wenn die einstweilige Verfügung aufgehoben[305] oder der Verfügungsantrag zurückgenommen[306] worden ist. Haben die Parteien über den Verfügungsanspruch einen Hauptsacheprozess geführt, beginnt die Verjährungsfrist spätestens mit der rechtskräftigen Abweisung der Hauptsacheklage.[307] Ein noch nicht rechtskräftiges Abweisungsurteil kann ausreichen, wenn es in hohem Maße dafür spricht, dass die einstweilige Verfügung von Anfang an nicht gerechtfertigt war.[308] **165**

300 BGH NJW 1996, 198 f.; NJW 1993, 1076 ff.
301 BGH WRP 2015, 209.
302 Schuschke/Walker/*Walker*, § 945 Rn 38 mit Nachweisen in Fußnote 153.
303 BGH NJW 2006, 2557; OLG München GRUR 1996, 998, 999.
304 BGH WM 1990, 1171.
305 BGH NJW 1980, 189.
306 BGH NJW NJW 2003, 2610.
307 BGH NJW1993, 863; NJW 1992, 2297.
308 BGH NJW 2003, 2610.

K. Muster für das einstweilige Verfügungsverfahren

I. Muster: Antrag zur Sicherung eines Herausgabeanspruchs

3.1

▼

166 An das

Amtsgericht/Landgericht

Eilt sehr!

Bitte sofort vorlegen

Antrag

auf Erlass einer einstweiligen Verfügung

des

– Antragstellers –

– Verfahrensbevollmächtigter: Rechtsanwalt –

gegen

die

– Antragsgegnerin –

Streitwert: Euro

Namens und im Auftrag des Antragstellers beantrage ich, folgende einstweilige Verfügung – wegen der Dringlichkeit ohne mündliche Verhandlung (§ 937 Abs. 2 ZPO) – zu erlassen:

> Der Antragsgegnerin wird aufgegeben, den Pkw mit der Fahrgestell-Nr. und dem amtlichen Kennzeichen zur Verwahrung an den Gerichtsvollzieher herauszugeben.

Begründung:

Der Antragsteller hat der Antragsgegnerin am für Euro den im Antrag näher bezeichneten Pkw verkauft und noch am gleichen Tag übergeben. Die Antragsgegnerin benutzt das Fahrzeug seitdem, ist jedoch den Kaufpreis schuldig geblieben. Der Antragsteller hat sie wiederholt zur Zahlung aufgefordert, zuletzt mit Schreiben vom , ihr dann eine Frist mit einer Ablehnungsandrohung gesetzt und ist schließlich von dem Kaufvertrag zurückgetreten. Die Antragsgegnerin hat hierauf nicht reagiert und den Pkw auch nicht zurückgegeben.

Den vorstehenden Sachverhalt mache ich glaubhaft durch die anliegenden Kopien des Kaufvertrages, des Mahnschreibens vom , des weiteren Schreibens vom , des Rücktrittsschreibens vom und die beigefügte eidesstattliche Versicherung des Antragstellers vom .

Der Antragsteller wird demnächst seinen Herausgabeanspruch einklagen. Der Anspruch ist gefährdet. Die Antragsgegnerin hat den Pkw in der beigefügten Anzeige aus der -Zeitung vom zum Verkauf angeboten. Der Antragsteller muss daher befürchten, dass er mit seiner Herausgabeklage leer ausgeht, wenn das Fahrzeug jetzt nicht sichergestellt wird.

Das Gericht wird gebeten, die einstweilige Verfügung unverzüglich und ohne mündliche Verhandlung zu erlassen. Sonst besteht die Gefahr, dass die Antragsgegnerin den Pkw in der Zwischenzeit verkauft. Ich bitte, das Büro der Anwälte des Antragstellers telefonisch über den Erlass der einstweiligen Verfügung zu informieren.

(Rechtsanwalt)

Anlagen:

1) Kaufvertrag der Parteien vom
2) Mahnschreiben des Antragstellers vom
3) Schreiben des Antragstellers vom
4) Rücktrittsschreiben des Antragstellers vom
5) eidesstattliche Versicherung des Antragstellers vom
6) Anzeige aus der -Zeitung vom

II. Muster: Antrag auf Anordnung eines dinglichen Erwerbsverbotes

3.2

An das 167

Amtsgericht/Landgericht

Eilt sehr!

Bitte sofort vorlegen

Antrag

auf Erlass einer einstweiligen Verfügung

des

– Antragstellers –

– Verfahrensbevollmächtigter: Rechtsanwalt –

gegen

die

– Antragsgegnerin –

Streitwert: Euro

Namens und im Auftrag des Antragstellers beantrage ich, folgende einstweilige Verfügung – wegen der Dringlichkeit ohne mündliche Verhandlung (§ 937 Abs. 2 ZPO) – zu erlassen:

> Der Antragsgegnerin wird es untersagt, ihre Eintragung als Eigentümerin des im Grundbuch Band Blatt eingetragenen Grundstücks zu beantragen bzw. einen bereits gestellten Eintragungsantrag aufrechtzuerhalten.

Ich beantrage weiter,

> mir zwei Ausfertigungen der einstweiligen Verfügung zu erteilen (zur Einreichung beim Grundbuchamt und für die Zustellung an die Antragsgegnerin).

Begründung:

Der Antragsteller hat der Antragsgegnerin mit notariellem Vertrag vom sein im Antrag näher bezeichnetes Grundstück verkauft und aufgelassen.

Glaubhaftmachung: beigefügter beglaubigter Grundbuchauszug und Kopie des Kaufvertrages

Der Kaufvertrag ist nichtig. Die Parteien haben beim Abschluss zusätzlich mündlich vereinbart, dass die Antragsgegnerin die Kosten des Maklers in Höhe von Euro übernehmen sollte, der im Auftrag des Antragstellers den Vertrag vermittelt hat. Der Antragsteller ist der Antragsgegnerin deswegen bei dem Kaufpreis entgegengekommen.

Glaubhaftmachung: beigefügte eidesstattliche Versicherung des

Die Vereinbarung über die Maklerprovision hätte nach § 311b BGB mitbeurkundet werden müssen. Da dies unterblieben ist, ist der Kaufvertrag formnichtig .

Um zu verhindern, dass die Antragsgegnerin dennoch Eigentümerin des Grundstücks wird, ist ihr durch ein Erwerbsverbot nach § 938 Abs. 2 ZPO und entsprechend § 136 BGB zu untersagen, die Umschreibung im Grundbuch zu bewirken. Dies muss sofort geschehen, weil dem Antragsteller sonst ein unwiederbringlicher Nachteil droht. Trägt der Rechtspfleger beim Grundbuchamt die Antragsgegnerin als Eigentümerin ein, wird der formnichtige Kaufvertrag nach § 313 S. 2 BGB gültig. Der Antragsteller verliert dann das Grundstück. Ich bitte, das Büro der Anwälte des Antragstellers telefonisch über den Erlass der einstweiligen Verfügung zu informieren.

(Rechtsanwalt)

Anlagen:

1) Grundbuchauszug
2) Kaufvertrag der Parteien vom ____
3) eidesstattliche Versicherung des ____ vom ____

▲

III. Muster: Antrag auf Eintragung einer Auflassungsvormerkung

3.3

▼

An das 168

Amtsgericht

____ ____

Eilt sehr!

Bitte sofort vorlegen

Antrag

auf Erlass einer einstweiligen Verfügung

des ____

– Antragstellers –

– Verfahrensbevollmächtigter: Rechtsanwalt ____ –

gegen

die ____

– Antragsgegnerin –

Streitwert: ____ Euro

Namens und im Auftrag des Antragstellers beantrage ich, folgende einstweilige Verfügung – wegen der Dringlichkeit ohne mündliche Verhandlung (§ 937 Abs. 2 ZPO) – zu erlassen:

> Für den Antragsteller ist im Grundbuch des Amtsgerichts ____ Band ____ Blatt ____ eine Vormerkung zur Sicherung seines Anspruchs auf Auflassung des Grundstücks einzutragen.

Das Gericht wird gebeten, das Grundbuchamt um die Eintragung zu ersuchen (§ 941 ZPO) und mir telefonisch mitzuteilen, ob es so verfährt, damit ich die einstweilige Verfügung rechtzeitig vollziehen oder den Eintragungsantrag unverzüglich selbst stellen kann.

Begründung:

Die Antragsgegnerin ist Eigentümerin des im Antrag näher bezeichneten Grundstücks, das sie mit notariellem Vertrag vom dem Antragsteller verkauft hat.

Glaubhaftmachung: beigefügter beglaubigter Grundbuchauszug und Kopie des Kaufvertrages

Die Auflassung ist noch nicht erfolgt. Die Antragsgegnerin hat es abgelehnt, die Eintragung einer Vormerkung hierfür zu bewilligen.

Glaubhaftmachung: anliegendes Schreiben der Antragsgegnerin vom

Der Antragsteller kann eine Auflassungsvormerkung verlangen (§ 883 Abs. 1 BGB) und die Eintragung im Wege der einstweiligen Verfügung herbeiführen (§ 885 Abs. 1 BGB). Eine Gefährdung des Anspruchs braucht er nicht glaubhaft zu machen. Sie wird vermutet.

Eine Entscheidung ohne mündliche Verhandlung ist gemäß § 937 Abs. 2 ZPO geboten, weil .Ich bitte, das Büro der Anwälte des Antragstellers telefonisch über den Erlass der einstweiligen Verfügung zu informieren.

(Rechtsanwalt)

Anlagen:

1) Grundbuchauszug
2) Kaufvertrag der Parteien vom
3) Schreiben der Antragsgegnerin vom

▲

IV. Muster: Antrag auf Eintragung eines Widerspruchs im Grundbuch

3.4

▼

An das 169

Amtsgericht

…

Eilt sehr!

Bitte sofort vorlegen

Antrag

auf Erlass einer einstweiligen Verfügung

des …

– Antragstellers –

– Verfahrensbevollmächtigter: Rechtsanwalt … –

gegen

die …

– Antragsgegnerin –

Streitwort: … Euro

Namens und im Auftrag des Antragstellers beantrage ich, folgende einstweilige Verfügung – wegen der Dringlichkeit ohne mündliche Verhandlung (§ 937 Abs. 2 ZPO) – zu erlassen:

> Im Grundbuch doc Amtsgerichts … Band … Blatt … wird zugunsten des Antragstellers ein Widerspruch gegen das Eigentumsrecht der Antragsgegnerin eingetragen.

Das Gericht wird gebeten, das Grundbuchamt um die Eintragung zu ersuchen (§ 941 ZPO) und mir telefonisch mitzuteilen, ob es so verfährt, damit ich die einstweilige Verfügung rechtzeitig vollziehen oder den Eintragungsantrag unverzüglich selbst stellen kann.

Begründung:

Der Antragsteller ist alleiniger Erbe seines am … verstorbenen Vaters ….

Glaubhaftmachung: anliegender Erbschein des …

Der Erblasser hat der Antragsgegnerin mit notariellem Vertrag vom … das im Antrag bezeichnete Grundstück geschenkt. Sie ist am … als Eigentümerin im Grundbuch eingetragen worden.

Glaubhaftmachung: beigefügte Kopie des Schenkungsvertrages und beglaubigter Grundbuchauszug

Der Schenkungsvertrag und die Auflassung sind nichtig. Der Erblasser war beim Abschluss nicht mehr geschäftsfähig. Er litt an … und konnte deshalb seine Entscheidungen nicht mehr von vernünftigen Erwägungen abhängig machen. Seine freie Willensbestimmung war ausgeschlossen. Wegen des Verlaufs und der Auswirkungen der Erkrankung verweise ich auf die anliegende eidesstattliche Versicherung des Dr. …, in dessen ständiger ärztlicher Behandlung sich der Vater des Antragstellers befand.

Die Antragsgegnerin ist danach nicht Eigentümerin des Grundstücks geworden. Der Antragsteller hat es von seinem Vater geerbt. Da die Eintragung im Grundbuch mit der wirklichen Rechtslage nicht übereinstimmt, steht dem Antragsteller nach § 894 BGB ein Anspruch auf Berichtigung des Grundbuchs zu. Die Antragsgegnerin hat es in dem beigefügten Schreiben vom … abgelehnt, die Eintragung zu bewilligen. Um den Anspruch zu sichern, ist es erforderlich, einen Widerspruch in das Grundbuch einzutragen (§ 899 Abs. 1 BGB). Dies kann im Wege der einstweiligen Verfügung geschehen. Eine Gefährdung braucht der Antragsteller nicht glaubhaft zu machen (§ 899 Abs. 2 BGB).

Eine Entscheidung ohne mündliche Verhandlung ist gemäß § 937 Abs. 2 ZPO geboten, weil …. Ich bitte, das Büro der Anwälte des Antragstellers telefonisch über den Erlass der einstweiligen Verfügung zu informieren.

(Rechtsanwalt)

Anlagen:

1) Erbschein des Amtsgerichts … vom …
2) Schenkungsvertrag vom …
3) Grundbuchauszug
4) eidesstattliche Versicherung des Dr. … vom …
5) Schreiben der Antragsgegnerin vom …

▲

V. Muster: Antrag auf Herausgabe einer Sache

▼

An das 170

Amtsgericht/Landgericht

Eilt sehr!

Bitte sofort vorlegen

Antrag

auf Erlass einer einstweiligen Verfügung

der

– Antragstellerin –

– Verfahrensbevollmächtigter: Rechtsanwalt –

gegen

den

– Antragsgegner –

Streitwert: Euro

Namens und im Auftrag der Antragstellerin beantrage ich, folgende einstweilige Verfügung – wegen der Dringlichkeit ohne mündliche Verhandlung (§ 937 Abs. 2 ZPO) – zu erlassen:

> Dem Antragsgegner wird aufgegeben, der Antragstellerin den Pkw mit der Fahrgestell-Nr. und dem amtlichen Kennzeichen herauszugeben.

Begründung:

Die Antragstellerin hat am vom Antragsgegner den im Antrag bezeichneten Pkw gekauft

Glaubhaftmachung: anliegender Kaufvertrag

und auf den vereinbarten Preis EUR angezahlt. Über den Restkaufpreis kam es zwischen den Parteien zu Differenzen, weil sich nach der Übergabe Mängel herausstellten. Die Antragstellerin beanspruchte deshalb eine Minderung des Kaufpreises. Der Antragsgegner lehnte dies ab.

Die Antragstellerin war um eine gütliche Einigung bemüht, stieß damit aber auf keine Gegenliebe. Der Antragsgegner versuchte vielmehr, das Problem dadurch zu lösen, dass er mit einem Abschleppwagen vorfuhr, den Pkw auflud und ihn mitnahm. Mit diesem eigenmächtigen Vorgehen war die Antragstellerin nicht einverstanden. Sie will den Kaufvertrag nicht rückgängig machen, sondern an ihm festhalten.

Glaubhaftmachung: anliegende eidesstattliche Versicherung der Antragstellerin

Der Antragsgegner ist nach § 861 BGB verpflichtet, das Fahrzeug wieder herauszugeben. Da er es durch verbotene Eigenmacht erlangt hat, kann die Antragstellerin ihren Anspruch im Wege der einstweiligen Verfügung durchsetzen. Ein Verfügungsgrund wird dabei vermutet (vgl. OLG Saarbrücken NJW-RR 2003, 229; OLG Stuttgart NJW-RR 1996, 1516).

Die Antragstellerin befürchtet, dass der Antragsgegner den Pkw beiseite schafft, wenn er von dem Verfügungsantrag erfährt. Deshalb ist eine Entscheidung ohne mündliche Verhandlung geboten (§ 937 Abs. 2 ZPO). Ich bitte, das Büro der Anwälte des Antragstellers telefonisch über den Erlass der einstweiligen Verfügung zu informieren.

(Rechtsanwalt)

Anlagen:

1) Kaufvertrag der Parteien vom
2) eidesstattliche Versicherung der Antragstellerin vom

▲

VI. Muster: Antrag auf Unterlassung

3.6

▼

171 An das

Amtsgericht/Landgericht

Eilt sehr!

Bitte sofort vorlegen

Antrag

auf Erlass einer einstweiligen Verfügung

der

– Antragstellerin –

– Verfahrensbevollmächtigter: Rechtsanwalt –

gegen

die

– Antragsgegnerin –

Streitwert: … Euro

Namens und im Auftrag der Antragstellerin beantrage ich, folgende einstweilige Verfügung – wegen der Dringlichkeit ohne mündliche Verhandlung (§ 937 Abs. 2 ZPO) – zu erlassen:

1) Der Antragsgegnerin wird untersagt, die …-Bank aus deren Bürgschaft vom … über … Euro (Bürgschaftsnummer …) in Anspruch zu nehmen.
2) Der Antragsgegnerin wird für jeden Fall der Zuwiderhandlung ein Ordnungsgeld bis zu 250.000 Euro angedroht, ersatzweise Ordnungshaft, oder Ordnungshaft bis zu sechs Monaten.

Begründung:

Die Antragstellerin hat im Auftrag der Antragsgegnerin aufgrund des beigefügten Bauvertrages ein schlüsselfertiges Wohnhaus in … errichtet. Die Gewährleistungsansprüche sind durch die anliegende, auf erstes Anfordern erfüllbare Bürgschaft der …-Bank gesichert. Die Antragsgegnerin hat mit dem beigefügten Schreiben vom … verschiedene Mängel gerügt, die voraussichtlichen Nachbesserungskosten auf … Euro beziffert und angekündigt, sie würde deshalb die …-Bank aus der Bürgschaft in Anspruch nehmen. Dies wäre rechtsmissbräuchlich, weil die Antragstellerin keine Nachbesserungskosten schuldet. Das ergibt sich ganz offensichtlich aus dem anliegenden Abnahmeprotokoll vom …, das die Geschäftsführer beider Parteien unterschrieben haben. Darin sind die gerügten Mängel im Einzelnen mit dem Hinweis aufgelistet, dass sie bis zum … zu beheben seien. An diese Vereinbarung ist die Antragsgegnerin gebunden. Warum sie es sich jetzt vor dem Ablauf der Frist anders überlegt hat, weiß die Antragstellerin nicht. Sie ist bereit und in der Lage, die Nachbesserungsarbeiten – wie vereinbart – auszuführen.

Der Antragstellerin drohen erhebliche Risiken, wenn die Antragsgegnerin dennoch aus der Bürgschaft vorgeht. Der Sachbearbeiter der …-Bank hat dem Geschäftsführer der Antragstellerin bei einem Telefongespräch am … erklärt, die Bank sei aus einer Bürgschaft auf erste Anforderung zu Zahlung verpflichtet; sie könne nicht überprüfen, ob der Bürgschaftsfall tatsächlich eingetreten sei.

Glaubhaftmachung: anliegende eidesstattliche Versicherung des Geschäftsführers der Antragstellerin

Die Antragstellerin muss daher befürchten, dass die Bank die Bürgschaftssumme auszahlt, wenn die Antragsgegnerin sie anfordert. Sie ist dann auf eine Rückforderung gegen die Antragsgegnerin angewiesen. Die Antragsgegnerin verschaffte sich damit aufgrund der formalen Position aus der Bürgschaft zum Nachteil der Antragstellerin einen offensichtlich nicht gerechtfertigten Vorteil. Dies muss im Wege der einstweiligen Verfügung unterbunden werden. Ich bitte, das Büro der Anwälte des Antragstellers telefonisch über den Erlass der einstweiligen Verfügung zu informieren.

(Rechtsanwalt)

Anlagen:

1) Bauvertrag der Parteien vom
2) Bürgschaftsurkunde der -Bank vom
3) Schreiben der Antragsgegnerin vom
4) Abnahmeprotokoll vom
5) eidesstattliche Versicherung des Geschäftsführers der Antragstellerin vom

VII. Muster: Antrag auf Zahlung einer Schadensersatzrente

172 An das

Landgericht

Eilt!

Bitte sofort vorlegen

Antrag

auf Erlass einer einstweiligen Verfügung

des

– Antragstellers –

– Verfahrensbevollmächtigter: Rechtsanwalt –

gegen

die

– Antragsgegnerin –

Streitwert: Euro

Namens und in Vollmacht des Antragstellers beantrage ich, folgende einstweilige Verfügung zu erlassen, und zwar wegen des besonders dringenden Falles ohne mündliche Verhandlung (§ 937 Abs. 2 ZPO), hilfsweise aufgrund einer unverzüglich und mit einer abgekürzten Ladungsfrist anzuberaumenden mündlichen Verhandlung:

Der Antragsgegnerin wird aufgegeben, dem Antragsgegner vom … bis zur rechtskräftigen Entscheidung im Hauptsacheverfahren … monatlich im Voraus … Euro zu zahlen.

Begründung:

Die Antragsgegnerin ist die Pkw-Haftpflichtversicherung des … . Ihr Versicherungsnehmer verschuldete am … mit seinem Pkw einen Verkehrsunfall, bei dem sich der Antragsteller so schwere Verletzungen zuzog, dass er seitdem und voraussichtlich dauernd arbeitsunfähig ist. Der Unfall ist unter dem Aktenzeichen … Gegenstand eines Rechtsstreits vor dem angerufenen Gericht. Der Antragsteller verlangt darin von der Antragsgegnerin und deren Versicherungsnehmer u.a. gemäß § 843 BGB eine Schadensrente in Höhe von monatlich … Euro wegen seines Verdienstausfalls. Die Kammer hat die Klage durch Urteil vom … dem Grunde nach zu 2/3 für gerechtfertigt erklärt. Die Beklagten haben Berufung eingelegt. Darüber ist noch nicht entschieden worden.

Glaubhaftmachung: beizuziehende Akte … des Hauptsacheverfahrens

Aufgrund des Urteils der Kammer im Hauptprozess ist glaubhaft, dass der Antragsteller eine Schadensrente in Höhe von 2/3 seines Verdienstausfalls verlangen kann. Sonst wäre das Urteil nicht ergangen.

Der Antragsteller hat vor dem Unfall als selbständiger … monatlich … Euro verdient.

Glaubhaftmachung: anliegende Gewinn- und Verlustrechnung des Steuerberaters … für das Jahr …

Infolge des Unfalls ist er auf unabsehbare Zeit arbeitsunfähig.

Glaubhaftmachung: anliegendes ärztliches Attest des Dr. … vom …

2/3 seines Verdienstausfalls sind monatlich … Euro

Der Antragsteller macht hiervon mit der einstweiligen Verfügung einen Teilbetrag in Höhe von … Euro seit dem Eingang dieses Antrags beim Gericht geltend. Hierauf ist er dringend angewiesen, um seinen Lebensbedarf bestreiten zu können. Von der Antragsgegnerin hat er noch keinen Cent erhalten. Mit Zahlungen ist vor dem rechtskräftigen Abschluss des Hauptprozesses auch nicht zu rechnen. Der Antragsgegner ist deshalb in eine Notlage geraten. Er verfügt über keine Einnahmen und erhält auch keine Versicherungs- oder Rentenleistungen. Was er im Laufe der Jahre angespart hat, ist aufgebraucht.

Glaubhaftmachung: anliegende eidesstattliche Versicherung des Antragstellers

Aus einer solchen existenziellen Notsituation gibt es nur den Ausweg, dem Antragsteller den unbedingt benötigten Teil der Schadensrente schon vor der Entscheidung in der Hauptsache im Wege der einstweiligen Verfügung zuzusprechen (vgl. dazu OLG Celle VersR 1990, 212; OLG Düsseldorf VersR 1988, 803). Ich bitte, das Büro der Anwälte des Antragstellers telefonisch über den Erlass der einstweiligen Verfügung zu informieren.

(Rechtsanwalt)

Anlagen:

1) Gewinn- und Verlustrechnung vom
2) Attest des Dr. vom
3) eidesstattliche Versicherung des Antragstellers vom

▲

VIII. Muster: Antrag, Frist zur Ladung zum Rechtfertigungsverfahren zu setzen (§ 942 Abs. 2 ZPO)

3.8

▼

173 An das

Amtsgericht

Az.:

In dem einstweiligen Verfügungsverfahren

./.

hat das in der Hauptsache nicht zuständige Amtsgericht am nach § 942 Abs. 2 S. 1 ZPO eine einstweilige Verfügung erlassen. Namens und in Vollmacht des Antragsgegners beantrage ich gemäß § 942 Abs. 2 S. 2 ZPO,

dem Antragsteller eine Frist zu setzen, innerhalb der er bei dem Gericht der Hauptsache die Ladung des Antragsgegners zur mündlichen Verhandlung über die Rechtmäßigkeit der einstweiligen Verfügung zu beantragen hat.

(Rechtsanwalt)

▲

IX. Muster: Antrag auf Ladung zum Rechtfertigungsverfahren 3.9

▼

An das 174

Landgericht

___

In dem einstweiligen Verfügungsverfahren

___ ./. ___

hat das Amtsgericht ___ unter dem Aktenzeichen ___ am ___ nach § 942 Abs. 2 ZPO eine einstweilige Verfügung erlassen, wonach ___. Das Amtsgericht hat dem Antragsteller durch Beschluss vom ___ aufgegeben, bis zum ___ die Ladung des Antragsgegners zur mündlichen Verhandlung über die Rechtmäßigkeit der einstweiligen Verfügung bei dem Gericht der Hauptsache zu veranlassen.

Namens und in Vollmacht des Antragstellers bitte ich daher, einen Termin zur mündlichen Verhandlung im Rechtfertigungsverfahren anzuberaumen, in dem ich beantragen werde,

> die einstweilige Verfügung des Amtsgerichts ___ vom ___ zu bestätigen.

(Rechtsanwalt)

▲

X. Muster: Antrag, eine einstweilige Verfügung nach § 942 Abs. 3 ZPO aufzuheben 3.10

▼

An das 175

Amtsgericht ___

Az.: ___

In dem einstweiligen Verfügungsverfahren

___ ./. ___

hat das Amtsgericht dem Antragsteller durch Beschluss vom ___ aufgegeben, bis zum ___ bei dem Gericht der Hauptsache die Ladung des Antragsgegners zur mündlichen Verhandlung im Rechtfertigungsverfahren zu beantragen. Dem ist der Antragsteller nicht nachgekommen.

Namens und in Vollmacht des Antragsgegners beantrage ich daher gemäß § 942 Abs. 3 ZPO,

> die einstweilige Verfügung vom aufzuheben und dem Antragsteller die Kosten des einstweiligen Verfügungsverfahrens aufzuerlegen.

Ich rege an, hierüber ohne mündliche Verhandlung zu entscheiden.

(Rechtsanwalt)

▲

XI. Muster: Widerspruch gegen Verfügungsbeschluss mit dem Antrag, die Vollziehung einzustellen

3.11

▼

176 An das

Amtsgericht

Az.:

Eilt!

Bitte sofort vorlegen

Antrag

auf Einstellung der Vollziehung

In dem einstweiligen Verfügungsverfahren

./.

erhebe ich namens und in Vollmacht des Antragsgegners

Widerspruch

gegen die durch Beschluss vom erlassene einstweilige Verfügung.

Ich bitte, umgehend einen Termin zur mündlichen Verhandlung anzuberaumen, in dem ich beantragen werde,

> die einstweilige Verfügung aufzuheben und den zugrunde liegenden Antrag zurückzuweisen.

Weiter beantrage ich,

> die Vollziehung der einstweiligen Verfügung ohne Sicherheitsleistung einzustellen.

Begründung:

Das mit der Beschlussverfügung angeordnete Erwerbsverbot besteht zu Unrecht. Der Grundstückskaufvertrag der Parteien vom ist wirksam. Die Parteien haben sich – entgegen der eidesstattlichen Versicherung des Antragstellers – nicht zusätzlich mündlich darauf geeinigt, dass die Antragsgegnerin die Maklerprovision zahlen sollte. Der Antragsteller wollte dies. Die Antragsgegnerin hat das jedoch abgelehnt.

Glaubhaftmachung: anliegende eidesstattliche Versicherung der Antragsgegnerin

Abgesehen hiervon ist die Beschlussverfügung auch schon allein deshalb aufzuheben, weil der Antragsteller sie nicht rechtzeitig vollzogen hat. Er hat eine Ausfertigung am beim Grundbuchamt eingereicht. Das ergibt sich aus den Akten des Grundbuchamtes. Ich habe sie eingesehen, dies festgestellt und versichere das anwaltlich. Notfalls mag das Gericht die Akten beiziehen. Die Beschlussverfügung hätte der Antragsgegnerin innerhalb einer Woche danach zugestellt werden müssen (§§ 936, 929 Abs. 3 S. 2 ZPO). Das ist jedoch erst am geschehen.

Glaubhaftmachung: anliegende Bescheinigung des Gerichtsvollziehers , der die einstweilige Verfügung zugestellt hat

Der Verfügungsbeschluss kann daher ganz offenbar nicht bestehen bleiben. Dies rechtfertigt den Antrag, die Vollstreckung durch eine einstweilige Anordnung nach § 924 Abs. 3 S. 2 in Verbindung mit § 707 ZPO ohne Sicherheitsleistung einzustellen (vgl. OLG Frankfurt MDR 1997, 393; OLG Rostock OLG-Report 1997, 114). Die Antragsgegnerin ist hieran dringend interessiert. Sie will das Grundstück möglichst bald weiterverkaufen. Ein Kaufinteressent ist wegen des Erwerbsverbotes bereits „abgesprungen".

(Rechtsanwalt)

Anlagen:

1) eidesstattliche Versicherung der Antragsgegnerin vom
2) Bescheinigung des Gerichtsvollziehers vom

▲

XII. Muster: Antrag, eine Frist für die Klage in der Hauptsache zu setzen (§§ 936, 926 Abs. 1 ZPO)

3.12

▼

177 An das

Amtsgericht/Landgericht

Az.:

In dem einstweiligen Verfügungsverfahren

./.

beantrage ich namens und in Vollmacht des Antragsgegners,

> dem Antragsteller eine Frist von zwei Wochen zur Erhebung der Klage in der Hauptsache zu setzen.

Begründung:

Das Gericht hat gegen den Antragsgegner am eine einstweilige Verfügung erlassen, wonach . Der Antragsteller hat die Klage zur Hauptsache bislang nicht erhoben. Ihm ist deshalb eine Frist hierfür zu setzen (§§ 936, 926 Abs. 1 ZPO). Zwei Wochen erscheinen angemessen.

(Rechtsanwalt)

▲

XIII. Muster: Antrag nach § 926 Abs. 2 ZPO

3.13

▼

178 An das

Amtsgericht/Landgericht

Eilt sehr!

Bitte sofort vorlegen

Antrag

auf Aufhebung einer einstweiligen Verfügung und Einstellung der Vollziehung

des

– Verfügungsschuldners –

– Verfahrensbevollmächtigter: Rechtsanwalt –

gegen

die

– Verfügungsgläubigerin –

– Verfahrensbevollmächtigter: Rechtsanwalt –

beantrage ich namens und in Vollmacht des Verfügungsschuldners,

1) die einstweilige Verfügung des vom (Az.) aufzuheben und der Verfügungsgläubigerin die Kosten des Verfügungsverfahren aufzuerlegen;
2) die Vollziehung der einstweiligen Verfügung bis zur Entscheidung im Aufhebungsverfahren ohne – hilfsweise gegen – Sicherheitsleistung einstweilen einzustellen.

Begründung:

Das Gericht hat der Verfügungsgläubigerin durch Beschl. v. aufgegeben, bis zum Klage zur Hauptsache zu erheben. Dieser Aufforderung ist sie nicht nachgekommen. Die einstweilige Verfügung ist deshalb aufzuheben (§§ 936, 926 Abs. 2 ZPO).

Der Antrag, die Zwangsvollstreckung einzustellen, beruht auf § 707 ZPO. Diese Bestimmung ist nach allgemeiner Ansicht entsprechend den §§ 936, 924 Abs. 3 ZPO auch im Aufhebungsverfahren anzuwenden (Zöller/*Vollkommer*, ZPO, 28. Aufl., § 926 Rn 28).

(Rechtsanwalt)

▲

XIV. Muster: Antrag, eine einstweilige Verfügung wegen veränderter Umstände aufzuheben (§§ 936, 927 ZPO)

3.14

▼

179 An das

Amtsgericht/Landgericht

…

Eilt sehr!

Bitte sofort vorlegen

Antrag

auf Aufhebung einer einstweiligen Verfügung und Einstellung der Vollziehung

des …

– Verfügungsschuldners –

– Verfahrensbevollmächtigter: Rechtsanwalt … –

gegen

die …

– Verfügungsgläubigerin –

– Verfahrensbevollmächtigter: Rechtsanwalt … –

Namens und in Vollmacht des Verfügungsschuldners beantrage ich,

1) die einstweilige Urteilsverfügung des … vom …) (Az. …) aufzuheben;
2) die Vollziehung der einstweiligen Verfügung bis zur Entscheidung im Aufhebungsverfahren einstweilen einzustellen.

Begründung:

Das angerufene Gericht hat gegen den Verfügungsschuldner die in Kopie beigefügte einstweilige Urteilsverfügung erlassen. Der Verfügungsgrund ist nachträglich weggefallen, weil der gesicherte Anspruch verjährt ist … (Begründung).

Bei einer offensichtlich begründeten Verjährungseinrede ist die Zwangsvollstreckung nach § 707 Abs. 1 S. 1 ZPO ohne Sicherheitsleistung einzustellen (vgl. OLG Koblenz WRP 1981, 545). Diese Bestimmung gilt nach allgemeiner Ansicht entsprechend den §§ 936, 924 Abs. 3 ZPO auch im Aufhebungsverfahren (Zöller/*Vollkommer*, ZPO, 28. Aufl., § 927 Rn 9c).

(Rechtsanwalt)

Anlage: Urteil des … vom …

▲

§ 4 Unterlassungsverfügung in Wettbewerbssachen

A. Einleitung

Schneller Rechtsschutz ist im Wettbewerbsrecht besonders wichtig, um Verstöße schnell unterbinden zu können. Sonst drohen häufig irreparable Schäden. Unterlassungsansprüche aus dem UWG können deshalb unter erleichterten Voraussetzungen schon mit einstweiligen Verfügungen durchgesetzt werden. Ein **Verfügungsgrund** wird bei ihnen vermutet (§ 12 Abs. 2 UWG). Der Antragsteller braucht ihn weder darzulegen noch glaubhaft zu machen. Er muss nur – wie im Klageverfahren – die Tatsachen vortragen, aus denen sich der Unterlassungsanspruch ergibt, und diese – anders als mit der Klage – glaubhaft machen. 1

Unterlassungsansprüche können sich aus einem erstmals bevorstehenden Wettbewerbsverstoß (vorbeugender Unterlassungsanspruch) oder aus einem bereits begangenen ergeben. 2

Vorbeugende Unterlassungsansprüche spielen in der Praxis eine untergeordnete Rolle. Der Gläubiger müsste darlegen und – im einstweiligen Verfügungsverfahren – glaubhaft machen, dass ein Wettbewerbsverstoß des Schuldners bevorsteht. Dies weiß er vorher häufig nicht. Ist ihm dies aber bekanntgeworden, sollte er hiergegen schon vorgehen. Wartet er ab, bis der Schuldner sein Vorhaben durchgeführt hat, kommt ein Unterlassungsantrag im einstweiligen Verfügungsverfahren unter Umständen zu spät (siehe Rn 7).

Unterlassungsansprüche aus bereits **begangenen Wettbewerbsverstößen** setzen eine **Wiederholungsgefahr** voraus. Sie wird im Wettbewerbsrecht **vermutet**. Ein Verfügungsanspruch besteht daher schon, wenn der Antragsteller glaubhaft macht, dass der Antragsgegner gegen Vorschriften des Wettbewerbsrechts verstoßen hat. Die beanstandeten Handlungen ergeben sich häufig aus Anzeigen, Werbeprospekten oder anderen schriftlichen Unterlagen. Der Antragsteller kann damit den Verfügungsanspruch belegen.

In diesen Fällen hat das einstweilige Verfügungsverfahren das Klageverfahren weitgehend verdrängt. Die Parteien streiten dann – wenn überhaupt – nur darüber, ob das Verhalten des Antragsgegners wettbewerbswidrig war oder nicht. Verletzte Mitbewerber und klagebefugte Verbände können dies mit einem Verfügungsantrag rascher klären lassen als mit einer Klage. Eine abweichende rechtliche Beurteilung ist in einem Hauptsacheverfahren in der Regel nicht zu erwarten.

3 **Gläubigern** ist zu einer **Unterlassungsklage anstelle eines Verfügungsantrages** nur zu raten, wenn sie zu lange abgewartet haben (siehe Rn 8 ff.) oder der relevante Sachverhalt streitig und mit den Beweismitteln des einstweiligen Verfügungsverfahrens nicht glaubhaft zu machen ist. Eine **zusätzliche Unterlassungsklage nach einer einstweiligen Verfügung** brauchen sie nur in Fällen zu erheben, in denen ihnen der Gegner nach §§ 926, 936 ZPO eine Frist für die Klage hat setzen lassen oder der Unterlassungsanspruch zu verjähren droht.

Schuldner, die im einstweiligen Verfügungsverfahren **unterlegen** sind, können sich von einem zusätzlichen Klageverfahren nur Vorteile versprechen, wenn sie dort über bessere Beweismittel verfügen oder eine Entscheidung des Bundesgerichtshofs herbeiführen wollen.

4 Einstweilige Verfügungsverfahren laufen im Wettbewerbsrecht so ab wie in anderen Rechtsgebieten. Besonderheiten ergeben sich nur aus bestimmten Fragen, die vor und bei jeder wettbewerbsrechtlichen Unterlassungsverfügung auftreten, in anderen Verfügungsverfahren aber nur in Ausnahmefällen. Sie betreffen den Verfügungsgrund, das Abmahnverfahren, das Abschlussverfahren und die Schutzschrift. Die Vollziehung unterscheidet sich nicht von der anderer Unterlassungsverfügungen (siehe § 3 Rn 117 ff.).

Ein **Verfügungsgrund** wird nicht nur bei Unterlassungsansprüchen aus dem Wettbewerbsrecht vermutet, sondern auch bei anderen Ansprüchen (siehe § 3 Rn 59). Im Unterschied zu ihnen muss der Gläubiger hier aber deutlich schneller im einstweiligen Verfügungsverfahren vorgehen. Sonst wird ein Verfügungsgrund nicht mehr vermutet. Das **Abmahnverfahren** ermöglicht es dem Schuldner, einen Prozess durch eine „Unterwerfungserklärung" zu vermeiden, das **Abschlussverfahren**, den Rechtsstreit durch eine Abschlusserklärung auf das einstweilige Verfügungsverfahren zu beschränken. Nach verschiedenen Schätzungen erledigen sich ca. 90 % aller gerügten Wettbewerbsverstöße im Abmahnverfahren[1] und 90 % aller Prozesse im einstweiligen Verfügungsverfahren.[2] Mit einer **Schutzschrift** kann eine Partei vorsorglich einem zu erwartenden Verfügungsantrag entgegentreten.

1 Ahrens/*Achilles*, Kap. 2 Rn 3.

2 *Dunkl/Baur*, H Rn 216.

Ein **Abschlussschreiben** beschränkt nicht nur den Streit über wettbewerbsrechtliche Unterlassungsansprüche auf das einstweilige Verfügungsverfahren. Der Schuldner kann damit Klagen nach allen Leistungsverfügungen ausschließen, die zur vorläufigen Erfüllung des Anspruchs des Gläubigers führen. Für sie besteht dann kein Rechtsschutzinteresse mehr.

Eine **Schutzschrift** ist bei jedem erwarteten Verfügungsantrag zulässig. Sie kommt außerhalb des Wettbewerbsrechts nur seltener vor, weil der Schuldner dort gewöhnlich keine Abmahnung erhält und daher nicht mit einem Verfügungsantrag rechnet.

In der Praxis treten typische Probleme auf, deren Lösungen sich nicht aus dem 5
Gesetz ergeben, sondern von der Rechtsprechung entwickelt worden sind. Die Einzelheiten sind häufig umstritten und selbst für Spezialisten kaum überschaubar. Im Folgenden werden die grundlegenden Fragen angesprochen. Zu weiterführenden Schritten sollen die in den Fußnoten angegebenen Fundstellen verhelfen.

B. Verfügungsgrund

Der Gläubiger kann auch einen wettbewerbsrechtlichen Unterlassungsanspruch 6
nur mit einer einstweiligen Verfügung durchsetzen, wenn die Sache **eilbedürftig** ist. Dies wird nach § 12 Abs. 2 UWG vermutet, aber nicht unwiderlegbar unterstellt. Die **Vermutung** kann durch Tatsachen zu **entkräftet werden**, die dafür sprechen, dass die Angelegenheit nicht so dringlich ist, um darüber im Eilverfahren entscheiden zu müssen. Diese Tatsachen können sich schon aus dem Verhalten oder dem Vorbringen des Antragstellers ergeben. Der Antragsgegner muss sie sonst vortragen und glaubhaft machen.

Die Eilbedürftigkeit ist zu verneinen, wenn der Antragsteller seine Ansprüche ohne 7
triftige Gründe nicht zügig mit einem Verfügungsantrag oder im Verfügungsverfahren verfolgt. Aus **Verzögerungen ohne plausiblen Anlass** kann sich ergeben, dass er die Angelegenheit selbst nicht für eilbedürftig gehalten hat. Hat der Antragsteller eine Werbung zunächst längere Zeit nicht beanstandet, entfällt die Vermutung der Dringlichkeit auch bei einer späteren Werbung, die sich nicht nennenswert von der früheren unterscheidet („kerngleiche" Werbung).[3] Ein Verfügungsantrag ist dann aber nicht immer aussichtslos. Eine einstweilige Unterlassungsverfügung kann

3 OLG Düsseldorf NJW-RR 2014, 729; OLG Hamm, Urt. v. 30.6.2014 – 4 U 36/14; OLG Hamburg GRUR-RR 2011, 376; OLG Köln WRP 2011, 362.

z.B. wieder dringend benötigt werden, wenn das beanstandete Verhalten zunächst eingestellt, dann aber nach längerer Zeit wieder aufgenommen worden ist[4] oder nach einer erheblich intensivierten Werbung.[5] Dies muss der Antragsteller glaubhaft machen, wenn es streitig ist.[6] Erfährt der Antragsteller, dass eine Verletzungshandlung bevorsteht und wehrt er sich nicht vorbeugend dagegen, ist sein Vorgehen gegen die erst längere Zeit später realisierte Handlung nicht mehr dringlich.[7]

8 Welche Zeit der Antragsteller bis zum Verfügungsantrag verstreichen lassen darf, ohne dadurch die Vermutung der Dringlichkeit selbst zu widerlegen, hängt von den Umständen des Einzelfalles ab.

Die Frist beginnt mit der **Kenntnis von dem Wettbewerbsverstoß und der Person des Störers**, nach herrschender Meinung schon bei grob fahrlässiger Unkenntnis[8] Bei Gesellschaften kommt es auf die Kenntnis des gesetzlichen Vertreters oder der Mitarbeiter an, die innerbetrieblich über ein Vorgehen gegen Wettbewerbsverstöße zu entscheiden haben.[9] Ist der Zeitpunkt der Kenntnisnahme streitig, muss der Antragsgegner den früheren glaubhaft machen.[10]

Einige Oberlandesgerichte haben Regelfristen entwickelt, nach deren Ablauf eine Dringlichkeit normalerweise nicht mehr zu vermuten ist. Senate der Oberlandesge-

4 OLG München Magazindienst 2006, 916; OLG Frankfurt DB 1986, 325.

5 OLG Hamm OLG-Report 2005, 644; OLG Koblenz WRP 1978, 835, 837; Ahrens/*Singer*, Kap. 45 Rn 60 (mit zahlreichen weiteren Beispielen aus der Rechtsprechung); *Teplitzky*, Kap. 54 Rn 37; *Melullis*, Rn 173.

6 OLG Köln WRP 2011, 362.

7 OLG Frankfurt GRUR-RR 2014, 82; OLG Stuttgart GRUR-RR 2009, 447; OLG Hamburg GRUR-RR 2008, 100.

8 OLG Köln GRUR-RR 2014, 127; OLG Karlsruhe WRP 2010, 793; OLG München Magazindienst 2007, 973; *Ohly/Sosnitza*, § 12 Rn 117; Ahrens/*Singer*, Kap. 45 Rn 21; *Köhler/Bornkamm*, § 12 Rn 3.15.

9 OLG Köln GRUR-RR 2014, 127 und GRUR-RR 2010, 493 (ausreichend nicht Kenntnis einer ausgelagerten Rechtsabteilung); weitergehend (ausreichend auch Kenntnis von „Wissensvertretern" im Sinne des § 166 BGB) OLG Frankfurt WRP 2013, 1068; OLG Hamburg GRUR-RR 2006, 374; *Köhler/Bornkamm*, § 12 Rn 3.15a.

10 OLG Saarbrücken GRUR-RR 2014, 91.

richte Celle,[11] Dresden,[12] Jena,[13] Hamm,[14] Karlsruhe,[15] Koblenz,[16] München[17] und Nürnberg[18] gehen davon aus, wenn Unterlassungsgläubiger länger als **einen Monat** mit dem Verfügungsantrag warten. Die Oberlandesgerichte Düsseldorf,[19] Stuttgart[20] und das Kammergericht[21] bemessen die Zeitspanne auf **zwei Monate**, das OLG Rostock[22] auf **zwei bis drei Monate**, das OLG Frankfurt[23] den „groben Zeitrahmen" auf sechs Wochen. Das OLG Saarbrücken[24] hat die Dringlichkeitsvermutung in einfach gelagerten Wettbewerbssachen nach einem Zeitraum von mehr als sieben Wochen für widerlegt gehalten, das OLG Hamburg[25] nach einem Zeitraum von fast zwei Monaten. Für nicht widerlegt gehalten haben die Dringlichkeitsvermutung das Oberlandesgericht Brandenburg[26] bei einem Antrag fünf Wochen nach der Kenntnis und die Oberlandesgerichte Bremen[27] und Schleswig[28] bei einem Antrag sechs bzw. etwas mehr als sechs Wochen nach der Kenntnis.

Kritisch können hiernach schon Anträge **später als einen Monat** seit der Kenntnis 9
des Wettbewerbsverstoßes und der Person des Störers sein. Der Antragsteller sollte in diesen Fällen darlegen, worauf die Verzögerung beruht. Ergibt sich hieraus, dass er trotz der Eilbedürftigkeit plausible Gründe hatte, nicht schneller zu reagieren, so kann er darauf den Verfügungsgrund stützen. In Betracht kommen vor allem zeitaufwändige Bemühungen, schwierige Rechtsfragen zu klären oder Beweismittel zu beschaffen, um das Verfügungsverfahren Erfolg versprechend vorzuberei-

11 WRP 2014, 477.
12 Beschl. v. 23.10.2006 – 14 W 1083/06.
13 NJW-RR 2014, 1000 (bei einfach recherchierbaren und leicht darzustellenden Wettbewerbsverstößen).
14 Urt. v. 10.9.2013 – 4 U 48/13.
15 WRP 2007, 822.
16 WRP 2011, 506.
17 WRP 2014, 591.
18 MDR 2002, 533.
19 NJW-RR 2015, 36.
20 NZBau 2010, 639.
21 Beschl. v. 1.8.2014 – 5 W 240/14.
22 Urt. v. 16.6.1993 – 2 U 28/93.
23 Beschl. v. 27.9.2012 – 6 W 94/12.
24 GRUR-RR 2001, 71.
25 WRP 2007, 1251.
26 WRP 1998, 97.
27 OLG-Report 1998, 431.
28 WRP 1996, 937.

ten,[29] aber auch ernsthafte Vergleichsgespräche, um einen Rechtsstreit zu vermeiden.[30] Die Parteien müssen die Vergleichsgespräche dann aber zügig führen. Verhandlungen über 40 Tage können zu lang sein.[31]

10 Erhebt der Antragsteller **zunächst** die **Unterlassungsklage** und beantragt er erst später die einstweilige Verfügung, so spricht dies im Allgemeinen gegen die Dringlichkeit.[32] Eilbedürftig kann eine gerichtliche Entscheidung aber wieder werden, wenn das Hauptsacheverfahren unerwartet lange dauert, wie z.B. bei einer Aussetzung bis zur Entscheidung in einem anderen Rechtsstreit.[33]

11 Der Verfügungsgrund kann entfallen, wenn der Antragsteller das **Verfügungsverfahren** nur **schleppend betreibt**. Unschädlich ist es, wenn er sich mit seinem Antrag an ein unzuständiges Gericht gewandt hat. Dies muss nur vor dem Ablauf des zu tolerierenden Zeitraums geschehen sein.[34]

12 Ist eine **Beschluss- oder Urteilsverfügung ergangen**, so lässt sich aus **Verzögerungen** nur **im Widerspruchs- oder Berufungsverfahren** nicht auf eine mangelnde Dringlichkeit schließen. Da der Antragsteller bereits im Besitz eines Titels ist, braucht er das Verfahren nicht zu beschleunigen.[35] Die Dringlichkeitsvermutung kann aber widerlegt sein, wenn der Antragsteller

- monatelang ohne sachlichen Grund keinen Vollstreckungsantrag stellt, obwohl er weiß, dass der Antragsgegner das untersagte Verhalten unverändert fortgesetzt hat,[36]
- wegen Vergleichsverhandlungen eine Zwangsvollstreckung zurückstellt und in den nachfolgenden Monaten keine Vergleichsverhandlungen geführt werden[37] oder

29 Ahrens/*Singer*, Kap. 45 Rn 41.

30 Ahrens/*Singer*, Kap. 45 Rn 43; *Köhler/Bornkamm*, § 12 Rn 3.15 b.

31 OLG München GRUR 1976, 150, 151.

32 OLG Hamm WRP 1985, 352 f.; *Köhler/Bornkamm*, § 12 Rn 3.20.

33 OLG Karlsruhe WRP 2001, 425; OLG Köln WRP 1976, 714, 717 f.; *Berneke/Schüttpelz*, Rn 188; *Ohly/Sosnitza*, § 12 Rn 120.

34 OLG Düsseldorf, Urt. v. 11.3.2014 – I – 20 U 151/13, 20 U 151/13; OLG Brandenburg, Urt. v. 7.12.2006 – 6 U 125/05.

35 OLG Karlsruhe WRP 1986, 232, 234; *Köhler/Bornkamm*, § 12 Rn 3.16; *Melullis*, Rn 178; *Berneke/Schüttpelz*, Rn 210; *Teplitzky*, Kap. 54 Rn 24; *Spätgens*, in: Gloy/Loscheider/Erdmann, § 100 Rn 42; a.A. OLG Düsseldorf GRUR 1992, 189 f.; OLG Frankfurt NJW 1991, 49.

36 KG, Urt. v. 8.4.2011 – 5 U 140/10; OLG Frankfurt, Urt. v. 25.3.2010 – 6 U 219/09.

37 OLG Köln GRUR-RR 2010, 448.

- nach einer Urteilsverfügung auf einen Hinweis des Berufungsgerichts in der Terminsladung auf Bedenken hinsichtlich seiner Aktivlegitimation ein Versäumnisurteil gegen sich ergehen lässt.[38]

Hat der Antragsteller **noch keine einstweilige Verfügung erwirkt,** sind im Anordnungs- und im Berufungsverfahren nach einem abweisenden Urteil riskant: 13

- **Vertagungsanträge des Antragstellers**: Nach Auffassung des OLG Hamm[39] ist der Antrag, einen Termin zu verlegen, nur dann unschädlich, wenn hierfür „unausweichliche" Gründe vorliegen; es reicht nicht aus, dass der sachbearbeitende Rechtsanwalt den Termin nicht wahrnehmen kann. Anders zu beurteilen sind Vertagungen, die Parteien benötigen, um ernsthafte Vergleichsgespräche zu führen.
- **Säumnis des Antragstellers**: Die Vermutung der Eilbedürfigkeit ist regelmäßig widerlegt, wenn der Antragsteller ein Versäumnisurteil gegen sich ergehen lässt.[40]
- **Rücknahme des Antrags**: Die Dringlichkeitsvermutung kann in Fällen widerlegt sein, in denen der Antragsteller seinen Anordnungsantrag zurücknimmt (z.B. weil das von ihm angerufene Gericht nicht ohne mündliche Verhandlung entscheiden will) und dann den Antrag bei einem anderen Gericht stellt.[41]

Der in erster Instanz durch **Urteil** unterlegene Antragsteller darf nach herrschender Meinung die **Berufungs- und die Berufungsbegründungsfrist** voll ausschöpfen.[42] 14

Eine **Verlängerung der Berufungsbegründungsfrist** ist nach Auffassung einiger Oberlandesgerichte ebenfalls unschädlich,[43] nach der Auffassung anderer nur,

38 OLG Celle OLG-Report 2009, 217.

39 Urt. v. 15.9.2009 – 4 U 103/09.

40 OLG Celle OLG-Report 2009, 217; OLG Hamm GRUR 2007, 173;OLG Frankfurt WRP 1995, 502; OLG Düsseldorf GRUR1992, 189; *Köhler/Bornkamm*, § 12 Rn 3.16.

41 OLG München WRP 2011, 364; OLG Hamburg NJW-RR 2007, 763; OLG Frankfurt NJW 2005, 3222; *Teplitzky*, Kap. 54 Rn 24 b; *Ohly/Sosnitza*, § 12 Rn 119; *Köhler/Bornkamm*, § 12 Rn 3.16 a; *Spätgens*, in: Gloy/Loscheider/Erdmann, § 100 Rn 42; einschränkend Ahrens/*Singer*, Kap. 45 Rn 50 (nur bei Rücknahmen in oder nach der mündlichen Verhandlung).

42 OLG Hamburg, Urt. v. 2.9.2011 – 2 U 58/11; OLG Düsseldorf, Urt. v. 8.2.2011 – I – 20 U 116/10; OLG Stuttgart, Urt. v. 20.5.2010 – 2 U 95/09; KG NJW-RR 1993, 555; OLG Hamm WRP 1992, 800; OLG München NJW-RR 1991, 624; OLG Koblenz WRP 1988, 404; OLG Karlsruhe WRP 1979, 811, 812 *Ohly/Sosnitza*, § 12 Rn 119; Ahrens/*Singer*, Kap. 45 Rn 54; *Köhler/Bornkamm*, § 12 Rn 3.16; a.A. *Teplitzky*, Kap. 54 Rn 27.

43 OLG Hamburg WRP 2013, 196; OLG Stuttgart WRP 1982, 604, 605.

wenn der Antragsteller zwingende Gründe für die Verlängerung glaubhaft machen kann.[44] Zwingende Gründe können sich vor allem aus ernsthaften Vergleichsgesprächen der Parteien ergeben[45] oder aus besonderen Erschwernissen bei der Beschaffung von Informationen oder Beweismitteln.[46] Eine noch erforderliche Rücksprache mit der Partei oder eine vorübergehende Erkrankung des Prozessbevollmächtigten soll nicht ausreichen.[47] Die Vermutung der Dringlichkeit ist nicht widerlegt, wenn der Antragsteller die verlängerte Begründungsfrist nicht ausnutzt und die Berufung noch vor dem Ablauf der gesetzlichen Frist begründet.[48]

15 Ist ein einstweiliger Anordnungsantrag durch **Beschluss** zurückgewiesen worden, sollte der Antragsteller eine hiergegen eingelegte **sofortige Beschwerde** auch sogleich begründen. Eine Begründung erst nach einer Nichtabhilfe kann gegen die Eilbedürftigkeit sprechen.[49]

C. Abmahnverfahren

16 Das Abmahnverfahren ist ein Mittel, wettbewerbsrechtliche Streitfälle außergerichtlich zu erledigen. Es wird durch eine Abmahnung des Gläubigers eingeleitet. Geht der Schuldner hierauf mit einer ausreichenden **„Unterwerfungserklärung"** ein, entfällt die Wiederholungsgefahr und der Unterlassungsanspruch erlischt. Ein Antrag auf Erlass einer einstweiligen Verfügung wäre danach unbegründet.

Nach § 12 Abs. 1 Satz 1 UWG „sollen" Berechtigte den Schuldner vor der Einleitung eines gerichtlichen Verfahrens abmahnen. Sie brauchen es nicht zu tun, gehen dann aber mit einem sofortigen Verfügungsantrag ein **Kostenrisiko** ein. Anlass für ein gerichtliches Verfahren besteht sowohl für verletzte Mitbewerber als auch für klagebefugte Verbände regelmäßig erst nach einer vergeblichen Abmahnung. Ein Gläubiger, der sofort die Gerichte anruft, läuft daher Gefahr, mit den Kosten

44 KG MDR 2009, 888; OLG Düsseldorf GRUR-RR 2003, 31; OLG Hamm NJW-RR 1992, 622; OLG München NJW-RR 1991, 624; OLG Nürnberg WRP 1988, 497; KG WRP 1978, 49, 51; OLG Oldenburg WRP 1971, 181.

45 *Köhler/Bornkamm*, § 12 Rn 3.16.

46 OLG Hamm NJW-RR 1992, 662.

47 OLG Hamm NJW-RR 1992, 662.

48 OLG Karlsruhe WRP 1979, 571, 572.

49 KG KG-Report 2008, 551.

des Verfahrens belastet zu werden, wenn der Schuldner den Antrag sofort anerkennt (§ 93 ZPO).

Auf eine Abmahnung kann der Gläubiger ohne Kostenrisiko nur verzichten, wenn sie **keinen Erfolg verspricht** oder ihm **nicht zuzumuten** ist. Streiten die Parteien im Verfügungsverfahren darüber, ob ein solcher Ausnahmefall vorgelegen hat, muss der Antragsteller dies glaubhaft machen. **17**

Voraussichtlich erfolglos und daher entbehrlich ist eine Abmahnung in der Regel, wenn der Schuldner bereits eine „Unterwerfungserklärung" abgegeben hat und dann erneut dagegen verstößt.[50] Einige Oberlandesgerichte haben das früher auch bei **vorsätzlichen Wettbewerbsverstößen** angenommen.[51] Diese Auffassung wird von der neueren Rechtsprechung ganz überwiegend nicht mehr geteilt.[52] Ausgenommen werden krasse Fälle böswilligen und hartnäckigen Verhaltens.[53] Nutzlos ist überdies eine Abmahnung u.a. in den Fällen, in denen der Schuldner zu erkennen gegeben hat, er werde es auf eine gerichtliche Klärung ankommen lassen (z.B. wenn er dies nach einer Abmahnung erklärt hat, die nicht den Anforderungen entsprach).[54]

Unzumutbar ist eine Abmahnung in Fällen, in denen der Gläubiger auf ein sofortiges gerichtliches Verbot angewiesen ist, weil er das schädigende Verhalten des Schuldners sonst nicht mehr unterbinden kann.[55] Das haben Oberlandesgerichte früher häufig bei Wettbewerbsverstößen in kurzfristigen Veranstaltungen angenommen, wie Messen, Sonderveranstaltungen und vor allem Schlussverkäufen.[56] Dem Gläubiger ist dann aber meistens eine Abmahnung mit kurzer Frist – z.B. durch Telefax oder E-Mail, aber auch telefonisch[57] – zuzumuten.

50 BGH GRUR 1990, 542, 543; OLG Hamburg NJW-RR 1988, 680; Ahrens/*Achilles*, Kap. 3 Rn 22; *Teplitzky*, Kap. 41 Rn 24.

51 OLG Frankfurt GRUR 1985, 240; KG WRP 1980, 203, 204; OLG Celle WRP 1975, 242, 243.

52 KG WRP 2003, 101; OLG Dresden WRP 2003, 101; OLG Schleswig WRP 2000, 317; OLG München WRP 1996, 930, 931; OLG Hamburg WRP 1995, 1037, 1038; OLG Oldenburg WRP 1991, 193 f.; KG WRP 2003, 101; weitere Nachweise bei *Gloy*, in: Gloy/Loschelder/Erdmann, § 75 Rn 9.

53 KG WRP 2003, 101; OLG Schleswig WRP 2000, 317; OLG Hamburg WRP 1995, 1037, 1038; *Köhler/Bornkamm*, § 12 Rn 1.53.

54 OLG Frankfurt, Beschl. v. 10.7.2014 – 6 W 51/14.

55 *Ohly/Sosnitza*, § 12 Rn 6; *Köhler/Bornkamm*, § 12 Rn 1.48.

56 OLG Hamm WRP 1982, 674; OLG Hamburg WRP 1973, 591 f.; KG WRP 1971, 375 f.

57 OLG München WRP 1988, 62; OLG Karlsruhe WRP 1986, 421.

18 *Praxistipp*

In Zweifelsfällen sollte der Gläubiger zunächst abmahnen und mit dem Verfügungsantrag warten, bis sich der Schuldner geäußert hat oder die Erklärungsfrist verstrichen ist. Abmahnungen schließen nicht nur das Kostenrisiko bei einem sofortigen Anerkenntnis im Verfügungsverfahren aus. Kommt es aufgrund der Abmahnung zu einer Unterlassungsverpflichtung des Schuldners mit einer Vertragsstrafevereinbarung, ist dies für Gläubiger, die Mitbewerber sind, bei schuldhaften Verstößen hiergegen vorteilhafter als ein Unterlassungstitel. Sie können die Vertragsstrafe verlangen, ohne Schäden aus der Zuwiderhandlung nachweisen zu müssen. Ein Ersatzanspruch wegen höherer Schäden wird dadurch nicht ausgeschlossen. Die Vertragsstrafe ist hierauf anzurechnen (§ 340 BGB).

I. Abmahnung

19 Für die Abmahnung ist keine Form vorgeschrieben. Üblich und aus Beweisgründen zu empfehlen ist eine **schriftliche Abmahnung** durch Einschreiben mit Rückschein, in besonders eiligen Fällen per Telefax oder E-Mail. Dies erleichtert den Nachweis des Zugangs. Ist ein Einschreiben wegen der Abwesenheit des Schuldners niedergelegt worden und hat der Schuldner es nicht innerhalb der Abholfrist abgeholt, braucht der Gläubiger grundsätzlich nicht erneut abzumahnen.[58] Erkennt der Schuldner in einem einstweiligen Verfügungsverfahren den Antrag sofort an und macht er geltend, keine Abmahnung erhalten und deshalb keinen Anlass zu dem Verfahren gegeben zu haben (§ 93 ZPO), muss der Gläubiger die genauen Umstände der Absendung vortragen. Es ist deshalb zu empfehlen, den Ausgang zu dokumentieren. Hiernach obliegt es dem Schuldner, den ausgebliebenen Zugang glaubhaft zu machen (z.B. durch eidesstattliche Versicherungen seines Büropersonals).[59] Gelingt ihm dies nicht, ist für eine Kostenentscheidung nach § 93 ZPO kein Raum.

20 In dem Abmahnschreiben sollte der Abmahnende seine **Befugnis** darlegen, den Wettbewerbsverstoß zu verfolgen (§ 8 Abs. 3 UWG).[60] Das **beanstandete Verhalten** muss dann so genau beschrieben werden, dass der Schuldner weiß, was ihm

58 OLG Frankfurt NJW-RR 2014, 766.

59 BGH WRP 2007, 781.

60 OLG Düsseldorf WRP 2012, 595.

vorgeworfen wird.[61] Der Gläubiger braucht den Sachverhalt nicht rechtlich zu würdigen[62] und auch keine Beweismittel anzugeben.[63] Hinweise auf einschlägige Gerichtsentscheidungen können aber die Einsicht des Schuldners fördern, dass sein Verhalten wettbewerbswidrig ist und dadurch die Erfolgsaussichten der Abmahnung erhöhen. Aus der Abmahnung muss sich schließlich ergeben, was der Gläubiger von dem Schuldner verlangt. In der Regel ist dies, innerhalb einer bestimmten Frist eine **Unterlassungsverpflichtung** zu erklären **mit dem Versprechen einer** Vertragsstrafe für den Fall der Zuwiderhandlung verbunden mit der Androhung gerichtlicher Schritte[64] für den Fall, dass der Schuldner hierzu nicht bereit ist.

Zweckmäßig ist es, die **verlangte Erklärung** vorzuformulieren, so dass der Schuldner sie nur noch zu unterschreiben braucht. Sie besteht aus zwei Teilen: dem Unterlassungsbegehren und dem Angebot eines „Unterwerfungsvertrages" in Form eines Vertragsstrafeversprechens. In dem **Unterlassungsbegehren** wird – wie in einem Unterlassungsantrag – die Handlung beschrieben, die unterbleiben soll (siehe § 3 Rn 63 f.). Die verlangte **Vertragsstrafe** kann der Gläubiger beziffern (siehe Rn 32). Zulässig ist es auch, den Betrag nach einem Verstoß in einer angemessenen Höhe vom Gläubiger festsetzen zu lassen[65] oder – eher zu empfehlen – auf einen Höchstbetrag zu begrenzen, mit der zusätzlichen Vereinbarung, dass die Bestimmung der angemessenen Höhe nach einer Zuwiderhandlung dem Gläubiger überlassen bleibt[66] (§ 315 Abs. 1 BGB). Hält der Schuldner dann den Betrag für überhöht, kann hierüber eine Entscheidung des Gerichts herbeigeführt werden (§ 315 Abs. 3 BGB). Welche **Frist** angemessen ist, richtet sich nach der Dringlichkeit im Einzelfall. Der Gläubiger darf sie nicht so lang bemessen, dass dadurch die Eilbedürftigkeit für eine einstweilige Verfügung verloren geht. Eine Frist von einer Woche reicht im Allgemeinen aus,[67] wobei es sich empfiehlt, das Ende mit **21**

61 OLG Köln GRUR-RR 2014, 80; OLG Jena, Urt. v. 27.2.2012 – 2 W 13/12; OLG Hamburg WRP 1996, 773 und WRP 1989, 32; OLG Köln WRP 1988, 56.

62 OLG Düsseldorf WRP 1988, 107; *Gloy*, in: Gloy/Loschelder/Erdmann, § 75 Rn 15.

63 KG GRUR 1983, 673; *Ohly/Sosnitza*, § 12 Rn 10.

64 BGH GRUR 2007, 164.

65 BGH NJW-RR 2010, 1127.

66 BGH NJW 1985, 191.

67 OLG Stuttgart Magazindienst 2004, 483.

einem Datum zu bezeichnen. In besonders eiligen Ausnahmefällen kann die Frist auch auf Stunden begrenzt werden.[68]

Aus einer **zu kurzen Frist** können dem Gläubiger keine Nachteile erwachsen. Es läuft dann eine angemessene Frist.[69] Der Schuldner sollte aber innerhalb der gesetzten Frist eine Verlängerung bis zu einem bestimmten Zeitpunkt verlangen. Sonst kann Anlass für einen Antrag im einstweiliges Verfügungsverfahren bestehen.[70] Eine erbetene Fristverlängerung darf der Gläubiger nicht ohne sachlichen Grund verweigern.[71]

22 Mahnt ein **Rechtsanwalt** für den Gläubiger ab, braucht er dem Schreiben keine **Originalvollmacht** beizufügen, wenn es – wie in der Regel – das Angebot zum Abschluss eines „Unterwerfungsvertrages" enthält. Der Schuldner darf die Abmahnung nicht nach § 174 S. 1 BGB zurückweisen.[72] Erklärt er sich zur Abgabe der Unterlassungserklärung nach Vorlage der Vollmacht bereit, ist es dem Gläubiger im Allgemeinen zuzumuten, diesem Verlangen nachzukommen. Vorher besteht kein Anlass, ein einstweiliges Verfügungsverfahren einzuleiten.[73]

II. Reaktion des Abgemahnten

23 Der Abgemahnte kann es nach einer Abmahnung auf einen **Rechtsstreit** ankommen lassen oder dies mit einer **vertragsstrafebewehrten Unterlassungsverpflichtung** verhindern, die die Vermutung einer Wiederholungsgefahr ausräumt. Wozu ihm zu raten ist, hängt in erster Linie davon ab, ob das beanstandete Verhalten tatsächlich wettbewerbswidrig war oder nicht. Bei einer zweifelhaften Rechtslage sind die Nachteile einer möglicherweise überflüssigen Unterwerfung gegen die Prozessrisiken abzuwägen.

68 OLG München WRP 1988, 62.

69 BGH GRUR 1990, 381, 382.

70 OLG Hamburg GRUR 1989, 297; *Teplitzky*, Kap. 41 Rn 16; a.A. Ahrens/*Achilles*, Kap. 2 Rn 35; *Köhler/Bornkamm*, § 12 Rn 1.20.

71 OLG Frankfurt, Beschl. v. 4.3.2013 – 6 W 20/13; OLG Jena Magazindienst 2010, 319; OLG Stuttgart OLG-Report 2004, 483; OLG Hamburg WRP 1989, 325; *Ohly/Sosnitza*, § 12 Rn 17.

72 BGH NJW-RR 2011, 335.

73 BGH NJW-RR 2011, 335; OLG Stuttgart NJWE-WettbR 2000, 125; *Köhler/Bornkamm*, § 12 Rn 1.28; *Teplitzky*, Kap. 41 Rn 6a.

1. Begründete Abmahnung

Einem Schuldner, der eine Abmahnung für berechtigt hält, ist **in der Regel** eine **Unterwerfungserklärung** mit einem **Vertragsstrafeversprechen** zu empfehlen, aber nicht unbesehen und nicht unter allen Umständen. In bestimmten Fällen kann eine gerichtliche Entscheidung für ihn günstiger sein. Abzuwägen sind dabei die jeweiligen Kosten und Risiken. 24

Ein **Vertragsstrafeversprechen ist kostengünstiger**. Der Schuldner muss dem Gläubiger nur die Kosten der berechtigten Abmahnung ersetzen (siehe Rn 38). 25

In einem **Rechtsstreit** entstehen höhere Kosten, die der Schuldner auch durch ein sofortiges Anerkenntnis nicht mehr auf den Gläubiger abwälzen, sondern nur mit einer **Abschlusserklärung nach einer einstweiligen Verfügung** begrenzen kann. Dieses Vorgehen ist bei einer begründeten Abmahnung die **Alternative zu einem Vertragsstrafeversprechen**.[74] Der Schuldner kann dann noch versuchen, die Kosten des Verfügungsverfahrens herabzusetzen, indem er seine Bereitschaft zu einer Abschlusserklärung dem Gericht in einer **Schutzschrift** mitteilt und zugleich beantragt, den **Streitwert** wegen des einfach gelagerten Sachverhalts **herabzusetzen** (§ 12 Abs. 4 UWG).

Sowohl nach einem ernsthaften und ausreichenden **Vertragsstrafeversprechen als auch nach einer Abschlusserklärung** braucht der Schuldner nicht zu befürchten, dass noch weitere Gläubiger gegen ihn wegen desselben Verstoßes erfolgreich vorgehen. Die **Wiederholungsgefahr** ist dadurch auch ihnen gegenüber **entfallen**.[75] 26

Bei künftigen Zuwiderhandlungen haben **bezifferte Vertragsstrafeversprechen** für den Schuldner den Vorteil, dass die Höhe – anders als ein Ordnungsgeld nach § 890 ZPO – von vornherein feststeht. Eine unverhältnismäßig hohe Vertragsstrafe kann auf Antrag des Schuldners auf einen angemessenen Betrag herabgesetzt werden (§ 343 Abs. 1 Satz 1 BGB). Dies gilt aber nicht für Vertragsstrafeversprechen, die Vollkaufleute im Betriebe ihres Handelsgewerbes abgegeben haben (§ 348 HGB) und kommt daher im Allgemeinen nur bei Vertragsstrafevereinbarungen mit einem entsprechenden Vorbehalt des Schuldners in Betracht (siehe Rn 32). 27

74 *Teplitzky*, Kap. 41 Rn 45.

75 BGH NJW 1987, 3251, 3252 und WRP 1983, 264, 265 (Vertragsstrafeversprechen); BGH WRP 2003, 511 (rechtskräftiges Unterlassungsurteil).

28 Das **Risiko**, bei **künftigen Zuwiderhandlungen** in Anspruch genommen zu werden, ist bei **Vertragsstrafeversprechen größer** als bei Unterlassungstiteln.

Der Gläubiger muss in beiden Fällen eine objektive Zuwiderhandlung des Schuldners beweisen. Aus einem Vertragsstrafeversprechen haftet der Schuldner aber – anders als bei Unterlassungstiteln – auch für Zuwiderhandlungen seiner **Erfüllungsgehilfen** (§ 278 BGB), wenn die Parteien dies nicht ausgeschlossen haben. Die Vollstreckung aus einem Unterlassungstitel setzt ein eigenes Verschulden des Schuldners voraus,[76] das der Gläubiger nachweisen muss. Bei einem Vertragsstrafeversprechen muss der Schuldner darlegen und im Streitfall beweisen, dass weder ihn noch seine Erfüllungsgehilfen ein Verschulden trifft (§ 280 Abs. 1 Satz 2 BGB). Nach einer Zuwiderhandlung muss der Schuldner aber damit rechnen, dass der Gläubiger ihn erneut abmahnt, um ein höheres Vertragsstrafeversprechen zu erreichen, oder dass er den Unterlassungsanspruch im einstweiligen Verfügungs- oder Klageverfahren verfolgt. Die Wiederholungsgefahr war dann durch die ursprüngliche Vereinbarung nicht entfallen.

29 Entscheidet sich der Abgemahnte für ein **Vertragsstrafeversprechen**, muss er zunächst die im Abmahnschreiben gesetzte **Frist einhalten**. Kann er dies aus unverschuldeten Gründen nicht, sollte er unter Hinweis auf die Gründe um eine Fristverlängerung bitten[77] oder die Abgabe einer Erklärung in angemessener Frist in Aussicht stellen. Reagiert er innerhalb der Frist nicht, reicht der Gläubiger deshalb einen Verfügungsantrag ein und geht ihm dann die strafbewehrte Unterlassungserklärung zu, muss der Schuldner nach § 280 Abs. 1 und 2 BGB dem Gläubiger die Kosten der Rechtsverfolgung erstatten.[78]

30 Der Schuldner sollte **einen vom Gläubiger vorformulierten Text** nicht unbesehen akzeptieren**.**

Erforderlich, aber auch ausreichend ist – so der Bundesgerichtshof in ständiger Rechtsprechung[79] – eine eindeutige Erklärung, die den bestehenden gesetzlichen Unterhaltsanspruch voll abdeckt, den ernstlichen Willen des Schuldners erkennen lässt, die beanstandete Handlung nicht mehr zu begehen und durch ein angemessenes Vertragsstrafeversprechen abgesichert ist. Ob sie den Vorstellungen des Gläubi-

76 BVerfG NJW-RR 2007, 860.

77 OLG Hamburg WRP 1989, 28, 31 f.

78 BGH WRP 1990, 276 ff.

79 BGH NJW 2008, 2590; WRP 2001, 1179; NJW 1996, 723.

gers entspricht und dieser sie annimmt, spielt keine Rolle.[80] **Korrekturen** können sowohl bei der verlangten Unterlassungsverpflichtung als auch beim Vertragsstrafeversprechen sinnvoll sein. Der Schuldner darf dann aber die Abmahnung nicht nur zurückweisen. Er muss eine ausreichende Verpflichtungserklärung formulieren und sie dem Gläubiger anbieten.[81] Die Zahlung einer Vertragsstrafe kann der Gläubiger erst verlangen, wenn er das Angebot des Schuldners akzeptiert oder sich sonst mit ihm geeinigt hat und dann auch nur für nachfolgende Verstöße.[82] Ein Angebot des Schuldners gilt in der Regel als unbefristet abgegeben, so dass der Gläubiger es jederzeit annehmen kann.[83]

Eine **Unterlassungsverpflichtung** erstreckt sich im allgemeinen – wie ein Unter- 31
lassungstitel – auf alle Handlungen, die „im Kern" mit der in der Erklärung beschriebenen Verletzungshandlung übereinstimmen (siehe § 3 Rn 63).[84] Eine Auslegung kann allerdings ergeben, dass der Schuldner sie bewusst enger gefasst hat. Dann schuldet er für „kerngleiche" Verletzungshandlungen keine Vertragsstrafe.[85] Von einer solchen Einschränkung ist abzuraten. Sie umfasst dann nicht den gesetzlichen Unterlassungsanspruch und lässt die Wiederholungsgefahr nicht entfallen.[86] Schon eher bietet es sich an, eine vom Gläubiger formulierte Erklärung, die „kerngleiche" Fälle nicht oder nicht sicher erfasst, auf solche auszudehnen, um der Gefahr vorzubeugen, wegen „kerngleicher" Verletzungshandlungen erneut abgemahnt zu werden. So war der Schuldner in einem vom OLG Köln[87] entschiedenen Rechtsstreit vorgegangen: Der Gläubiger hatte verlangt, der Schuldner solle sich verpflichten, der Öffentlichkeit im Internet keine „Tonaufnahmen" mehr zugänglich zu machen, und der Schuldner hatte erklärt, keine „urheberrechtlich geschützten Werke" mehr zu verbreiten. Die verallgemeinernde Formulierung umfasste sowohl die abgemahnte Verletzungsform als auch „kerngleiche".

Der Schuldner braucht sich nur zur Zahlung einer **angemessenen Vertragsstrafe** 32
zu verpflichten. Welche Höhe angemessen ist, richtet sich nach den Umständen

80 BGH NJW-RR 2006, 1477; WRP 1996, 199; NJW-RR 1990, 1390, 1392; NJW-RR 1988, 810, 811.

81 OLG Karlsruhe WRP 1997, 477; OLG Hamburg WRP 1989, 32, 33; OLG München WRP 1988, 62, 63; OLG Köln WRP 1988, 56.

82 BGH GRUR 2006, 878.

83 BGH NJW-RR 2010, 1127.

84 BGH WRP 2014, 559; WRP 2010, 1030; WRP 1998, 296.

85 BGH WRP 2010, 1030; WRP 1997, 1067.

86 BGH NJW 1996, 723.

87 WRP 2011, 112.

des Einzelfalles. Maßstab ist der voraussichtliche Vorteil des Schuldners aus einer erneuten Zuwiderhandlung. Die Vertragsstrafe muss so hoch sein, dass sich ein Verstoß für den Schuldner voraussichtlich nicht mehr lohnt. In der Praxis werden zumeist Beträge zwischen 2.500 und 10.000 EUR angesetzt.[88] Sie können bei Großunternehmen und einer kostenaufwendigen Werbung auch im sechsstelligen Bereich liegen. Beträge unter 2.000 EUR reichen im Geschäftsbereich normaler wirtschaftlicher Bedeutung im Allgemeinen nicht aus.[89] Kürzt der Schuldner den in der vorbereiteten Erklärung angegebenen Betrag, läuft er Gefahr, dass der Gläubiger ihn verklagt, das Gericht den Betrag nicht für ausreichend hält und dem Unterlassungsantrag stattgibt, weil die Wiederholungsgefahr nicht entfallen ist. Dieses Risiko sollte der Schuldner nur in Ausnahmefällen eingehen.

Riskant ist ein Versprechen, die verwirkte **Vertragsstrafe** nicht – wie gefordert – an den Gläubiger zu zahlen, sondern an **einen Dritten**. Handelt es sich dabei um eine karitative Einrichtung, wird hierdurch die Wiederholungsgefahr in der Regel nicht beseitigt.[90] Hier besteht die Gefahr, dass der Abmahnende weitere Verstöße nicht verfolgt, weil ihm die Vertragsstrafe nicht zusteht, und der Drittgläubiger nicht, weil er das Wettbewerbsverhalten nicht überwacht. Ausreichend können Vertragsstrafeversprechen gegenüber einem Wettbewerbsverein sein, der eine Gewähr dafür bietet, dass er Verstößen nachgehen wird.[91]

Die Wiederholungsgefahr wird auch nicht beseitigt, wenn der Schuldner die **Haftung für Erfüllungsgehilfen ausschließt**.[92] Kaufleute können sich vorbehalten, die **Vertragsstrafe** nach § 343 BGB **herabsetzen** zu lassen.[93] Das Versprechen einer Vertragsstrafe für Fälle „schuldhafter Verstöße" reicht aus. Es führt nicht zur Umkehr der Beweislast zum Nachteil des Gläubigers[94] und erschwert es ihm daher nicht, seine Ansprüche durchzusetzen. Verweigert ein im Ausland geschäftsansässiger Schuldner die Vereinbarung eines Gerichtsstandes in Deutschland für die Gel-

88 Ahrens/*Deutsch*, Kap. 1 Rn 65.

89 OLG Celle WRP 2014, 599; OLG Oldenburg GRUR-RR 2010, 252.

90 BGH GRUR 1987, 748, 749 f.

91 OLG Frankfurt WRP 1998, 895, 897 f.; OLG Hamburg NJW-RR 1995, 678 f.

92 OLG Frankfurt GRUR-RR 2003, 198; OLG München Magazindienst 1999, 1146; KG Magazindienst 1993, 743.

93 *Teplitzky*, Kap. 8 Rn 30 b; Ahrens/*Achilles*, Kap. 8 Rn 42.

94 BGH GRUR 1982, 688, 691.

tendmachung der Vertragsstrafe, kann dies nach Auffassung des Kammergerichts[95] Zweifel an der Ernsthaftigkeit seiner Unterlassungserklärung begründen.

Der Gläubiger braucht sich nicht mit einer mündlichen Unterwerfungserklärung oder einer Unterwerfungserklärung in einem Fernschreiben oder Telefax zufrieden zu geben. Er kann eine **schriftliche Erklärung mit einer Unterschrift des Schuldners** verlangen. Ein Anlass zur Beantragung einer einstweiligen Verfügung besteht aber erst, wenn der Gläubiger die schriftliche Bestätigung vergeblich angefordert hat.[96] 33

2. Unbegründete Abmahnung

Der Schuldner sollte eine Abmahnung, die er für unberechtigt hält, nicht ignorieren, sondern innerhalb der gesetzten Frist **mit einer Begründung ablehnen**. Dies erhöht seine Aussichten, einen Rechtsstreit zu vermeiden. Er kann außerdem einem zu erwartenden Verfügungsantrag mit einer **Schutzschrift** entgegentreten, aber auch selbst aktiv werden, indem er den Gläubiger mit der Aufforderung abmahnt, den Unterlassungsanspruch innerhalb einer angemessenen Frist fallen zu lassen oder indem er eine negative Feststellungsklage erhebt (siehe Rn 41). 34

Eine Erwiderung ist immer geboten, wenn der Gläubiger bei seiner Abmahnung Tatsachen nicht kannte, die einen Verfügungsanspruch ausschlossen. Das sind vor allem Fälle, in denen die Wiederholungsgefahr entfallen war, weil der Schuldner schon vor dem Zugang der Abmahnung wegen des beanstandeten Wettbewerbsverstoßes ein ausreichendes **Vertragsstrafeversprechen gegenüber einem Dritten** abgegeben bzw. in denen ein Dritter bereits einen Unterlassungstitel erwirkt hatte. Der Schuldner muss den Gläubiger dann hierauf **hinweisen** und ihm den Namen und die Anschrift des Dritten sowie den Wortlaut seiner Verpflichtung bzw. Verpflichtungserklärung mitteilen.[97] Unterlässt er dies und beruft er sich hierauf erst im einstweiligen Verfügungsverfahren, so hat er dem Gläubiger die Kosten des Rechtsstreits zu ersetzen.[98] Nicht hinzuweisen braucht er den Gläubiger darauf, dass er für die wettbewerbswidrige Handlung nicht verantwortlich ist.[99] 35

95 GRUR-RR 2014, 351.
96 BGH GRUR 1990, 530, 532; OLG München NJW 1993, 3146.
97 OLG Hamm Magazindienst 2011, 34; OLG Hamburg WRP 1996, 773.
98 BGH WRP 1989, 90, 91; WRP 1987, 557, 558; WRP 1986, 672, 673.
99 BGH WRP 1995, 300, 301 f.

36 Ist zweifelhaft, ob das beanstandete Verhalten tatsächlich wettbewerbswidrig war oder nicht, kann der Schuldner eine strafbewehrte Unterlassungserklärung abgeben, ohne die Kostenrechnung des Gläubigers zu begleichen. Hieran ist vor allem zu denken, wenn der Schuldner kein Interesse an der Fortsetzung der beanstandeten Werbung hat. Der Gläubiger muss dann – wenn er zu dem Geld kommen will – den Kostenerstattungsanspruch einklagen. In dem Prozess wird der zugrunde liegende Unterlassungsanspruch überprüft. Der Rechtsstreit über den Erstattungsanspruch ist wegen des niedrigeren Streitwertes mit einem geringeren Kostenrisiko verbunden als eine gerichtliche Auseinandersetzung über den Unterlassungsanspruch.

III. Kosten und Kostenerstattung

1. Gebühren

37 Rechtsanwälte, die nur mit der Abmahnung beauftragt worden sind, verdienen eine 0,5 bis 2,5 Geschäftsgebühr (Nr. 2300 VV RVG), in einem durchschnittlichen Fall nicht unterhalb einer 1,3 Gebühr.[100] Bei einem Auftrag auch für die Einleitung eines einstweiligen Verfügungsverfahrens oder die Erhebung der Klage fällt für das Abmahnschreiben eine 0,8 Gebühr an (Nr. 3101 VV RVG). Wird der Anwalt, der die Abmahnung ausgesprochen hat, für die Partei auch in einem anschließenden einstweiligen Verfügungs- oder Klageverfahren tätig, ist auf die im Gerichtsverfahren angefallene Verfahrensgebühr (Nr. 3100 VV RVG) nach der Regelung in Teil 3 RVG-VV die Hälfte der Geschäftsgebühr (Nr. 2300 VV RVG) anzurechnen, maximal um einen Gebührensatz von 0,75. Die Verfahrensgebühr kann im Kostenfestsetzungsverfahren in voller Höhe angesetzt werden,[101] die restliche Geschäftsgebühr nicht (siehe Rn 38).

Der Gegenstandswert einer Abmahnung entspricht – da sie darauf gerichtet ist, dem Gläubiger einen endgültigen Titel zu verschaffen – dem Streitwert der entsprechenden Unterlassungsklage.[102]

100 BGH NJW-RR 2011, 335.

101 Nach der Einführung des § 15a RVG Auffassung aller Senate des BGH; zuletzt 1. Senat, Beschl. v. 28.4.2011 – I ZB 61/08, GRUR-RR 201, 288.

102 KG WRP 1977, 793; Ahrens/*Scharen*, Kap. 11 Rn 25; *Köhler/Bornkamm*, § 12 Rn 1.96.

2. Erstattungsanspruch des Gläubigers

Der Schuldner muss dem Gläubiger nach § 12 Abs. 1 Satz 2 UWG die erforderlichen Aufwendungen einer **berechtigten**[103] **vorgerichtlichen**[104] **Abmahnung** erstatten. Voraussetzung dafür ist, dass der Schuldner die Abmahnung erhalten hat[105] Dies muss im Streitfall der Gläubiger beweisen. Berechtigt ist eine Abmahnung, wenn dem Abmahnenden im Zeitpunkt der Abmahnung der Unterlassungsanspruch gegen den Abgemahnten zugestanden hat. Sonst entfällt ein Erstattungsanspruch. Er entfällt auch, wenn die Wiederholungsgefahr bereits durch ein gegenüber einem Dritten abgegebenes Vertragsstrafeversprechen oder ein rechtskräftiges Unterlassungsurteil entfallen war,[106] der Gläubiger wegen eines bereits verjährten Unterlassungsanspruchs[107] abmahnt oder der Schuldner vor der Abmahnung erklärt hatte, er werde ihr nicht nachkommen.[108] Gibt der Schuldner nur eine strafbewehrte Unterlassungserklärung ab, ist daraus – auch ohne den Zusatz, dass dies ohne Anerkenntnis einer Rechtspflicht geschehe – kein Anerkenntnis des zugrundeliegenden Unterlassungsanspruchs zu entnehmen.[109] Auch eine gerichtliche Entscheidung über den Unterlassungsanspruch hat keine Bindungswirkung für die Frage, ob die Abmahnung begründet war.[110] Ausgeschlossen ist ein Aufwendungsersatzanspruch für rechtsmissbräuchliche Abmahnungen,[111] wie z.B. bei Abmahnungen eines Rechtsanwalts für verschiedene von ihm vertretene Konzernunternehmen in getrennten Anwaltsschreiben wegen eines Wettbewerbsverstoßes, wenn für dieses Vorgehen keine vernünftigen Gründe ersichtlich sind.[112] Die Abmahnung dient dann vorwiegend dazu, Ansprüche auf Erstattung von Anwaltsgebühren und Zahlung von Vertragsstrafen zu generieren (§ 8 Abs. 4 Satz 1 UWG). Ein Anhaltspunkt hierfür kann es auch sein, wenn von dem Abgemahnten in einer vorformulierten Unterlassungsverpflichtungserklärung für jeden Fall der Zuwiderhandlung eine 38

103 BGH NJW-RR 2013, 369 und NJW 2010, 1208: nicht einer zweiten desselben Gläubigers.
104 BGH GRUR 2010, 257: nicht wenn der Rechtsstreit schon eingeleitet worden ist („Schubladenverfügung").
105 KG WRP 2013, 1061.
106 OLG Hamm Magazindienst 2011, 34.
107 OLG Hamm, Urt. v. 30.6.2009 – 4 U 54/09.
108 *Loschelder*, in: Gloy/Loschelder/Erdmann, § 87 Rn 5.
109 BGH WRP 2013, 1582.
110 BGH NJW 2012, 3577.
111 BGH NJW 2012, 3577.
112 Z.B. BGH NJW 2002, 1494.

Vertragsstrafe verlangt wird, die unabhängig von einem Verschulden verwirkt sein soll.[113]

Abmahnkosten sind nicht Kosten eines nachfolgenden einstweiligen Verfügungsverfahrens, weil die Abmahnung den Prozess nicht vorbereiten, sondern verhindern sollte. Sie können daher nicht mit einem Antrag nach § 103 Abs. 2 ZPO im Kostenfestsetzungsverfahren festgesetzt werden.[114] Der Gläubiger muss sie notfalls einklagen oder im Wege des Mahnverfahrens geltend machen.

39 Verletzten **Mitbewerbern** sind angefallene Anwaltskosten zu erstatten, in der Regel auch dann, wenn sie eine Rechtsabteilung unterhalten.[115] **Klagebefugte Verbände** können für eine Abmahnung eine Abmahnpauschale beanspruchen,[116] deren Berechnungsgrundlagen sie im Streitfall beweisen müssen.[117] In der Praxis werden derzeit Pauschalen um die 200 EUR anerkannt.[118]

40 Der Anspruch auf Ersatz der Abmahnkosten verjährt in sechs Monaten (§ 12 Abs. 1 Satz 2 UWG). Die Verjährungsfrist beginnt mit dem Zugang der Abmahnung beim Schuldner.[119]

3. Erstattungsanspruch des Schuldners

41 Schuldner können nach § 8 Abs. 4 Satz 2 UWG den Ersatz ihrer Aufwendungen zur Abwehr einer rechtsmissbräuchlichen Abmahnung verlangen (siehe Rn 38). Darunter können vor allem Kosten eines Rechtsanwalts fallen, von dem sie sich wegen der Abmahnung haben beraten lassen. Hat nach Auffassung des Schuldners kein Wettbewerbsverstoß vorgelegen, kommt auch eine Gegenabmahnung mit der Aufforderung an den Gläubiger in Betracht, innerhalb einer bestimmten Frist zur Vermeidung einer negativen Feststellungsklage verbindlich zu erklären, dass er sich des mit der Abmahnung geltend gemachten Unterlassungsanspruchs nicht länger berühme. Dem Schuldner sind die Kosten hierfür zu erstatten, wenn die Abmahnung auf unzutreffenden Annahmen beruhte, bei deren Richtigstellung mit einer Änderung der Auffassung des Abmahnenden zu rechnen war oder wenn seit

113 BGH WRP 2012, 930.

114 BGH NJW-RR 2008, 1323; NJW-RR 2006, 501.

115 BGH NJW 2008, 2651 (im konkreten Fall mit vier auch auf dem Gebiet des Werberecht ausgebildeten Juristen); OLG Karlsruhe NJW-RR 1996, 746.

116 BGH GRUR 1990, 282.

117 KG WRP 1991, 304, 306 f.

118 BGH GRUR 2014, 1120: 208,65 EUR für die Zentrale zur Bekämpfung unlauteren Wettbewerbs.

119 KG AfP 2010, 271; Ahrens/*Scharen*, Kap. 11 Rn 41.

der Abmahnung ein längerer Zeitraum verstrichen ist und der Abmahnende entgegen seiner Androhung keine gerichtlichen Schritte eingeleitet hat.[120] Ein materieller Schadensersatzanspruch scheidet im Allgemeinen aus, weil zwischen den Parteien in der Regel keine vertraglichen Beziehungen bestehen. Eine unbegründete Abmahnung ist kein Eingriff in das Recht des Schuldners an seinem eingerichteten und ausgeübten Gewerbebetrieb im Sinne des § 823 Abs. 1 BGB.[121]

Zu einer Erstattung aufgewandter Anwaltskosten führt dann nur noch eine erfolgreiche **Klage des Schuldners mit dem Antrag, festzustellen, dass das beanstandete Verhalten nicht wettbewerbswidrig ist.** Die Kosten können dann gegen den Gläubiger festgesetzt werden, wenn ihm die Kosten des Verfahrens auferlegt worden sind. Der Schuldner braucht den Gläubiger grundsätzlich vor dem Prozess nicht abzumahnen, um die Kostenfolge des § 93 ZPO nach einem sofortigen Anerkenntnis zu vermeiden.[122] Eine solche **Gegenabmahnung** ist nur erforderlich, wenn dem Gläubiger bei seiner Abmahnung Tatsachen nicht bekannt waren, die ihn zu einer Änderung seiner Auffassung hätten veranlassen können. Das sind vor allem Fälle, in denen eine Hinweispflicht des Schuldners bestand (siehe Rn 35).

D. Schutzschrift

Weist der Schuldner eine Abmahnung zurück oder reagiert er hierauf nicht, muss 42
er damit rechnen, dass gegen ihn eine einstweilige Verfügung beantragt und ohne mündliche Verhandlung erlassen wird. **Beschlussverfügungen überwiegen** in Wettbewerbssachen und ergehen – entgegen § 937 Abs. 2 ZPO – häufig auch, wenn der Fall nicht besonders dringend ist. Der Schuldner erhält dann vor der Entscheidung meistens keine Gelegenheit zur Stellungnahme. Womit er sich verteidigen will, erfährt das Gericht erst im Widerspruchsverfahren. Dieses nachträgliche rechtliche Gehör gleicht nicht alle Rechtsnachteile wieder aus. Der Schuldner muss sich an die Beschlussverfügung halten, bis sie aufgehoben worden ist. Dies kann zu erheblichen Schäden führen. Sie sind mit einem Widerspruch nur zu vermeiden, wenn das Gericht vor dem Urteil die Vollziehung einstweilen einstellt. Das ist im Allgemeinen nicht zu erreichen (siehe § 3 Rn 123).

120 BGH WRP 2004, 1032.

121 BGH GRUR 2011, 152; NJW 2005, 3141.

122 BGH GRUR 2004, 790; OLG Hamm, Urt. v. 3.12.2009 – 4 U 149/09.

Der Schuldner kann eine Beschlussverfügung nicht verhindern, wohl aber auf eine mündliche Verhandlung über den Verfügungsantrag hinwirken. Er muss dann schon einem zu erwartenden Verfügungsantrag entgegentreten. Dies geschieht mit einer Schutzschrift.[123] Sie ist ein **vorbeugendes Verteidigungsmittel**. Das Gericht muss ihren Inhalt berücksichtigen. Es darf aber den Verfügungsantrag aufgrund des Sachvortrags in der Schutzschrift nicht zurückweisen, ohne dem Gegner vorher Gelegenheit zur Stellungnahme zu geben.[124]

Schutzschriften sind nur in Fällen von wirtschaftlich nicht völlig untergeordneter Bedeutung sinnvoll. Der Schuldner muss überdies **erhebliche Einwendungen** vorbringen. Nur unerhebliches Vorbringen begünstigt eher eine Entscheidung ohne mündliche Verhandlung, weil diese dann nicht völlig ohne rechtliches Gehör ergeht. Erhebliche Einwendungen führen in der Praxis meistens zu einem Verhandlungstermin über den Verfügungsantrag.

43 Eine Schutzschrift ist mit **Risiken** verbunden: Sie **läuft ins Leere**, wenn der Gegner keinen Verfügungsantrag stellt oder ihn bei einem Gericht einreicht, an das sich der Schuldner nicht gewandt hat. Verteidigt der Schuldner sein Verhalten in einer Schutzschrift, so ist ihm der Weg verbaut, den Anspruch in einem späteren einstweiligen Verfügungsverfahren mit der günstigen Kostenfolge des § 93 ZPO anzuerkennen (siehe § 3 Rn 93).

Reicht er eine Schutzschrift ein, obwohl er noch nicht über alle Beweismittel verfügt, die er zu seiner Verteidigung benötigt, sind seine Erfolgsaussichten in einem **rasch anberaumten Verhandlungstermin** unter Umständen beeinträchtigt. Der Verzicht auf eine Schutzschrift führt in diesem Fall zu einem Zeitgewinn. Ergeht eine Beschlussverfügung, kann der Schuldner mit dem Widerspruch solange warten, bis er sich alle Beweismittel beschafft hat.

I. Inhalt

44 Für die Schutzschrift besteht **kein Anwaltszwang**.[125] Sie muss an ein bestimmtes Gericht adressiert sein, die voraussichtlichen Parteien bezeichnen und eine Begründung enthalten. Zu empfehlen sind auch bestimmte Anträge.

123 Mit Wirkung vom 1. Januar 2016 geregelt in § 945a ZPO.

124 *Berneke/Schüttpelz*, Rn 294; Schuschke/Walker/*Schmukle*, Anhang zu § 935, B, Rn 5; Ahrens/*Spätgens*, Kap. 7 Rn 17.

125 Berneke/*Schüttpelz*, Rn 291; Ahrens/*Spätgens*, Kap. 7 Rn 6.

Adressat der Schutzschrift ist das **mutmaßliche Verfügungsgericht**. Das ist bei Gläubigern, die unter § 8 Abs. 3 Nrn. 2 bis 4 des UWG fallen, und Schuldnern mit einem Geschäfts- oder Wohnsitz im Inland das dortige Gericht (§ 14 Abs. 2 UWG). Ein Konkurrent hat die Wahl zwischen mehreren Gerichten (§ 14 Abs. 1 und Abs. 2 Satz 1 UWG). Die Schutzschrift sollte dann wenigstens beim Geschäfts- bzw. Wohnsitzgericht des Gläubigers und des Schuldners eingereicht werden. Sachlich zuständig ist immer das Landgericht (§ 13 Abs. 1 UWG). Im **Rubrum** sind die Parteien in der Reihenfolge des erwarteten Verfügungsantrags anzugeben, also zunächst der voraussichtliche Antragsteller und dann der Antragsgegner. Dies gewährleistet eher, dass die Schutzschrift später zur richtigen Akte gelangt. Ein **Anwalt**, der für den Schuldner eine Schutzschrift hinterlegt, sollte darin klarstellen, ob er auch Prozessbevollmächtigter im Verfügungsverfahren ist. Zustellungen sind dann nach § 172 Abs. 1 Satz 1 ZPO an ihn zu bewirken, nicht an die Partei (siehe § 3 Rn 110).

Üblich sind die **Anträge**, den erwarteten Verfügungsantrag zurückzuweisen, jedenfalls aber nicht ohne mündliche Verhandlung über ihn zu entscheiden. Der Schuldner kann außerdem beantragen, dem Gegner im Falle einer Rücknahme des Verfügungsantrages die Kosten des Verfahrens aufzuerlegen (siehe Rn 49). 45

Die **Begründung** unterliegt keinen Beschränkungen. Der Schuldner kann zu seiner Verteidigung alles vortragen, was ihm relevant erscheint, also die besondere Dringlichkeit des § 937 Abs. 2 ZPO in Abrede stellen und z.B. auf die für ihn schwerwiegenden Nachteile im Falle einer Beschlussverfügung hinweisen, die Klagebefugnis des voraussichtlichen Antragstellers – insbesondere eines Verbandes – bezweifeln, aber auch Tatsachen vortragen und glaubhaft machen, die dem Verfügungsanspruch oder Verfügungsgrund entgegenstehen. Erfolg versprechend ist dies schon, wenn für das Gericht hiernach entscheidungserhebliche Punkte klärungsbedürftig sind. 46

II. Behandlung der Schutzschrift

Die Schutzschrift wird bei dem Gericht mit einem AR-Aktenzeichen in das **allgemeine Register** eingetragen, wenn sie vor dem Verfügungsantrag eingeht (§ 8 Abs. 1 AktO). Der **Gegner** erhält vor dem Eingang des Verfügungsantrags keine Abschriften und er wird vom Gericht auch **nicht darüber informiert**, dass eine Schutzschrift hinterlegt ist.[126] Will er dies vor einem Verfügungsantrag erfahren, 47

126 Ahrens/*Spätgens*, Kap. 7 Rn 15.

muss er sich beim Gericht danach erkundigen. Ob sie dann auch eingesehen werden darf, ist umstritten und wird unterschiedlich gehandhabt.[127] Dagegen spricht vor allem, dass der potentielle Kläger sich dann mit seinem Verfügungsantrag an ein anderes, ebenfalls zuständiges Gericht wenden könnte, um dort eher zum Erfolg zu gelangen.[128] Nach dem Eingang des Verfügungsantrags oder bei einem bereits anhängigen Verfügungsverfahren wird die Schutzschrift **zur Verfügungsakte** genommen. Der Verfügungskläger erhält Abschriften mit der Ladung zur mündlichen Verhandlung oder der Beschlussentscheidung.

III. Kosten und Kostenerstattung

1. Gebühren

48 Eine Schutzschrift verursacht **keine Gerichtskosten**. Der Anwalt erhält für eine Schutzschrift, die Tatsachen- oder Rechtsausführungen zur Sache und nicht nur Verfahrensanträge enthält, die 1,3-fache Gebühr nach Nr. 3100 RVG-VV, wenn der Verfügungsantrag beim Gericht eingeht, sonst eine 0,8-fache nach Nr. 3101 RVG-VV.[129]

2. Erstattungsanspruch des Schuldners

49 Der Schuldner hat einen **prozessualen Kostenerstattungsanspruch**, wenn nach dem Eingang der Schutzschrift das Gericht den Verfügungsantrag durch Beschluss zurückweist oder der Gläubiger den Verfügungsantrag zurücknimmt.[130] Will er erfahren, ob dies geschehen ist, muss er beim Gericht nachfragen. Es ist auf Anfrage verpflichtet, die gewünschte Auskunft zu erteilen.[131] Die Rücknahme eines Verfügungsantrags führt auf Antrag zu einem Kostenbeschluss entsprechend § 269 Abs. 3 ZPO. Ein prozessualer Kostenerstattungsanspruch entfällt, wenn der Gläubiger bei dem Gericht, an das sich der Schuldner gewandt hat, keinen Verfügungsantrag stellt.[132] Geht die Schutzschrift erst ein, nachdem der Verfügungsantrag bereits zurückgewiesen oder zurückgenommen worden war, sind Anwaltsgebühren nur

127 Vgl. *Deutsch*, GRUR 1990, 327, 330 f.
128 Ahrens/*Spätgens*, Kap. 7 Rn 16.
129 BGH NJW-RR 2008, 1093.
130 BGH MDR 2003, 655 f.
131 Ahrens/*Spätgens*, Kap. 7 Rn 20.
132 OLG Hamburg NJW-RR 2014, 157; OLG Rostock NJW-RR 2011, 575; OLG Düsseldorf JurBüro 2000, 207.

festzusetzen, wenn der Anwalt das Geschäft schon vor der Zurückweisung oder Rücknahme betrieben hatte. Hierfür kann die Entgegennahme des Auftrags und erster Informationen genügen.[133]

Ein materieller Kostenerstattungsanspruch scheidet in der Regel aus (siehe Rn 41).

E. Abschlussverfahren

Der Gläubiger ist durch eine Unterlassungsverfügung nicht so gesichert, wie durch 50
ein Unterlassungsurteil. Nach dem formell rechtskräftigen Abschluss des einstweiligen Verfügungsverfahrens kann der Schuldner mit einem Antrag gemäß § 926 ZPO oder einer negativen Feststellungsklage eine Entscheidung in der Hauptsache herbeiführen und die einstweilige Verfügung aufheben lassen, wenn er im Klageverfahren obsiegt hat. Außerdem ist die Verjährungsfrist des Unterlassungsanspruchs nur vorübergehend gehemmt. Nach ihrem Ablauf kann der Schuldner die einstweilige Verfügung aufheben lassen (§ 927 ZPO).

Diese Risiken bestehen nicht, wenn der Verfügungstitel **dieselbe Bestandskraft** hat wie ein rechtskräftiges Unterlassungsurteil. Auf eine Klage in der Hauptsache ist der Gläubiger dann nicht angewiesen. Für sie bestünde kein Rechtsschutzinteresse.

Dies kann der Schuldner herbeiführen, indem er **auf Rechtsmittel** gegen einen Verfügungsbeschluss oder ein Verfügungsurteil **verzichtet**. Das geschieht mit einer Abschlusserklärung. Der Schuldner kann sie von sich aus abgeben oder damit abwarten, bis ihn der Gläubiger dazu in einem Abschlussschreiben aufgefordert hat. Die Parteien können damit Wettbewerbsstreitigkeiten kostengünstig auf das einstweilige Verfügungsverfahren beschränken und sich so einen zusätzlichen Prozess über denselben Streitstoff ersparen.

I. Abschlussschreiben

Das Abschlussschreiben enthält die **Aufforderung** des Gläubigers zur **Abgabe** 51
einer – am besten vorformulierten – Abschlusserklärung innerhalb einer bestimmten Frist mit der **Androhung einer Klage** zur Hauptsache. Unterlässt der

133 BGH NJW-RR 2007, 1575.

Gläubiger dies und erhebt er sogleich die Unterlassungsklage, so sind ihm in der Regel nach einem sofortigen Anerkenntnis des Schuldners die Kosten des Klageverfahrens aufzuerlegen (§ 93 ZPO).[134] Die Abmahnung vor der Einleitung des einstweiligen Verfügungsverfahrens genügt nicht.[135] Anlass zur Erhebung der Klage – und damit kein Kostenrisiko nach § 93 ZPO – besteht ohne ein Abschlussschreiben nur, wenn der Schuldner unmissverständlich zum Ausdruck gebracht hat, dass er die einstweilige Verfügung nicht als endgültige Regelung akzeptiert. Davon ist nach einem Widerspruch gegen eine Beschlussverfügung, einer Berufung gegen eine Urteilsverfügung und einem Antrag auf Anordnung der Klageerhebung (§§ 926, 936 ZPO) auszugehen. Wartet der Gläubiger aber nach einem Widerspruch oder einer Berufung die Entscheidung hierüber im einstweiligen Verfügungsverfahren ab, ist danach ein Abschlussschreiben erforderlich, auch wenn der Schuldner nach einem ersten Abschlussschreiben Widerspruch oder Berufung eingelegt hatte.[136]

II. Abschlusserklärung

52 In einer **Abschlusserklärung** muss der Schuldner schriftlich auf die Rechtsbehelfe des **Widerspruchs** gegen eine Beschlussverfügung, der **Berufung** gegen eine Urteilsverfügung, der **Fristsetzung zur Erhebung der Klage** in der Hauptsache (§ 926 ZPO) sowie auf eine **negative Feststellungsklage** gegen den Verfügungsanspruch – auch inzidenter im Rahmen eines Schadensersatzprozesses – verzichten. Erforderlich ist weiter ein Verzicht auf die **Rechte aus § 927 ZPO** mit Ausnahme künftiger Umstände, die der Schuldner nach den §§ 323, 767 ZPO auch einem rechtskräftigen Titel in der Hauptsache entgegenhalten dürfte. Eine Erklärung des Schuldners, er verzichte auf die „Aufhebung wegen veränderter Umstände, soweit sie zum Zeitpunkt dieser Erklärung vorliegen", reicht nicht aus.[137]

Vorgeschlagen wird nach einer Beschlussverfügung z.B. folgende Formulierung:[138]

„Die am (...) ergangene einstweilige Verfügung des Landgerichts (...) wird zur Gleichstellung mit einem rechtskräftigen Hauptsacheurteil als endgültige und

134 *Berneke/Schüttpelz*, Rn 634 mit Nachweisen in Fußnote 33.

135 BGH NJW 2008, 1744.

136 OLG Hamburg WRP 2014, 483; OLG Frankfurt GRUR-RR 2006, 111; OLG Düsseldorf GRUR 1991, 479; OLG Köln WRP 1987, 188 (jeweils zur Klage nach der Entscheidung über einen Widerspruch).

137 OLG Köln WRP 1998, 791, 794 (weil der Verzicht nicht die Einrede der Verjährung erfasst).

138 Ahrens/*Ahrens*, Kap. 58 Rn 57.

zwischen den Parteien materiellrechtlich verbindliche Regelung anerkannt. Verzichtet wird auf die Rechtsbehelfe des Widerspruchs (§ 924 ZPO), der Fristsetzung zur Erhebung der Hauptsacheklage (§ 926 ZPO) sowie des Antrags auf Aufhebung wegen veränderter Umstände (§ 927 ZPO) mit Ausnahme künftiger Umstände, die einem rechtskräftigen Hauptsachetitel entgegengesetzt werden können. Verzichtet wird auch darauf, den Verfügungsanspruch durch negative Feststellungsklage oder Inzidentfeststellungsantrag im Rahmen eines Schadensersatzprozesses anzugreifen."

III. Kosten und Kostenerstattung

Die Anfertigung eines **Abschlussschreibens** ist – wenn sich der Auftrag des **53**
Anwalts nicht auf die Herbeiführung einer endgültigen Regelung im einstweiligen Verfügungsverfahren beschränkt – **gebührenrechtlich** eine selbstständig zu honorierende Angelegenheit im Sinne des § 17 RVG[139] und im Allgemeinen mit einer Geschäftsgebühr nach Nr. 2300 RVG-VV zu vergüten.[140] Teilweise wird in der Regel eine 1,3-fache Gebühr angesetzt,[141] teilweise eine 0,8-fache.[142] Nur eine 0,3 Gebühr nach Nr. 2302 RVG-VV fällt an, wenn sich das Abschlussschreiben auf eine darin üblicherweise enthaltene Standardformulierung beschränkt und sich die Erklärung des Schuldners damit deckt.[143]

Der Gegenstandswert entspricht dem Streitwert des Klageverfahrens über den Unterlassungsanspruch.

Der Schuldner muss dem Gläubiger die Kosten eines Abschlussschreibens nach **54**
den Grundsätzen der Geschäftsführung ohne Auftrag ersetzen (§§ 677, 683, 670 BGB).[144] Voraussetzung ist, dass der Unterlassungsanspruch bestanden hat. Außerdem muss die Aufforderung zur Abgabe der Abschlusserklärung erforderlich gewesen sein.[145] Sonst entspricht sie weder dem Interesse noch dem wirklichen oder mutmaßlichen Willen des Schuldners. Nicht erforderlich ist ein Abschlussschreiben, wenn erkennbar war, dass der Schuldner der Aufforderung nicht nachkommen

139 BGH NJW 2011, 2509; WRP 2010, 1169; WRP 2009, 744; NJW 2008, 1744.
140 BGH NJW 2011, 2509; WRP 2010, 1169.
141 OLG Frankfurt, Urt. v. 19.9.2013 – 6 U 105/12; OLG Hamm, Urt. v. 3.5.2007 – 4 U 1/07.
142 OLG Hamburg WRP 2014, 483.
143 BGH WRP 2010, 1169.
144 BGH GRUR 2012, 184; GRUR 2010, 1038.
145 BGH GRUR 2010, 855.

werde[146] und auch dann nicht, wenn der Gläubiger es verfrüht abgeschickt hat. Dem Schuldner wird nach der Zustellung der einstweiligen Verfügung in der Regel eine zweiwöchige Überlegungsfrist zugebilligt, um von sich aus zu reagieren.[147] Will er sich gegen eine einstweilige Verfügung nicht wehren und auch kein Klageverfahren riskieren, sollte er innerhalb dieser Frist eine Abschlusserklärung abgeben. Dann muss er nicht für Kosten eines Abschlussschreibens aufkommen.

Die Kosten eines Abschlussschreibens können nicht im einstweiligen Verfügungsverfahren festgesetzt werden. Sie gehören zu den Kosten der Hauptsacheklage.[148] Erhebt der Gläubiger keine Unterlassungsklage, kann er die Kosten einklagen.

F. Muster in Wettbewerbssachen

I. Muster: Abmahnung wegen irreführender Werbung

▼

55 An die

Geschäftsleitung des Baumarktes

Sehr geehrte Damen und Herren,

ich vertrete die Firma , die wie Ihr Unternehmen in Einbauküchen vertreibt und damit zu Ihnen in einem Wettbewerbsverhältnis steht. Meine Vollmacht füge ich bei.

Sie haben in der Ausgabe der -Zeitung vom mit einer Anzeige für Einbauküchen zum Preis von Euro bzw. Euro geworben. Die Preisangaben sind irreführend. Ein nicht unerheblicher Teil der Verbraucher versteht sie so, dass dafür die Küchen – wie zu den Preisen meiner Mandantin – auch angeliefert werden. Tatsächlich handelt es sich aber um Abholpreise. Das ist bei Käufen schwer transportabler Produkte in einem Baumarkt zumindest für Kunden nicht selbstverständlich, die dort noch nicht eingekauft haben. So hat dies auch die Rechtsprechung

146 OLG Hamburg, Urt. v. 10.10.2012 – 5 U 274/11.

147 OLG Hamburg WRP 2014, 483; OLG Hamm GRUR-RR 2010, 267; OLG Frankfurt NJW-RR 2003, 1409; OLG Celle WRP 1996, 757; OLG Stuttgart WRP 2007, 688: Überlegungsfrist in der Regel ein Monat.

148 Ständige Rechtsprechung des BGH; zuletzt NJW 2011, 2509.

beurteilt, wie z.B. das Oberlandesgericht Hamburg in einer Entscheidung vom 25. September 1997 (abgedruckt in WRP 1998, 225 ff.).

Irreführende Preisangaben sind nach § 5 UWG verboten. Dadurch werden nicht nur Kunden getäuscht, sondern auch redliche Mitbewerber geschädigt. Meine Mandantin verlangt daher, dass Sie es unterlassen, für die von Ihnen angebotenen Einbauküchen mit Preisen zu werben, die nicht deutlich als Abholpreise gekennzeichnet sind.

Bevor ich deswegen meiner Mandantin rate, gerichtliche Schritte gegen Sie einzuleiten, gebe ich Ihnen Gelegenheit, die Angelegenheit mit einer strafbewehrten Unterlassungsverpflichtung außergerichtlich zu regeln. Eine von mir vorbereitete Erklärung füge ich bei. Geht sie nicht rechtsverbindlich von Ihnen unterzeichnet bis zum bei mir ein, müssen Sie mit gerichtlichen Maßnahmen rechnen.

Sie sind unabhängig davon verpflichtet, meiner Mandantin die Kosten zu erstatten, die ihr durch dieses Schreiben bei mir entstanden sind. Der Betrag ergibt sich aus der beiliegenden Kostenrechnung. Den Eingang erwarte ich ebenfalls bis zum .

(Rechtsanwalt)

Anlage: Verpflichtungserklärung

Die Firma verpflichtet sich gegenüber der Firma ,

1) es zu unterlassen, in Zeitungsanzeigen oder sonstigen Mitteilungen an einen größeren Personenkreis für den Verkauf von Einbauküchen mit Preisen zu werben, bei denen es sich um Abholpreise handelt, ohne hierauf deutlich hinzuweisen;
2) für jeden Fall der Zuwiderhandlung unter Ausschluss der Einrede des Fortsetzungszusammenhangs eine Vertragsstrafe in Höhe von Euro an die Firma zu zahlen;
3) der Firma die Kosten der Abmahnung gemäß der beigefügten Kostenrechnung des Rechtsanwalts zu erstatten.

Anlage: Kostenrechnung

II. Muster: Antwortschreiben mit Gegenabmahnung

4.2

An 56

Rechtsanwalt

Ich vertrete die Firma . Meine Vollmacht füge ich bei.

Sie haben meine Mandantin mit Schreiben vom aufgefordert, sich in ihrer Werbung nicht mehr als „führendes Unternehmen der Trikotagenbranche in “ zu bezeichnen. Diese Werbebehauptung ist entgegen Ihrer Annahme nicht irreführend. Sie entspricht den Tatsachen. Meine Mandantin nimmt mit ihren Angeboten schon seit Jahren sowohl quantitativ als auch qualitativ deutlich eine Spitzenstellung ein. Das ist jederzeit nachweisbar.

Ich fordere Ihre Mandantin daher auf, bis zum schriftlich zu meinen Händen auf den geltend gemachten Unterlassungsanspruch zu verzichten. Sollte dies nicht geschehen, werde ich meiner Mandantin raten, negative Feststellungsklage zu erheben.

Ihre Mandantin hat innerhalb derselben Frist aus dem Gesichtspunkt der Geschäftsführung ohne Auftrag auch die Kosten meiner Tätigkeit zu erstatten. Der Betrag ergibt sich aus der anliegenden Kostenrechnung.

(Rechtsanwalt)

Anlage: Kostenrechnung

▲

III. Muster: Zurückweisung einer Abmahnung wegen einer bereits abgegebenen Unterlassungserklärung

4.3

▼

57 An Rechtsanwalt

Ich vertrete die Firma . Meine Vollmacht füge ich bei.

Sie haben im Auftrag der Firma meine Mandantin mit Schreiben vom abgemahnt und aufgefordert, sie solle sich bis zum in einer strafbewehrten Unterlassungserklärung verpflichten, nicht mehr damit zu werben, sie biete „Öko-Produkte“ an. Meine Mandantin hat sich dazu bereits vorher in dem beigefügten Schreiben vom gegenüber dem Verein verpflichtet. Die Wiederholungsgefahr war schon dadurch entfallen. Eine weitere Unterlassungserklärung braucht meine Mandantin nicht abzugeben. Sie lehnt es auch ab, die Kosten Ihrer Abmahnung zu übernehmen, weil eine zweite Abmahnung überflüssig war.

(Rechtsanwalt)

▲

IV. Muster: Schutzschrift

4.4

▼

An das 58

Landgericht

– Vorsitzenden der Zivilkammern –

– Vorsitzenden der Kammern für Handelssachen –

Eilt sehr!

Bitte sofort vorlegen

Schutzschrift

Für den Fall, dass die

Firma

– mutmaßliche Antragstellerin –

gegen

die Firma

– mutmaßliche Antragsgegnerin –

beantragen sollte, es der Antragsgegnerin im Wege der einstweiligen Verfügung zu untersagen, die in dem beigefügten Abmahnschreiben vom beanstandete Werbung zu wiederholen, bitte ich namens und in Vollmacht der Antragsgegnerin darum,

den Verfügungsantrag durch Beschluss abzuweisen,
hilfsweise: nicht ohne mündliche Verhandlung zu entscheiden.

Die Antragsgegnerin hat mich auch mit ihrer Vertretung im Verfügungsverfahren beauftragt.

Falls ein Verfügungsantrag eingereicht und wieder zurückgenommen werden sollte, beantrage ich bereits jetzt,

der Antragstellerin gemäß § 269 Abs. 3 ZPO die Kosten des Verfahrens aufzuerlegen.

Begründung:

Die mutmaßliche Antragstellerin hat die mutmaßliche Antragsgegnerin mit dem beigefügten Schreiben vom abgemahnt und aufgefordert, sie solle sich bei Meidung einer Vertragsstrafe verpflichten, es zu unterlassen, sich in ihrer Werbung als „Großmarkt" zu bezeichnen; diese Bezeichnung sei irreführend. Das trifft nicht zu, denn (Begründung).

Die Antragsgegnerin hat es deshalb mit Schreiben vom ___ abgelehnt, eine Unterlassungserklärung abzugeben. Sie muss damit rechnen, dass die Antragstellerin versuchen wird, eine einstweilige Verfügung zu erwirken.

Ein Verfügungsantrag wäre nicht nur deshalb unbegründet, weil sich die Antragsgegnerin als „Großmarkt" bezeichnen darf. Sie wirbt damit schon seit einem Jahr in Zeitungsanzeigen.

Glaubhaftmachung: anliegende Anzeigen aus der ___-Zeitung vom ___ und ___

Dies kann der Antragstellerin, die im selben Ort ein Konkurrenzunternehmen betreibt, nicht verborgen geblieben sein. Sie hat dennoch mit der Abmahnung mehr als ___ Monate gewartet. Hiernach liegt kein Verfügungsgrund mehr vor. Die Sache ist nicht dringlich. Eine Entscheidung ohne mündliche Verhandlung kann dann nicht besonders dringlich sein.

(Rechtsanwalt)

Anlagen:
1) Abmahnschreiben vom ___
2) Antwortschreiben der mutmaßlichen Antragsgegnerin vom ___
3) Anzeigen aus der ___-Zeitung vom ___ und ___

▲

V. Muster: Antrag auf Unterlassungsverfügung

4.5

▼

59 An das

Landgericht

– Kammer für Handelssachen –

___

Eilt sehr!

Bitte sofort vorlegen

Antrag

auf Erlass einer einstweiligen Verfügung

der ___

– Antragstellerin –

– Verfahrensbevollmächtigter: Rechtsanwalt ___ –

gegen

die …

– Antragsgegnerin –

Streitwert: … Euro

Namens und in Vollmacht der Antragstellerin beantrage ich, folgende einstweilige Verfügung zu erlassen, wegen der besonderen Dringlichkeit ohne mündliche Verhandlung (§ 937 Abs. 2 ZPO) und allein durch den Vorsitzenden (§ 944 ZPO):

> Der Antragsgegnerin wird es unter Androhung eines Ordnungsgeldes bis zu 250.000 Euro, ersatzweise Ordnungshaft, oder Ordnungshaft bis zu sechs Monaten für jeden Fall der Zuwiderhandlung untersagt,
> sich im geschäftlichen Verkehr zu Zwecken des Wettbewerbs als ältestes Möbelgeschäft in … zu bezeichnen.

Begründung:

Beide Parteien betreiben in … Möbelgeschäfte. Die Antragsgegnerin hat am … in der …-Zeitung eine Anzeige mit dem Hinweis veröffentlicht: „Ältestes Möbelgeschäft in …".

Glaubhaftmachung: anliegende Anzeigen aus der …-Zeitung vom …

Diese Werbeaussage trifft nicht zu. Die Antragsgegnerin ist seit dem … im Handelsregister eingetragen, die Antragstellerin schon früher, nämlich seit dem ….

Glaubhaftmachung: anliegende Handelsregisterauszüge

Falsche Angaben über geschäftliche Verhältnisse sind verboten (§ 5 Abs. 2 Nr. 3 UWG). Die Antragsgegnerin erweckt durch ihre Behauptung den irreführenden Eindruck, sie sei – anders als ihre Konkurrenten – ein besonders erfahrenes und solides Unternehmen.

Der Antragstellerin steht hiernach gemäß § 8 Abs. 1 i.V.m. § 3 UWG der geltend gemachte Unterlassungsanspruch zu. Ein Verfügungsgrund wird nach § 12 Abs. 2 UWG vermutet.

Eine vorprozessuale Abmahnung ist erfolglos geblieben. Die Antragsgegnerin hat auf das in Durchschrift beiliegende Abmahnschreiben vom … nicht reagiert.

Die Sache ist besonders dringend, weil ….

(Rechtsanwalt)

Anlagen:

1) Anzeige aus der -Zeitung vom
2) Handelsregisterauszüge vom und
3) Abmahnschreiben vom

VI. Muster: Kostenwiderspruch

4.6

60 An das

Landgericht

– Kammer für Handelssachen –

Az.:

In dem einstweiligen Verfügungsverfahren

./.

erhebe ich namens und in Vollmacht der Antragsgegnerin

Widerspruch gegen die Kostenentscheidung

in dem Verfügungsbeschluss vom .

Ich beantrage,

> die einstweilige Verfügung insoweit abzuändern und der Antragstellerin die Kosten des Verfahrens aufzuerlegen.

Begründung:

Die Antragstellerin hat die einstweilige Verfügung erwirkt, ohne die Antragsgegnerin vorher abzumahnen. Nach einer Abmahnung hätte die Antragsgegnerin eine Unterlassungserklärung mit einem angemessenen Vertragsstrafeversprechen abgegeben. Für ein einstweiliges Verfügungsverfahren bestand daher kein Anlass. Die Antragstellerin muss deshalb gemäß § 93 ZPO die Kosten des Verfahrens tragen.

(Rechtsanwalt)

VII. Muster: Sofortige Beschwerde gegen Kostenurteil

4.7

▼

An das 61

Landgericht

– Kammer für Handelssachen –

Az.:

In dem einstweiligen Verfügungsverfahren

./.

lege ich namens und in Vollmacht der Verfügungsklägerin gegen das Kostenurteil der Kammer vom

sofortige Beschwerde

mit dem Antrag ein,

> das Urteil zu ändern und die Kostenentscheidung im Verfügungsbeschluss vom zu bestätigen.

Begründung:

Die Kammer hat mit dem angefochtenen Urteil aufgrund des Kostenwiderspruchs der Verfügungsbeklagten die einstweilige Beschlussverfügung vom geändert und der Verfügungsklägerin gemäß § 93 ZPO die Kosten des einstweiligen Verfügungsverfahrens auferlegt. Zur Begründung hat die Kammer ausgeführt, die Verfügungsklägerin habe nicht glaubhaft gemacht, dass die Verfügungsbeklagte eine Abmahnung erhalten hat.

Hiergegen wendet sich die Verfügungsklägerin mit der sofortigen Beschwerde, die nach ganz herrschender Meinung entsprechend § 99 Abs. 2 ZPO gegen ein Kostenurteil statthaft ist.[149]

Die Kosten des Verfügungsverfahrens muss die Verfügungsbeklagte tragen, weil sie in dem Rechtsstreit unterlegen ist (§ 91 ZPO). Die Voraussetzungen des § 93 ZPO liegen nicht vor, denn die Verfügungsklägerin hatte Anlass, die einstweilige Verfügung zu beantragen. Die Verfügungsklägerin hat mit der eidesstattlichen Versicherung ihrer Angestellten glaubhaft gemacht, dass sie das vorgelegte Abmahnschreiben an die Verfügungsbeklagte abgesandt hat . Die Verfügungsbeklagte hätte danach glaubhaft machen müssen, dass ihr dieses Schreiben nicht

149 Zöller/*Vollkommer*, ZPO, 28. Aufl. § 926 Rn 11 m.w.N.

zugegangen ist (vgl. BGH WRP 2007, 781). Das ist jedoch aus folgenden Gründen nicht glaubhaft: ….

(Rechtsanwalt)

VIII. Muster: Widerspruch mit strafbewehrter Unterlassungserklärung

4.8

62 An das

Landgericht

– Kammer für Handelssachen –

…

Az.: …

In dem einstweiligen Verfügungsverfahren

… ./. …

erhebe ich namens und in Vollmacht der Antragsgegnerin gegen den Verfügungsbeschluss vom …

Widerspruch

und gebe für die Antragsgegnerin folgende Unterlassungsverpflichtungserklärung ab:

…

Sollte die Antragstellerin das Verfügungsverfahren in der Hauptsache für erledigt erklären, werde ich mich dieser Erklärung anschließen und beantragen,

> der Antragstellerin gemäß § 91a ZPO die Kosten des einstweiligen Verfügungsverfahrens aufzuerlegen.

Begründung:

Die Antragstellerin hat die Antragsgegnerin nicht abgemahnt. Dies ist in Wettbewerbssachen vor einem Verfügungsantrag üblich und war der Antragstellerin auch zuzumuten. Nach einer Abmahnung hätte die Antragsgegnerin die Unterlassungsverpflichtungserklärung sofort abgegeben, wie jetzt auch. Für ein einstweiliges Verfügungsverfahren hat daher kein Anlass bestanden. Die Antragstellerin muss deshalb bei einer übereinstimmenden Erledigungserklärung nach dem Rechtsgedanken des § 93 ZPO die Kosten des Verfahrens tragen.

(Rechtsanwalt)

IX. Muster: Abschlussschreiben

4.9

▼

An die 63

Geschäftsleitung der Firma

Sehr geehrte Damen und Herren,

ich habe für die von mir vertretene Firma beim Landgericht eine einstweilige Verfügung gegen Sie erwirkt, nachdem Sie die geforderte Unterwerfungserklärung nicht abgegeben haben. Der Beschluss ist Ihnen am zugestellt worden.

Die einstweilige Verfügung enthält nur eine vorläufige Regelung. Um eine endgültige Entscheidung herbeizuführen, müsste meine Mandantin noch Klage gegen Sie erheben. Dies können Sie vermeiden, indem Sie die beigefügte Abschlusserklärung rechtsverbindlich unterzeichnen und zu meinen Händen zurücksenden. Die einstweilige Verfügung steht dann einem rechtskräftigen Urteil gleich, so dass sich eine Klage erübrigt. Für die Übersendung setze ich Ihnen eine Frist bis zum . Geht die Erklärung bis dahin nicht bei mir ein, beabsichtigt meine Mandantin, Klage zu erheben.

Sie sind außerdem verpflichtet, meiner Mandantin die Kosten dieses Schreibens zu erstatten. Der Betrag ergibt sich aus der anliegenden Kostenrechnung. Den Eingang erwarte ich ebenfalls bis zum .

(Rechtsanwalt)

Anlage: Abschlusserklärung

Firma

Ich erkenne für die Firma als deren die einstweilige Verfügung des vom (Az.) als endgültige und einem entsprechenden Hauptsachetitel gleichwertige Regelung an und verzichte auf die Rechtsbehelfe des Widerspruchs (bei einer Beschlussverfügung), der Berufung (bei einem noch nicht rechtskräftigen Urteil), der Fristsetzung zur Erhebung der Klage in der Hauptsache, auf eine negative Feststellungsklage – auch inzidenter im Rahmen eines Schadensersatzprozesses – und auf die Rechte aus § 927 ZPO mit Ausnahme künftiger Umstände, die der Schuldner nach den §§ 323, 767 ZPO auch einem rechtskräftigen Titel in der Hauptsache entgegenhalten dürfte.

Anlage: Kostenrechnung

▲

§ 5 Arrest

A. Einleitung

1 Gläubiger einer **Geldforderung** können mit einem Arrest der Gefahr vorbeugen, bis zur Titulierung ihres Anspruchs den Zugriff auf das Vermögen ihres Schuldners zu verlieren. Voraussetzungen sind

- ein Arrestanspruch und
- ein Arrestgrund.

Das Verfahren entspricht im Wesentlichen dem der einstweiligen Verfügung. Es spielt in der Praxis eine **eher untergeordnete Rolle**, weil die Arrestgefahr nur in Ausnahmefällen mit konkreten Fakten zu belegen ist. Sie hängt von Umständen ab, die dem Gläubiger häufig verborgen bleiben. Er muss wissen, dass der Schuldner über Vermögensgegenstände verfügt, und überdies konkrete Anhaltspunkte dafür haben, dass sich die Vermögensverhältnisse voraussichtlich verschlechtern werden. Schuldner, die sich ihrer Zahlungsverpflichtung entziehen wollen, schaffen gewöhnlich ihr Vermögen heimlich beiseite. Der Gläubiger erkennt dies erst, wenn er in der Zwangsvollstreckung mit seiner Forderung ausgefallen ist. Dann kommt ein Arrestantrag zu spät.

B. Arrestanspruch

2 Der Arrest dient der Sicherung einer **Geldforderung** oder eines Anspruchs, der in eine Geldforderung übergehen kann (§ 916 Abs. 1 ZPO), wie z.B. bei Nicht- oder Schlechterfüllung einer Leistung.

Der Zahlungsanspruch kann bedingt,[1] betagt oder von einer Gegenleistung abhängig sein. Ein Arrest zur Sicherung **künftiger Ansprüche** ist zulässig, sobald sie einklagbar sind,[2] wie z.B. der Anspruch auf künftigen Unterhalt (siehe § 9 Rn 27). Während eines laufenden Prozesses kann der Kostenerstattungsanspruch aus die-

1 In § 916 Abs. 2 ZPO eingeschränkt bei aufschiebenden Bedingungen.

2 OLG Karlsruhe FamRZ 1999, 97; OLG Düsseldorf NJW-RR 1994, 450 und 453; Thomas/Putzo/*Seiler*, § 916 Rn 5; Zöller/*Vollkommer*, § 916 Rn 8.

sem Verfahren mit einem Arrest gesichert werden, wenn der Antragsteller glaubhaft macht, dass er wahrscheinlich obsiegt.[3]

Ein Arrest ist auch zulässig für Ansprüche auf **Duldung der Zwangsvollstreckung** aus Grundpfandrechten.[4] Hierfür besteht ein Rechtsschutzinteresse, wenn der Gläubiger mithaftende Gegenstände, insbesondere Mietzinsansprüche, pfänden will, die durch eine rechtzeitige Verfügung des Eigentümers oder Entfernung vom Grundstück von der Haftung frei würden.

C. Arrestgrund

3 Mit dem Arrest soll die **zukünftige Vollstreckung** aus einem Urteil gesichert werden. Ein Arrestgrund besteht, wenn der Gläubiger befürchten muss, seinen Zahlungsanspruch ohne den Arrest nicht mehr oder nur noch unter wesentlich erschwerten Umständen durchsetzen zu können (§ 917 Abs. 1 ZPO).

Ausgenommen sind von vornherein Fälle, in denen sich der Gläubiger nicht mehr absichern kann, weil der **Schuldner** bereits **vermögenslos** ist, und Fälle, in denen kein Sicherungsbedürfnis besteht, weil der Gläubiger bereits **vollwertige Sicherheiten** besitzt, die seine Forderungen abdecken, wie z.B. Grundpfandrechte oder eine Bankbürgschaft. Das **Vermieterpfandrecht** steht einem Arrest nicht entgegen.[5] Bei Zahlungsansprüchen gegen **Gesamtschuldner** besteht kein Arrestgrund, wenn die Forderung gegenüber einem der Schuldner offenkundig durchsetzbar ist.

4 Ein Sicherungsbedürfnis fehlt überdies für **titulierte Ansprüche**,[6] die fällig sind, weil sich der Gläubiger dann durch die sofortige Zwangsvollstreckung befriedigen kann. Dies gilt auch, wenn die Vollstreckung von einer Sicherheitsleistung abhängt, die der Gläubiger nicht aufbringen kann. Er hat dann die Möglichkeit, nach § 720a ZPO die Sicherungsvollstreckung zu betreiben. Mehr kann er auch durch einen

3 OLG Köln GRUR 2013, 656; Zöller/*Vollkommer*, § 916 Rn 8.

4 Zöller/*Vollkommer*, § 916 Rn 6; MüKo/*Drescher*, § 916 Rn 5; Stein/Jonas/*Grunsky*, § 916 Rn 13.

5 *Walker*, in: Schuschke/Walker, § 917 Rn 7; Zöller/*Vollkommer*, § 917 Rn 11.

6 Nach Auffassung des OLG Frankfurt (Urt. v. 29.4.2008 – 8 U 149/07) auch bei einer Zug-um-Zug Verurteilung.

Arrest nicht erreichen.[7] Mit einem Arrest zu sichern sind titulierte Ansprüche, die erst in Zukunft fällig werden und daher erst später durchgesetzt werden können.[8]

Ein Arrestgrund kann sich nur aus bevorstehenden Veränderungen ergeben, die zu einer **Verschlechterung der Vermögensverhältnisse** des Schuldners führen oder den **Zugriff** auf das vorhandene Vermögen **erschweren** können. Hierfür müssen konkrete Anhaltspunkte vorliegen. Sie sind im Arrestgesuch darzulegen und glaubhaft zu machen. 5

Der Verdacht einer bevorstehenden **Verschlechterung der Vermögenslage** besteht vor allem bei Schuldnern, die Vermögensgegenstände verschieben, vergeuden, verschenken, ohne gleichwertige Gegenleistungen veräußern oder Grundstücke auffällig belasten. Der Schuldner muss damit nicht begonnen haben. Es reicht aus, wenn er dies beabsichtigt.[9] Drohende Einkommensausfälle können sich auch aus Ereignissen ergeben, die der Schuldner nicht zu vertreten hat, wie z.B. eine Erkrankung.[10] 6

Bevorstehende oder bereits vollzogene **Verkäufe zu angemessenen Preisen** sind im Allgemeinen kein Arrestgrund, weil sie das Vermögen des Schuldners nicht verringern, sondern nur „umschichten". Anders verhält es sich, wenn das übrige Vermögen nicht ausreicht, den Gläubiger zu befriedigen, und die Gefahr besteht, dass der Schuldner die gezahlten Gelder beiseite schafft, eine Vollstreckung in den Erlös erschwert ist (z.B. bei einer Vollstreckung im Ausland[11]) oder der Schuldner einen Verkauf „unter Wert" beabsichtigt und dadurch keinen wesentlichen Gegenwert erhielte.[12] Relevant wird dies insbesondere bei Immobilienverkäufen. Das OLG Naumburg[13] hat einen Arrestgrund schon dann bejaht, wenn der Schuldner über kein weiteres Vermögen verfügt, und das OLG Dresden[14] bei einer nur schwer verwertbaren Verwertung des Restvermögens, wie bei Gesellschaftsanteilen. Zu

7 OLG Frankfurt OLG-Report 1999, 74; OLG München OLG-Report 1997, 236, 237; Schuschke/Walker/*Walker*, § 917 Rn 8; Zöller/*Vollkommer*, § 917 Rn 13.

8 OLG Düsseldorf NJW-RR 1994, 450; OLG Stuttgart NJW-RR 1996, 775.

9 OLG Karlsruhe NJW-RR 1997, 1017, 1018.

10 Schuschke/Walker/*Walker*, § 917 Rn 4.

11 OLG Celle OLG-Report 2005, 522.

12 KG FamRZ 2013, 1673; OLG Koblenz, Beschl. v. 24.8.2011 – 8 W 468/11; Stein/Jonas/*Grunsky*, § 917 Rn 7a.

13 FamRZ 2008, 2202; a.A. OLG Jena, Beschl. v. 7.5.2014 – 1 UF 235/14 und wohl auch KG FamRZ 2013, 2013, 1673.

14 NJW-RR 2007, 659 (hinzu kam eine Vollstreckung im Ausland).

erwägen ist ein Arrest auch, wenn der Schuldner es ohne plausible Begründung ablehnt, seinen Kaufpreisanspruch in Höhe der Zahlungsforderung des Gläubigers an diesen abzutreten.[15]

Vorsätzliche Vertragsverletzungen und ein bloßer Zahlungsverzug des Schuldners sind noch kein Arrestgrund.[16] Es müssen zusätzlich konkrete Anhaltspunkte dafür vorliegen, dass der Schuldner sein Vermögen dem Zugriff des Gläubigers entziehen will.

Das Gleiche gilt nach ganz überwiegender Auffassung in der Rechtsprechung für **Straftaten** gegen das Vermögen des Gläubigers, wie z.B. Unterschlagung, Betrug oder Untreue, und **unerlaubte Handlungen**.[17] Es müssen weitere Gesichtspunkte für ein Sicherungsbedürfnis des Gläubigers hinzutreten. Sie können sich auch aus den kriminellen Handlungen ergeben, wie z.B. ihrem Umfang und Intensität oder Verdunklungshandlungen des Schuldners im Ermittlungs- bzw. Strafverfahren.[18] Nach Auffassung des Bundesgerichtshofs kann es auch ausreichen, wenn eine gegen den Gläubiger gerichtete Straftat mit einem vorsätzlich vertragswidrigen Verhalten zusammenfällt.[19] Ein Sicherungsbedürfnis kann sich auch aus wissentlich grob falschen Auskünften ergeben, auf deren Grundlage dem Gläubiger kein Zahlungsanspruch zusteht, wie z.B. über das Endvermögen beim Zugewinnausgleich.[20]

Kein Arrestgrund ist der **drohende Zugriff anderer Gläubiger** bei einem zur Tilgung aller Schulden nicht ausreichenden Vermögen.[21] Ansprüche aus einer Straftat sind nach einer Beschlagnahme von Vermögenswerten des Schädigers im Wege der Rückgewinnungshilfe nach den §§ 111b ff. StPO vorrangig aus den sichergestellten Gegenständen zu befriedigen, wenn sich der Geschädigte einen Titel über den Anspruch aus der Tat verschafft hat, derentwegen die Beschlagnahme erfolgt ist. Nach Auffassung verschiedener Oberlandesgerichte wirkt sich

15 *Schneider*, NJW 2010, 3402 (Arrest zur Sicherung eines Pflichtteilsanspruchs).

16 BGH WM 1983, 614; OLG Schleswig MDR 2014, 1289.

17 Z.B. OLG Köln, Beschl. v. 23.7.2014 – 18 W 44/14; OLG Rostock, Beschl. v. 12.3.2014 – 3 W 25/14; KG, Beschl. v. 20.12.2013 – 25 W 39/13; OLG Saarbrücken, Beschl. v. 22.7.2013 – 4 W 26/13; OLG Bamberg WM 2013, 649.

18 KG und OLG Bamberg a.a.O.

19 BGH WM 1983, 614; ebenso KG, Beschl. v. 7.1.2010 – 23 W 1/10.

20 OLG Frankfurt FamRZ 1996, 747.

21 BGH NJW 1996, 321, 324; OLG Hamburg WM 1998, 522; Musielak/Voit/*Huber*, § 917 Rn 4; MüKo/*Drescher*, § 917 Rn 9; a.A. Schuschke/Walker/*Walker*, § 917 Rn 5; Stein/Jonas/*Grunsky*, § 917 Rn 1.

dieses Verfahren auf den Arrestgrund nicht aus.[22] Der 4. Zivilsenat des OLG Frankfurt[23] hat einen Arrestgrund verneint: Weil für das Verhältnis mehrerer Geschädigten untereinander das Prioritätsprinzip gelte, solle ein Arrestantrag nur einem Geschädigten schneller einen Titel verschaffen als anderen. Hat das Gericht Maßnahmen der Rückgewinnungshilfe für einen bestimmten Zeitraum aufrechterhalten (§ 111i StPO), besteht nach Auffassung des OLG Bamberg[24] kein Arrestgrund, wenn der Gläubiger vor dem Ablauf der Zeit im Hauptsacheprozess einen Titel erwirken kann.

Ein Arrestgrund liegt auch dann vor, wenn **im Ausland vollstreckt** werden müsste und die Gegenseitigkeit nicht verbürgt ist (§ 917 Abs. 2 ZPO).[25] Dies gilt nicht in Fällen, in denen der Schuldner über ausreichende Inlandsvermögen verfügt, um die Ansprüche des Gläubigers zu befriedigen. Dann muss die konkrete Gefahr bestehen, dass das vorhandene Inlandsvermögen ins Ausland geschafft wird.[26] Dies kann zu befürchten sein, wenn das Inlandsvermögen unschwer ins Ausland zu transferieren ist und der Schuldner sich dort schon längere Zeit aufhält.[27] 7

Der **persönliche Arrest** kommt in der Praxis selten vor. Er darf nur angeordnet werden, wenn der Schuldner über pfändbares Vermögen verfügt und ein dinglicher Arrest keinen Erfolg verspricht (§ 918 ZPO). Das sind vor allem Fälle, in denen der Gläubiger nicht weiß, wo sich Vermögensstücke des Schuldners befinden und zu befürchten ist, der Schuldner werde sie beiseite schaffen oder sich absetzen.[28] Der Gläubiger muss dann aber glaubhaft machen, dass der Schuldner überhaupt noch Vermögen besitzt. Gegen einen vermögenslosen Schuldner darf kein persönlicher Arrest angeordnet werden,[29] auch nicht nach der Eröffnung des Insolvenzfahrens über sein Vermögen.[30] 8

22 OLG Köln, Beschl. v. 23.7.2014 – 18 W 44/14; OLG Frankfurt, Beschl. v. 20.3.2012 – 8 W 14/12; KG, Beschl. v. 7.1.2010 – 23 W 1/10.

23 Beschl. v. 13.3.2014 – 4 W 12/14.

24 WM 2013, 649.

25 Fundstelle der Länder z.B. Zöller/*Geimer*, Anhang V.

26 OLG Frankfurt OLG-Report 2003, 16; OLG Stuttgart NJW-RR 1996, 775; Schuschke/Walker/*Walker*, § 917 Rn 6; Zöller/*Vollkommer*, § 917 Rn 16.

27 OLG Zweibrücken FamRZ 2013, 1602.

28 OLG Karlsruhe NJW-RR 1997, 450; Thomas/Putzo/*Seiler*, § 918 Rn 2; MüKo/*Drescher*, § 918 Rn 3; Stein/Jonas/*Grunsky*, § 918 Rn 7; Zöller/*Vollkommer*, § 918 Rn 1.

29 OLG Karlsruhe NJW-RR 1997, 450; MüKo/*Heinze*, § 918 Rn 1; Schuschke/Walker/*Walker*, § 918 Rn 2.

30 OLG Düsseldorf FamRZ 2006, 286.

D. Arrestverfahren

I. Zuständiges Gericht

9 Für die Anordnung des Arrestes ist neben dem **Gericht der Hauptsache** (siehe § 3 Rn 45 ff.) auch das **Amtsgericht** zuständig, in dessen Bezirk der Arrest vollzogen werden soll (§ 919 ZPO). Das ist beim dinglichen Arrest jedes Amtsgericht, in dessen Bezirk sich beschlagnahmefähiges Vermögen des Schuldners befindet, und beim persönlichen Arrest das Amtsgericht, in dessen Bezirk sich der Schuldner aufhält.

Hat der Gläubiger mit seinem Zahlungsanspruch in einem Prozess umgekehrten Rubrums **aufgerechnet**, so wird das damit befasste Gericht nicht Gericht der Hauptsache.[31] Bei einem im **Mahnverfahren** anhängigen Anspruch ist bis zur Abgabe an das Streitgericht nach herrschender Meinung Gericht der Hauptsache das Amtsgericht, dessen Rechtspfleger den Mahnbescheid erlassen hat.[32]

II. Arrestgesuch

10 Der Gläubiger muss in dem Arrestgesuch die **Parteien** bezeichnen, einen bestimmten **Antrag** stellen und ihn **begründen**. Es besteht – wie im einstweiligen Verfügungsverfahren – **kein Anwaltszwang**.

Im **Arrestantrag** sind der Grund und die Höhe der Forderung genau anzugeben. Der Gläubiger sollte auch die verlangte **Arrestart** angeben. Unterlässt er dies, so ist im Allgemeinen davon auszugehen, dass ein dinglicher Arrest beantragt wird.[33]

Eine Bezeichnung **bestimmter Arrestgegenstände** ist beim **dinglichen Arrest** nur erforderlich, wenn der Antrag bei dem in der Hauptsache nicht zuständigen Amtsgericht gestellt wird, weil davon dessen Zuständigkeit abhängt. Sonst genügt der Antrag auf Anordnung des Arrestes „in das Vermögen des Schuldners". Es ist dann Sache des Gläubigers, bei der Vollziehung die zu arrestierenden Gegenstände zu bezeichnen.

31 Stein/Jonas/*Grunsky*, § 919 Rn 3; Zöller/*Vollkommer*, § 919 Rn 4.

32 MüKo/*Drescher*, § 919 Rn 5; Stein/Jonas/*Grunsky*, § 919 Rn 4; Musielak/Voit/*Huber*, § 943 Rn 3; *Baumbach/Lauterbach/Albers/Hartmann*, § 919 Rn 6; Schuschke/Walker/*Walker*, § 919 Rn 6; a.A. Zöller/*Vollkommer*, § 919 Rn 4 (von vorneherein das im Mahnbescheid angegebene Streitgericht).

33 MüKo/*Drescher*, § 920 Rn 6; Zöller/*Vollkommer*, § 920 Rn 3; Schuschke/Walker/*Walker*, § 920 Rn 7.

Bei einem **persönlichen Arrest** ist die Art der Freiheitsbeschränkung im Arrestbefehl anzugeben. Der Gläubiger kann sie auch in seinem Antrag nennen (z.B. Haft, Hausarrest, Entzug des Reisepasses, Meldepflicht). Das Gericht ist hieran aber nicht gebunden.[34] Ein Arrestbefehl, der lediglich den „persönlichen Arrest“ anordnet, ist – weil inhaltlich zu unbestimmt – nicht vollziehbar. Der Gläubiger kann ihn entsprechend § 321 ZPO durch einen Beschluss des Gerichts ergänzen lassen.[35]

Das Arrestgericht ist beim dinglichen Arrest auch für die Pfändung von Forderungen zuständig (§ 930 Abs. 1 Satz 3 ZPO). Bei einer beabsichtigten Pfändung, z.B. von Guthaben auf Bankkonten, ist daher der Antrag zu empfehlen, zugleich mit dem Arrestbefehl einen Pfändungsbeschluss zu erlassen (§ 930 Abs. 1 ZPO). Im Antrag sind die zu pfändende Forderung, ihr Rechtsgrund und der Drittschuldner so genau zu bezeichnen, dass unzweifelhaft feststeht, welcher Anspruch gemeint ist.[36] Sonst läuft der Gläubiger Gefahr, die Vollziehungsfrist zu versäumen (siehe Rn 17). **11**

Der Antragsteller muss zur **Begründung** die Tatsachen vortragen und glaubhaft machen, aus denen sich der Arrestanspruch und der Arrestgrund ergeben (§ 920 Abs. 1 und 2 ZPO). Probleme bereiten Angaben zum Anspruch, vor allem aber zur Höhe, wenn der Antragsteller darüber keine eigenen Erkenntnisse hat. Er muss sich dann die notwendigen Informationen beschaffen. Die Sicherung eines Pflichtteilsanspruchs setzt z.B. voraus, dass der Arrestbeklagte die Erbschaft angenommen hat (§ 1958 BGB) oder die Ausschlagungsfrist verstrichen ist (§ 1943 BGB). Verlässliche Auskünfte hierüber ergeben sich aus der Nachlassakte. Und die Höhe hängt vom Wert des Nachlasses ab. Ist dem Arrestkläger auch darüber nichts bekannt, muss er die Vorlage eines Nachlassverzeichnisses abwarten (§ 2314 Abs. 1 BGB).[37] **12**

III. Entscheidung des Gerichts und Rechtsmittel

Das Gericht kann über das Arrestgesuch durch **Beschluss** entscheiden, auch wenn der Fall nicht besonders dringend ist, oder nach mündlicher Verhandlung durch **Urteil** (§ 922 Abs. 1 ZPO). **13**

34 Schuschke/Walker/*Walker*, § 920 Rn 7.

35 Schuschke/Walker/*Walker*, § 933 Rn 1.

36 BGH NJW-RR 2005, 1361; NJW 2000, 1268.

37 Zu alledem näher: *Roth*, NJW-Spezial 2014, 359 und *Schneider*, NJW 2010, 3401.

14 Im Arrestbefehl ist ein **Geldbetrag festzusetzen**, dessen Hinterlegung den Schuldner berechtigt, die Vollziehung des Arrestes zu verhindern und die Aufhebung eines bereits vollzogenen Arrestes beim Vollstreckungsgericht zu beantragen (§§ 923, 934 ZPO). Das Gericht kann nach § 108 ZPO anstelle der Hinterlegung auch eine andere Art der Sicherheitsleistung zulassen, wie z.B. eine Bankbürgschaft.[38]

Die Höhe der **Lösungssumme** ergibt sich aus dem Betrag der zu sichernden Forderung zuzüglich der hierauf entfallenden Zinsen sowie – auf Antrag[39] – einer Pauschale für die Kosten des Hauptsacheprozesses, nicht auch des Arrestes. Die Kosten des Arrestverfahrens kann der Gläubiger aufgrund der Kostenentscheidung des Arrestes mit einem Kostenfestsetzungsbeschluss beitreiben, die Kosten der Vollziehung gemäß § 788 ZPO.

Die Lösungssumme wird von Amts wegen festgesetzt. Der Gläubiger muss dies im Arrestgesuch nicht beantragen. Ist die **Festsetzung unterblieben**, so kann der Schuldner entsprechend § 321 ZPO eine Ergänzung des Arrestbefehls verlangen.[40] Gegen einen **zu hohen Betrag** kann sich der Antragsgegner mit dem **Widerspruch** (Arrestbeschluss) bzw. der **Berufung** (Arresturteil) wenden, gegen die Festsetzung eines **zu niedrigen Betrages** der Antragsteller mit der **sofortigen Beschwerde** (Arrestbeschluss) bzw. der **Berufung** (Arresturteil).[41]

15 Die Rechtsmittel und Rechtsbehelfe der Parteien gegen Entscheidungen über Arrestanträge stimmen mit denen im einstweiligen Verfügungsverfahren überein. Ist der Arrestbefehl mit einer Forderungspfändung verbunden, muss der Antragsgegner – wenn er sich nur oder auch gegen den Pfändungsbeschluss wenden will – hiergegen mit der Erinnerung vorgehen (§ 766 ZPO).[42]

38 Schuschke/Walker/*Walker*, § 923 Rn 3.

39 Musielak/Voit/*Huber*, § 923 Rn 2.

40 BGH NJW-RR 1996, 1238; Stein/Jonas/*Grunsky*, § 923 Rn 3; Zöller/*Vollkommer*, § 923 Rn 1; Thomas/Putzo/*Seiler*, § 923 Rn 1.

41 Zöller/*Vollkommer*, § 923 Rn 1; Schuschke/Walker/*Walker*, § 923 Rn 4; Stein/Jonas/*Grunsky*, § 923 Rn 2.

42 OLG Bamberg WM 2013, 649.

IV. Gerichtskosten und Anwaltsgebühren

Der Streitwert in Arrestverfahren wird in der Regel mit einem Drittel der zu sichernden Hauptforderung angesetzt,[43] in Ausnahmefällen aber auch höher.[44] Die anfallenden Gerichtskosten und Anwaltsgebühren stimmen mit denen in einstweiligen Verfügungsverfahren überein. 16

E. Vollziehung

Der Gläubiger muss aus einem Arrestbefehl **innerhalb eines Monats** die Zwangsvollstreckung betreiben (§ 929 Abs. 2 ZPO). Dies geschieht beim dinglichen Arrest nach den §§ 928 ff. ZPO durch Pfändung (bewegliche Sachen, Forderungen und sonstige Rechte) oder Eintragung einer Arresthypothek (Grundstücke), beim persönlichen Arrest durch die Anordnung der Haft oder geringerer Freiheitsbeschränkungen. Obsiegt der Gläubiger im Hauptsacheverfahren, wandelt sich das Pfändungspfandrecht in ein Vollstreckungspfandrecht um; die Arresthypothek kann in eine Zwangshypothek umgeschrieben werden. Die Verteilung des Erlöses bestimmt sich nach dem Rang des Arrestpfandrechts bzw. der Arresthypothek. 17

Die **Vollziehungsfrist** wird **gewahrt** durch die rechtzeitige Zustellung des Arrestbefehls im Parteibetrieb und den Antrag beim zuständigen Vollstreckungsorgan, bestimmte Vollstreckungshandlungen vorzunehmen.[45] Bei der Pfändung einer Geldforderung reicht – neben der Parteizustellung – ein hinreichend bestimmter Antrag auf Erlass eines Pfändungsbeschlusses schon im Arrestantrag aus. Ein zu unbestimmter Antrag genügt nicht, selbst wenn er in der Pfändungsanordnung übernommen wird.[46] Die Frist zur Arrestvollziehung durch Eintragung einer Sicherungshypothek ist gewahrt, wenn der Eintragungsantrag fristgerecht bei dem Amtsgericht eingeht, zu dem das für die Eintragung zuständige Grundbuchamt gehört. Nicht erforderlich ist, dass der Antrag innerhalb der Frist dem zuständigen Mitar-

43 So zuletzt OLG Köln, Urt. v. 5.6.2014 – 15 U 4/14 und OLG Saarbrücken, Beschl. v. 22.7.2013 – 4 W 26/13.

44 Z.B. OLG Köln, Beschl. v. 23.7.2014 – 18 W 44/14: Hälfte der Hauptforderung bei nicht schlechten Aussichten auf werthaltige Absicherung des Anspruchs im Rahmen der Rückgewinnungshilfe.

45 BGH NJW 1991, 496, 497.

46 OLG Bamberg, Urt. v. 19.3.2012 – 4 U 145/11.

beiter des Grundbuchamts vorgelegt wird.[47] Zu empfehlen ist, den Antrag unmittelbar beim zuständigen Grundbuchamt einzureichen, weil sich nach dem Zeitpunkt des Eingangs der Rang der Hypothek richtet. Bei einem Antrag vor der Zustellung des Arrestes muss die Zustellung innerhalb einer Woche nachgeholt werden (§ 929 Abs. 3 Satz 2 ZPO). Die Vollstreckung ist sonst unwirksam.[48] Die Frist wird nicht durch den Eingang des Zustellungsauftrags beim Gerichtsvollzieher gewahrt.[49]

F. Muster für das Arrestverfahren

I. Muster: Antrag auf dinglichen Arrest mit Pfändungsbeschluss

5.1

▼

18 An das

Amtsgericht/Landgericht

Eilt sehr!

Bitte sofort vorlegen

Antrag

auf dinglichen Arrest und Arrestpfändung

des

– Antragstellers –

– Verfahrensbevollmächtigter: Rechtsanwalt –

gegen

den

– Antragsgegner–

Streitwert: Euro

Ich beantrage namens und in Vollmacht des Antragstellers, ohne mündliche Verhandlung folgenden

47 BGH NJW 2001, 1134 f.
48 BGH NJW 1999, 3494.
49 OLG Frankfurt, Urt. v. 15.3.2000 – 17 U 95/99.

Arrestbefehl und -pfändungsbeschluss

zu erlassen:

1) Wegen einer Kaufpreisforderung des Antragstellers gegen den Antragsgegner in Höhe von …) Euro nebst … % Zinsen seit dem … sowie einer Kostenpauschale von … wird der dingliche Arrest in das Vermögen des Antragsgegners angeordnet.
2) In Vollziehung des Arrestes werden die Ansprüche des Antragsgegners gegen die …-Bank aus Kontenverbindungen, insbesondere zur Kontonummer …, bis zum Höchstbetrag von … gepfändet.
3) Durch Hinterlegung von … Euro wird die Vollziehung dieses Arrestes gehemmt und der Antragsgegner berechtigt, die Aufhebung des vollzogenen Arrestes zu beantragen.

Begründung:

Der Antragsgegner betreibt ein Einzelhandelsgeschäft mit Elektroartikeln. Der Antragsteller hat ihm am … Waren für insgesamt … Euro verkauft und geliefert. Den Kaufpreis ist der Antragsgegner trotz wiederholter Mahnungen, u.a. mit Schreiben vom …, schuldig geblieben. Der Antragsteller nimmt seitdem in Höhe der Kaufpreisforderung Bankkredit zu einem Zinssatz von … % in Anspruch.

Glaubhaftmachung: beiliegender Kaufvertrag vom …
Rechnung vom …
Mahnschreiben vom …
eidesstattliche Versicherung des Antragstellers vom …

Die Vollstreckung ist gefährdet. Der Antragsgegner treibt sein Geschäft in den Ruin. Er hat in der letzten Woche gegenüber Angestellten geäußert, er wolle nur noch das vorhandene Sortiment verkaufen und den Laden zum Quartalsende schließen, weil er es leid sei, sich mit seinen Gläubigern herumzuschlagen. Er verdiene mit dem Geschäft nicht mehr als ein Fensterputzer. Den größten Teil seiner Einnahmen schluckten die Gläubiger. Die sollten dann sehen, wo sie bleiben.

Glaubhaftmachung: anliegende eidesstattliche Versicherung des Angestellten …

Der Antragsteller muss hiernach befürchten, dass er ohne die sofortige Anordnung des Arrestes mit einer Zahlungsklage nicht mehr zu seinem Geld kommt.

Die Kostenpauschale setzt sich aus folgenden Beträgen zusammen:

…

Der Antragsgegner hat mehrere Konten bei der …-Bank, u.a. das Konto mit der Nummer …. Die Guthaben sollen in Vollziehung des Arrestes gepfändet werden (§ 930 Abs. 1 S. 3 ZPO).

(Rechtsanwalt)

Anlagen:

1) Kaufvertrag der Parteien vom …
2) Rechnung vom …
3) Mahnschreiben vom …
4) eidesstattliche Versicherung des Antragstellers vom …
5) eidesstattliche Versicherung des Angestellten … vom …

II. Muster: Antrag auf persönlichen Arrest

19 An das

Amtsgericht/Landgericht

… …

Eilt sehr!

Bitte sofort vorlegen

Antrag auf persönlichen Arrest

des …

– Antragstellers –

– Verfahrensbevollmächtigter: Rechtsanwalt … –

gegen

den …

– Antragsgegner –

Streitwert: … Euro

Ich beantrage namens und in Vollmacht des Antragstellers, ohne mündliche Verhandlung folgenden

Arrest- und Haftbefehl

zu erlassen:

1) Wegen einer Werklohnforderung des Antragstellers gegen den Antragsgegner in Höhe von … nebst …% Zinsen seit dem … und einer Kostenpau-

schale von ___ wird der persönliche Arrest gegen den Antragsgegner angeordnet.

2) In Vollziehung des Arrestes wird die Haft gegen den Antragsgegner angeordnet.
3) Durch Hinterlegung von ___ Euro wird die Vollziehung dieses Arrest- und Haftbefehls gehemmt und der Antragsgegner berechtigt, die Aufhebung des vollzogenen Arrestes zu beantragen.

Begründung:

Der Antragsgegner schuldet dem Antragsteller aus einem Werkvertrag der Parteien vom ___ nach der Abnahme den vereinbarten Werklohn in Höhe von ___ Euro sowie aufgrund eines Mahnschreibens vom ___ die geltend gemachten gesetzlichen Zinsen.

Glaubhaftmachung: anliegender Werkvertrag vom ___
Abnahmeprotokoll vom ___
Schlussrechnung des Antragstellers vom ___
Mahnschreiben des Antragstellers vom ___
eidesstattliche Versicherung des Antragstellers vom ___

Wiederholte Zahlungszusagen haben den Antragsteller zunächst bewogen, stillzuhalten. Der Antragsgegner wollte ihn aber offensichtlich nur hinhalten, um sein Vermögen zu versilbern und sich der Zwangsvollstreckung zu entziehen. Er hat seine Mietwohnung gekündigt und gegenüber dem Vermieter, Herrn ___, geäußert, er wolle zu seiner Tochter nach Argentinien ziehen, habe bereits ein Flugticket gekauft, seine Bankkonten aufgelöst und alles geregelt.

Glaubhaftmachung: anliegende eidesstattliche Versicherung des Herrn ___

Der Antragsteller läuft hiernach Gefahr, ohne einen sofortigen Arrest seinen Zahlungsanspruch nicht mehr durchsetzen zu können. Erforderlich ist ein persönlicher Arrest. Ein dinglicher Arrest reicht nicht aus, weil der Antragsteller daraus nicht vollstrecken kann. Er weiß nicht, wo der Antragsgegner sein Bargeld aufbewahrt. Ihm sind auch andere Vermögensgegenstände nicht bekannt, auf die er zugreifen könnte.

Das einzige sichere Mittel zur Vollziehung des persönlichen Arrestes ist die Anordnung der Haft. Der Antragsgegner kann dann die Forderung bezahlen oder Sicherheit leisten und anschließend nach Argentinien fliegen.

(Rechtsanwalt)

Anlagen:

1) Werkvertrag der Parteien vom ___
2) Abnahmeprotokoll vom ___
3) Schlussrechnung des Antragstellers vom ___

4) Mahnschreiben des Antragstellers vom
5) eidesstattliche Versicherung des Antragstellers vom
6) eidesstattliche Versicherung des Herrn vom

▲

III. Muster: Antrag nach Anordnung gemäß § 921 Abs. 2 ZPO

5.3

▼

20 An das

Amtsgericht/Landgericht

Az.:

Eilt sehr!

Bitte sofort vorlegen

In dem Arrestverfahren

./.

beantrage ich namens und im Auftrag des Antragstellers,

den beantragten dinglichen Arrest anzuordnen.

Begründung:

Das Gericht hat mit Beschluss vom die Anordnung des beantragten Arrestes von einer Sicherheitsleistung in Höhe von abhängig gemacht. Der Antragsteller hat den Betrag beim Amtsgericht in hinterlegt, wie sich aus dem beigefügten Hinterlegungsschein ergibt. Der Arrestbefehl ist daher nunmehr zu erlassen.

(Rechtsanwalt)

▲

IV. Muster: Antrag auf Eintragung einer Arresthypothek (§ 932 ZPO)

5.4

▼

An das 21

Amtsgericht

– Grundbuchamt –

Ich überreiche namens und im Auftrag des Gläubigers die Ausfertigung des Arrestbefehls des Amtsgerichts vom mit dem Antrag,

> an dem im Grundbuch von Band Blatt eingetragenen Grundstück des Schuldners (Gemarkung Flur Flurstück) in Höhe der Lösungssumme zugunsten des Gläubigers eine Sicherungshypothek einzutragen.

Die Kosten des Eintragungsantrages berechne ich wie folgt:

(Rechtsanwalt)

▲

V. Muster: Antrag, Vollziehungsmaßnahmen aufzuheben (§ 923 ZPO)

5.5

▼

An das 22

Amtsgericht/Landgericht

Az.:

Eilt sehr!

Bitte sofort vorlegen

Antrag auf Aufhebung des Arrestvollzugs

In dem Arrestverfahren

./.

beantrage ich namens und in Vollmacht des Antragsgegners,

die im Arrestbefehl vom angeordnete Pfändung der Bankkonten des Antragsgegners aufzuheben.

Begründung:

Der Antragsteller hat den in Kopie beigefügten Arrestbefehl mit einem Pfändungsbeschluss erwirkt. Der Antragsgegner hat nunmehr die Lösungssumme in Höhe von beim Amtsgericht in hinterlegt. Das ergibt sich aus dem beigefügten Hinterlegungsschein. Der Vollzug des Arrestbefehls ist daher aufzuheben (§ 923 ZPO).

(Rechtsanwalt)

§ 6 Vorläufiger Rechtsschutz in Bausachen

A. Einleitung

Mittel zur Sicherung baurechtlicher Ansprüche sind 1

- die einstweilige Verfügung und
- der Arrest.

Im Wege der **einstweiligen Verfügung** ist vor allem der Anspruch auf Eintragung einer **Bauhandwerkersicherungshypothek** zu sichern. In Betracht kommen bei Gefahr im Verzuge außerdem für den **Bauunternehmer** vor allem einstweilige Verfügungen, um unerlässliche Mitwirkungspflichten des Bauherrn vorläufig durchzusetzen, wie z.B. die Anlieferung von Baumaterialien. Der **Bauherr** kann in dringenden Fällen dem Bauunternehmer mit einer einstweiligen Verfügung vertragswidrige Bauarbeiten verbieten lassen[1] oder – z.B. nach einem gekündigten Architektenvertrag – die Herausgabe von Bauunterlagen verlangen, ohne die ein Bauvorhaben nicht realisiert werden kann,[2] in der Regel aber keinen Vorschuss für Nachbesserungsarbeiten.[3] **Dritte** können sich mit einer einstweiligen Verfügung gegen unzumutbare Belästigungen oder drohende Schäden durch die Bauarbeiten wehren.[4]

Arrestansprüche können bereits bestehende Geldforderungen sein, wie z.B.

- die Ansprüche auf Werklohn (§ 631 BGB),
- Vorschuss oder Ersatz der Kosten für eine Selbstvornahme (§ 634 Nr. 2 BGB) oder
- Schadensersatz (§ 634 Nr. 4 BGB),

aber auch alle Ansprüche, die in Geldforderungen übergehen können, beispielsweise die Ansprüche

- auf Erstellung des Werks (§ 631 BGB),
- auf Nacherfüllung (§ 634 Nr. 1 BGB) oder
- auf Wandelung und Minderung (§ 634 Nr. 3 BGB).

1 OLG München BauR 1987, 598.

2 OLG Hamm BauR 2000, 295; OLG Frankfurt BauR 1980, 193 f.

3 OLG Düsseldorf BauR 1972, 323 f.; a.A. *Werner/Pastor*, Rn 354 in Fällen, in denen sonst größere Schäden drohen.

4 *Werner/Pastor*, Rn 356.

B. Bauhandwerkersicherungshypothek

2 Der Unternehmer eines Bauwerks kann zur Sicherung seiner Ansprüche aus dem Bauvertrag die Eintragung einer **Hypothek am Baugrundstück des Bestellers** verlangen (§ 648 Abs. 1 BGB), wenn der Besteller keine Sicherheit nach § 648a BGB geleistet hat.

Die Eintragung einer Hypothek nach § 648 BGB setzt

- eine Einigung (§ 873 BGB) und
- eine Eintragungsbewilligung (§§ 19, 29, 17 GBO) des Grundstückseigentümers voraus.

Ist dieser dazu nicht bereit, muss ihn der Unternehmer verklagen, wenn er seinen Anspruch durchsetzen will. Wie lange der Prozess dauert, ist ungewiss. In der Zwischenzeit besteht die Gefahr, dass der Bauherr sein Grundstück veräußert, es weiter belastet oder andere Gläubiger die Zwangsvollstreckung betreiben. Die Hypothek kann durch weitere Belastungen oder Vollstreckungsmaßnahmen wertlos werden und von dem Erwerber eines Grundstücks kann der Unternehmer grundsätzlich nicht die Einräumung einer Sicherungshypothek wegen durchgeführter Bauleistungen aus einem Vertrag mit dem Veräußerer verlangen.[5]

Diese Risiken werden durch eine rechtzeitige **Vormerkung** im Grundbuch ausgeschlossen. Die Eintragung kann aufgrund einer **einstweiligen Verfügung** erfolgen (§ 885 Abs. 1 Satz 1 BGB). Sie ersetzt die Bewilligung des Eigentümers. Eine Vormerkung wahrt den Rang der Hypothek (§ 883 Abs. 3 BGB) und sichert damit den Anspruch auf ihre Eintragung. Die Eintragung kann nicht direkt mit einer einstweiligen Verfügung durchgesetzt werden. Hierfür besteht kein Sicherungsbedürfnis.

> *Hinweis*
> Vormerkungen für eine Sicherungshypothek sind bei schon hoch belasteten Grundstücken gefährlich. Sie erschweren eine Nachfinanzierung oder den Verkauf des Grundstücks und wirken sich dann praktisch wie eine „Grundbuchsperre" aus. Der Gläubiger kann sich damit selbst Geldquellen verstopfen. Einen echten Sicherungswert haben nur Vormerkungen, die an einer noch günstigen Rangstelle eingetragen werden. Sie können dann auch als Druckmittel dienen, den Besteller zu einer Zahlung der Werklohnforderung zu veranlassen.

5 BGH NJW 2015, 552.

I. Materielle Voraussetzungen

Anspruchsberechtigt ist der Unternehmer eines Bauwerks oder einzelner Teile eines Bauwerks. Zu den Unternehmern zählen 3

- Bauunternehmer,
- Handwerker,
- Bauträger,
- Baubetreuer,[6]
- planende Architekten,
- Statiker und
- sonstige Sonderfachleute, die aufgrund eines Vertrages mit dem Grundstückseigentümer Werkleistungen erbracht haben.

In Betracht kommen nur Ansprüche aus **Werkverträgen mit dem Grundstückseigentümer** oder Personen, die sich nach **Treu und Glauben** wie ein Besteller behandeln lassen müssen.[7] Dazu zählen – wegen ihrer persönlichen Haftung – Gesellschafter einer oHG[8] und einer GbR[9] als Grundstückseigentümer bei Werkverträgen ihrer Gesellschaft. Nicht ausreichend ist nach der Rechtsprechung des Bundesgerichtshofs[10] die beherrschende Position eines Gesellschafters in der Gesellschaft, wie z.B. bei einer Ein-Mann-GmbH, auch wenn der Alleingesellschafter zugleich Geschäftsführer der GmbH ist. In dem vom BGH entschiedenen Fall kam hinzu und begründete die Eintragung einer Sicherungshypothek, dass die Gesellschaft als Bestellerin des Werkes das dem Gesellschafter gehörende und bebaute Grundstück als Betriebsgrundstück genutzt und der Gesellschafter dadurch Vorteile aus der Wertsteigerung des Grundstücks und dessen verbesserter Nutzungsmöglichkeit gezogen hatte. Das OLG Düsseldorf[11] hat die Eintragung einer Sicherungshypothek in einem Fall gebilligt, in dem zwei Unternehmen einen Geschäftsführer hatten und dieser den Werkauftrag zum Bau eines Gebäudes im Namen des einen Unternehmens ohne berechtigten sachlichen Grund auf dem Grundstück des anderen Unternehmens erteilt hatte, und das OLG Naumburg[12] in

6 Nicht Finanzberater oder Kreditvermittler (weil keine Werkverträge).
7 BGH NJW 1988, 255.
8 OLG Hamm BauR 1978, 58.
9 OLG Frankfurt NJW-RR 2008, 1117.
10 NJW 1988, 255.
11 NJW-RR 2007, 1663.
12 NJW-RR 2000, 311.

einem Fall, in dem der Lebenspartner der Grundstückseigentümerin den Auftrag zum Bau eines Wohnhauses erteilt hatte, das dann beide später nutzen wollten und das ganz überwiegend von einem dem Besteller gewährten Darlehen finanziert werden sollte. Um die Eigentumsverhältnisse zu klären, kann der Werkunternehmer das Grundbuch einsehen.[13] Ergibt sich hieraus, dass der Auftraggeber bereits bei Abschluss des Vertrages nicht Eigentümer des Grundstücks ist, hätte der Unternehmer dies feststellen können. Das OLG Düsseldorf hat deshalb in einer späteren Entscheidung[14] seine Schutzwürdigkeit im Sinne des § 242 BGB allein wegen der „wirtschaftlichen Betrachtungsweise" verneint. Zu empfehlen ist in diesen Fällen eher, vom Auftraggeber eine Sicherheit nach § 648a BGB zu verlangen. Nach deren Leistung ist allerdings ein Anspruch auf Einräumung einer Sicherungshypothek ausgeschlossen (§ 648a Abs. 3 BGB). Baustofflieferanten können keine Hypothek beanspruchen, weil sie keinen Werkvertrag mit dem Grundstückseigentümer abgeschlossen haben und Subunternehmer nicht, weil der Grundstückseigentümer nicht ihr Vertragspartner ist.

4 Die Werkleistungen müssen zu einer **Wertsteigerung des Grundstücks** geführt haben. Dies setzt den Beginn der Bauarbeiten voraus. Forderungen für nur vorbereitende Maßnahmen, wie z.B. die Erwirkung der Baugenehmigung durch einen Architekten, können grundsätzlich nicht mit einer Hypothek gesichert werden.[15] Anders verhält es sich nach Auffassung des OLG Düsseldorf[16] bei einem vor Baubeginn gekündigten Werkvertrag, weil der Unternehmer bzw. Architekt dann die vereinbarte Vergütung abzüglich der ersparten Aufwendungen beanspruchen kann (§ 649 Satz 2 BGB bzw. § 8 Abs. 1 Nr. 2 VOB/B).

5 Zu sichern sind alle **offenen Zahlungsansprüche** aus dem Werkvertrag. Sie brauchen nicht fällig zu sein.[17] Die Höhe der Vergütung richtet sich nach dem jeweiligen Baufortschritt.[18] Bei Baumängeln ist die Werklohnforderung um die voraussichtli-

13 OLG München, Beschl. v. 9.2.2015 – 34 Wx 43/15.

14 BauR 2012, 1240.

15 OLG Hamburg NJW-RR 2010, 376; OLG Koblenz NZBau 2006, 188; OLG Celle NJW-RR 1996, 42.

16 BauR 2007, 1601; a.A. *Ingenstau/Korbion/Joussen*, Anhang 1 Rn 51 und wohl auch schon BGH NJW 1977, 947.

17 BGH NJW 1977, 947.

18 BGH a.a.O.

chen Kosten der Mängelbeseitigung zu kürzen, nicht – wie nach § 641 Abs. 3 BGB bei einem Zurückbehaltungsrecht – um das Doppelte der Kosten.[19]

II. Einstweiliges Verfügungsverfahren

Hat der Bauunternehmer bereits ein vorläufig vollstreckbares Zahlungsurteil über seine Forderung erwirkt, kann er nach § 720a Abs. 1 ZPO ohne Sicherheitsleistung im Wege der Zwangsvollstreckung eine Sicherungshypothek eintragen lassen. Für ein einstweiliges Verfügungsverfahren auf Eintragung einer Vormerkung für eine Bauhandwerkersicherungshypothek besteht nur bis zum Ablauf der zweiwöchigen Wartefrist nach der Zustellung des Urteils (§ 750 Abs. 3 ZPO) ein Rechtsschutzinteresse.[20] 6

Der Antragsteller braucht den Gegner vor einem Verfügungsantrag nicht aufzufordern, die Sicherungshypothek freiwillig zu bewilligen. Tut er dies, läuft er unter Umständen Gefahr, dass der Bauherr sein Grundstück in der Zwischenzeit weiter belastet und eine Sicherungshypothek wertlos wird. Um dem Risiko zu entgehen, mit den Kosten des Verfügungsverfahrens belastet zu werden, wenn der Schuldner den Antrag sofort anerkennt (§ 93 ZPO), ist zu empfehlen, ihn in Zahlungsverzug zu setzen. Danach besteht im allgemeinen Anlass für das einstweilige Verfügungsverfahren.[21] Anhaltspunkte hierfür können sich aber auch aus erkennbaren Finanzierungsschwierigkeiten oder bereits eingetragenen weiteren Bauhandwerkersicherungshypotheken ergeben.[22] Eine Ausnahme besteht, wenn der Bauherr von sich aus die Bewilligung einer Hypothek angeboten hatte.[23]

Der Antragsteller muss die **materiellen Voraussetzungen** des § 648 Abs. 1 BGB für eine Sicherungshypothek **darlegen** und **glaubhaft** machen (**Verfügungsanspruch**). Als „**Beweismittel**" kommen vor allem der schriftliche Bauvertrag, ein Grundbuchauszug, evtl. schon geprüfte Abschlags- oder Schlussrechnungen mit Aufmaßunterlagen und Stundenlohnzetteln, schriftliche Gutachten eines Sachverständigen sowie eidesstattliche Versicherungen (z.B. auch eines Privatsachverstän- 7

19 OLG Köln RPfleger 2013, 265; OLG Brandenburg, Urt. v. 20.5.2009 – 4 U 146/08; OLG Stuttgart BauR 2005, 1047; OLG Celle OLG-Report 1995, 293; *Ingenstau/Korbion/Joussen*, Anhang 1 Rn 62 und 63; *Werner/Pastor*, Rn 234 ff.

20 *Siegburg*, BauR 1990, 290, 293; a.A. OLG Düsseldorf BauR 1985, 334.

21 OLG Stuttgart BauR 1995, 116; *Ingenstau/Korbion/Joussen*, Anhang 1 Rn 118.

22 OLG Frankfurt OLG-Report 1996, 255.

23 OLG Stuttgart BauR 1995, 116.

digen über vorhandene oder nicht vorhandene Baumängel) in Betracht. Eine Werklohnforderung kann in der Antragsschrift schon mit der Vorlage einer prüffähigen Schlussrechnung und einer eidesstattlichen Versicherung ihrer Richtigkeit glaubhaft gemacht werden.[24] Hat der Besteller Zahlungen wegen angeblicher Baumängel verweigert, sollte dies in der Antragsschrift nicht verschwiegen werden. Erfährt das Gericht dies erst vom Antragsgegner, kann das die Glaubwürdigkeit des übrigen Vorbringens beeinträchtigen.

Im Urteilsverfahren gelten die **Beweislastregeln** des Klageverfahrens. Bei einem Streit um Baumängel muss vor der Abnahme der Unternehmer die Mangelfreiheit glaubhaft machen, nach der Abnahme der Bauherr.[25] Kürzt der Bauherr eine Rechnung, muss nicht er die Kürzungen begründen, sondern der Unternehmer die Höhe der abzusichernden Forderung glaubhaft machen.[26]

8 Ein **Verfügungsgrund** – also die Eilbedürftigkeit, weil die Durchsetzung des Anspruchs sonst gefährdet wäre – wird vermutet (§ 885 Abs. 1 Satz 2 BGB). Der Antragsteller braucht ihn nicht glaubhaft zu machen. Die Vermutung ist aber **widerlegbar**.[27] Der Antragsteller darf mit einem Verfügungsantrag nicht zu lange warten. Der Zeitraum, der noch toleriert wird, ist deutlich länger als z.B. bei einer einstweiligen Verfügung im Wettbewerbsrecht. Das OLG Celle[28] hat einen Verfügungsgrund in einem Fall verneint, in dem zwischen der Fertigstellung der Bauarbeiten und der Erstellung der Schlussrechnung ein Zeitraum von 1 1/2 Jahren verstrichen war und zwischen der Erstellung der Schlussrechnung und dem Verfügungsantrag noch einmal neun Monate; das OLG Hamm[29] in einem Fall, in dem die einstweilige Verfügung erst 1 1/2 Jahre nach der Erstellung der Schlussrechnung beantragt worden war, der Auftraggeber die Zahlung des restlichen Werklohnes mit sachlichen Einwänden verweigert hatte und sich in der Zwischenzeit seine Vermögensverhältnisse nicht verschlechtert hatten.[30] Anders verhält es sich, wenn der Unternehmer abgewartet hat, weil er auf ernsthaft wirkende Zahlungsverspre-

24 OLG Naumburg BauR 2013, 2034.

25 BGH NJW-RR 1997, 339.

26 OLG Düsseldorf BauR 2014, 1960.

27 Z.B. OLG Düsseldorf BauR 2015, 140 und BauR 2013, 805; OLG Celle BauR 2013, 128; OLG Koblenz BauR 2013, 1316; OLG Köln, Urt. v. 28.3.2013 – 19 U 157/12; OLG Hamburg MDR 2012, 1249.

28 BauR 2003, 1439; ähnlich der Fall im Urt. v. 5.3.2015 – 13 U 12/15.

29 NJW-RR 2004, 379.

30 Ähnlich: OLG Köln, Urt. v. 28.3.2013 – 19 U 157/12.

chen des Bauherrn vertraut hat.[31] Ist der Antragsteller in erster Instanz mit seinem Verfügungsantrag unterlegen, kann die Vermutung der Dringlichkeit entfallen, wenn er die Berufung nicht innerhalb der zweimonatigen Frist des § 520 Abs. 2 Satz 1 ZPO begründet, sondern die Verlängerung der Frist um einen Monat beantragt und die antragsgemäß verlängerte Berufungsbegründungsfrist dann nahezu voll ausschöpft.[32] Hat der Antragsteller eine einstweilige Verfügung erwirkt, aber nicht rechtzeitig vollzogen, sollte er bei einem erneuten Verfügungsantrag darlegen, was er unternommen hat, um die Zustellung zu bewirken, bzw. aus welchen Gründen dies unterblieben ist. Sonst kann der Antrag an der fehlenden Eilbedürftigkeit scheitern.[33]

Der **Gebührenstreitwert** wird in der Regel auf 1/3 der zu sichernden Bauforderung 9
veranschlagt.[34]

Vollzogen wird die einstweilige Verfügung durch den Antrag auf Eintragung der Vormerkung im Grundbuch (§§ 936, 932 Abs. 3 ZPO), nicht schon durch die Zustellung an den Schuldner.[35] Erneut zu vollziehen ist sie nach einer wesentlichen Änderung im Widerspruchs- oder Berufungsverfahren (siehe § 3 Rn 119). Eine wesentliche Änderung wird in Fällen bejaht, in denen erstmals eine Sicherheitsleistung des Gläubigers angeordnet wird,[36] überwiegend nicht bei einer Ermäßigung des zu sichernden Werklohnanspruchs.[37] Erneut vollzogen werden muss auch eine auf Widerspruch des Schuldners aufgehobene und dann im Berufungsverfahren erlassene einstweilige Verfügung (siehe § 3 Rn 119). Eine Ausnahme besteht, wenn aufgrund der ursprünglichen Entscheidung eine Sicherungshypothek eingetragen und in der Zwischenzeit nicht gelöscht worden ist.[38]

31 OLG Koblenz MDR 2007, 1307 (Fälligkeit der Werklohnforderung 2005/2006; Umschuldung des Bauherrn November 2006 gescheitert; Verfügungsantrag März 2007).

32 OLG Düsseldorf BauR 2015, 140.

33 OLG Celle BauR 2013, 128 und OLG Hamburg MDR 2012, 1249.

34 OLG Celle, Urt. v. 5.3.2015 – 13 U 12/15 und NJW-RR 2005, 460; OLG Köln, Urt. v. 28.3.2013 – 19 U 157/12; OLG Frankfurt NJW-RR 2008, 835; OLG Koblenz NZBau 2006, 188.

35 Z.B. OLG Celle BauR 2000, 1901.

36 OLG Oldenburg BauR 2008, 1932; OLG Düsseldorf BauR 1995, 424; OLG Hamm OLG-Report 1994, 95.

37 OLG Hamm NJW-RR 2000, 198 (12. Zivilsenat); Zöller/*Vollkommer*, § 929, Rn 7; a.A. OLG Hamm Rpfleger 1995, 467 (21. Zivilsenat).

38 OLG Hamm MDR 1983, 1031; Zöller/*Vollkommer*, § 929 Rn 15.

Klage in der Hauptsache ist nach herrschender Meinung nicht die Werklohnklage, sondern die Klage auf Bewilligung der Eintragung der Hypothek.[39] Hierauf muss der Antragsteller achten, wenn ihm das Gericht eine Frist zur Erhebung der Klage gesetzt hat.

C. Arrest

10 In der Baupraxis spielt der **dingliche Arrest** vor allem eine Rolle, um
- **Werklohnforderungen des Unternehmers**,
- **Kaufpreisansprüche von Baulieferanten** oder
- **Vorschuss- bzw. Schadensersatzansprüche des Bauherrn**

zu sichern.

Gläubiger einer Werklohnforderung sind auf einen dinglichen Arrest angewiesen, wenn ihr Vertragspartner nicht Eigentümer des Baugrundstücks ist oder wenn das Grundstück bereits so belastet ist, dass bei einer Zwangsvollstreckung der Ausfall der Bauforderung droht. Im letzteren Fall ist zu einem Arrest neben einem Antrag auf Erlass einer einstweiligen Verfügung auf Eintragung einer Vormerkung für eine Bauhandwerkersicherungshypothek zu raten, wenn ein Arrestgrund glaubhaft gemacht werden kann.

Der Arrest bietet dann Vorteile, weil Sicherungsgegenstand nicht nur das Baugrundstück ist. Hat ein Bauunternehmer bereits eine Bauhandwerkersicherungshypothek oder eine Vormerkung hierfür erlangt, ist ein Arrestantrag nur Erfolg versprechend, wenn er hierdurch noch nicht hinreichend gesichert ist.

11 Ein **Arrestgrund** kann sich vor allem aus auffälligen Belastungen des Baugrundstücks ergeben (siehe § 5 Rn 6), unter Umständen aber auch, wenn der Eigentümer sein von einem Werkunternehmer bebautes Grundstück vor der Eintragung einer Bauhandwerkersicherungshypothek oder einer Vormerkung veräußert.[40]

39 OLG Brandenburg NJW 2014, 3316; OLG Düsseldorf NJW-RR 1986, 322 f.; OLG Frankfurt NJW 1983, 1129, 1130; OLG Celle BauR 2004, 696 f.; Thomas/Putzo/*Seiler*, § 926 Rn 14; *Werner/Pastor*, Rn 292; MüKo/*Drescher*, § 926 Rn 13; a.A. (auch durch Werklohnklage) OLG Frankfurt BauR 2002, 1435 f.; Zöller/*Vollkommer*, § 926 Rn 30 und ausführlich *Ruland*, BauR 1999, 316 ff.

40 Zöller/*Vollkommer*, § 917 Rn 8.

D. Muster: Verfügungsantrag auf Eintrag einer Vormerkung für eine Bauhandwerkersicherungshypothek

6.1

▼

An das 12

Amtsgericht/Landgericht

…

Eilt sehr!

Bitte sofort vorlegen

Antrag

auf Erlass einer einstweiligen Verfügung

der …

– Antragstellerin –

– Verfahrensbevollmächtigter: Rechtsanwalt … –

gegen

den …

– Antragsgegner –

Streitwert: … Euro

Namens und in Vollmacht der Antragstellerin beantrage ich, folgende einstweilige Verfügung – wegen der Dringlichkeit ohne mündliche Verhandlung – zu erlassen:

> Zugunsten des Antragstellers ist auf dem Grundstück des Antragsgegners … – eingetragen im Grundbuch von … Band … Blatt … – wegen einer Werklohnforderung in Höhe von … Euro aus dem Bauvertrag vom … nebst … % Zinsen seit dem … und einer Kostenpauschale von … eine Vormerkung zur Sicherung des Anspruchs auf Einräumung einer Sicherungshypothek einzutragen.

Das Gericht wird gebeten, das Grundbuchamt um die Eintragung zu ersuchen (§ 941 ZPO) und mir telefonisch mitzuteilen, ob es so verfährt, damit ich die einstweilige Verfügung rechtzeitig vollziehen oder den Eintragungsantrag unverzüglich selbst stellen kann.

Begründung:

Der Antragsgegner ist Eigentümer des im Antrag genannten Grundstücks.

Glaubhaftmachung: beigefügter beglaubigter Grundbuchauszug

Die Antragstellerin hat in seinem Auftrag aufgrund eines Bauvertrages vom die Maurerarbeiten beim Neubau des Wohnhauses auf dem Grundstück ausgeführt und dem Antragsgegner dafür vereinbarungsgemäß Euro in Rechnung gestellt.

Glaubhaftmachung: anliegende Kopie des Bauvertrages vom und Schlussrechnung vom

Die Arbeiten der Antragstellerin sind mangelfrei. Der Antragsgegner hat trotz Mahnung nichts bezahlt.

Glaubhaftmachung: anliegende eidesstattliche Versicherung des Mahnschreiben vom

Die Antragstellerin kann wegen ihrer Werklohnforderung nach § 648 Abs. 1 BGB die Einräumung einer Sicherungshypothek und zu deren Sicherung nach den §§ 883, 885 BGB im Wege der einstweiligen Verfügung die Eintragung einer Vormerkung verlangen.

Die Kostenpauschale setzt sich aus folgenden Beträgen zusammen:

Der Antragsgegner hat sich offensichtlich finanziell übernommen, denn . Deshalb ist eine Entscheidung ohne mündlichen Verhandlung geboten (§ 937 Abs. 2 ZPO). Sonst besteht die Gefahr, dass andere Bauwerkunternehmer vorrangig eine Vormerkung erwirken oder die Zwangsvollstreckung in das Grundstück betreiben.

(Rechtsanwalt)

Anlagen:

1) Grundbuchauszug
2) Bauvertrag vom
3) Schlussrechnung vom
4) eidesstattliche Versicherung des vom
5) Mahnschreiben vom

▲

§ 7 Vorläufiger Rechtsschutz in Mietsachen

A. Einleitung

Gefährdete Ansprüche aus Mietverträgen[1] können mit **einstweilige Verfügungen** gesichert und in Ausnahmefällen sogar vorläufig durchgesetzt werden.[2] Auch **Arrestverfahren** sind möglich, aber äußerst selten, weil der Gläubiger meistens keinen Arrestgrund glaubhaft machen kann: Vermieter können wegen ihrer Zahlungsansprüche häufig zunächst auf Kautionen zurückgreifen und Mieter mit ihren Geldforderungen gegen den Mietzinsanspruch aufrechnen. Die Sicherung überschießender Ansprüche durch einen Arrest setzt konkrete Anhaltspunkte für eine bevorstehende Verschlechterung der Vermögensverhältnisse des Schuldners voraus, die seine bislang bestehende Zahlungsfähigkeit beeinträchtigen könnte. Die hierfür erforderlichen Einblicke in die finanzielle Situation und beabsichtigten Vorhaben eines Mieters hat normalerweise ein Vermieter nicht und umgekehrt ein Mieter auch nicht. 1

B. Ansprüche des Vermieters

Mietzinsansprüche sind im Allgemeinen nicht mit einer einstweiligen Verfügung durchzusetzen. Im Eilverfahren kann der Vermieter allenfalls vorgehen, wenn er auf die Mietzinsen zur Sicherung seines Existenzminimums dringend angewiesen ist (siehe § 3 Rn 20). Dies ist denkbar, kommt aber extrem selten vor. 2

Eher kommt es in Betracht, vom Mieter eine **Sicherheitsleistung** für ausstehende Wohnraum- oder Geschäftsraummieten zu verlangen (§ 283a ZPO). Um dies zu erreichen, muss der Vermieter Räumungsklage erheben und in dem Prozess auch die Mietzinsen einklagen. Zu sichern sind dann auf Antrag alle eingeklagten Mietzinsansprüche, die nach Rechtshängigkeit der Klage und bis zur Sicherungsanordnung fällig geworden sind. Spätere Ansprüche können ab Fälligkeit durch neue Anordnungen gesichert werden. Sie müssen dann aber eingeklagt sein, wie mit

1 Die nachfolgenden Ausführungen beziehen sich nur auf Ansprüche aus Mietverträgen über Wohn- und Geschäftsräume.

2 Vgl. dazu *Hinz*, WuM 2005, 615 mit zahlreichen Fallgestaltungen.

einer Klage auf künftige Leistungen oder einer Klageerweiterung. Weitere Voraussetzung für eine Sicherungsanordnung ist eine „hohe Erfolgsaussicht“ der Klage. Sie ist zu bejahen, wenn sich der Mieter gegen ein schlüssiges Vorbringen des Vermieters nur unerheblich verteidigt hat. Hängt die Entscheidung von einer Beweisaufnahme ab, kann sich eine „hohe Erfolgsaussicht“ allenfalls nach der Beweisaufnahme herausstellen, wegen des Verbots der vorweggenommenen Beweiswürdigung[3] nicht schon vorher. Schließlich muss der Vermieter noch glaubhaft machen, dass die Anordnung nach Abwägung der beiderseitigen Interessen gerechtfertigt ist, um besondere Nachteile für ihn abzuwenden.[4]

Mit diesem Verfahren ist eine Sicherung rückständiger Zahlungsansprüche aus dem Zeitraum vor der Erhebung der Klage nicht zu erreichen. Umständlich ist auch das weitere Vorgehen, wenn der Mieter eine angeordnete Sicherheit nicht freiwillig leistet. Der Vermieter kommt dann nur im Vollstreckungsverfahren nach § 887 ZPO zu einem Zahlungstitel. Bei Ansprüchen aus einem Wohnraummietvertrag kann der Vermieter nach einer Kündigung wegen Zahlungsverzugs allerdings stattdessen schon vor einem Urteil im Klageverfahren eine einstweilige Räumungsverfügung erwirken (siehe Rn 5). Ob er auf diesem Wege früher zu einem Räumungstitel gelangt, ist aber zweifelhaft. Erbringt der Mieter die angeordnete Sicherheit, kann die Verbindung einer Räumungs- mit einer Zahlungsklage die Entscheidung über den Räumungsanspruch verzögern. Eine Sicherungsanordnung ist überdies mit dem Risiko der Haftung für Schadensersatzansprüche des Mieters verbunden (§ 283a Abs. 4 ZPO).

3 Bei akuter Gefahr für Menschen oder das Gebäude kann Mietern im Wege der einstweiligen Verfügung aufgegeben werden, **unaufschiebbare Erhaltungsmaßnahmen** im Sinne des § 555a BGB zu dulden.[5] **Modernisierungsmaßnahmen** (§ 555b BGB) sind im Allgemeinen nicht eilbedürftig. Der drohende Verlust eines Modernisierungszuschusses reicht nicht aus.[6] Vermieter können im Wege der einstweiligen Verfügungen überdies u.a. folgende Rechte durchsetzen: Die Untersagung des **vertragswidrigen Gebrauchs** einer Mietsache, der dem Vermieter auch kurzzeitig nicht zuzumuten ist,[7] die **Besichtigung der Wohnung**, wenn von ihr erhebli-

3 BGH VersR 2011, 1384.

4 Vgl. dazu OLG Celle NJW 2013, 3316.

5 OLG Rostock MDR 1996, 1183 (zum früheren Recht).

6 LG Frankenthal WuM 1993, 418 f.; a.A. LG Köln WuM 1978, 8 (zum früheren Recht).

7 LG Wuppertal ZMR 1996, 439; AG Bad Homburg NJW-RR 1992, 335; Schuschke/Walker/*Schuschke*, Vorb. zu § 935 Rn 54.

che Gefahren für Personen oder Sachen ausgehen[8] oder der Vermieter aus anderen Gründen auf eine Besichtigung angewiesen ist und damit nicht bis zur Entscheidung im Klageverfahren warten kann,[9] die **Entfernung von Plakaten oder Spruchbändern mit anstößigem Inhalt** an Außentüren, Fenstern oder Balkonen[10] und bei Gewerberäumen eine vertraglich vereinbarte **Betriebspflicht**, wenn dem Vermieter – wie vor allem bei Leerständen in Einkaufszentren – andernfalls erhebliche Nachteile drohen.[11]

Mit einer **Unterlassungsverfügung** können Vermieter verhindern, dass Mieter bei einem kurzfristig bevorstehenden Auszug trotz erheblicher Mietrückstände aus der Wohnung **Gegenstände entfernen**, die dem **Vermieterpfandrecht** unterliegen.[12] Die Gegenstände brauchen in dem Antrag nicht bezeichnet zu werden. Für ausreichend gehalten wird, die Mieträume zu beschreiben, in denen sie sich befinden, wie z.B. mit dem Antrag, es dem Antragsgegner zu untersagen, „Einrichtungsgegenstände, die dem Vermieterpfandrecht wegen einer Forderung in Höhe von ... unterliegen, aus den Geschäftsräumen ... zu entfernen oder durch Dritte entfernen zu lassen".[13] Der Vermieter muss glaubhaft machen, dass ihm aus dem Mietverhältnis Forderungen gegen den Mieter zustehen und dass der Mieter eigene Sachen in die Mietwohnung eingebracht hat (§ 562 Abs. 1 BGB). Als Verfügungsgrund reicht die Absicht des Mieters aus, das Mietobjekt demnächst zu räumen. Der Vermieter braucht sich nicht auf das Selbsthilferecht des § 562b Abs. 1 BGB verweisen zu lassen.[14]

Hat der Mieter Sachen, die dem Vermieterpfandrecht unterliegen, ohne Wissen oder gegen den Willen des Vermieters aus den Mieträumen entfernt, kann der Vermieter unter Umständen im Wege der einstweiligen Verfügung innerhalb der Monatsfrist des § 562b Abs. 2 BGB die Überlassung des Besitzes an einen Seques-

8 *Hinz*, WuM 2005, 615, 622.
9 LG Duisburg NJW-RR 2007, 85.
10 AG Ludwigsburg WuM 1989, 618; Schuschke/Walker/*Schuschke*, Vorb. zu § 935 Rn 54.
11 KG, Beschl. v. 17.11.2014 – 8 U 114/14; Urt. v. 12.9.2011 – 8 U 141/11 – und ZMR 2005, 47; OLG Celle NJW-RR 2008, 168; OLG Hamburg WuM 2003, 641; OLG Frankfurt ZMR 2009, 446 (gemietetes Hotel); OLG Düsseldorf NJW-RR 1997, 648; a.A. OLG Naumburg NJW-RR 1998, 873 (nicht vollstreckbar).
12 OLG Stuttgart NJW-RR 1997, 521; OLG Celle NJW-RR 1987, 447.
13 OLG Hamm MDR 2000, 386; OLG Stuttgart NJW-RR 1997, 521.
14 OLG Celle NJW-RR 1987, 447; Schuschke/Walker/*Schuschke*, § 935 Rn 54; *Katzenstein/Hüftle*, MDR 2005, 1027, 1030.

ter und – wenn er sie nicht hinreichend bezeichnen kann – mit einem Stufenantrag zunächst Auskunft über die Gegenstände verlangen.[15]

C. Ansprüche des Mieters

4 Der Mieter kann sich mit einer einstweiligen Verfügung vor allem gegen die eigenmächtige Entziehung seines Besitzes an der Mietwohnung und gegen Besitzstörungen wehren. Der Verfügungsgrund ergibt sich aus der verbotenen Eigenmacht (siehe § 3 Rn 59).

Dem Mieter wird **eigenmächtig** der **Besitz entzogen** (§ 861 BGB), wenn der Vermieter ihm den ungehinderten Zugang zu den Mieträumen verwehrt,[16] z.B. indem er den Türschlosszylinder tauscht, um zu verhindern, dass der Mieter wieder in die Wohnung gelangt.[17] Dies gilt auch nach einer wirksamen Kündigung des Mietvertrages.[18] Mit einer einstweiligen Verfügung kann sich der Mieter wieder den Zugang zu der Wohnung verschaffen.

Als **Besitzstörungen** (§ 862 BGB) werden häufiger Lärm-, Geruchs- oder Staubimmissionen bei Erhaltungs- oder Modernisierungsmaßnahmen des Vermieters (§§ 555a, 555b BGB) empfunden. Arbeiten innerhalb der Wohnung darf der Vermieter generell nicht eigenmächtig durchführen. Der Mieter kann sie unterbinden, indem er den Zugang zur Wohnung verwehrt. Eine einstweilige Verfügung kommt allenfalls bei Arbeiten in Betracht, die mit Duldung des Mieters begonnen wurden, dann aber zu vermeidbaren Beeinträchtigungen führen. Anders verhält es sich bei Maßnahmen im Außenbereich, z.B. an der Fassade eines Hauses oder im Treppenhaus. Hat sich der Mieter damit nicht einverstanden erklärt, kann er sie mit einer einstweiligen Verfügung verbieten lassen, wenn Auswirkungen drohen oder sogar schon entstanden sind, die ihn bei der Nutzung seiner Mietwohnung erheblich beeinträchtigen.[19] Das gilt auch in der Gewerberaummiete.[20] Ist streitig,

15 OLG Brandenburg, Beschl. v. 18.7.2007 – 3 W 20/07; OLG Rostock WuM 2004, 471; *Wolf/Eckert/Ball*, Rn 763.

16 OLG Karlsruhe, Urt. v. 27.3.2014 – 12 U 11/14.

17 LG Berlin, Urt. v. 6.12.2004 – 12 O 633/04; LG Freiburg WuM 1997, 113.

18 BGH NJW 2010, 3434.

19 LG Berlin ZMR 2014, 214; LG Berlin MDR 2013, 643; LG Berlin ZMR 2013, 113; LG Berlin NJW-RR 2012, 1229; LG Berlin WuM 2012, 554; LG Hamburg ZMR 2009, 208.

20 LG Hamburg ZMR 2010, 530.

ob erhebliche Beeinträchtigungen vorliegen, muss nach Auffassung des LG Berlin[21] der Vermieter darlegen und glaubhaft machen, dass der Mieter nur unerheblich beeinträchtigt wird. Der Vermieter ist nach § 863 BGB mit dem Einwand ausgeschlossen, der Mieter sei rechtlich verpflichtet, die beanstandete Maßnahme zu dulden.[22]

Die Unterbrechung der Versorgung mit Heizenergie, Wasser, Strom oder Gas durch den Vermieter oder ein Versorgungsunternehmen ist nach Auffassung des Bundesgerichtshofs[23] keine verbotene Eigenmacht. In Betracht kommt bei einer Notlage oder Existenzgefährdung des Mieters eine Leistungsverfügung, mit der der Vermieter oder ein Versorgungsunternehmen verpflichtet werden kann, die Versorgung zeitlich befristet aufrecht zu erhalten.[24] Das Gleiche gilt, wenn der Vermieter die Wohnung nicht ordnungsgemäß beheizt.[25] **Mängel der Mietwohnung** rechtfertigen allenfalls eine Beseitigungsverfügung, wenn sie Leib oder Leben des Mieters konkret gefährden.[26] Ein Anspruch auf Erteilung einer **Erlaubnis zur Untervermietung** ist nur im Klageverfahren durchzusetzen.[27] Gegen eine unberechtigte Inanspruchnahme der **Mietkaution** kann sich der Mieter im einstweiligen Verfügungsverfahren z.B. mit dem Antrag wehren, es dem Vermieter zu untersagen, sich das als Mietkaution verpfändete Sparkonto Nr. ... bei der ...-Bank auszahlen zu lassen.[28]

Bei Geschäftsräumen mit einer vereinbarten **Konkurrenzschutzklausel** kann dem Vermieter im Wege der einstweiligen Verfügung untersagt werden, bestimmte Räumlichkeiten an ein Konkurrenzunternehmen zu vermieten.[29] Zulässig ist auch eine einstweilige Verfügung, um die drohende **Umgehung eines** vereinbarten und bereits ausgeübten **Vorkaufsrechts** oder eines Vorkaufsrechts nach § 577 BGB durch die Veräußerung des Mietobjekts an einen Dritten zu verhindern.[30] Die

21 MDR 2014, 1195.

22 LG Berlin WuM 2014, 424; LG Berlin ZMR 2013, 113; LG Berlin WuM 2012, 554 – jeweils im Anschluss an BGH NJW 1979, 1358.

23 NJW 2009, 1147.

24 Zöller/*Vollkommer*, § 940 Rn 8 mit Nachweisen aus der Rechtsprechung.

25 OLG Köln ZMR 1994, 325; LG Koblenz NJW-RR 1986, 506; LG Osnabrück WuM 1980, 198; LG Mannheim WuM 1975, 12.

26 *Hinz*, WuM 2005, 615, 622.

27 LG Hamburg WuM 2000, 303.

28 *Ulrici*, ZMR 2004, 404 f.

29 OLG Frankfurt NJW-RR 1988, 396 f.; OLG Hamm NJW-RR 1990, 1236 f.

30 OLG München ZMR 1999, 549 ff.

Sicherung erfolgt durch die Eintragung einer Auflassungsvormerkung (§ 883 Abs. 1 BGB). Eine Gefährdung des Anspruchs braucht nicht glaubhaft gemacht zu werden (§ 885 Abs. 1 Satz 2 BGB). Bei einer **Doppelvermietung** kann dem Vermieter nach überwiegender Auffassung in der Rechtsprechung nicht im Wege der einstweiligen Verfügung untersagt werden, das Mietobjekt dem anderen Mieter zu überlassen.[31]

D. Räumungsverfügung

5 Die **Räumung von Wohnraum** darf durch eine einstweilige Verfügung wegen **verbotener Eigenmacht** des Mieters (vor allem Hausbesetzungen, aber z.B. auch die Besitzüberlassung nicht vermieteter Teile einer Wohnung an Dritte ohne Einverständnis des Vermieters[32]) oder bei einer von ihm hervorgerufenen konkreten Gefahr für Leib oder Leben des Vermieters oder anderer Hausbewohner[33] angeordnet werden (§ 940a Abs. 1 ZPO). Zugelassen sind nach § 940a Abs. 3 ZPO außerdem Räumungsverfügungen, wenn der Mieter einer Sicherungsanordnung im Klageverfahren nicht Folge geleistet hat (siehe Rn 2). Auch dies gilt nach dem eindeutigen Wortlaut des Gesetzes nur für Wohnräume (zur vergleichbaren Regelung in § 940a Abs. 2 ZPO siehe Rn 7) und mit einer Einschränkung: Die Räumungsklage muss wegen Zahlungsverzugs erhoben worden sein, nicht wegen anderer Kündigungsgründe.

Eine einstweilige Verfügung zur Räumung von **Geschäftsräumen** kann – außer in Fällen verbotener Eigenmacht – z.B. erwirkt werden, wenn der Mieter nach einer rechtmäßigen Kündigung des Mietvertrages das Mietobjekt übermäßig weiter nutzt und dadurch die Substanz des Gebäudes gefährdet wird.[34] Die Einstellung der Mietzinszahlung und eine normale andauernde Nutzung reichen nicht aus.[35] Gerichte haben Räumungsverfügungen überdies in Fällen zugelassen, in denen

31 OLG Koblenz MDR 2008, 18; KG NJW-RR 2007, 1167; OLG Hamm NJW-RR 2004, 521; OLG Schleswig MDR 2000, 1428; OLG Frankfurt NJW-RR 1997, 77; OLG Brandenburg OLG-Report 1997, 329; a.A. OLG Düsseldorf NJW-RR 1991, 137.

32 LG Berlin WuM 2014, 424.

33 *Hinz*, WuM 2005, 615, 629.

34 OLG Brandenburg, Beschl. v. 6.2.2008 – 3 W 3/08; OLG Düsseldorf NJW-RR 2009, 1461; OLG Celle ZMR 2000, 752.

35 OLG Düsseldorf NZM 2005, 180; *Wolf/Eckert/Ball*, Rn 763.

der Vermieter infolge einer besonderen wirtschaftlichen Notlage auf die sofortige Herausgabe der Räume angewiesen war.[36]

Im Verfügungsantrag müssen die **Räumungsschuldner** bezeichnet werden. Kennt der Gläubiger sie nicht und kann er ihre Namen auch nicht ermitteln, wie z.B. bei Hausbesetzungen oder Wohngemeinschaften, reicht es aus, ihre Identität durch den Aufenthaltsort und die Anzahl zu bestimmen. Nach überwiegender Auffassung muss es sich dann aber um einen Personenkreis handeln, der vorübergehend feststeht und nicht ständig wechselt. Sonst ist ein Verfügungsantrag „gegen die Bewohner des Hauses ...“ unzulässig.[37] Eine Mindermeinung in der Literatur hält in diesen Fällen einen Räumungsantrag „gegen die bei der Vollziehung angetroffenen Personen“ für zulässig.[38] 6

Aus einer Räumungsverfügung kann der Vermieter die **Vollstreckung** gegen die im Titel aufgeführten Verfügungsbeklagten betreiben, nicht gegen Dritte, die Mitbesitzer der Räume sind, wie vor allem Untermieter[39] und Ehepartner des Schuldners, auch wenn sie den Mietvertrag nicht mit abgeschlossen haben.[40] Gegen sie muss der Vermieter einen weiteren Räumungstitel erwirken, wenn sie nicht freiwillig ausziehen. Um dies zu vermeiden, sollte er den Verfügungsantrag auch gegen sie richten, wenn sie ihm bekannt sind. Nicht ohne weiteres Mitbesitzer sind nach Auffassung des BGH nichteheliche Lebenspartner des Mieters und volljährige Kinder, auch wenn sie verheiratet sind und mit ihrem Ehepartner in der Wohnung des Mieters leben.[41] Minderjährige Kinder, die mit ihren Eltern zusammenleben, haben grundsätzlich keinen Mitbesitz an der gemeinsam benutzten Wohnung. Für eine Räumungsvollstreckung reicht ein Vollstreckungstitel gegen die Eltern aus.[42] 7

Hat der Vermieter einen Räumungstitel erwirkt und erfährt er erst nach dem Schluss der mündlichen Verhandlung, dass ein Dritter im Besitz der Mietsache ist, kann er

36 OLG Rostock OLG-Report 2001,560; OLG Köln NJW-RR 1955, 1988; OLG Celle NZM 2001, 194; a.A. OLG Düsseldorf NJW-RR 2009, 1461.

37 OLG Oldenburg NJW-RR 1995, 1164 f.; OLG Köln NJW 1982, 1888; Zöller/Vollkommer, § 935 Rn 4; Thomas/Putzo/*Reichold*, § 253 Rn 7; MüKo/*Becker-Eberhard*, § 253 Rn 53 ff.; a.A. Schuschke/Walker/*Walker*, § 920 Rn 13.

38 *Scherer*, DGVZ 1993, 132 ff.

39 BGH NJW-RR 2003, 1450.

40 BGH FamRZ 2005, 269; BGH NJW 2004, 3041.

41 BGH NJW 2008, 1959; zu Kriterien, die für einen Mitbesitz sprechen, auch BGH NJW-RR 2008, 1329 (weitgehend allein genutzte Zimmer).

42 BGH NJW 2008, 1959.

gegen den Dritten – wenn er nicht freiwillig auszieht – eine einstweilige Räumungsverfügung erwirken (§ 940a Abs. 2 ZPO). Dies gilt nur für Wohnraummietverhältnisse, nicht im Gewerbemietrecht.[43] Der Vermieter muss in dem Verfahren glaubhaft machen, dass der in Anspruch genommene Dritte Besitz an der Wohnung hat, dass er – der Vermieter – dies erst nach dem Schluss der mündlichen Verhandlung erfahren und dass der Dritte kein Besitzrecht[44] hat. Der Dritte kann sich verteidigen, indem er seinen Besitz bestreitet, eine rechtzeitige Kenntnis des Vermieters behauptet oder sich auf ein eigenes Besitzrecht beruft.

E. Muster

I. Muster: Antrag auf Duldung von Erhaltungsmaßnahmen

7.1

▼

8 An das

Amtsgericht

Eilt sehr!

Bitte sofort vorlegen

Antrag

auf Erlass einer einstweiligen Verfügung

der

– Antragstellerin –

– Verfahrensbevollmächtigter: Rechtsanwalt –

gegen

den

– Antragsgegner –

Streitwert: Euro

43 OLG Celle, Beschl. v. 24.11.2014 – 2 W 237/14; KG NJW 2013, 3588; LG Köln NZM 2013, 732; a.A. LG Hamburg NJW 2013, 1366.

44 Die Entscheidung im Vorprozess über den Rückgabeanspruch des Vermieters hat keine Bindungswirkung für die Entscheidung im einstweiligen Verfügungsverfahren (BGH NJW 2010, 2208).

Namens und im Auftrag der Antragstellerin beantrage ich, folgende einstweilige Verfügung – wegen der Dringlichkeit ohne mündliche Verhandlung (§ 937 Abs. 2 ZPO) – zu erlassen:

1) Dem Antragsgegner wird aufgegeben, in der Zeit vom ___ bis ___ innerhalb der Wohnung ___ Reparaturarbeiten am Kamin zu dulden und den von der Antragstellerin hiermit beauftragten Handwerkern freien Zugang zu ___ zu verschaffen.
2) Für jeden Fall der Zuwiderhandlung wird dem Antragsgegner ein Ordnungsgeld bis zu 250.000 Euro angedroht, ersatzweise Ordnungshaft, oder Ordnungshaft bis zu sechs Monaten.

Begründung:

Der Antragsgegner hat von der Antragstellerin aufgrund des beigefügten Mietvertrages die im Antrag bezeichnete Wohnung gemietet. In der Wohnung befindet sich ein Kamin, dessen Stilllegung der Bezirksschornsteinfegermeister mit der anliegenden Verfügung angeordnet hat, weil Brandgefahr besteht. Die Antragstellerin will die notwendigen Reparaturarbeiten durchführen lassen. Sie hat die Firma ___ damit beauftragt, den Antragsgegner hiervon mit Schreiben vom ___ unterrichtet und ihm darin mitgeteilt, welche Arbeiten wann durchgeführt werden sollen und wie lange sie dauern. Der Antragsgegner hat mit Schreiben vom ___ geantwortet, er werde keine Handwerker in seine Wohnung lassen und den Kamin weiter nutzen, weil der einwandfrei funktioniere.

Glaubhaftmachung: anliegende Schreiben der Antragstellerin vom ___
und des Antragsgegners vom ___

Die Antragstellerin braucht nicht abzuwarten, dass sich der Antragsgegner erst dann eines Besseren besinnt, wenn das Haus in Flammen steht. Ihr ist es auch nicht zuzumuten, die Reparaturarbeiten bis zu einer Klärung im Klageverfahren zurückzustellen. Sie sind als notwendige Erhaltungsmaßnahmen vom Antragsgegner nach § 555a BGB zu dulden und müssen sofort durchgeführt werden, um einer weiteren Nutzung des vorhandenen Kamins in seinem derzeitigen Zustand und der damit verbundenen Brandgefahr vorzubeugen.

(Rechtsanwalt)

Anlagen:

1) Mietvertrag der Parteien vom ___
2) Stilllegungsverfügung des Bezirksschornsteinfegermeisters vom ___
3) Schreiben der Antragstellerin vom ___
4) Schreiben des Antragsgegners vom ___

▲

II. Muster: Antrag auf Versorgung einer Wohnung mit Strom

7.2

▼

9 An das

Amtsgericht

Eilt sehr!

Bitte sofort vorlegen

Antrag

auf Erlass einer einstweiligen Verfügung

der

– Antragstellerin –

– Verfahrensbevollmächtigter: Rechtsanwalt –

gegen

den

– Antragsgegner –

Streitwert: Euro

Namens und im Auftrag der Antragstellerin beantrage ich, folgende einstweilige Verfügung – wegen der Dringlichkeit ohne mündliche Verhandlung (§ 937 Abs. 2 ZPO) – zu erlassen:

Dem Antragsgegner wird aufgegeben, die Wohnung der Antragstellerin in mit Strom zu versorgen.

Begründung:

Die Antragstellerin hat mit dem beigefügten Mietvertrag vom Antragsgegner die im Antrag bezeichnete Wohnung gemietet. Zwischen den Parteien ist es wiederholt zu Streitigkeiten gekommen, die auch schon die Gerichte beschäftigt haben. Auf die Hintergründe soll hier nicht näher eingegangen werden. Der Antragsgegner hat nun gestern den Strom zur Wohnung der Antragstellerin abgestellt. Die Antragstellerin führte dies zunächst auf einen Kurzschluss zurück und sprach den Antragsteller darauf an. Dieser eröffnete ihr, er habe die Leitung gekappt, weil die Antragstellerin in diesem Monat schon zu viel Strom verbraucht habe. Mehr sei bei der vereinbarten Pauschalmiete nicht drin.

Glaubhaftmachung: anliegende eidesstattliche Versicherung der Antragstellerin

Das Verhalten des Antragsgegners spricht für sich. Seine Vorwürfe sind an den Haaren herbeigezogen. Er schikaniert die Antragstellerin, wo immer er kann. Die Antragstellerin braucht sich dies nicht bieten zu lassen. Sie ist auf Strom angewiesen, weil ihre Wohnung darauf eingerichtet ist. Ohne den Elektroherd kann sie nicht kochen und ohne die Waschmaschine die Wäsche nicht waschen. Sie will auch nicht ständig ihre Abende bei Kerzenlicht verbringen. Um wenigstens in dieser Hinsicht alsbald zu geordneten Verhältnissen zurückzukehren, ist der Erlass der beantragten einstweiligen Verfügung dringend geboten.

(Rechtsanwalt)

Anlage: eidesstattliche Versicherung der Antragstellerin vom

▲

III. Muster: Antrag auf Unterlassungsverfügung (Mieter gegen Mieter)

7.3

▼

An das 10

Amtsgericht

Eilt sehr!

Bitte sofort vorlegen

Antrag

auf Erlass einer einstweiligen Verfügung

der

– Antragstellerin –

– Verfahrensbevollmächtigter: Rechtsanwalt –

gegen

den

– Antragsgegner –

Streitwert: Euro

Namens und im Auftrag der Antragstellerin beantrage ich, folgende einstweilige Verfügung – wegen der Dringlichkeit ohne mündliche Verhandlung (§ 937 Abs. 2 ZPO) – zu erlassen:

1) Dem Antragsgegner wird es untersagt, seinen Hund im oder vor dem Haus in frei herumlaufen zu lassen.

2) Für jeden Fall der Zuwiderhandlung wird dem Antragsgegner ein Ordnungsgeld bis zu 250.000 Euro angedroht, ersatzweise Ordnungshaft, oder Ordnungshaft bis zu sechs Monaten.

Begründung:

Die Parteien sind Mieter des Mehrfamilienhauses ____ in ____. Der Antragsgegner besitzt einen Bernhardiner, den er im und vor dem Haus frei herumlaufen lässt. Das Tier springt Menschen an. Die Antragstellerin, eine ältere Dame, fühlt sich deshalb gefährdet. Sie begegnet dem Hund mindestens einmal wöchentlich und wird dann regelmäßig von ihm angesprungen.

Die Antragstellerin hat den Antragsgegner wiederholt gebeten, den Hund an der Leine zu führen. Dies hat der Antragsgegner mit der Begründung abgelehnt, das Tier sei völlig harmlos und wolle nur spielen. Zu derartigen Erklärungen neigen Hundehalter erfahrungsgemäß. Die Antragstellerin legt auf Spiele mit dem Tier keinen Wert. Sie vertraut auch nicht darauf, dass sich der Hund damit begnügt. Hundehalter machen selbst nach gefährlichen Angriffen noch geltend, das Tier sei gutmütig; der Verletzte müsse sich falsch verhalten haben.

Die Antragstellerin braucht nicht abzuwarten, bis sie von dem Hund tatsächlich umgeworfen oder gebissen wird. Dies droht ihr ständig, wenn sie dem Tier begegnet. Davor kann sie nur die beantragte Unterlassungsverfügung wirksam schützen.

Den vorstehenden Sachverhalt mache ich glaubhaft durch die beigefügten eidesstattlichen Versicherungen der Antragstellerin und der Mitbewohner ____ und ____. Daraus ergibt sich im Einzelnen, an welchen Tagen des letzten Monats der Hund die Antragstellerin und auch die Mitbewohner angesprungen hat. Hierauf nehme ich Bezug.

Eine Entscheidung ohne mündliche Verhandlung ist geboten, weil jede Zeitverzögerung dazu führen kann, dass die Antragstellerin von dem Tier angefallen und erheblich verletzt wird.

(Rechtsanwalt)

Anlagen:

1) eidesstattliche Versicherung der Antragstellerin vom ____
2) eidesstattliche Versicherungen der ____ und des ____ vom ____

▲

IV. Muster: Räumungsverfügung (Vermieter gegen Mieter)

7.4

▼

An das 11

Amtsgericht

Eilt sehr!

Bitte sofort vorlegen

Antrag

auf Erlass einer einstweiligen Verfügung

des

– Antragstellers –

– Verfahrensbevollmächtigter: Rechtsanwalt –

gegen

den

– Antragsgegner –

Streitwert: Euro

Namens und im Auftrag des Antragstellers beantrage ich,

> dem Antragsgegner im Wege der einstweiligen Verfügung aufzugeben, die Wohnung bestehend aus zu räumen und an den Antragsteller herauszugeben.

Begründung:

Der Antragsgegner hat vom Antragsteller aufgrund des beigefügten Mietvertrages die im Antrag bezeichnete und damals leer stehende Wohnung gemietet. Vorangegangen war ein Gespräch mit dem vom Antragsteller beauftragten Makler . Diesem hatte der Antragsgegner erklärt, er sei bei der Firma beschäftigt und verdiene dort monatlich EUR.

Glaubhaftmachung: anliegende eidesstattliche Versicherung des Maklers

In Wirklichkeit bestand das Arbeitsverhältnis schon seit nicht mehr und der frühere Mietvertrag des Antragsgegners war wegen rückständiger Mieten fristlos gekündigt worden.

Glaubhaftmachung: anliegende Bescheinigung der Firma und eidesstattliche Versicherung des früheren Vermieters

Als der Antragsteller dies erfuhr, hat er noch vor dem Einzug des Antragsgegners den Mietvertrag mit dem beigefügten Schreiben vom wegen arglistiger Täuschung angefochten. Der Antragsgegner ist dennoch in die Wohnung eingezogen. Wie er hineingelangt ist, weiß der Antragsteller nicht. Dies ist jedenfalls ohne seinen Willen geschehen, so dass der Antragsgegner wegen verbotener Eigenmacht zur Räumung und Herausgabe verpflichtet ist (§ 861 Abs. 1 BGB). Dieser Anspruch ist nach § 940a ZPO im Wege der einstweiligen Verfügung durchzusetzen. Ein Verfügungsgrund wird dabei vermutet.

(Rechtsanwältin)

Anlagen:

1) Mietvertrag der Parteien vom
2) eidesstattliche Versicherung des Maklers vom
3) Bescheinigung der Firma vom
4) eidesstattliche Versicherung des Herrn vom
5) Schreiben des Antragstellers vom

§ 8 Vorläufiger Rechtsschutz im Gesellschaftsrecht

A. Einleitung

In gesellschaftsrechtlichen Auseinandersetzungen werden verstärkt einstweilige Verfügungen für vorläufige Regelungen bis zu einer Entscheidung in der Hauptsache benötigt. Bleibt der Streit in der Schwebe, werden häufig vollendete Tatsachen geschaffen, die nur noch schwer ohne nachteilige Folgen für Gesellschaften oder Gesellschafter rückgängig gemacht werden können. 1

Mit einer einstweiligen Verfügung kann weder eine Gesellschaft aufgelöst noch ein Gesellschafter aus der Gesellschaft ausgeschlossen werden.[1] Zugelassen sind einstweilige Regelungen und Anlass hierfür sind meistens Streitigkeiten über beabsichtigte oder gefasste Gesellschafterbeschlüsse, häufig im Zusammenhang mit der Abberufung eines Geschäftsführers.[2]

Zuständig für einstweilige Verfügungsverfahren ist das Gericht, bei dem die Hauptsache anhängig ist, bei einer noch nicht anhängigen Hauptsache das hierfür zuständige Gericht (§ 937 Abs. 1 ZPO.). Das ist das Landgericht beim Sitz der Gesellschaft (§§ 22, 17 ZPO) und dort die Kammer für Handelssachen (§ 95 Abs. 1 Nr. 4a GVG).

B. Gesellschafterbeschlüsse

Mit einer einstweiligen Verfügung können nur in Ausnahmefällen Beschlüsse einer Gesellschafterversammlung verhindert oder das Ergebnis von Abstimmungen beeinflusst werden. Erfolgversprechender ist es meistens, im Eilverfahren den Vollzug gefasster Beschlüsse verbieten zu lassen. 2

1 Zöller/*Vollkommer*, § 940 Rn 8 „Gesellschaftsrecht"; Schuschke/Walker/*Schuschke*, Vor § 935 Rn 72; *Littbarski*, *S.* 4 ff. mit weiteren Nachweisen.

2 Dazu näher z.B.: *Buchta*, DB 2008, 913 ff.; *Werner*, NZG 2006, 761 ff.; *Nietsch*, GmbHR 2006, 393 ff.; *Lutz*, BB 2000, 833.

I. Vorläufiger Rechtsschutz gegen eine Beschlussfassung

3 **Bevorstehende Gesellschafterbeschlüsse** werden verhindert bzw. beeinflusst, wenn

- die Durchführung der Gesellschafterversammlung untersagt,
- eine Beschlussfassung der Versammlung über einen bestimmten Gegenstand verboten oder
- Gesellschaftern bei der Abstimmung ein bestimmtes Verhalten vorgeschrieben wird.

Einstweilige Verfügungsverfahren mit dem Ziel, eine Gesellschafterversammlung oder die Abstimmung über einen bestimmten Beschlussgegenstand zu untersagen, sind von Gesellschaftern gegen die Gesellschaft zu richten,[3] Verfahren, mit denen ein bestimmtes Abstimmungsverhalten vorgeschrieben werden soll, von Gesellschaftern gegen Mitgesellschafter. Vorzulegen ist stets die Einladung zur Gesellschafterversammlung. Der Beschlussantrag ist bei einem Verbot darauf zu richten, ein bestimmtes Verhalten unter Androhung von Ordnungsmitteln zu untersagen.

4 Nach einer in der Literatur[4] verbreiteten und auch in der Rechtsprechung[5] vertretenen Auffassung ist es grundsätzlich möglich, per einstweiliger Verfügung die **Durchführung** einer einberufenen **Gesellschafterversammlung** zu **untersagen**. Befürwortet wird dies, wenn von vornherein feststeht, dass die zu fassenden Beschlüsse nichtig wären. Das sind vor allem Fälle, in denen eine hierzu nicht befugte Person die Versammlung einberufen hat[6] oder in denen nicht alle Gesellschafter ordnungsgemäß geladen worden sind.[7] Der **Verfügungsgrund** wird in dem Bedürfnis nach einem „effektiven Rechtsschutz" gesehen: Die Nichtigkeit gefasster Beschlüsse müsste sonst in einem unter Umständen lange Zeit dauernden Klageverfahren festgestellt werden.[8] Der Antragsteller muss einen schwerwiegenden Einberufungsmangel glaubhaft machen.[9]

3 *Nietsch*, GmbHR 2006, 396.

4 *Buchta*, DB 2008, 913; *Beyer*, GmbHR 2001, 467; *Werner*, NZG 2006, 761.

5 OLG Koblenz NJW 1991, 1119; OLG Frankfurt GmbHR 1982, 237.

6 BGH NJW FamRZ 2015, 255.

7 BGH NJW-RR 2006, 831.

8 *Buchta*, DB 2008, 913.

9 A.A. Baumbach/Hueck/*Zöllner*, Anh, § 47 Rn 203; *Michalski/Terlau*, § 38 Rn 79: Verfügungsgrund nur wenn sonst nicht reparable Schäden eintreten können.

Für zulässig gehalten werden in engen Grenzen auch einstweilige Verfügungen, 5
die eine vorgesehene **Beschlussfassung** der Gesellschaftersammlung über einen bestimmten Gegenstand **verbieten**. Voraussetzung ist, dass es dem Gesellschafter, der dies verlangt, nicht zuzumuten ist, den Beschluss abzuwarten und anschließend mit einer Nichtigkeits- oder Anfechtungsklage gegen ihn vorzugehen.[10] Es müssen überdies schwerwiegende Nachteile drohen, die nicht durch eine einstweilige Verfügung abgewendet werden können, die den Vollzug des Beschlusses verbietet.[11] Das sind vor allem Beschlüsse, die sofort wirksam werden, wie im **Innenverhältnis einer GmbH** die Abberufung eines Geschäftsführers und der Ausschluss eines Gesellschafters, wenn die Satzung der Gesellschaft den Ausschluss durch einen Gesellschafterbeschluss vorsieht.[12] Der Gesellschafter muss diese Voraussetzungen und Tatsachen glaubhaft machen, aus denen sich die Rechtswidrigkeit des beabsichtigten Gesellschafterbeschlusses ergibt.

Einem Gesellschafter kann grundsätzlich nicht vorgeschrieben werden, wie er bei 6
einer Beschlussfassung **abzustimmen** hat. Für zulässig gehalten wird dies nur, wenn eine Verpflichtung zu einer Abstimmung in einem bestimmten Sinn besteht. Sie kann sich aus einer wirksam **vereinbarten Stimmrechtsvereinbarung** oder der **gesellschaftlichen Treuepflicht** ergeben. Die Rechtsprechung bejaht – wenn ein Verstoß hiergegen beabsichtigt ist und dies zu einem anderen Abstimmungsergebnis führen kann – einen **Verfügungsgrund** bei einer völlig klaren Sachlage oder einer besonders schwerwiegenden Beeinträchtigung der Interessen eines Gesellschafters, die nicht auf andere Weise – z.B. durch das Verbot, den Beschluss zur Eintragung in das Handelsregister anzumelden – abgewendet werden kann.[13] Das OLG Frankfurt[14] hat z.B. einen Alleingesellschafter einer GmbH, der seinen Geschäftsanteil nur treuhänderisch hielt, per einstweiliger Verfügung verpflichtet, den zum Mitgeschäftsführer bestellten und gegen dessen Willen abberufenen Treugeber wieder zum Geschäftsführer zu bestellen. Die gesellschaftliche Treuepflicht

10 Z.B. OLG Stuttgart NJW 1987, 2449.

11 OLG Düsseldorf NZG 2005, 633; OLG Stuttgart GmbHR 1997, 312; OLG Hamm GmbHR 1993, 163.

12 Zu einstweiligen Verfügungen zum Schutz vor einem Zwangsausschluss: *Werner*, NZG 2006, 761, 765 und *Lutz*, BB 2000, 833, 834 f, 839.

13 OLG Düsseldorf NZG 2005, 633; OLG Hamburg NJW 1992, 186; OLG Frankfurt NJW-RR 1992, 934 und GmbHR 1993, 161; OLG Hamm GmbHR 1993, 163; OLG München GmbHR 1999, 718; OLG Koblenz GmbHR 1991, 21; OLG Stuttgart GmbHR 1997, 312; OLG Zweibrücken GmbHR 1998, 373 (nur bei einer Stimmrechtsvereinbarung).

14 NJW-RR 1992, 934.

kann auch eine Beschlussfassung ge- oder verbieten, weil sonst der Fortbestand der Gesellschaft gefährdet wäre.[15] Käme eine Entscheidung im Hauptsacheverfahren zu spät, z.B. auch weil Kreditentscheidungen schnell getroffen werden müssen, ist an ein einstweiliges Verfügungsverfahren von Minderheitsgesellschaftern mit dem Antrag zu denken, illoyale Mehrheitsgesellschafter unter Androhung von Ordnungsmitteln zu einem bestimmten Abstimmungsverhalten zu verpflichten. Erfolgversprechend ist dies aber nur, wenn eine Beschlussfassung droht, die unzweifelhaft gesellschaftsvertragswidrig ist.[16]

Das Ergebnis einer Abstimmung kann auch beeinflusst werden, wenn Gesellschafter wegen Interessenkollision von der Stimmabgabe ausgeschlossen sind, wie z.B. in einer GmbH nach § 47 Abs. 4 GmbHG. Soll einem Mitgesellschafter wegen eines solchen Stimmverbotes die Abgabe der Stimme untersagt werden, muss der Antragsteller – abgesehen von den vorgenannten Voraussetzungen – Tatsachen glaubhaft machen, aus denen sich die Interessenkollision ergibt.

II. Vorläufiger Rechtsschutz nach einer Beschlussfassung

7 Die Nichtigkeit von Gesellschafterbeschlüssen kann nicht durch eine einstweilige Verfügung festgestellt werden[17] und rechtswidrige Gesellschafterbeschlüsse können nicht durch eine einstweilige Verfügung für unwirksam erklärt werden.[18] Zulässig ist es aber, ihren **Vollzug einstweilen zu untersagen**.[19] Bei einem Streit über die Rechtmäßigkeit eintragungsbedürftiger Gesellschafterbeschlüsse kann der Gesellschaft aufgegeben werden, sie nicht zur Eintragung in das Handelsregister anzumelden[20] oder einen bereits gestellten Eintragungsantrag zurückzunehmen.[21] Hieran ist dann das Registergericht gemäß § 16 Abs. 2 HGB gebunden.[22] Bei Beschlüssen, die nicht eintragungsbedürftig oder schon eingetragen worden sind, können andere Arten der Ausführung verboten werden.

15 Z.B. BGH NJW 1987, 189.

16 Schuschke/Walker/*Schuschke*, Vor § 935 Rn 68.

17 OLG Saarbrücken GmbHR 2006, 987.

18 Scholz/*Schmidt*, § 45 Rn 183.

19 OLG Saarbrücken GmbHR 2006, 987; OLG Nürnberg GmbHR 1993, 588; OLG Koblenz GmbHR 1986, 430.

20 OLG Düsseldorf NJW 1989, 172; OLG Koblenz GmbHR 1986, 430, 431.

21 Baumbach/Hueck/*Zöllner*, Anh § 47 Rn 197; *Ulmer/Raiser*, Anh. § 47 Rn 289.

22 *Damm*, ZHR 154, 413, 438.

Der Antragsteller muss in einem einstweiligen Verfügungsverfahren Rechtswidrigkeits- oder Nichtigkeitsgründe (**Verfügungsanspruch**) sowie ein Regelungsbedürfnis (**Verfügungsgrund**) glaubhaft machen. Ein Verfügungsgrund wird bei nichtigen Gesellschafterbeschlüssen grundsätzlich bejaht.[23] Rechtswidrige Beschlüsse rechtfertigen vorläufige Regelungen, wenn dies zur Abwendung wesentlicher Nachteile nötig erscheint. Weitere Voraussetzung ist bei Beschlüssen der Gesellschafterversammlung einer GmbH die Erhebung einer Anfechtungsklage, sofern die Satzung keine abweichende Regelung enthält innerhalb eines Monats.[24] Hat der Antragsteller die Klage noch nicht erhoben, muss er glaubhaft machen, dass er dies beabsichtigt.[25] Eine Beschluss- oder Urteilsverfügung muss innerhalb der einmonatigen Vollziehungsfrist im Parteibetrieb zugestellt werden. Die Anmeldung der getroffenen Entscheidung zum Handelsregister reicht nicht aus.[26]

C. Entzug der Geschäftsführungsbefugnis

I. Personenhandelsgesellschaften

Dem Gesellschafter einer **Personenhandelsgesellschaft** (OHG, KG) kann auf 8
Klage seiner Mitgesellschafter die Befugnis zur Geschäftsführung und Vertretung entzogen werden (§§ 117, 127 HGB). In dringenden Fällen sind vorläufige Regelungen durch eine einstweilige Verfügung zulässig, mit denen bis zur rechtskräftigen Entscheidung die Geschäftsführungsbefugnis entzogen oder beschränkt wird (z.B. statt einer Einzel- auf eine Gesamtgeschäftsführungsbefugnis). Das Verfügungsgericht ist an die gestellten Anträge nicht gebunden. Es kann – wenn die Gesellschaft sonst handlungsunfähig wäre – auch einen anderen Gesellschafter oder einen Dritten vorläufig als Geschäftsführer einsetzen.[27]

Das **Hauptsacheverfahren** über den Entzug der Geschäftsführungsbefugnis braucht nicht anhängig zu sein.[28] Die einstweilige Verfügung muss dann aber von

23 OLG Saarbrücken GmbHR 2006, 987.

24 BGH GmbHR 2009, 1101.

25 Baumbach/Hueck/*Zöllner*, Anh. § 47 Rn 201; *Littbarski*, S. 166.

26 Schuschke/Walker/*Schuschke*, Vor § 935 Rn 69.

27 BGHZ 33, 105, 109; MüKo-HGB/*Jickeli*, § 117 Rn 72; *Schäfer*, in: Großkomm. HGB, § 117 Rn 69; *Damm*, ZHR 154, 413, 424 f.

28 *Damm*, ZHR 154, 413, 425; *Semler*, BB 1979, 1534.

allen übrigen Gesellschaftern beantragt werden. Eine Ausnahme besteht, wenn Mitgesellschafter aus tatsächlichen Gründen nicht mitwirken können. Der Antragsteller muss dann glaubhaft machen, dass sie dem Antrag zugestimmt hätten.[29]

Ein **Verfügungsgrund** besteht, wenn eine vorläufige Regelung notwendig ist, um Schäden von der Gesellschaft abzuwenden. Der Antragsteller muss dies und den Entziehungsgrund glaubhaft machen. Die zu treffenden Maßnahmen sind dann auf das mildeste Mittel zu beschränken, das zum vorläufigen Rechtsschutz ausreicht.[30]

Hat – abweichend von den §§ 117, 127 HGB – der **Gesellschaftsvertrag** die Entziehung der Geschäftsführungs- und Vertretungsbefugnis dem **Beschluss der Gesellschafter** übertragen, kann bei einem Streit über die Wirksamkeit des Beschlusses der von der Entziehung betroffene Gesellschafter in dringenden Fällen ein einstweiliges Verfügungsverfahren gegen die Mitgesellschafter mit dem Ziel betreiben, ihn bis zur rechtskräftigen Entscheidung im Hauptsacheprozess weiter amtieren zu lassen.[31] In Betracht kommen auch einstweilige Verfügungen gegen den Geschäftsführer, mit denen ihm seine weitere Tätigkeit untersagt wird.[32] Antragsberechtigt sind die Gesellschaft und jeder Mitgesellschafter.[33]

II. GmbH

9 **Geschäftsführer einer GmbH** werden von der Gesellschafterversammlung bestellt und abberufen (§ 46 Nr. 5 GmbHG). Besteht Streit über die Rechtmäßigkeit einer Abberufung, muss der Schwebezustand bis zur Klärung in einem Hauptsacheprozess überbrückt werden. Dies ermöglichen einstweilige Verfügungen mit vorläufigen Regelungen. Ein Bedürfnis hierfür kann nach einem Abberufungsbeschluss für die Gesellschaft bestehen, wenn der abberufene Geschäftsführer seine Tätigkeit fortsetzt, vor allem aber für den Abberufenen, der den Abberufungsbeschluss für rechtswidrig hält und sich damit nicht abfinden will. Ihm ist dann in aussichtsreichen Fällen zu empfehlen, unverzüglich nach der Beschlussfassung hiergegen im einstweiligen Verfügungsverfahren vorzugehen sowie dies und seine Einwände dem Registergericht mit der Anregung anzuzeigen, das Eintragungsver-

29 *Ulmer*, in: Großkomm. HGB § 117 Rn 66; MüKo-HGB/*Jickeli*, § 117 Rn 71.

30 *Schäfer*, in: Großkomm. HGB, § 117 Rn 69.

31 OLG Köln BB 1977, 464, 465.

32 OLG Köln, Urt. v. 30.8.2007 – 18 U 53/07.

33 *Semler*, BB 1979, 1533, 1535.

fahren gemäß § 21 Abs. 1 FamFG auszusetzen.[34] Möglich ist in engen Grenzen auch ein vorläufiger Rechtsschutz schon vor einem beabsichtigten Abberufungsbeschluss (siehe Rn 10 und 13).

1. Abwehr eines Abberufungsbeschlusses

Geschäftsführer können weder einen Abberufungsbeschluss noch dessen Vollzug 10
verhindern, wenn sie nach dem Belieben der Gesellschafter jederzeit abberufen werden können. Ihnen fehlt dann ein Verfügungsanspruch. Gelegentlich ergibt sich aus der Satzung der Gesellschaft ein Sonderrecht des Geschäftsführers auf sein Amt und fast immer ist in der Satzung das Recht zur Abberufung eingeschränkt, namentlich auf „**wichtige Gründe**" (§ 38 Abs. 2 GmbHG).

Geschäftsführer, die nicht Gesellschafter sind (**Fremdgeschäftsführer**), können sich nicht erfolgversprechend gegen Abberufungsbeschluss wehren, den sie für rechtswidrig halten, weil sie keinen einklagbaren Anspruch haben.[35] Gegen rechtswidrige Gesellschafterbeschlüsse können sie nicht mit einer Anfechtungsklage vorgehen, weil sie nicht Gesellschafter sind,[36] und eine Klage mit dem Antrag, die Rechtswidrigkeit eines Beschlusses festzustellen, ist unzulässig.[37] Einstweilige Verfügungen kommen für sie nur in den seltenen Fällen eines nichtigen Abberufungsbeschlusses in Betracht. [38] Die Nichtigkeit können auch Fremdgeschäftsführer mit einer Klage feststellen lassen.[39] Weitere Voraussetzung für eine einstweilige Verfügung ist dann aber ein Verfügungsgrund.

Geschäftsführer, die Gesellschafter sind (**Gesellschafter-Geschäftsführer**) können 11
grundsätzlich mit einer einstweiligen Verfügung weder die Durchführung einer Gesellschafterversammlung verbieten lassen, in der sie abberufen werden sollen, noch eine Beschlussfassung über die Abberufung oder ein bestimmtes Abstimmungsverhalten (siehe Rn 3 ff.). Nach einem Beschluss über seine Abberufung

34 Zu den Voraussetzungen einer Aussetzung: OLG München GmbHR 2011, 1102.

35 OLG Hamm GmbHR 2002, 327; *Ulmer/Paefken*, § 38 Rn 226; *Scholz/Schneider*, § 38 Rn 79; *Vorwerk*, GmbHR 1995, 267.

36 *Ensthaler/Füller/Schmidt*, § 38 Rn 5 und *Michalski/Terlau*, § 38 Rn 78 halten es für ausreichend, wenn ein Gesellschafter mit der Anfechtungsklage vorgegangen ist; a.A. Baumbach/Hueck/*Zöllner*, Anh. § 47 Rn 201.

37 BGH NJW-RR 2008, 706.

38 *Littbarski*, S. 164.

39 BGH NJW-RR 2008, 706; Baumbach/Hueck/*Zöllner*, Anh. § 47 Rn 69; *Scholz/Schneider*, § 38 Rn 59; *Michalski/Terlau*, § 38 Rn 71.

kann der abberufene Geschäftsführer – wenn er seine Amtsenthebung für rechtswidrig hält – im Wege der einstweiligen Verfügung z.B. mit dem Antrag vorgehen, der Gesellschaft zu verbieten, die Abberufung zum Handelsregister anzumelden oder ihn an seiner Tätigkeit zu hindern. Voraussetzung ist, dass er **Mehrheitsgesellschafter** oder **einer von zwei gleichbeteiligten Gesellschaftern** ist: Er durfte bei einer Abberufung aus „wichtigem Grund" nicht mit abstimmen[40] und konnte deshalb wegen seines Stimmrechtsausschlusses den Abberufungsbeschluss nicht verhindern. Hier besteht ein Bedürfnis nach vorläufigen Regelungen, um zu verhindern, dass Gesellschafter, die nicht die Mehrheit haben, mit vorgeschobenen Gründen Mitgesellschafter bis zur Klärung im Klageverfahren aus der Geschäftsführung ausschalten. Die Wirksamkeit des Abberufungsbeschluss hängt davon ab, ob tatsächlich ein „wichtiger Grund" vorgelegen hat.[41] Ein **Verfügungsgrund** liegt vor, wenn kein „wichtiger Grund" für die Abberufung bestand und dem abberufenen Geschäftsführer ohne eine vorläufige Regelung bis zur Entscheidung im Hauptsacheverfahren Schäden drohen. Dies muss er glaubhaft machen.[42]

12 Parteien eines Verfügungsverfahrens sind der abberufene Geschäftsführer und die Gesellschaft, vertreten durch den oder die hierzu von der Gesellschafterversammlung gemäß § 46 Nr. 8 GmbHG bestimmten Vertreter.[43] Der ausgeschlossene Gesellschafter-Geschäftsführer hat bei der Bestimmung des Vertreters kein Stimmrecht.[44] Hat die Gesellschafterversammlung noch keinen Vertreter bestellt, sind in der Antragsschrift die übrigen Gesellschafter als Vertreter anzugeben. Ihnen ist die Antragsschrift zuzustellen (§ 35 Abs. 1 Satz 2 GmbHG). Damit endet ihre Vertretungsbefugnis. Sie können – ohne einen Beschluss nach § 46 Nr. 8 GmbHG – weder die GmbH im weiteren Verfahren vertreten noch einen Prozessbevollmächtigten für die Gesellschaft beauftragen.[45]

2. Einstweilige Durchsetzung einer Abberufung

13 **Gesellschafter**, die den Geschäftsführer abberufen wollen, können ihm in dringenden Fällen mit einer einstweiligen Verfügung bis zum nächstmöglichen Termin für eine Gesellschafterversammlung die **Geschäftsführung und Vertretung der**

40 BGH NJW 1986, 2051.

41 BGH GmbHR 1983, 149.

42 *Lutz*, BB 2000, 833, 837.

43 OLG München GmbHR 2013, 714 und 369; KG GmbHR 2011, 1272.

44 BGH NJW 1986, 2051.

45 Zu alledem näher *Klose*, GmbHR 2010, 1139.

Gesellschaft verbieten lassen.[46] Sie müssen dann glaubhaft machen, dass Abberufungsgründe bestehen, die Abberufung beabsichtigt ist und warum die Entscheidung einer Gesellschafterversammlung nicht abgewartet werden kann.[47] Ein Verfügungsgrund kann insbesondere bestehen, wenn der Geschäftsführer seine Befugnisse zum Schaden der Gesellschaft missbraucht hat und ein weiterer Missbrauch zu befürchten ist. Er entfällt zu dem Zeitpunkt, zu dem ein Abberufungsbeschluss hätte gefasst werden können.[48] Antragsberechtigt sind sowohl die Gesellschaft als auch die Gesellschafter, die die Abberufung betreiben.[49]

Sind bei einer **Zweipersonen-GmbH** beide Gesellschafter Geschäftsführer und werfen sie sich gegenseitig Unregelmäßigkeiten vor, ist vor einer Gesellschafterversammlung ein Tätigkeitsverbot für einen von ihnen nur gerechtfertigt, wenn sonst ganz erhebliche und unmittelbar bevorstehende Nachteile für die Gesellschaft drohen. Eine gewisse Verunsicherung der Geschäftspartner und eine abstrakte Gefährdung der Kreditwürdigkeit genügen hierfür nicht.[50]

Setzt ein abberufener Geschäftsführer **nach einem Abberufungsbeschluss** seine 14
Tätigkeit fort, kann die Gesellschaft dies einem Fremdgeschäftsführer bis zur endgültigen Klärung ohne Weiteres im Eilverfahren untersagen lassen. Bei einem abberufenen Gesellschafter mit einer hälftigen oder höheren Beteiligung müssen schwerwiegende Abberufungsgründe glaubhaft gemacht werden.[51] Als weitere Maßnahme kommt z.B. ein Zutrittsverbot zu Geschäftsräumen in Betracht.[52]

46 OLG Frankfurt NJW-RR 1999, 257; *Scholz/Schneider*, § 38 Rn 72.

47 *Zwissler*, GmbHR 1999, 336, 337 f.

48 OLG Naumburg, Urt. v. 8.11.2013 – 10 U 39/13 Hs, 10 U 39/13.

49 OLG Frankfurt GmbHR 1998, 1126 f.

50 OLG Stuttgart GmbHR 2006, 1258.

51 BGH NJW 1983, 938.

52 Baumbach/Hueck/*Zöllner/Noack*, § 38 Rn 75; Zöller/*Vollkommer*, § 940 Rn 8.

D. Muster: Verfügungsantrag auf Entziehung der Geschäftsführungsbefugnis und Vertretungsmacht

▼

15 An das
Landgericht
– Kammer für Handelssachen –

Eilt!

Bitte sofort vorlegen

Antrag

auf Erlass einer einstweiligen Verfügung

1) des
2) der

– Antragsteller –

– Verfahrensbevollmächtigter: Rechtsanwalt –

gegen

den

– Antragsgegner –

Streitwert: Euro

Namens und in Vollmacht der Antragsteller beantrage ich, folgende einstweilige Verfügung zu erlassen, wegen des besonders dringenden Falles ohne mündliche Verhandlung (§ 937 Abs. 2 ZPO) und allein durch den Vorsitzenden (§ 944 ZPO):

> Dem Antragsgegner wird bis zur Entscheidung im Hauptprozess (Az.) die Befugnis entzogen, Geschäfte der Firma OHG zu führen und die Gesellschaft zu vertreten.

Begründung:

Die Parteien sind mit Anteilen von je 1/3 Gesellschafter der OHG. Nach dem Gesellschaftsvertrag war jeder von ihnen allein zur Geschäftsführung und Vertretung berechtigt. Die Gesellschafterversammlung vom hat dem Antragsgegner aus wichtigem Grund die Befugnis zur Geschäftsführung und die Vertretungsmacht entzogen.

Glaubhaftmachung: anliegender Gesellschaftsvertrag und Protokoll der Gesellschafterversammlung vom …

Der Antragsgegner akzeptiert dies nicht. Die Antragsteller haben deswegen am … Klage nach den §§ 117, 127 HGB erhoben. Der Rechtsstreit ist vor der angerufenen Kammer unter dem Aktenzeichen … anhängig. Eine Fotokopie der Klageschrift füge ich bei.

Es ist nunmehr dringend geboten, dem Antragsgegner schon vorläufig bis zur Entscheidung über die Klage die Geschäftsführungs- und Vertretungsmacht zu entziehen. Er verstößt in grober Weise gegen seine Verpflichtungen aus dem Gesellschaftsvertrag und schädigt dadurch die Gesellschaft permanent. Dies können die Antragsteller nicht länger hinnehmen. Ihnen ist eine weitere Zusammenarbeit mit dem Antragsgegner nicht mehr zuzumuten.

Die Ehefrau des Antragsgegners hat – wie in der Klageschrift vorgetragen – eine Einzelfirma gegründet, die ebenso wie die OHG mit Baustoffen handelt. Das Unternehmen betreibt tatsächlich der Antragsgegner. Er hat seine Ehefrau nur vorgeschoben. Sie ist gelernte Friseuse, kennt sich im Baustoffhandel nicht aus und verweist Kunden an den Antragsgegner, der dann die Verträge mit ihnen aushandelt. Dies mache ich glaubhaft durch die beigefügten eidesstattlichen Versicherungen der Inhaber der Firmen … und …, die sich an die Einzelfirma gewandt haben und dann von der Ehefrau an den Antragsgegner verwiesen worden sind.

Der Antragsgegner hält sich damit nicht an das gesetzliche (§ 112 HGB) und in § … des Gesellschaftsvertrages noch einmal ausdrücklich hervorgehobene Wettbewerbsverbot. Die Antragsteller haben ihm dies nicht gestattet, sondern zufällig davon erfahren.

Glaubhaftmachung: anliegende eidesstattliche Versicherungen der Antragsteller

Der Antragsgegner ist jetzt dazu übergegangen, Kunden der OHG auf die angeblich günstigeren Angebote der Einzelfirma seiner Ehefrau hinzuweisen. Dies hat er gegenüber dem Prokuristen der Gesellschaft, Herrn …, bei einem Gespräch am … selbst zugegeben.

Glaubhaftmachung: dessen beigefügte eidesstattliche Versicherung

Um die OHG vor erheblichen und unwiederbringlichen Schäden zu schützen, ist es dringend geboten, dem Antragsgegner unverzüglich die Geschäftsführungs- und Vertretungsbefugnis zu entziehen. Hieraus ergibt sich zugleich die besondere Eilbedürftigkeit für eine Entscheidung ohne mündliche Verhandlung und allein durch den Vorsitzenden.

(Rechtsanwalt)

Anlagen:

1) Gesellschaftsvertrag vom
2) Protokoll der Gesellschafterversammlung vom
3) Klageschrift vom
4) eidesstattliche Versicherungen der Antragsteller vom
5) eidesstattliche Versicherungen der Inhaber der Firmen und vom bzw.
6) eidesstattliche Versicherung des Prokuristen vom

▲

§ 9 Vorläufiger Rechtsschutz in Familiensachen

A. Einleitung

1 In Familiensachen wird vorläufiger Rechtsschutz mit einstweiligen Anordnungen gewährt. Einstweilige Verfügungen sind nicht zugelassen. Geldforderungen können durch einen Arrest gesichert werden. In Betracht kommen überdies selbstständige Beweisverfahren (siehe Rn 28). **Familiensachen** sind nach § 111 FamFG

- Ehesachen
- Kindschaftssachen
- Abstammungssachen
- Adoptionssachen
- Ehewohnungs- und Haushaltssachen
- Gewaltschutzsachen
- Versorgungsausgleichssachen
- Unterhaltssachen
- Güterrechtssachen
- Sonstige Familiensachen
- Lebenspartnerschaftssachen

Unterhalts-, Güterrechts- und sonstige Familiensachen– auch aus Lebenspartnerschaften – sind **Familienstreitsachen** (§ 112 FamFG),[1] auf die weitgehend die Vorschriften der ZPO anzuwenden sind. Die übrigen Familiensachen (§ 111 Nr. 1 bis 7 FamFG) sind Familiensachen der freiwilligen Gerichtsbarkeit (**FG-Familiensachen**). Ihre Verfahren richten sich ausschließlich nach den Vorschriften des FamFG.

2 **Einstweilige Anordnungsverfahren** sind – wie einstweilige Verfügungs- und Arrestverfahren – **selbstständige Verfahren**. Ein Prozess in der gleichartigen Hauptsache braucht weder anhängig zu sein (zu Ausnahmen siehe Rn 25) noch steht er einer einstweiligen Anordnung entgegen (§ 51 Abs. 3 Satz 1 FamFG). Für einstweilige Anordnungen besteht vor allem ein Bedürfnis in Familienstreitsachen und in Kindschafts-, Ehewohnungs- und Haushalts- sowie Gewaltschutzsachen.

1 Ausgenommen Verfahren nach § 231 Abs. 2 und § 261 Abs. 2 FamFG.

3 **Arreste** sind nur in **Familienstreitsachen** zugelassen (§ 119 Abs. 2 Satz 1 FamFG). Mit ihnen können alle Zahlungsansprüche gesichert werden, die sonst gefährdet wären. Hauptanwendungsfälle sind Arreste zur Sicherung zukünftiger Unterhaltsansprüche (siehe Rn 27) und von Ansprüchen auf Zugewinnausgleich (siehe Rn 29). Das Verfahren richtet sich nach den Vorschriften der ZPO (siehe dazu § 5). Das Familiengericht entscheidet aber auch nach mündlicher Verhandlung durch Beschluss, nicht durch Urteil (§ 116 Abs. 1 FamFG) und Rechtsmittel hiergegen ist die befristete Beschwerde (§ 58 Abs. 1 FamFG). Gegen die Ablehnung eines Arrestantrags ohne mündliche Verhandlung ist nach überwiegender Auffassung die sofortige Beschwerde nach § 567 Abs. 1 ZPO statthaft (Frist: zwei Wochen),[2] nicht die Beschwerde nach § 58 FamFG (Frist: ein Monat)[3]

Aus einem Arrest muss – anders als aus einer einstweiligen Anordnung – die Zwangsvollstreckung betrieben werden. Zu achten ist deshalb in Arrestverfahren auf die Einhaltung der **Vollziehungsfrist** (siehe § 5 Rn 17).

B. Einstweiliges Anordnungsverfahren

I. Verfahren bis zur Endentscheidung

4 Einstweilige Anordnungsverfahren werden in Familienstreitsachen, in Gewaltschutzsachen und in Ehewohnungs- und Haushaltssachen nur auf **Antrag** eingeleitet,[4] in Kindschaftssachen – jeweils nach den Vorschriften des materiellen Rechts – auf Antrag,[5] aber auch von Amts wegen.[6] Antragsberechtigt ist, wer ein ihm angeblich zustehendes eigenes Recht verfolgt und das örtlich **zuständige Familiengericht** nach § 50 Abs. 1 Satz 1 FamFG:

2 KG FamRZ 2014, 148; OLG Jena, Beschl. v. 7.5.2014 – 1 UF 235/14; OLG Celle FamRZ 2013, 1917; OLG Koblenz FamRZ 2013, 1602; OLG Oldenburg FamRZ 2012, 1077; OLG Frankfurt FamRZ 2012, 1078.

3 So aber OLG Brandenburg FamRZ 2014, 1389; OLG München FamRZ 2011, 746; OLG Karlsruhe FamRZ 2011, 234.

4 Geregelt für Familienstreitigkeiten in § 113 Abs. 1 Satz 2 FamFG, für Gewaltschutzsachen in § 214 Abs. 1 FamFG und für Ehewohnungs- und Haushaltssachen in § 203 Abs. 1 FamFG.

5 Z.B. Übertragung der alleinigen elterlichen Sorge bei Getrenntleben (§ 1671 Abs. 1 BGB) sowie Umgangsrecht und Herausgabe des Kindes (§ 1632 Abs. 3 BGB).

6 Wenn sonst das Kindeswohl gefährdet ist (z.B. § 1666 BGB und §§ 156 Abs. 3, 157 Abs. 3 FamFG).

- bei einer **anhängigen Ehesache** zwischen den Beteiligten: das damit in erster Instanz befasste oder befasst gewesene Gericht für Ansprüche auf Kindes- und Ehegattenunterhalt (§ 232 Nr. 1 FamFG), in Kindschaftssachen gemeinschaftlicher Kinder (§ 152 Abs. 1 FamFG), für Ehewohnungs- und Haushaltssachen (§ 201 Nr. 1 FamFG), Güterrechtssachen (§ 262 Abs. 1 FamFG) und sonstigen Familiensachen (§ 267 Abs. 1 FamFG);
- bei einem (nur) **anhängigen Hauptsacheverfahren** mit demselben Verfahrensgegenstand: das damit in erster oder zweiter Instanz befasste Gericht (§ 50 Abs. 1 S. 2 FamFG);
- **sonst**: das für die Hauptsache in erster Instanz zuständige Gericht.[7]

In besonders dringenden Fällen kann sich eine Partei auch – wie in einstweiligen Verfügungsverfahren – an das Amtsgericht wenden, in dessen Bezirk das Bedürfnis für ein gerichtliches Tätigwerden bekannt wird oder sich die Person oder die Sache befindet, auf die sich die einstweilige Anordnung bezieht (§ 50 Abs. 2 Satz 1 FamFG). Es setzt dem Antragsteller nach dem Erlass der einstweiligen Anordnung – anders als nach § 942 Abs. 1 ZPO in einstweiligen Verfügungsverfahren – keine Frist zur Einleitung des Rechtfertigungsverfahrens bei dem Gericht der Hauptsache, sondern gibt die Sache unverzüglich an das Hauptsachegericht ab (§ 50 Abs. 2 Satz 2 FamFG).

Im Verfahren besteht kein Anwaltszwang (§ 114 Abs. 4 Nr. 1 FamFG). Der notwen- 5
dige **Inhalt einer Antragsschrift** unterscheidet sich in Familienstreitsachen nicht und in FG-Familiensachen nur geringfügig von dem in einstweiligen Verfügungsverfahren. Der Antragsteller muss die **Beteiligten** bezeichnen, seinen **Antrag begründen** und die Voraussetzungen für die verlangte Anordnung (**Anordnungsanspruch und Anordnungsgrund**) glaubhaft machen (§ 51 Abs. 1 Satz 2 FamFG). Die geeigneten „Beweismittel" stimmen mit denen in einstweiligen Verfügungsverfahren überein.[8] Der Anordnungsgrund ist in § 49 Abs. 1 FamFG definiert als „dringendes Bedürfnis für ein sofortiges Tätigwerden" des Gerichts. Das Regelungsbedürfnis braucht nach § 246 Abs. 1 FamFG in Unterhaltssachen und Verfahren auf Zahlung eines Kostenvorschusses nicht „dringend" zu sein (siehe Rn 23,

7 Unterhaltssachen: § 232 FamFG; Kindschaftssachen: § 152 FamFG; Ehewohnungs- und Haushaltssachen: § 201 FamFG; Güterrechtssachen: § 276 FamFG; Gewaltschutzsachen: § 211 FamFG; sonstige Familiensachen: § 267 FamFG.

8 Familienstreitsachen: § 113 Abs. 1 S. 2 FamFG i.V.m. § 294 ZPO; FG-Familiensachen: § 31 FamFG.

26). in Gewaltschutzsachen wird es nach § 214 Abs. 1 FamFG vermutet, wenn eine Gewalttat vorgelegen hat oder damit zu rechnen ist (siehe Rn 43).

Vorgeschrieben ist in **Familienstreitsachen** – wie in einstweiligen Verfügungsverfahren – ein bestimmter **Sachantrag** (§ 113 Abs. 1 S. 2 FamFG i.V.m. § 253 Abs. 2 Nr. 2 ZPO), in **FG-Familiensachen** nicht, aber zu empfehlen.

6 Das weitere Verfahren richtet sich nach den **Vorschriften der entsprechenden Hauptsache**, soweit ihnen nicht Besonderheiten des einstweiligen Rechtsschutzes entgegenstehen (§ 51 Abs. 2 Satz 1 FamFG). Vorschriften der Hauptsache sind nach § 113 Abs. 1 Satz 2 FamFG in **Familienstreitsachen** die allgemeinen Vorschriften der ZPO und Besonderheiten des einstweiligen Rechtsschutzes sind – wie bei einstweiligen Verfügungs- und Arrestverfahren – im Wesentlichen die Eilbedürftigkeit und der summarische Zuschnitt.

7 Einstweilige Anordnungsverfahren in **FG-Familiensachen**[9] verlaufen nach den Bestimmungen des FamFG. Ein grundlegender Unterschied zu ZPO-Verfahren ist die **Amtsermittlung** der entscheidungserheblichen Tatsachen (§ 26 FamFG). Der Antragsteller und die übrigen Beteiligten sollen hierbei mitwirken (§ 27 FamFG). Die entscheidungserheblichen Tatsachen müssen in einstweiligen Anordnungsverfahren aber nur glaubhaft sein, nicht feststehen.

Mindestvoraussetzung für eine kurzfristige Entscheidung zugunsten des Antragstellers ist, dass er ausreichende Tatsachen zur Begründung seines Antrags vorträgt und glaubhaft macht. Werden Tatsachenbehauptungen in Ehewohnungs-, Haushalts- oder Gewaltschutzsachen nicht bestritten, kann das Gericht sie ohne weitere Ermittlungen hierüber seiner Entscheidung zugrunde legen. Ein ausdrückliches Bestreiten entscheidungserheblicher Tatsachen führt in Hauptsacheverfahren in der Regel zu einer Beweisaufnahme hierüber (§ 30 Abs. 3 FamFG). Ob dem Gericht in einstweiligen Anordnungsverfahren eidesstattliche Versicherungen ausreichen, ist nicht sicher vorherzusehen. Es ist deshalb sinnvoll, Zeugen zu benennen, die zu einem Verhandlungstermin geladen werden können. Das Gericht kann aber auch unabhängig davon eigene Ermittlungen anstellen (§ 29 Abs. 1 FamFG), z.B. in einer Gewaltschutzsache – auch telefonische[10]) – Auskünfte bei Polizeibehörden einholen.

9 Behandelt werden im Folgenden nur Antragsverfahren.

10 *Musielak/Borth*, § 214 Rn 2.

In bestimmten Kindschaftssachen sind im Hauptsacheverfahren Kinder (§ 159 FamFG), Eltern (§ 160 FamFG), Pflegepersonen (§ 161 FamFG) und das Jugendamt (§ 162 Abs. 1 FamFG) **anzuhören**. Dies kann auch zur Klärung des Sachverhalts beitragen. Die Anhörung darf bei Gefahr im Verzuge im Hauptsacheverfahren und erst Recht im Anordnungsverfahren unterbleiben, ist dann aber unverzüglich nachzuholen. Schriftliche Sachverständigengutachten werden in der Regel wegen der Eilbedürftigkeit nicht eingeholt.[11]

Gegenanträge anderer Beteiligter sind – bei einem Zusammenhang der Verfahrensgegenstände – zugelassen. Hauptbeispiele sind in Kindschaftssachen ein eigener Antrag auf Übertragung der elterlichen Sorge in einem Verfahren nach § 1671 BGB und Anträge zum Umgangsrecht in einem Sorgerechtsverfahren.[12] Eine **Aussetzung** des Verfahrens nach § 21 FamFG ist „wegen der Besonderheiten des einstweiligen Rechtsschutzes" (§ 51 Abs. 2 Satz 1 FamFG) nicht zulässig.[13]

Die Beteiligten können Anordnungsverfahren in Familienstreitsachen und FG-Familiensachen **für erledigt erklären**[14] und mit einem **gerichtlichen Vergleich**[15] beenden. In Sorgerechtssachen sind Vergleiche nur ein Vorschlag für eine entsprechende Entscheidung (§ 1671 BGB), in Verfahren über das Umgangsrecht und die Herausgabe eines Kindes nur mit Billigung des Gerichts wirksam (§ 156 Abs. 2 FamFG). 8

Im Text eines Vergleiches sollte eindeutig festgehalten werden, ob er nur vorläufig bis zu einer Regelung in der Hauptsache gelten soll oder endgültig. Vergleiche, die sich auf eine vorläufige Regelung beschränken, sind nach § 54 Abs. 1 FamFG abänderbar (siehe Rn 12). Endgültige Regelungen können nur in neuen Hauptsacheverfahren abgeändert werden (z.B. in Unterhaltssachen mit einem Abänderungsantrag nach § 239 FamFG), nicht im Anordnungsverfahren oder durch eine einstweilige Anordnung.[16]

11 OLG Saarbrücken JAmt 2011, 49; OLG Jena FamRZ 2010, 1830; *Musielak/Borth*, § 51 Rn 11; Thomas/Putzo/*Reichold*, § 51 FamFG Rn 4.

12 *Gießler/Soyka*, Rn 104.

13 Prütting/Helms/*Ahn-Roth*, § 21 Rn 10.

14 In FG-Familiensachen nach § 22 Abs. 3 FamFG.

15 In FG-Familiensachen nach § 36 FamFG.

16 OLG Jena FamRZ 2012, 54; OLG Brandenburg FamRZ 2000, 1377.

Die Kosten eines durch Vergleich beendeten Anordnungsverfahrens werden auch in FG-Familiensachen gegeneinander aufgehoben, wenn die Beteiligten keine abweichende Vereinbarung treffen (§ 83 Abs. 1 FamFG).

II. Endentscheidung und Rechtsbehelfe

9 Das Familiengericht entscheidet über einen Anordnungsantrag in Familienstreitsachen und FG-Familiensachen – ohne oder nach mündlicher Verhandlung – durch **Beschluss** (§ 116 Abs. 1 FamFG bzw. § 38 Abs. 1 Satz 1 FamFG) mit einer Kostenentscheidung. **Versäumnisentscheidungen** sind ausgeschlossen (§ 51 Abs. 2 Satz 3 FamFG). Tritt der Antragsgegner in einem Verhandlungstermin nicht auf, ergeht ein streitiger Beschluss wie in ZPO-Verfahren „nach Lage der Akten". Grundlage ist das Vorbringen beider Parteien. Tatsachenvorbringen des Antragstellers gilt nicht als zugestanden.[17] Ausgeschlossen sind in FG-Familiensachen auch Anerkenntnis- und Verzichtsentscheidungen.[18]

Die **Kostenentscheidung** richtet in Familienstreitsachen nach den Vorschriften der ZPO (§ 113 Abs. 1 Satz 2 FamFG). Davon ausgenommen sind Unterhaltssachen. Grundlage der Kostenentscheidung ist bei ihnen § 243 FamFG. In FG- Familiensachen wird über die Kosten nach billigem Ermessen entschieden (§ 81 FamFG). Die Kostenentscheidung erstreckt sich auf die Gerichtskosten und die notwendigen Aufwendungen der Beteiligten, vor allem Anwaltskosten. Nur über die Kosten entschieden wird nach einer Rücknahme des Antrags und nach einer übereinstimmenden Erledigungserklärung. Ist eine Kostenentscheidung unterblieben, können Beteiligte hierauf mit einem (befristeten) Ergänzungs- oder Berichtigungsantrag nach den §§ 319, 321 ZPO in Familienstreitsachen und nach § 43 FamFG in FG-Familiensachen hinwirken.

10 Von einer Entscheidung betroffene Beteiligte können **Rechtsbehelfe**[19] mit folgenden, nicht fristgebundenen Anträgen geltend machen:

- nach einem ohne mündliche Verhandlung stattgegebenen oder abgewiesenen Anordnungsantrag: aufgrund mündlicher Verhandlung erneut zu entscheiden (§ 54 Abs. 2 FamFG);

17 Zöller/*Feskorn*, § 51 Rn 14; Schulte-Bunert/Weinreich/*Schwonberg*, § 51 Rn 39; *Dose*, Rn 255.

18 Prütting/Helms/*Prütting*, § 26 Rn 13.

19 In diesem Bereich ist vieles umstritten. Die unterschiedlichen Auffassungen und ihre Auswirkungen bei einstweiligen Unterhaltsanordnungen hat umfassend z.B. *Langheim* in FamRZ 2014, 1413 ff. dargestellt.

- die getroffene Entscheidung aufzuheben oder abzuändern (§ 54 Abs. 1 FamFG);
- dem Beteiligten, der eine einstweilige Anordnung erwirkt hat, eine Frist zur Einleitung des Hauptsacheverfahrens zu stellen (§ 52 Abs. 2 FamFG).
- Sie sind den Rechtsbehelfen in einstweiligen Verfügungs- und Arrestverfahren – Widerspruch gegen Verfügungs- und Arrestbeschluss (§ 924 Abs. 1 ZPO), Aufhebung wegen veränderter Umstände (§ 927 Abs. 1 ZPO) und Anordnung der Klageerhebung (§ 926 ZPO) – nachgebildet.

Hat das Familiengericht ohne mündliche Verhandlung eine einstweilige Anordnung erlassen oder dies abgelehnt, ist anstelle eines Abänderungsantrages zu einem Antrag zu raten, aufgrund mündlicher Verhandlung erneut zu entscheiden. Für einen Abänderungsantrag besteht nach verbreiteter Auffassung vor einer Entscheidung nach mündlicher Verhandlung kein Rechtsschutzbedürfnis.[20] In Fällen, in denen eine sofortige Beschwerde statthaft ist (siehe Rn 14), wird überdies mit einer mündlichen Verhandlung der Beschwerdeweg eher eröffnet. Der Antrag auf Einleitung des Hauptsacheverfahrens kann vor und neben den Anträgen nach § 54 Abs. 1 und Abs. 2 FamFG gestellt werden. Die vorläufige Aussetzung oder Beschränkung der Vollstreckung aus der angegriffenen einstweiligen Anordnung ist nur mit Anträgen auf mündliche Verhandlung und auf Abänderung zu erreichen, nicht mit einem Antrag auf Einleitung des Hauptsacheverfahrens (siehe Rn 22).

Ein Antrag auf **mündliche Verhandlung** setzt voraus, dass 11

- der Antragsteller durch die einstweilige Anordnung beschwert ist und
- noch keine mündliche Verhandlung stattgefunden hat.

Beschwert ist der Antragsteller des Anordnungsverfahrens, wenn das Gericht seinen Antrag ganz oder teilweise abgewiesen hat, und der Antragsgegner, wenn das Gericht dem Antrag ganz oder teilweise stattgegeben hat. Die Beschwer des Antragsgegners entfällt, sobald die einstweilige Anordnung außer Kraft getreten ist (siehe Rn 18). Hat sie sich erledigt, z.B. nach einer zeitlich begrenzten Geltungsdauer oder weil der gesicherte Anspruch erfüllt ist, kann sich eine Beschwer noch aus der Kostenentscheidung ergeben. Ein Antrag, hierüber nach mündlicher Verhandlung erneut zu entscheiden, bleibt dann zulässig.[21] Er kann sich auch von vorneherein auf die Überprüfung der Kostenentscheidung beschränken. Hieran ist – wie bei einem Kostenwiderspruch in einstweiligen Verfügungs- und Arrestver-

20 Z.B. OLG Celle NdsRpfl 2013, 105; Zöller/*Feskorn*, § 54 FamFG Rn 8; Prütting/Helms/*Stößer*, § 54 Rn 9; *Dose*, Rn 447.

21 OLG Karlsruhe FamRZ 2011, 571.

fahren – vor allem zu denken, wenn eine einstweilige Anordnung ergangen ist, für das Vorgehen des Antragstellers kein Anlass bestanden hat und sich der Antragsgegner auf ein sofortiges Anerkenntnis berufen will, das zu einer für ihn günstigeren Kostenentscheidung führen kann. Unzulässig ist ein Antrag auf mündliche Verhandlung, wenn der Antragsteller nach dem Erlass einer einstweiligen Anordnung eine gestellte Frist zur Einleitung des Hauptsacheverfahrens nicht eingehalten hat. Ein Aufhebungsantrag nach § 52 Abs. 2 Satz 3 FamFG ist dann der einfachere Weg (siehe Rn 13).

Eine mündliche Verhandlung hat bereits **stattgefunden**, wenn zu einem früheren Termin trotz ordnungsgemäßer Ladung auch nur ein Beteiligter erschienen war (siehe Rn 14). Hat das Familiengericht nach einer mündlichen Verhandlung weitere Ermittlungen angestellt und auf dieser Grundlage seine Entscheidung geändert, muss hierüber auf Antrag erneut verhandelt werden.)[22]

Gegen die Zurückweisung des Antrags auf mündliche Verhandlung ist die sofortige Beschwerde nach § 63 Abs. 2 Nr. 1 FamFG zugelassen.[23]

12 Für die **Abänderung** einer einstweiligen Anordnung ist nach § 54 Abs. 3 FamFG das Gericht zuständig, das die einstweilige Anordnung erlassen oder den Erlass abgelehnt hat. Ist beim Beschwerdegericht das Hauptsacheverfahren anhängig, hat nach § 50 Abs. 1 Satz 2 FamFG das Beschwerdegericht über einstweilige Anordnungen mit demselben Verfahrensgegenstand zu entscheiden (siehe Rn 4). Nach Auffassung des OLG Brandenburg[24] geht die Regelung des § 54 Abs. 3 FamFG vor. Für Abänderungsanträge ist danach immer das Amtsgericht zuständig. Unzulässig sind sie beim Familiengericht, wenn ein Beschwerdeverfahren gegen die Entscheidung über den Anordnungsantrag anhängig ist, weil das Amtsgericht dann die angefochtene Entscheidung nicht ändern darf (§ 54 Abs. 4 FamFG). Ein Abänderungsantrag setzt eine Beschwer des Beteiligten voraus, der die Abänderung verlangt, und kann gegen Beschlüsse nach mündlicher Verhandlung nur auf neue Tatsachen, neue Beweismittel oder eine veränderte Rechtslage gestützt werden.[25] Rückwirkende Änderungen sind in FG-Familiensachen ausgeschlossen. In Unterhaltssachen kann der Unterhaltsverpflichtete eine Herabsetzung seiner Verpflich-

22 U.a. Zöller/*Feskorn*, § 54 FamFG Rn 7 und zum früheren Recht KG FamRZ 2008, 1265 und OLG Zweibrücken FamRZ 2008, 1265.

23 OLG Karlsruhe FamRZ 2014, 1317.

24 MDR 2013, 854.

25 Schulte-Bunert/Weinreich/*Schwonberg*, § 54 Rn 6; Zöller/*Feskorn*, § 54 Rn 4; *Gießler/Soyka*, Rn 163.

tung zur Zahlung rückständigen Unterhalts nur verlangen, wenn er noch nicht bezahlt hat.[26] Ein Abänderungsantrag gegen einen im Anordnungsverfahren geschlossenen gerichtlichen Vergleich ist zulässig, wenn er nur eine vorläufige Regelung enthält (siehe Rn 8). Abzuändern ist er – wie Verfahren nach § 239 FamFG – bei einer Störung der Geschäftsgrundlage (§ 313 BGB).

An **Hauptverfahren** können Parteien nach dem Erlass einer einstweiligen Anord- 13
nung interessiert sein, um eine endgültige und für sie günstigere Regelung herbeizuführen. Zu einer endgültigen Regelung führt in Anordnungsverfahren nur ein entsprechender Vergleich und eine günstigere ist häufig für den Antragsgegner mit Anträgen nach § 54 Abs. 1 und Abs. 2 FamFG oder einer sofortigen Beschwerde nicht zu erreichen. Ein Hauptsacheverfahren kann erfolgversprechender sein, in Familienstreitsachen und vor allem Unterhaltsverfahren zumeist wegen besserer Beweismöglichkeiten. Umgekehrt gilt dies auch: Der Antragsteller hat seine Rechte womöglich im Anordnungsverfahren nur teilweise durchsetzen können, z.B. weil er in Unterhaltssachen die Voraussetzungen für den vollen Unterhalt nicht glaubhaft machen oder weil eine vollständige Regelung – wie in Haushaltssachen – von vorneherein nicht getroffen werden konnte (siehe Rn 42). Selbst wenn er aber alles erreicht hat, was er verlangen konnte – endgültig entschieden wird das erst im Hauptsacheverfahren.

Der Antragsgegner kann auf die Einleitung des Hauptsacheverfahrens mit dem Antrag hinwirken, dem Antragsteller hierfür eine Frist zu stellen (§ 52 FamFG). Geschieht dies und kommt der Antragsteller dem nicht nach, wird die einstweilige Anordnung aufgehoben (§ 52 Abs. 2 Satz 3 ZPO). Dieses Verfahren ist zeitaufwändig, weil die Frist bis zu drei Monate betragen kann (§ 52 Abs. 2 Satz 2 FamFG). Außerdem bleibt die einstweilige Anordnung bis zur Entscheidung im Hauptsacheverfahren bestehen, wenn es rechtzeitig eingeleitet wird. In der Zwischenzeit kann weiter aus ihr vollstreckt werden. Will der Antragsgegner dies verhindern, muss er entweder im einstweiligen Anordnungsverfahren zusätzlich mit Anträgen nach § 54 Abs. 1 bzw. Abs. 2 FamFG vorgehen oder selbst das Verfahren in der Hauptsache betreiben. Hieran ist vor allem nach Unterhaltsanordnungen zu denken, die der Antragsgegner für überhöht oder gänzlich ungerechtfertigt hält (siehe Rn 24). Ein Antrag auf **Einleitung des Hauptsacheverfahrens** ist wie in den gleichgelagerten Fällen des § 926 ZPO unzulässig[27] (siehe § 3 Rn 137 und 138).

26 Schulte-Bunert/Weinreich/*Schwonberg*, § 54 Rn 11; *Gießler/Soyka*, Rn 182.

27 OLG KarlsruheFamRZ 2011, 571.

Die **Zurückweisung des Antrags** kann nach Auffassung des OLG Karlsruhe[28] entsprechend § 567 Abs. 1 Nr. 2 ZPO mit der sofortigen Beschwerde angefochten werden,[29] die Anordnung – wie in Verfahren nach § 926 ZPO – nicht.

Wird dem Antrag stattgegeben, muss der Antragsteller vor Ablauf der bestimmten Frist beim zuständigen Gericht entweder den Antrag in der Hauptsache oder einen Antrag auf Verfahrenskostenhilfe hierfür einreichen. Nach einer Versäumung der Frist wird die einstweilige Anordnung – nach dem Wortlaut des Gesetzes und damit anders als im Verfahren nach § 926 ZPO: von Amts wegen – aufgehoben.[30] Ein darauf gerichteter Antrag ist daher nicht erforderlich, aber unschädlich. Einstweilige Verfügungen und Arrestbefehle werden im Verfahren nach § 926 ZPO nicht aufgehoben, wenn die Erhebung der Klage nicht hätte angeordnet werden dürfen (siehe § 3 Rn 143). Befürwortet wird dies auch in einstweiligen Anordnungsverfahren.[31] Hierauf sollte der Antragsteller das Gericht in geeigneten Fällen vor dem Ablauf der Frist hinweisen.

Hebt das Familiengericht die einstweilige Anordnung wegen der Fristversäumung auf, werden dem Antragsteller nach verbreiteter Auffassung – wie in Verfahren nach § 926 ZPO (siehe § 3 Rn 143) – die **Kosten des Anordnungsverfahrens** auferlegt, auch wenn die einstweilige Anordnung zu Recht ergangen war.[32] Das trifft allenfalls in Güterrechts- und sonstigen Familiensachen zu, in denen sich die Kostenentscheidung – wie in Arrest- und einstweiligen Verfügungsverfahren – nach den Vorschriften der ZPO richtet (§ 113 Abs. 1 Satz 2 FamFG). In Unterhaltssachen richtet sich die Kostenentscheidung nach § 243 FamFG und in FG-Familiensachen nach § 81 FamFG. Die Abweisung eines Anordnungsantrags führt danach nicht zwingend zu einer Kostenentscheidung zum Nachteil des Antragstellers und die Aufhebung einer zu Recht ergangenen einstweiligen Anordnung auch nicht.[33]

28 FamRZ 2011, 571.

29 Nach Auffassung von *Gießler/Soyka*, Rn 224 „nach Maßgabe der §§ 54, 57 FamFG".

30 Zöller/*Feskorn*, § 52 FamFG Rn 6; Thomas/Putzo/*Reichold*, § 52 FamFG Rn 8.

31 Schulte-Bunert/Weinreich/*Schwonberg*, § 52 Rn 13a.

32 *Musielak/Borth*, § 52 Rn 11; Schulte-Bunert/Weinreich/*Schwonberg*, § 52 Rn 16; Prütting/Helms/*Stößer*, § 52 Rn 6.

33 So Zöller/*Feskau*, § 52 FamFG Rn 7 und wohl auch *Dose*, Rn 465.

Ein Beschluss, mit dem das Gericht nach fruchtlosem Verstreichen der Frist zur Einleitung des Hauptsacheverfahrens die einstweiligen Anordnung aufgehoben oder die Aufhebung abgelehnt hat, ist nicht anfechtbar.[34]

III. Befristete Beschwerde

Eine Beschwerde ist nach § 57 Satz 2 FamFG nur zugelassen gegen – stattgebende oder ablehnende – Entscheidungen **nach mündlicher Erörterung** 14

- über die elterliche Sorge für ein Kind,[35]
- über die Herausgabe des Kindes an den anderen Elternteil,[36]
- über einen Antrag auf Verbleiben eines Kindes bei einer Pflege- und Bezugsperson,
- über einen Antrag nach den §§ 1 und 2 des Gewaltschutzgesetzes,
- in einer Ehewohnungssache über einen Antrag auf Zuweisung der Wohnung.[37]

Andere Entscheidungen sind nicht anfechtbar, nach verfestigter Rechtsprechung des Bundesgerichtshofs[38] und ganz überwiegender Auffassung in der Literatur[39] auch dann nicht, wenn sie „greifbar gesetzwidrig" oder „grob fehlerhaft" sind. Dies kann nur mit einer fristgebundenen **Gegenvorstellung** geltend gemacht werden.[40]

Eine „mündliche Erörterung" hat nicht nur stattgefunden, wenn beide Beteiligte zu einem anberaumten Gerichtstermin erschienen oder in ihm vertreten waren. Gleichgestellt sind Fälle, in denen ein Beteiligter den Termin trotz ordnungsgemäßer Ladung unentschuldigt versäumt hat.[41] Lag keine ordnungsgemäße Ladung vor

34 OLG Zweibrücken NJW 2012, 3796; OLG Hamburg FamRZ 2013, 482 (jedenfalls in Unterhaltssachen); in der Literatur umstritten (Nachweise bei *van Els*, FamRZ 2013, 238).

35 Nicht zum Umgangsrecht: OLG Köln FamRZ 2011, 574; OLG Celle FamRZ 2011, 574; KG FamRZ 2011, 576; OLG München FamRZ 2011, 496; OLG Hamm FamRZ 2014, 1389 (Wechselmodell).

36 Nicht an Dritte, wie das Jugendamt: OLG Oldenburg FamRZ 2014, 1929; OLG Saarbrücken FamRZ 2013, 1153.

37 Der gesamten Wohnung, nicht nur einzelner Räume: OLG Nürnberg NJW-RR 2010, 1662.

38 NJW 2002, 1577; NJW 2003, 3137; FamRZ 2006, 695; NJW-RR 2007, 1295.

39 Zöller/*Feskorn*, § 57 FamFG Rn 2; *Musielak/Borth*, § 57 FamFG Rn 15; Prütting/Helms/*Stößer*, § 57 Rn 2; Schwab/*Streicher*, I Rn 1036; *Gießler/Soyka*, Rn 262; a.A. Schulte-Bunert/Weinreich/*Schwonberg*, § 57 Rn 6 und „zumindest bei bewussten Rechtsverstößen" Schulte-Bunnert/Weinreich/*Unger*, Vorb. zu §§ 58–75 Rn 36.

40 Z.B. BGH NJW-RR 2007, 1295; FamRZ 2006, 695; NJW 2003, 3137; NJW 2002, 1577.

41 OLG Frankfurt NJW 2014, 1393 und FamRZ 2013, 1831; OLG Celle NdsRpfl 2013, 83; OLG Hamm, Beschl. v. 3.6.2013 – II-2 UF 67/13, 2 UF 67/13.

oder ein Antrag, den Termin aus triftigen Gründen zu verlegen (§ 32 Abs. 1 Satz 2 FamFG i.V.m. § 227 Abs. 1 ZPO), mit dem sich das Gericht nicht hinreichend auseinandersetzt hat,[42] ist eine Beschwerde gegen die getroffene Entscheidung über den Anordnungsantrag unzulässig, vom Amtsgericht ein neuer Termin zur Erörterung anzuberaumen und nach diesem erneut zu entscheiden.[43]

15 **Beschwerdeberechtigt** ist, wer durch den Beschluss in seinen Rechten beeinträchtigt ist (§ 59 Abs. 1 FamFG). Die Beschwerde ist innerhalb von zwei Wochen (§ 63 Abs. 2 Nr. 1 FamFG) bei dem Gericht einzulegen, das den Beschluss erlassen hat (§ 64 Abs. 1 FamFG). Die Frist beginnt mit der wirksamen Bekanntgabe des Beschlusses[44] an die Beteiligten (§ 63 Abs. 2 Satz 1 FamFG), bei unterbliebener oder fehlerhafter Bekanntgabe spätestens 5 Monate nach dem Erlass des Beschlusses (§ 63 Abs. 2 Satz 2 FamFG). Durch die **Verkündung** eines Beschlusses wird der Beginn der Beschwerdefrist nach fünf Monaten grundsätzlich nur ausgelöst, wenn der beschwerte Beteiligte zum Termin zur mündlichen Verhandlung ordnungsgemäß geladen worden war.[45]

Eine **Begründung** der Beschwerde ist nicht vorgeschrieben (§ 65 Abs. 1 FamFG), aber zu empfehlen. Wendet sich ein Beteiligter gegen eine Entscheidung, mit der das Familiengericht den Erlass einer einstweiligen Anordnung abgelehnt hat, kann eine spätere Begründung gegen die Eilbedürftigkeit der verlangten Maßnahme sprechen.[46]

Das Oberlandesgericht kann vor der Entscheidung die Vollstreckung einer erlassenen einstweiligen Anordnung aussetzen oder beschränken (siehe Rn 22).

16 Eine **Beschwerde** kann sich auch **nur gegen die Entscheidung über die Kosten** in einem Beschluss nach mündlicher Verhandlung richten. Voraussetzung ist, dass das Familiengericht nicht nur über die Kosten entschieden hat, sondern auch über einen Anordnungsantrag aus dem Katalog des § 57 Satz 2 Nrn. 1–5 FamFG. Die in § 61 Abs. 1 FamFG für vermögensrechtliche Angelegenheiten vorgesehene Min-

42 OLG Frankfurt FamRZ 2013, 1831.

43 OLG Celle NdsRpfl 2013, 83.

44 Förmliche Zustellung einer vollständigen Ausfertigung oder beglaubigten Abschrift des Beschlusses an beschwerte Beteiligte (§ 41 Abs. 1 S. 2 FamFG).

45 BGH NJW-RR 2011, 5.

46 OLG Brandenburg, Beschl. v. 22.7.2010 – 9 WF 95/10 und OLG Köln FamRZ 2010, 921: Beschwerdebegründung mehr als 6 Wochen nach der Einlegung des Rechtsmittels in einer Sorgerechtssache.

destbeschwer von über 600 EUR braucht nicht vorzuliegen.[47] Unzulässig ist eine Beschwerde gegen isolierte Kostenentscheidungen, also z.B. nach einer Rücknahme des Anordnungsantrags[48] oder in Fällen, in denen ein Beteiligter verlangt hatte, aufgrund der mündlichen Verhandlung nur noch über die Kosten erneut zu entscheiden.[49]

Hat sich die Hauptsache des Anordnungsverfahrens nach dem Anordnungsbeschluss des Familiengerichts erledigt (z.B. durch den Vollzug der einstweiligen Anordnung), ist eine danach eingelegte Beschwerde gegen die Entscheidung in der Hauptsache unzulässig und eine danach eingelegte Beschwerde wird unzulässig.[50] Der Antragsgegner kann dann sein Rechtsmittel von vorneherein oder – bei einer späteren Erledigung – nachträglich auf die Kostenentscheidung beschränken. Zulässig ist auch der Antrag, die Rechtswidrigkeit des Anordnungsbeschlusses festzustellen, und Voraussetzung hierfür ist ein berechtigtes Interesse des Beschwerdeführers an der Feststellung (§ 62 FamFG). Davon ist in der Regel bei einem tatsächlich vollzogenen und nicht nur angeordneten[51] schwerwiegenden Eingriff in Grundrechte auszugehen (§ 62 Abs. 2 Nr. 1 FamFG), wie z.B. bei der Verweisung aus der Wohnung nach dem Gewaltschutzgesetz.[52] Eine – in der Regel auch ausreichende – konkrete Wiederholungsgefahr (§ 62 Abs. 2 Nr. 2 FamFG) besteht im Allgemeinen nicht. Das erstinstanzliche Gericht kann die Rechtswidrigkeit eines Anordnungsbeschlusses, der sich in der Hauptsache erledigt hat, nicht feststellen.[53] 17

IV. Geltungsdauer einer einstweiligen Anordnung

Einstweilige Anordnungen treten nach oder entsprechend § 56 Abs. 1 und Abs. 2 FamFG in folgenden Fällen **automatisch** außer Kraft: 18

- zeitliche begrenzte Anordnungen nach Ablauf der Zeit (§ 56 Abs. 1 S. 1 FamFG);

47 BGH NJW 2013, 3523.
48 KG, Beschl. v. 26.6.2014 – 25 WF 54/14; OLG Koblenz FamRZ 2014, 930; OLG Frankfurt FamRZ 2014, 593.
49 OLG Frankfurt FamRZ 2013, 569.
50 BGH NJW-RR 2012, 997; FamRZ 2011, 1390.
51 OLG Brandenburg FamRZ 2013, 802.
52 OLG München FamRZ 2010, 1755.
53 BGH FamRZ 2013, 28.

- durch einen gerichtlichen Vergleich über den Verfahrensgegenstand im Anordnungs- oder Hauptverfahren;
- durch einen Verzicht des Antragstellers auf seine Rechte aus der einstweiligen Anordnung;
- durch Rücknahme des Antrags im Anordnungs- oder Hauptverfahren;
- durch übereinstimmende Erledigungserklärungen oder Feststellung der Erledigung nach einer einseitigen Erledigungserklärung im Anordnungs- oder Hauptverfahren;
- durch abändernde oder aufhebende Beschlüsse nach § 54 FamFG;
- durch abschließende Sachentscheidungen[54] im deckungsgleichen Hauptverfahren.

Gerichtliche Entscheidungen sind in Familienstreitsachen ab ihrer Rechtskraft **wirksam** (§ 56 Abs. 1 Satz 2 FamFG) (zu einem Ausnahmefall siehe Rn 25), in einer Folgesache im Scheidungsverbund mit Rechtskraft der Scheidung (§ 148 FamFG). Entscheidungen in Ehewohnungs- und Haushaltssachen sowie in Gewaltschutzsachen werden mit der Rechtskraft wirksam, wenn das Gericht nicht die sofortige Wirksamkeit angeordnet hat (§ 209 Abs. 2 FamFG und § 216 Abs. 1 FamFG), Beschlüsse in Kindschaftssachen in isolierten Verfahren mit ihrer Bekanntgabe (§ 40 Abs. 1 FamFG), im Scheidungsverbund mit Rechtskraft der Scheidung (§ 148 FamFG). Hat das Familiengericht nach einer Unterhaltsanordnung im Hauptsacheverfahren einen Unterhaltsbeschluss erlassen und die sofortige Wirksamkeit angeordnet (§ 116 Abs. 2 Satz 3 FamFG), bestehen bis zur Rechtskraft des Beschlusses zwei Titel nebeneinander. Wird die Vollstreckung aus der Unterhaltsanordnung weiter betrieben, weil darin ein höherer Betrag tituliert ist, kann der Unterhaltsverpflichtete gegen die Unterhaltsanordnung mit einem Abänderungsantrag nach § 54 FamFG vorgehen.[55] In Betracht kommt stattdessen auch ein Vollstreckungsabwehrantrag (§ 95 Abs. 1 Nr. 1 FamFG, § 767 ZPO).[56]

Auf Antrag stellt das Familiengericht, das im Anordnungsverfahren in erster Instanz zuletzt entschieden hat, durch **Beschluss** fest, dass die einstweilige Anordnung außer Kraft getreten ist (§ 56 Abs. 3 Satz 1 FamFG). Der Antragsgegner kann ihn dann dem Vollstreckungsorgan vorlegen und damit die Einstellung der

54 Nicht, wenn der Hauptsacheantrag als unzulässig abgewiesen wird, z.B. Zöller/*Feskau*, § 56 Rn 3 und *Gießler/Soyka*, Rn 275.

55 Zöller/*Feskorn*, § 56 FamFG Rn 2.

56 So zum früheren Recht OLG Zweibrücken FamRZ 2007, 1664 und OLG Köln FamRZ 2003, 320.

Zwangsvollstreckung erreichen (§ 120 Abs. 1 FamFG i.V.m. § 775 Nr. 1 ZPO). Ein stattgebender oder ablehnender Beschluss ist anfechtbar (§ 56 Abs. 3 Satz 2 FamFG), nach Auffassung des OLG Zweibrücken[57] in der zweiwöchigen Frist des § 63 Abs. 2 Nr. 1 FamFG, nicht der Monatsfrist des § 63 Abs. 1 FamFG.

V. Gerichtskosten und Anwaltsgebühren

Der **Verfahrenswert** einstweiliger Anordnungsverfahren ist in der Regel mit der Hälfte des Wertes der Hauptsache anzusetzen (§ 41 Satz 2 FamGKG), für Verfahren über die Anforderung eines Verfahrenskostenvorschusses nach überwiegender Auffassung mit dem vollen Wert der Hauptsache.[58] Treffen die Beteiligten im Anordnungsverfahren eine endgültige Vereinbarung, wird der Wert für den Vergleich mit dem vollen Wert der Hauptsache angesetzt,[59] nach Auffassung des OLG Düsseldorf[60] auch der Wert des Anordnungsverfahrens. Das OLG Düsseldorf[61] hat auch bei einer einstweiligen Anordnung auf Leistung des vollen Unterhalts den Wert der Hauptsache angesetzt, weil sie die Hauptsache vorwegnehme. Das trifft allenfalls zu, wenn kein Hauptsacheverfahren gewollt ist. Im Regelfall ist vom hälftigen Wert auszugehen.[62] Werden in einem Gewaltschutzverfahren Maßnahmen nach § 1 GewSchG und eine Wohnungszuweisung nach § 2 GewSchG beantragt, sind die halben der in § 49 FamGKG genannten Werte zu addieren.[63] 19

Gegen die Festsetzung des Verfahrenswertes können sich Beteiligte und ihre Anwälte mit der grundsätzlich auf sechs Monate befristeten **Beschwerde** wenden, wenn der Wert des Beschwerdegegenstandes 200 EUR übersteigt[64] oder das Familiengericht die Beschwerde wegen grundsätzlicher Bedeutung zugelassen hat (§ 59 FamGKG und § 32 RVG).

57 NJW-RR 2011, 1016.

58 OLG Köln FamRZ 2015, 526; OLG Düsseldorf NZFam 2014, 469; OLG Frankfurt FamRZ 2014, 689; OLG Bamberg AGS 2011, 454; a.A. OLG Celle FamRZ 2014, 690.

59 OLG Schleswig FamRZ 2011, 1424 (Gewaltschutzsache); OLG Nürnberg FamRZ 2011, 756 (Umgangsrecht).

60 FamRZ 2010, 1936.

61 NJW 2010, 1385.

62 OLG Köln MDR 2014, 1267; OLG Celle FamRZ 2012, 789; OLG München AGS 2011, 306; OLG Stuttgart FamRZ 2011, 757.

63 OLG Frankfurt NZFam 2015, 84.

64 Differenz der Kosten zwischen dem festgesetzten und dem nach der Beschwerde richtigen Wert.

In erster Instanz fällt in allen Familiensachen – bis auf Kindschaftssachen[65] – eine 1,5-fache **Gerichtsgebühr** an (Nr. 1420 FamGKG KV); sie ermäßigt sich auf eine 0,5-fache Gebühr, wenn keine gerichtliche Entscheidung ergeht (Nr. 1421 FamGKG KV). Die Gebühren werden für das Anordnungsverfahren sowie Aufhebungs- und Abänderungsanträge nach § 54 FamFG nur einmal erhoben (Vorbem. 1.4 KV). In Beschwerdeverfahren – ausgenommen wiederum Kindschaftssachen[66] – entsteht eine 2,0-fache Gebühr (Nr. 1422 FamGKG KV), die sich bei einer Rücknahme der Beschwerde vor der Begründung auf 0,5 und nach der Begründung, aber vor der Entscheidung auf 1,0 ermäßigt (Nrn. 1423 und 1424 FamGKG KV).

Rechtsanwälte verdienen in erster Instanz eine 1,3-fache Verfahrensgebühr (Nr. 3100 RVG-VV) und ggf. eine 1,2-fache Terminsgebühr (Nr. 3104 RVG-VV) und eine 1,5-fache Einigungsgebühr (Nr. 1000 RVG-VV), in Beschwerdeverfahren eine 0,5-fache Gebühr (Nr. 3500 RVG-VV). Für Anträge nach § 54 FamFG fallen keine zusätzlichen Gebühren an (§ 16 Nr. 5 RVG). Einstweilige Anordnungsverfahren und die entsprechenden Hauptsachverfahren sind gebührenrechtlich verschiedene Angelegenheiten (§ 17 Nr. 4 RVG). Die in einem Verfahren entstandenen Gebühren werden auf die im anderen Verfahren nicht angerechnet.[67]

VI. Verfahrenskostenhilfe

20 Die Bewilligung von Verfahrenskostenhilfe richtet sich in **Familienstreitsachen** nach den §§ 114 ff. ZPO (i.V.m. § 113 Abs. 1 FamFG), in **FG-Familiensachen** nach den §§ 76 ff. FamFG. Voraussetzung ist jeweils, dass die beabsichtigte Rechtsverfolgung oder Rechtsverteidigung Aussicht auf Erfolg bietet und der Antragsteller die Kosten des Verfahrens nicht, nur zum Teil oder nur in Raten aufbringen kann. Er muss auch darlegen, dass ein Anspruch auf Prozesskostenvorschuss nicht besteht oder nicht durchgesetzt werden kann. Auf eine gerichtliche Durchsetzung braucht er sich wegen der Eilbedürftigkeit einstweiliger Anordnungsverfahren nicht verweisen zu lassen.[68] Von einer hinreichenden Aussicht auf Erfolg ist bei

65 Dort eine 0,3-fache Gebühr (Nr. 1410 FamGKG KV).

66 Dort eine 0,5-fache Gebühr (Nr. 1410 FamGKG KV), bei einer Rücknahme der Beschwerde ermäßigt auf 0,3 (Nr. 1412 Fam GKG KV).

67 BGH NJW 2011, 455.

68 OLG Saarbrücken NJW-RR 2010, 1515.

Anordnungsanträgen in FG-Familiensachen, in denen der Amtsermittlungsgrundsatz gilt, auszugehen, wenn das Gericht den Antrag nicht ohne jede Ermittlung und ohne Anhörung der Beteiligten zurückweisen kann.[69]

In **Familienstreitsachen** wird auf Antrag ein **Rechtsanwalt beigeordnet**, wenn dies erforderlich erscheint oder der Gegner von einem Anwalt vertreten ist (§ 121 Abs. 2 ZPO). In **FG-Familiensachen** ist ein Anwalt nicht schon deshalb beizuordnen, weil ein anderer Verfahrensbeteiligter anwaltlich vertreten ist. Voraussetzung für eine Beiordnung ist hier eine schwierige Sach- oder[70] Rechtslage (§ 78 Abs. 2 FamFG. Das Bundesverfassungsgericht[71] hat wiederholt entschieden, wann wegen der im Grundgesetz verbürgten Rechtsschutzgleichheit die Beiordnung eines Anwalts nach § 121 Abs. 2 ZPO erforderlich ist. Zu berücksichtigen sind dabei auch die Kenntnisse des Beteiligten und seine Fähigkeiten, sich mündlich und schriftlich auszudrücken. Ein Anwalt ist beizuordnen, wenn eine Partei, die selbst für die Kosten aufkommen müsste, in der Lage des unbemittelten Antragstellers vernünftigerweise ebenfalls einen Anwalt mit der Wahrnehmung ihrer Interessen beauftragt hätte. Das ist auch der Maßstab für eine Beiordnung in FG-Familiensachen.[72] Für überschaubar und rechtlich unproblematisch gehalten werden z.B. häufiger Sachverhalte in Verfahren nach dem Gewaltschutzgesetz. Der Antragsteller sollte dann darlegen, warum es ihm nicht zuzumuten war, den Antrag auf Erlass der Gewaltschutzanordnung über die Rechtsantragsstelle des Amtsgerichts einzureichen. Nach Auffassung des OLG Brandenburg[73] ist ihm das in der Regel nicht zuzumuten: Um eine sofortige Entscheidung zu erreichen, sei es vernünftig, einen Anwalt zu beauftragen, der alles Maßgebliche sofort vortrage. Andere Oberlandesgerichte halten eine Beiordnung in der Regel für geboten, wenn Beteiligte einen Migrationshintergrund haben und Sozialhilfe beziehen, weil dann ohne Hinzutreten weiterer Umstände nicht davon auszugehen sei, dass sie in der Lage sind, die gebotenen Schritte zur Wahrnehmung ihrer Rechte eigenständig zu unternehmen

69 OLG Jena, Beschl. v. 19.1.2015 – 1 WF 43/15; OLG Düsseldorf, Beschl. v. 17.7.2013 – 8 WF 118/13; OLG Karlsruhe FamRZ 2011, 1528.

70 BGH NJW 2010, 3029.

71 WuM 2011, 352; Beschl. v. 6.5.2009 – 1 BvR 439/08; NJW-RR 2007, 1713.

72 BGH NJW 2010, 3029 und z.B. OLG Karlsruhe NJW-RR 2015, 262; OLG Brandenburg MDR 2015, 298; OLG Frankfurt, Beschl. v. 21.8.2014 – 5 WF 195/14.

73 MDR 2014, 1468.

und sich schriftlich oder mündlich in ausreichender Form auszudrücken.[74] Dem OLG Celle[75] reicht ein „Migrationshintergrund" auch bei eingeschränkten Fähigkeiten, sich in deutscher Sprache zu verständigen, nicht aus. Es geht davon aus, dass Antragsteller in der Regel für Gewaltschutzanträge keinen Anwalt benötigen.[76] Einigkeit besteht darüber, dass der Amtsermittlungsgrundsatz einer Beiordnung nicht entgegensteht[77] und erforderliche Maßnahmen, eine ergangene einstweilige Anordnung zu vollstrecken, nicht schon die Beiordnung in dem vorangegangenen Verfahren rechtfertigen.[78]

21 Stattgebende VKH-Beschlüsse sind nicht **anfechtbar**. Gegen abweisende Beschlüsse können sich Beteiligte sowohl in Familienstreitsachen als auch in FG-Familiensachen mit der sofortigen Beschwerde wenden, wenn das Gericht die persönlichen oder wirtschaftlichen Voraussetzungen verneint hat (§ 127 Abs. 2 Satz 2 ZPO; in FG-Familiensachen i.V.m. § 76 Abs. 2 FamFG). Dies gilt auch für Entscheidungen, mit denen die Beiordnung eines Rechtsanwalts abgelehnt worden ist.[79] Hat das Gericht auch oder nur die Erfolgsaussicht verneint, ist ein Rechtsmittel in Familienstreitsachen nicht zugelassen, weil die Entscheidung zur Hauptsache nicht anfechtbar ist.[80] Mit der sofortigen Beschwerde anfechtbar sind nach § 57 Satz 2 FamFG Entscheidungen aufgrund mündlicher Erörterung in bestimmten FG-Familiensachen (siehe Rn 14). In diesen Fällen ist eine sofortige Beschwerde gegen einen wegen mangelnder Erfolgsaussicht abgelehnten VKH-Antrag zulässig, nach Auffassung einiger Oberlandesgerichte auch vor einer mündlichen Erörterung,[81] nach Auffassung anderer nur, wenn das Amtsgericht über den Anordnungs-

74 OLG Frankfurt, Beschl. v. 21.8.2014 – 5 WF 195/14; OLG Saarbrücken NJW-RR 2011, 944; OLG Zweibrücken NJW 2010, 541.

75 Beschl. v. 30.6.2011 – 10 WF 176/11 (der Fall betraf eine Ausländerin).

76 MDR 2014, 297 und 799; FamRZ 2010, 2005.

77 BVerfG NJW-RR 2007, 1713; BGH NJW 2010, 3029 und u.a. OLG Karlsruhe NJW-RR 2015, 262.

78 OLG Karlsruhe NJW-RR 2015, 262; OLG Celle, Beschl. v. 30.6.2011 – 10 WF 176/11.

79 BGH NJW 2011, 2434.

80 BGH NJW 2005, 1659.

81 OLG Frankfurt FamRZ 2014, 676; OLG Bremen FamRZ 2013, 1916; OLG Hamm FamRZ 2013, 1326 (wenn der Antrag auf Erlass der einstweiligen Anordnung unter der Bedingung der vorherigen Bewilligung von Verfahrenskostenhilfe gestellt wurde); OLG Köln, Beschl. v. 24.8.2011 – 4 WF 156/11 (wenn nach der Zurückweisung des Anordnungsantrags im schriftlichen Verfahren Antrag auf erneute Entscheidung aufgrund mündlicher Verhandlung gestellt worden ist).

antrag nach mündlicher Erörterung entschieden[82] bzw. eine mündliche Erörterung stattgefunden[83] hat. Um nicht die Beschwerdefrist zu versäumen, sollte in jedem Fall innerhalb von zwei Wochen Beschwerde eingelegt werden, in Fällen, in denen das Amtsgericht noch nicht aufgrund mündlicher Erörterung über den Anordnungsantrag entschieden hat, verbunden mit der Bitte um einen rechtlichen Hinweis zur Zulässigkeit. Die Beschwerde kann danach ggf. zurückgenommen werden. Gerichtskosten fallen dann für das Beschwerdeverfahren nicht an (Nr. 1912 FamGKG KV i.V.m. Nr. 1812 GKG KV).

VII. Vollstreckung

Die Vollstreckung einstweiliger Anordnungen richtet sich nach den Bestimmungen, **22** die für die Vollstreckung entsprechender Entscheidungen in Verfahren der Hauptsache gelten (§ 51 Abs. 2 Satz 1 FamFG). Das sind in Familienstreitsachen, in Ehewohnungs- und Haushaltssachen und weitgehend auch in Gewaltschutzsachen die **Vorschriften der ZPO** (§ 120 Abs. 1 bzw. §§ 95, 96 FamFG). Entscheidungen in Kindschaftssachen (Regelung des Umgangs und Herausgabe eines Kindes) werden nach den §§ 88 bis 94 FamFG durch Ordnungsgeld, Ordnungshaft und ggf. unmittelbaren Zwang[84] vollstreckt. Das Gericht kann auf Antrag in **Gewaltschutzsachen**[85] und sonstigen Fällen, in denen hierfür ein dringendes Bedürfnis besteht,[86] die Vollstreckung schon vor Zustellung der Anordnung für zulässig erklären (§ 53 Abs. 2 Satz 1 FamFG). Vollstreckt werden kann dann ab Übergabe des Anordnungsbeschlusses an die Geschäftsstelle (§ 53 Abs. 2 Satz 2 i.V.m. § 38 Abs. 3 Satz 3 FamFG). Die **Vollstreckung** kann nach einem Antrag auf mündliche Verhandlung, einem Abänderungsantrag und einer Beschwerde **ausgesetzt** oder beschränkt werden (§ 55 Abs. 1 FamFG). Ein Aussetzungsantrag ist nicht erforderlich, aber zu empfehlen. Über ihn wird dann vorab entschieden (§ 55 Abs. 2 FamFG). Eine Aussetzung setzt zumindest voraus, dass für den Antrag nach § 54

82 OLG Celle FamRZ 2011, 918; OLG Hamm, Beschl. v. 11.5.2011 – 8 WF 281/10, II-8 WF 281/10 und Beschl. v. 9.6.2010 – II-10 WF 92/10, 10 WF 92/10.

83 OLG Nürnberg FamRZ 2013, 569.

84 Ausgenommen Herausgabe eines Kindes zur Ausübung des Umgangsrechts (§ 90 Abs. S. 1 FamFG).

85 Zur Beseitigung andauernder Zuwiderhandlungen gegen eine Anordnung nach § 1 GewSchG können auch hier Gerichtsvollzieher hinzugezogen werden (§ 96 Abs. 1 FamFG).

86 Denkbar vor allem bei einer Anordnung auf Herausgabe eines Kindes sowie in Ehewohnungssachen.

FamFG bzw. die Beschwerde Aussicht auf Erfolg besteht.[87] Die Entscheidung des Gerichts ist unanfechtbar (§ 55 Abs. 1 Satz 2 FamFG).

Die **Einstellung** der Zwangsvollstreckung kann auch in bestimmten Hauptsacheverfahren beantragt werden (siehe Rn 24).

C. Verfahrensgegenstände

I. Einstweilige Unterhaltsregelungen

1. Einstweilige Anordnung

23 Im Wege der einstweiligen Anordnung ist die Zahlung des **vollen Unterhalts** vorläufig durchzusetzen, der nach dem materiellen Recht geschuldet wird – in der Praxis vor allem Kindes- und Ehegattenunterhalt (zur Zahlung eines Kostenvorschusses für ein gerichtliches Verfahren siehe Rn 26). Die **Beteiligten** stimmen mit denen des Hauptverfahrens über den Unterhalt überein. Antragsberechtigt ist für Anordnungen über den Unterhalt minderjähriger Kinder, deren Eltern miteinander verheiratet sind und getrennt leben, bis zur Scheidung der sorgeberechtigte Elternteil, in dessen Obhut sich das Kind befindet (§ 1629 Abs. 3 Satz 1 BGB). Nach einem Obhutswechsel während des Verfahrens wird der Antrag des bis dahin vertretungsbefugten Elternteils – auch hinsichtlich der bis zu diesem Zeitpunkt geltend gemachten Ansprüche – unzulässig.[88] Er muss das Verfahren – um Kostennachteile zu vermeiden – für erledigt erklären. Wird ein Kind während des Verfahrens volljährig, kann es ihm anstelle des nicht mehr vertretungsbefugten Elternteils beitreten.[89] Nach der Scheidung ist ein minderjähriges Kind selbst Verfahrensbeteiligter, vertreten durch den Sorgeberechtigten.

Erforderlich ist ein **bestimmter Zahlungsantrag**, ausreichend auch in dynamisierter Form (§ 1612a BGB).[90] Der Antragsteller muss die Voraussetzungen des Unterhaltsanspruchs (Grund und Höhe) glaubhaft machen, wenn dies streitig ist. Benötigt er eine Auskunft des Unterhaltsverpflichteten über dessen Einkommensverhältnisse, um seinen Anspruch beziffern zu können, kann er auch im einstweiligen

87 Zöller/*Feskorn*, § 55 Rn 4.

88 OLG Köln JAmt 2013, 165; OLG Rostock NJW 2012, 942.

89 BGH NJW 2013, 2595.

90 Z.B. *Gießler/Soyka*, Rn 344.

Anordnungsverfahren mit einem Stufenantrag vorgehen.[91] Wird der **Mindestunterhalt** für ein Kind verlangt, erübrigen sich in der Antragsschrift Angaben über die Einkommensverhältnisse des Unterhaltspflichtigen. Er muss seine eingeschränkte Leistungsfähigkeit im Rahmen der nach § 1603 Abs. 2 Satz 1 BGB gesteigerten Unterhaltspflicht darlegen und glaubhaft machen.[92]

Eine Unterhaltsanordnung setzt – wie jede einstweilige Anordnung – ein **Regelungsbedürfnis** voraus. Es braucht aber – anders als bei anderen einstweiligen Anordnungen – nicht „dringend" zu sein (§ 246 Abs. 1 FamFG). Kein Regelungsbedürfnis besteht, wenn der Unterhaltsberechtigte bereits über einen Titel verfügt, aus dem er vorgehen kann. Und es fehlt auch in Fällen, in denen der Unterhaltsverpflichtete den geforderten Unterhalt regelmäßig und pünktlich gezahlt hat. Für einen Antrag im Hauptverfahren wird dann zwar ein Rechtsschutzbedürfnis bejaht, um zukünftige Ansprüche titulieren zu lassen.[93] Auf eine rasche gerichtliche Entscheidung mit einer nur vorläufigen Regelung im einstweiligen Anordnungsverfahren ist der Unterhaltsberechtigte aber nur angewiesen, wenn Anhaltspunkte dafür vorliegen, dass der Unterhaltsverpflichtete in Zukunft nicht mehr oder nicht mehr in voller Höhe zahlen wird.[94] Der Unterhaltsberechtigte muss dies glaubhaft machen. Im Anordnungsverfahren können grundsätzlich auch **keine rückständigen Ansprüche** aus der Zeit vor der Stellung des Antrags geltend gemacht werden. [95] Begründet wird dies mit dem Zweck einstweiliger Anordnungen, die Zeit vom Beginn des Verfahrens bis zur endgültigen Regelung im Hauptsacheverfahren zu überbrücken.[96] Ein Regelungsbedürfnis wird überdies verneint, wenn der Unterhaltsverpflichtete offensichtlich über kein vollstreckungsfähiges Vermögen und Einkommen verfügt und damit auch in näherer Zukunft nicht zu rechnen ist.[97] Das sind vor allem Fälle, in denen einem nicht leistungsfähigen Unterhaltsverpflichteten fiktiv Einkünfte zugerechnet werden, die er erzielen könnte.

91 Schulte-Bunert/Weinreich/*Schwonberg*, § 246 Rn 6; *Musielak/Borth*, § 246 Rn 7; Schwab/*Streicher*, I Rn 961.

92 BGH NJW 2014, 3784; NJW 2014, 932.

93 BGH NJW 1998, 3116.

94 Z.B. Schulte-Bunert/Weinreich/*Schwonberg*, § 246 Rn 11; Prütting/Helms/*Bömelburg*, § 246 Rn 41.

95 Z.B. Schulte-Bunert/Weinreich/*Schwonberg*, § 246 Rn 8; Prütting/Helms/*Bömelburg*, § 246 Rn 42; Zöller/*Lorenz*, § 246 FamFG Rn 3.

96 *Gießler/Soyka*, Rn 374.

97 OLG Hamm FamRZ 1986, 919 (zum früheren Recht); Schulte-Bunert/Weinreich/*Schwonberg*, § 246 Rn 11; Zöller/*Lorenz* § 246 FamFG Rn 3.

24 Die **Geltungsdauer** einer einstweiligen Anordnung über den Kindesunterhalt endet weder mit der Scheidung noch wenn das Kind volljährig geworden ist.[98] Der Anspruch auf Trennungsunterhalt erlischt mit der Rechtskraft der Scheidung.[99] Eine einstweilige Anordnung über den Trennungsunterhalt tritt dann aber nicht automatisch außer Kraft. Hierzu ist eine anderweitige Regelung des Unterhaltsanspruchs erforderlich (§ 56 FamFG). Sie ist nur einer Verbundentscheidung über den nachehelichen Unterhalt oder einem gerichtlichen Vergleich hierüber zu entnehmen. Ist der nacheheliche Unterhalt nicht Gegenstand des Scheidungsverfahrens, kann der Unterhaltspflichtige mit einem Abänderungsantrag gegen die einstweilige Anordnung vorgehen, sobald die Ehe rechtskräftig geschieden ist (§ 54 Abs. 1 FamFG).[100] Sonst kann der Unterhaltsberechtigte weiter aus der Unterhaltsanordnung vollstrecken.[101]

Hält sich der Antragsgegner nicht für unterhaltsverpflichtet oder hält er eine angeordnete Unterhaltszahlung für überhöht, muss ihm daran gelegen sein, die einstweilige Anordnung möglichst früh aus der Welt zu schaffen und bis dahin eine Einstellung der Zwangsvollstreckung aus ihr zu erreichen. Im Anordnungsverfahren ist dies mit erfolgversprechenden Anträgen nach § 54 Abs. 1 und Abs. 2 FamFG möglich. Hat das Familiengericht eine einstweilige Anordnung nach mündlicher Verhandlung erlassen oder bestätigt, kann ein Abänderungsantrag nach § 54 Abs. 1 FamFG häufig nicht mit neuen Tatsachen oder neuen Beweismitteln begründet werden (siehe Rn 12). In diesen Fällen ist dem Antragsgegner zu raten, selbst ein Verfahren in der Hauptsache einzuleiten. In Betracht kommen ein negativer Feststellungsantrag und ein Antrag auf Rückforderung bereits überzahlten Unterhalts. Einem negativen Feststellungsantrag, wonach kein oder nur einer geringerer Unterhalt geschuldet sei, kann nicht entgegengehalten werden, der Antragsgegner könne – um dies zu klären – stattdessen Antragstellern nach § 52 Abs. 2 FamFG eine Frist zur Einleitung des Hauptsacheverfahrens setzen lassen; dies ist keine einfachere Alternative.[102] Zu empfehlen ist der zusätzliche Antrag, die Zwangsvoll-

98 BGH NJW 1984, 1613.

99 BGH NJW 1988, 1137.

100 AG Rosenheim NJW-RR 2012, 904.

101 OLG Hamm, Beschl. v. 4.10.2012 – II-3 UF 215/12, 3 UF 215/12 (für den Fall eines im Anordnungsverfahren geschlossenen Vergleichs).

102 OLG Frankfurt NJW-RR 2015, 326; OLG Jena FamRZ 2012, 54; so auch überwiegend die Auffassung in der Literatur (Nachweise bei *Langheim*, FamRZ 2014, 1422 in Fußnote 151).

streckung aus der einstweiligen Anordnung – entsprechend § 769 ZPO[103] – einstweilen einzustellen.

Einer Rückforderung überzahlten Unterhalts steht nicht die einstweilige Anordnung entgegen, mit der die Zahlung angeordnet worden ist. Sie ist kein Rechtsgrund für Unterhaltszahlungen, sondern verschafft nur die Möglichkeit, vorläufig zu vollstrecken.[104] Ein **Bereicherungsanspruch** scheitert, wenn der Unterhaltsgläubiger ungerechtfertigte Unterhaltszahlungen für seinen Lebensbedarf verbraucht hat, weil er dann nicht mehr bereichert ist (§ 818 Abs. 3 BGB). Dies muss er im Hauptverfahren beweisen, ist aber nach der Rechtsprechung des Bundesgerichtshofs[105] bei unteren und mittleren Einkommen zu vermuten. Die **verschärfte Haftung** nach § 818 Abs. 4 BGB tritt mit der Rechtshängigkeit eines Abänderungsantrages auf Herabsetzung des Unterhalts nach den §§ 238 bis 240 FamFG und eines Rückzahlungsantrages ein (§ 241 FamFG), nach verbreiteter Auffassung auch nach Rechtshängigkeit eines negativen Feststellungsantrages und nach einem Abänderungsantrag gemäß § 54 Abs. 1 FamFG.[106] Das ist aber umstritten.[107] Der Unterhaltsschuldner kann der Gefahr des Entreicherungseinwandes begegnen, indem er die Unterhaltszahlungen, die er für überhöht hält, dem Gläubiger als zins- und tilgungsloses Darlehen mit der Verpflichtung anbietet, im Falle der Abweisung einer negativen Feststellungsklage auf die Rückzahlung zu verzichten. Der Unterhaltsgläubiger ist nach Treu und Glauben verpflichtet, dieses Angebot anzunehmen.[108]

Eine Besonderheit besteht bei Anordnungsverfahren über Unterhaltsansprüche eines Kindes und seiner Mutter gegen einen Mann, dessen Vaterschaft nicht feststeht. Dann muss ein Hauptverfahren auf **Feststellung der Vaterschaft** anhängig sein (§ 248 Abs. 1 FamFG). Mit der Rücknahme oder rechtskräftigen Zurückweisung des Feststellungsantrags tritt eine ergangene Unterhaltsanordnung außer Kraft (§ 248 Abs. 5 FamFG). 25

Aus der Unterhaltspflicht kann sich ein Anspruch des Unterhaltsberechtigten auf **Zahlung eines Kostenvorschusses** für einen Rechtsstreit in einer persönlichen 26

103 OLG Düsseldorf FamRZ 1993, 816.
104 BGH NJW 1984, 2095.
105 NJW 1992, 2415.
106 Nachweise bei *Langheim,* FamRZ 2014, 1424 in Fußnote 188.
107 A.A. OLG Karlsruhe FamRZ 2014, 1387 bei Abänderungsanträgen nach § 54 Abs. 1 FamFG.
108 BGH NJW 2000, 740, 741; NJW 1992, 2415, 2417.

Angelegenheit ergeben (§ 1360a Abs. 4 BGB). Einstweilige Anordnungen hierüber setzen ebenfalls kein „dringendes" Regelungsbedürfnis voraus (§ 246 Abs. 1 FamFG).

Das Anordnungsverfahren ist mit einem bezifferten Zahlungsantrag einzuleiten. Er kann die Gerichtskosten sowie in der Regel zwei Anwaltsgebühren (Verfahrens- und Terminsgebühr) zuzüglich Auslagenpauschale und Umsatzsteuer des Prozesses umfassen, der mit Hilfe des Vorschusses durchgeführt werden soll, sowie die Kosten des Anordnungsverfahrens.[109] Der Antrag kann vor dem beabsichtigten Prozess gestellt werden und während des Prozesses bis zum Ende der Instanz.[110] Ist der Prozess in der Beschwerdeinstanz anhängig, bleibt das erstinstanzliche Gericht für die einstweilige Anordnung zuständig.[111]

Vorschusspflichtig können sein verheiratete (§ 1360a Abs. 4 BGB) und getrennt lebende Eheleute (§ 1361 Abs. 4 S. 4 BGB) untereinander bis zur Scheidung und Eltern gegenüber unverheirateten minderjährigen Kindern und volljährigen Kindern, die sich noch in der Ausbildung befinden,[112] nach Auffassung des OLG München[113] auch der Vater eines nichtehelichen Kindes für ein Unterhaltsverfahren der Mutter. Der Antragsteller muss **glaubhaft machen**, dass er die Prozesskosten nicht aufbringen kann, der Antragsgegner dazu finanziell – wenn auch nur mit Ratenzahlungen[114] – in der Lage ist und die beabsichtigte Rechtsverfolgung und Rechtsverteidigung hinreichende Aussicht auf Erfolg bietet.[115] Schließlich muss der Rechtsstreit eine „**persönliche Angelegenheit**" des Antragstellers betreffen. Dazu gehören alle Familiensachen des § 111 FamFG, selbst wenn sich das Verfahren nach einer neuen Ehe gegen den früheren Ehepartner richtet,[116] aber auch andere Prozesse, die mit den persönlichen oder wirtschaftlichen Bindungen und

109 OLG Nürnberg FamRZ 2009, 450; OLG Zweibrücken OLG-Report 2002, 179.

110 BGH NJW 1985, 2263 und 2265.

111 OLG Oldenburg FamRZ 2012, 390.

112 BGH NJW 2005, 1722.

113 FamRZ 2002, 1722; ebenso: *Caspary*, NJW 2005, 25, 77, 2578; *Gießler/Soyka*, Rn 528; a.A. Schulte-Bunert/Weinreich/*Schwonberg*, § 246 Rn 23; *Büttner*, FamRZ 2000, 786; *Bißmaier*, FamRZ 2002, 863.

114 BGH FamRZ 2004, 1633; OLG Celle FamRZ 2014, 783.

115 BGH FamRZ 2001, 1363; ausgenommen: Kosten für die Verteidigung in einem Strafverfahren (§ 1360a Abs. 4 S. 2 BGB).

116 BGH NJW 2010, 372.

Beziehungen der Beteiligten zusammenhängen, wie vor allem bei Schadensersatz- oder Schmerzensgeldansprüchen gegen Dritte.[117]

Das Angebot eines zinslosen Darlehens in Höhe der voraussichtlich entstehenden Verfahrenskosten steht einem Vorschussanspruch nicht entgegen.[118] Kein Vorschussanspruch besteht, wenn der Unterhaltsberechtigte für das beabsichtigte Verfahren Prozess- oder Verfahrenskostenhilfe erhalten hat und wenn er die Kosten schon selbst verauslagt hat.

Eine Vorschussanordnung tritt nicht durch die Kostenentscheidung in dem Verfahren **außer Kraft**, für das der Kostenvorschuss bewilligt worden ist. Der Unterhaltsberechtigte kann auch nach Beendigung des Prozesses und ungeachtet der Kostenentscheidung aus der einstweiligen Anordnung die Zwangsvollstreckung betreiben.[119] Ein Rückzahlungsanspruch besteht, wenn ihm die Kosten erstattet worden sind,[120] sonst nur in Ausnahmefällen, wie z:B. einer wesentlichen Verbesserung der wirtschaftlichen Verhältnisse des Vorschussberechtigten.[121]

2. Arrest

Unterhaltsansprüche sind – sobald einklagbar (Trennungsunterhalt ab der Trennung 27
der Parteien und nachehelicher Unterhalt ab Rechtshängigkeit des Scheidungsantrags[122]) – mit einem Arrest zu sichern, wenn die Gefahr besteht, dass sie sonst nicht mehr oder nur noch wesentlich erschwert durchgesetzt werden können (§ 119 Abs. 2 FamFG i.V.m. §§ 917, 918 ZPO). In Betracht kommen rückständige Ansprüche (auch auf Kostenvorschuss), die noch nicht tituliert sind, und zukünftige Ansprüche. Sind künftig fällig werdende Unterhaltsforderungen bereits tituliert, besteht kein Rechtsschutzinteresse für einen Arrest, wenn der Gläubiger eine Vorratspfändung von Arbeitslohn nach § 850d Abs. 3 ZPO ausgebracht hat oder dies möglich ist.[123]

Der Antragsteller muss den **Anspruch beziffern**, der gesichert werden soll. Bei künftigen Unterhaltsansprüchen besteht ein Sicherungsbedürfnis, solange die Un-

117 Z.B. OLG Frankfurt NJW-RR 2010, 1689 (Tierhalterhaftung); OLG Schleswig FamRZ 2009, 897 (Arzthaftung).

118 OLG Frankfurt MDR 2014, 230.

119 BGH NJW 1985, 2263.

120 Schulte-Bundert/Weinreich/*Schwonberg*, § 246 Rn 34; Schwab/*Borth*, IV Rn 89.

121 BGH NJW 1990, 1476; KG FamRZ 2008, 2201.

122 OLG Hamm FamRZ 1995, 1427; OLG Düsseldorf FamRZ 1994, 111.

123 OLG Zweibrücken FamRZ 2000, 966.

terhaltspflicht mutmaßlich besteht. Unterhaltsansprüche minderjähriger Kinder können den Zeitraum bis zur Volljährigkeit umfassen,[124] Getrenntlebensunterhalt den Zeitraum bis zur Rechtskraft der Scheidung. Beim nachehelichen Unterhalt richtet sich die Zeitspanne nach dem jeweiligen Grund der Unterhaltspflicht (§§ 1570 ff. BGB), in der Rechtsprechung häufig begrenzt auf die Dauer von höchstens fünf Jahren.[125]

II. Zugewinnausgleich

28 Die Durchsetzung von Zugewinnausgleichsansprüchen kann ein Ehegatte unter bestimmten Voraussetzungen durch einen **Arrest** sichern. In Betracht kommen auch **einstweilige Anordnungen**, um schädigenden Vermögensverfügungen des anderen Ehegatten vorzubeugen. Fallen in die Auseinandersetzungsmasse Grundstücke und weichen die Wertvorstellungen erheblich voneinander ab, kann es sich – um im Scheidungsverfahren die Folgesache Zugewinnausgleich zu vermeiden und die Scheidung zu beschleunigen – empfehlen, vorab im **selbstständigen Beweisverfahren** ein gerichtliches Sachverständigengutachten erstellen zu lassen (siehe § 2 Rn 10). Eine Bewertung im Endvermögen hat das OLG Naumburg[126] im streitschlichtenden Verfahren bereits während des Trennungsjahres für zulässig gehalten (zum Verfahrenswert siehe § 2 Rn 49).

1. Arrestverfahren

29 Zugewinnausgleichsansprüche können durch einen Arrest gesichert werden, wenn ein Antrag auf vorzeitigen Ausgleich des Zugewinns zugestellt worden ist (§ 1387 BGB) und die Voraussetzungen des § 1385 BGB hierfür glaubhaft gemacht werden, sonst ab Zustellung des Scheidungsantrags (§ 1384 BGB).[127] Hat der andere Ehegatte die Scheidung beantragt, verhindert ein zusätzlicher eigener Scheidungsantrag, dass sich der Stichtag um einen längeren Zeitraum verschiebt, wenn der andere Ehegatte den Scheidungsantrag zurücknimmt. An einen eigenen Schei-

124 OLG München FamRZ 2000, 965; KG FamRZ 1985, 730.

125 Z.B. OLG Hamm FamRZ 1995, 1427; OLG Düsseldorf FamRZ 1994, 111; OLG Karlsruhe FamRZ 1996, 1429: 2 Jahre („weitere Entwicklung noch nicht hinreichend überschaubar“).

126 FamRZ 2011, 1531.

127 OLG Celle FamRZ 2015, 160; OLG Brandenburg FamRZ 2009, 446; OLG Karlsruhe FamRZ 2007, 408.

dungsantrag ist unter diesem Gesichtspunkt zu denken, wenn sich ein späterer Stichtag nachteilig auf die Höhe des Ausgleichsanspruchs auswirken kann.

30 Zugewinn ist der Betrag, um den das Endvermögen eines Ehegatten sein Anfangsvermögen übersteigt (§ 1373 BGB) und als Ausgleich schuldet grundsätzlich der Ehegatte, der den höheren Zugewinn erwirtschaftet hat, dem Ehegatten mit dem geringeren Zugewinn die Hälfte des Überschusses (§ 1378 Abs. 1 BGB). Hiernach errechnet sich der **Arrestanspruch**. Wer im Arrestverfahren was **glaubhaft** machen muss, richtet sich danach, wie die Beweislast im Hauptsachverfahren verteilt ist:

Haben die Parteien kein Verzeichnis über ihr **Anfangsvermögen** erstellt, wird nach § 1377 Abs. 3 BGB vermutet, dass kein positives oder negatives Anfangsvermögen bestanden hat. Wer ein eigenes oder höheres eigenes positives Anfangsvermögen behauptet, muss es glaubhaft machen,[128] auch einen privilegierten Erwerb nach § 1374 Abs. 2 BGB.[129] Beruft sich ein Ehegatte auf ein negatives Anfangsvermögen des anderen, ist es wegen der Vermutung des § 1377 Abs. 3 BGB von ihm – nicht von dem anderen Ehegatten – glaubhaft zu machen. Haben die Parteien ein Verzeichnis über ihr Anfangsvermögen erstellt, muss Abweichungen hiervon die Partei glaubhaft machen, die sie behauptet. Bei einem Streit über das **Endvermögen** ist der Antragsteller sowohl für den Bestand des eigenen als auch den des anderen Ehegatten „beweispflichtig".[130] Illoyale Vermögensminderungen, die nach § 1375 Abs. 2 S. 1 BGB dem Endvermögen hinzuzurechnen sind, muss die Partei glaubhaft machen, die sie behauptet. Nach Auffassung des OLG Frankfurt[131] obliegt es aber einer Partei, die in zeitlicher Nähe zum Stichtag einen größeren Geldbetrag hatte, der dann in der Bilanz ihres Endvermögens nicht mehr enthalten ist, sich über den Verbleib des Betrages nachvollziehbar und plausibel zu erklären; sonst kann angenommen werden, dass er im Endvermögen noch vorhanden war oder – dem gleichbedeutend – verschenkt oder verschwendet worden ist. Ist das Endvermögen eines Ehegatten geringer als das in einer Auskunft zum Trennungszeitpunkt angegebene Vermögen, muss er nach § 1375 Abs. 2 Satz 2 BGB glaubhaft machen, dass die Vermögensminderung nicht auf ein illoyales Verhalten im Sinne des § 1375 Abs. 2 Satz 1 BGB zurückzuführen ist.

128 Höhere Aktiva oder geringere Passiva.

129 BGH NJW-RR 2005, 1460.

130 Z.B. OLG Brandenburg FamRZ 2005, 991.

131 NJW-RR 2006, 7.

31 Ein erfolgversprechendes Vorgehen im Arrestverfahren setzt zumindest voraus, dass der Antragsteller den Bestand des Endvermögens des anderen Ehegatten kennt. Ist er auf dessen Auskunft angewiesen, die nicht freiwillig erteilt wird, muss er den Auskunftsanspruch (§ 1379 BGB) notfalls zunächst gerichtlich durchsetzen. Ein „dringendes Bedürfnis" für ein Vorgehen im einstweiligen Anordnungsverfahren besteht jedenfalls, wenn Gründe für eine Sicherung des Ausgleichsanspruchs durch einen Arrest vorliegen (siehe Rn 32). Häufig besteht Streit über den Wert einzelner Gegenstände, die in das Anfangs- oder Endvermögen fallen, vor allem von Grundstücken. Der Gläubiger eines Zugewinnausgleichsanspruchs muss seine höheren Wertangaben von Gegenständen insbesondere im Endvermögen des Schuldners glaubhaft machen. Oberlandesgerichte haben wiederholt entschieden, hieran seien keine hohen Anforderungen zu stellen, weil der Gläubiger im Regelfall keinen genauen Einblick in die Vermögenswerte des Schuldners habe.[132] Es reicht aber nicht aus, höhere Wertansätze nur zu behaupten. Der Gläubiger muss mindestens nachvollziehbar darlegen, wie er dazu gekommen ist.[133]

32 Die **Arrestgründe** unterscheiden sich nicht von denen in anderen Arrestverfahren (siehe § 5 Rn 3 ff.). Typische Gründe in Streitigkeiten über Zugewinnausgleichsansprüche sind grob falsche Auskünfte über das Endvermögen, auf deren Grundlage kein oder nur ein erheblich niedrigerer Zugewinnausgleichsanspruch bestünde.[134] Rechtsgeschäfte im Sinne des § 1375 Abs. 2 BGB (Schenkungen, Verschwendungen, Handlungen in Benachteiligungsabsicht) wirken sich weder vor noch nach dem Stichtag auf die Höhe des Ausgleichsanspruchs aus. Nach Auffassung des OLG Brandenburg[135] kann der Antragsteller hieraus nur dann einen Arrestgrund herleiten, wenn zu befürchten ist, dass das verbleibende Vermögen nicht mehr die Höhe der zu erwartenden Ausgleichsforderung erreicht. Nach Verschwendungen und Handlungen, die den anderen Ehegatten benachteiligen sollen, ist dies wohl in der Regel zu befürchten.

132 OLG Brandenburg FamRZ 2009, 446; OLG Karlsruhe FamRZ 2007, 408; OLG Hamm, Beschl. v. 15.2.2006 – 8 WF 54/06; OLG Düsseldorf NJW 1991, 2028; OLG Köln FamRZ 1983, 709.

133 OLG Karlsruhe FamRZ 2007, 408.

134 OLG Hamm, Beschl. v. 15.2.2006 – 8 WF 54/06; OLG Frankfurt FamRZ 1996, 747.

135 FamRZ 2009, 446.

2. Einstweilige Anordnungen

Der Gläubiger kann Handlungen des Schuldners, die eine spätere Vollstreckung vereiteln oder wesentlich erschweren und damit einen Arrest begründen, in der Regel nicht durch einstweilige Anordnungen verhindern. Davon ausgenommen sind einseitige **Verfügungen über das gesamte Vermögen** eines Ehegatten (§ 1365 BGB). Sie sind ohne Zustimmung oder Genehmigung des anderen unwirksam (§§ 1365, 1366 BGB). Der Dritte, an den veräußert wird, erwirbt nicht das Eigentum, auch wenn er gutgläubig ist.[136] 33

Ein **Veräußerungsverbot** per einstweiliger Anordnung (§ 49 FamFG) vor dem Abschluss eines solchen Geschäft kann allenfalls etwas bewirken, wenn der potentielle Erwerber davon erfährt (bei der beabsichtigten Veräußerung eines Grundstücks: durch Eintragung des Veräußerungsverbots im Grundbuch) und damit weiß, dass es sich um ein verbotenes Geschäft handelt, von dem er besser Abstand nimmt. Nach der Veräußerung kann Anlass bestehen, mit einer einstweiligen Anordnung den „Rückabwicklungsanspruch" des nicht verfügenden Ehegatten gegen den Dritten (§ 1368 BGB) zu sichern, der vor allem bei einer Weiterveräußerung an einen gutgläubig erwerbenden Vierten gefährdet ist. Davor schützt bei einem Grundstücksgeschäft die Eintragung eines Widerspruchs im Grundbuch, wenn der Dritte bereits im Grundbuch eingetragen ist. Der betroffene Ehegatte kann ihn mit einer einstweiligen Anordnung beim Familiengericht[137] beantragen (§ 49 FamFG). Ein Regelungsbedürfnis hierfür braucht nicht dargetan zu werden. Es wird nach § 899 BGB vermutet. Vor der Eintragung im Grundbuch kann dem Dritten verboten werden, einen Eintragungsantrag zu stellen oder einen gestellten Antrag aufrecht zu erhalten. Voraussetzung ist dann aber ein „dringendes Regelungsbedürfnis": Der betroffene Ehegatte muss glaubhaft machen, dass eine Veräußerung unmittelbar bevorsteht.

III. Sonstige Familiensachen

Sonstige Familiensachen sind vermögensrechtliche und nicht vermögensrechtliche **Streitigkeiten aus einem familienrechtlichen Rechtsverhältnis** (Verlöbnis, Ehe, eingetragene Lebenspartnerschaft, Eltern-Kind-Verhältnis) und Streitigkeiten, die **im Zusammenhang mit der Beendigung** eines solchen Rechtsverhältnisses ste- 34

136 BGHZ 40, 218: absolutes Veräußerungsverbot.

137 Güterrechtssache im Sinne des § 261 Abs. 1 FamFG.

hen (§ 266 FamFG). Ausreichend ist, dass der Rechtsstreit durch die familienrechtlichen Verhältnisse mitgeprägt ist, wie vor allem bei naheliegenden und häufig vorkommenden Folgen oder Begleiterscheinungen der Beendigung einer Ehe. Auszuscheiden sind nur Fälle mit einem völlig untergeordneten familienrechtlichen Bezug.[138]

In der **Praxis relevant** sind als „sonstige Familiensachen" vor allem Streitigkeiten zwischen verheirateten oder ehemals verheirateten Personen über den Gesamtschuldnerausgleich bei gemeinsam aufgenommenen Darlehen,[139] über die Entschädigung für die alleinige Nutzung einer gemeinsamen Immobilie[140] oder die Verteilung des Erlöses nach der Zwangsversteigerung eines gemeinsamen Hausgrundstücks,[141] aus der Auflösung einer zwischen ihnen bestehenden Gesellschaft bürgerlichen Rechts[142] und über die Herausgabe von Geschenken nach dem Widerruf der Schenkung sowie Streitigkeiten über Ansprüche von Schwiegereltern auf Rückabwicklung „ehebedingter" Zuwendungen.[143] Gegenstand „sonstiger Familiensachen" können aber z.B. auch sein Schadensersatzansprüche zwischen Ehegatten wegen unerlaubter Handlung, Beseitigungs- und Unterlassungsansprüche untereinander oder gegen Dritte wegen „Ehestörungen",[144] Vergütungsansprüche für Arbeitsleistungen eines Ehegatten zugunsten des anderen (sofern nicht das Arbeitsgericht zuständig ist)[145] und Schadensersatzansprüche eines Kindes gegen die Eltern aus der Verwaltung des Kindesvermögens[146] oder aufgrund von anderen Pflichtverletzungen bei der Ausübung der elterlichen Sorge.[147]

Für den **vorläufigen Rechtsschutz** gelten keine Besonderheiten: Geldforderungen können mit einem Arrest gesichert werden, wenn ihre Durchsetzung sonst gefährdet wäre (§ 119 Abs. 2 FamFG), und andere Ansprüche bei einem dringenden Bedürfnis mit einer einstweiligen Anordnung (§ 49 Abs. 1 FamFG).

138 BGH NJW 2013, 616.

139 OLG Celle ZInsO 2014, 1497.

140 OLG Hamm NJW-RR 2014, 523.

141 OLG Frankfurt FamRZ 2010, 1581.

142 OLG Stuttgart FamRZ 2011, 1420.

143 OLG Frankfurt NJW-RR 2011, 663: keine „sonstige Familiensache", wenn ein Darlehen nur wegen Zahlungsverzuges gekündigt worden ist.

144 BGH NJW 2014, 1243.

145 Prütting/Helms/*Heiter*, § 266 Rn 54.

146 OLG Zweibrücken NJW-RR 2011, 584: keine „sonstige Familiensache" bei einer von einem volljährigen Kind den Eltern rechtsgeschäftlich eingeräumten Verwaltungsbefugnis.

147 OLG Karlsruhe NJW 2015, 257.

IV. FG-Familiensachen

1. Kindschaftssachen

Kindschaftssachen sind nach § 151 FamFG vor allem Verfahren über die elterliche Sorge, das Umgangsrecht und die Herausgabe eines Kindes. Das Familiengericht muss **Hauptverfahren**, die den Aufenthalt des Kindes, das Umgangsrecht und die Herausgabe des Kindes betreffen sowie Verfahren wegen Gefährdung des Kindeswohls vorrangig und beschleunigt durchführen (§ 155 Abs. 1 FamFG) und das Verfahren in einem Termin – nach der Soll-Vorschrift des § 155 Abs. 2 Satz 2 FamFG spätestens einen Monat nach dem Beginn – mit den Beteiligten und dem Jugendamt besprechen (§ 155 Abs. 2 FamFG). Überdies muss das Gericht in Verfahren wegen der Gefährdung des Kindeswohl unverzüglich den Erlass einer einstweiligen Anordnung prüfen (§ 157 Abs. 3 FamFG), in Verfahren über den Aufenthalt, das Umgangsrecht und die Herausgabe des Kindes den Erlass einer einstweiligen Anordnung erörtern, wenn im Termin keine einvernehmliche Regelung erreicht werden kann (§ 156 Abs. 3 Satz 1 FamFG); das Umgangsrecht soll durch einstweilige Anordnungen geregelt oder ausgeschlossen werden, wenn eine schriftliche Begutachtung angeordnet wird (§ 156 Abs. 3 Satz 2 FamFG). Hiernach sind einstweilige Anordnungsanträge anstelle oder neben der Einleitung des Hauptsacheverfahrens riskant: Ein Anordnungsgrund liegt nur vor, wenn im Wege der einstweiligen Anordnung eine schnellere Entscheidung als im Hauptsachverfahren zu erwarten ist und ein dringendes Bedürfnis für eine Regelung bis dahin besteht.[148] Das sind Ausnahmefälle. 35

Ein Streit der Eltern um das **Sorgerecht** für ein Kind ist regelmäßig nur im Hauptsacheverfahren zu klären.[149] Die elterliche Sorge darf Eltern nur entzogen werden, wenn ihr Fehlverhalten Kinder geschädigt hat oder die Gefahr besteht, dass eine erhebliche Schädigung mit ziemlicher Sicherheit vorauszusehen ist und mildere Maßnahmen nicht ausreichen, betroffene Kinder zu schützen.[150] Das OLG Bremen[151] hat z.B. den teilweisen Entzug der elterlichen Sorge und die Anordnung einer Pflegschaft im Wege einer einstweiligen Anordnung als gerechtfertigt angese- 36

148 OLG Saarbrücken FamRZ 2011, 131; OLG Nürnberg FamRZ 2011, 131; OLG Brandenburg, Beschl. v. 28.6.2011 – 10 WF 229/10; OLG Köln, Beschl. v. 2.3.2011 – II-4 WF 34/11, 4 WF 34/11; OLG Stuttgart, Beschl. v. 30.9.2010 – 16 WF 189/10.

149 KG NJW-RR 2011, 295; OLG Nürnberg NJW-RR 2011, 219.

150 BVerfG FamRZ 2012, 1127.

151 FamRZ 2011, 1306.

hen, weil die allein sorgeberechtigte Mutter Betäubungsmittel an das Kind verabreicht hatte.

Anträge, vor einer Entscheidung in der Hauptsache den **Aufenthalt des Kindes** zu **bestimmen**, setzen voraus, dass sonst eine nachhaltige Beeinträchtigung des Kindeswohls ernsthaft zu befürchten ist.[152] Dies kann z.B. der Fall sein, wenn sich Eltern nach ihrer Trennung darüber streiten, wo das gemeinsame Kind leben soll.[153] Dringend erforderlich sein kann auch eine Regelung bei Meinungsverschiedenheiten der Eltern in Fragen, die für das Kind von erheblicher Bedeutung sind und ganz kurzfristig entschieden werden müssen (§ 1628 BGB), wie z.B. über die auszuwählende Schule[154] oder die Ausschlagung einer Erbschaft.[155] Käme eine Entscheidung in einem Hauptverfahren zu spät, kann die Entscheidung mit einer einstweiligen Anordnung einem Elternteil übertragen werden.

37 Einstweilige Anordnungen über das **Umgangsrecht** werden schon dann für zulässig gehalten, wenn sich Eltern über den Bestand, die Art oder die Ausübung des Umgangsrechts nicht einigen können.[156] Das trifft vor einem Hauptverfahren nur in Fällen zu, in denen eine schnelle Regelung erforderlich ist, weil andernfalls das Kindeswohl nachhaltig gefährdet wäre. Ein Ausschluss oder eine Aussetzung des Umgangsrechts setzt voraus, dass dem durch andere Maßnahmen – z.B. einem begleiteten Umgang – nicht vorgebeugt werden kann (§ 1684 Abs. 3 BGB).[157] Zulässig ist dann auch nur eine zeitlich befristete Regelung.[158] Geregelt werden können durch Ge- und Verbote auch Besuchsmodalitäten, z.B. das Kind nicht ins Ausland zu bringen oder den Reisepass des Kindes beim Gericht zu hinterlegen.[159]

38 Der allein sorgeberechtigte Elternteil kann auf Antrag von dem anderen oder Dritten die **Herausgabe eines Kindes** verlangen, in dessen Obhut es sich widerrechtlich befindet, gemeinsam sorgeberechtigte Eltern von Dritten (§ 1632 Abs. 1 BGB). Das OLG Zweibrücken[160] hat eine Entscheidung im Wege der einstweiligen

152 OLG Saarbrücken FamRZ 2010, 823; OLG Brandenburg FamRZ 2009, 445; OLG Stuttgart FamRZ 2010, 1678.

153 OLG Köln, Beschl. v. 19.7.2010 – 4 WF 68/10 und FamRZ 2005, 1583; *Dose*, Rn 336.

154 OLG Schleswig NJW-RR 2011, 581.

155 OLG Hamm FamRZ 2003, 172.

156 *Gießler/Soyka*, Rn 857; Schulte-Bunert/Weinreich/*Schwonberg*, § 49 Rn 34.

157 OLG Saarbrücken FamRZ 2007, 495.

158 *Gießler/Soyka*, Rn 863.

159 *Gießler/Soyka*, Rn 861.

160 FamRZ 2005, 179.

Anordnung für zulässig gehalten, wenn das Kind sonst die Schule wechseln müsste. Heraus verlangt werden können auch Sachen, die das Kind zu seiner Lebensführung dringend benötigt.[161]

Wann **während eines Hauptverfahrens** ein dringendes Regelungsbedürfnis für eine einstweilige Anordnung besteht, welche die Eltern beantragen können, ist dem Gesetz nur hinsichtlich des Umgangsrechts zu entnehmen: immer dann, wenn eine schriftliche Begutachtung angeordnet wird. Das Familiengericht kann darüber aber auch von Amts wegen entscheiden. Eine vorläufige Regelung – auch über das Aufenthaltsbestimmungsrecht und die Herausgabe eines Kindes – soll erörtert werden, wenn sich die Beteiligten nicht einigen können oder das Gericht eine Einigung nicht billigt (§ 156 Abs. 2 FamFG).[162] Für eine einstweilige Anordnung kann in isolierten Verfahren nur ein Bedürfnis bestehen, wenn das Familiengericht nicht sofort entscheiden kann, bei einem Verfahren im Entscheidungsverbund, solange die Scheidung nicht rechtskräftig ist. 39

Entscheidungen des Familiengerichts aufgrund mündlicher Verhandlung über das Sorgerecht (auch von Teilbereichen) und die Herausgabe des Kindes sind mit der **sofortigen Beschwerde** anfechtbar, Entscheidungen über das Umgangsrecht nicht (siehe Rn 14). Ein Antrag betrifft die elterliche Sorge und nicht den elterlichen Umgang, wenn die Maßnahme in den Kernbereich der elterlichen Sorge eingreift.[163] Der elterlichen Sorge zugeordnet haben Oberlandesgerichte[164] z.B. Fälle, in denen ein Elternteil bei gemeinsamer elterlicher Sorge die Zustimmung zur Beantragung eines Reisepasses für das gemeinsame Kind verlangt und der andere Elternteil dies wegen der Befürchtung verweigert hatte, der Antragsteller wolle das Kind entgegen seinem ausdrücklichen Willen ins Ausland bringen.[165] 40

Beschwerdebefugt sind die durch die Entscheidung in ihren Rechten beeinträchtigten Eltern (§ 59 Abs. 1 FamFG) und das Jugendamt (§ 162 Abs. 3 S. 2 FamFG),

161 *Gießler/Soyka*, Rn 571.

162 Bei der Bestimmung des Aufenthalts: die Einigung nicht übernimmt (§ 1671 BGB).

163 Dazu näher *van Els*, FamRZ 2010, 1256.

164 OLG Naumburg FamRZ 2010, 139; OLG Köln FamRZ 2002, 404.

165 Von der Abgrenzung Sorgerecht – Umgangsrecht kann auch die Zuständigkeit des Gerichts für ein einstweiliges Anordnungsverfahren abhängen: Beim Oberlandesgericht ist in der Beschwerdeinstanz ein Sorgerechtsverfahren anhängig. Ein Beteiligter beantragt eine einstweilige Anordnung. Das Oberlandesgericht ist als Gericht der Hauptsache zuständig, wenn der Anordnungsantrag das Sorgerecht betrifft, das Familiengericht, wenn eine Umgangsregelung verlangt wird.

nicht andere Verwandte des Kindes[166] und Pflegeeltern.[167] Kinder, die beim Erlass der Entscheidung das 14. Lebensjahr vollendet hatten, können nach § 60 FamFG selbst Beschwerde einlegen, wenn das Familiengericht Eingriffe in das Sorgerecht abgelehnt hat, nach Auffassung des OLG Düsseldorf[168] aber nicht, wenn es solche Maßnahmen getroffen hat.

Einstweilige Regelungen des Sorge- und Umgangsrechts treten durch Entscheidungen hierüber in Hauptverfahren **außer Kraft**, eine Anordnung auf Herausgabe des Kindes auch dann, wenn dem Herausgabeverpflichteten in einem Hauptverfahren das Sorge- bzw. Aufenthaltsbestimmungsrecht übertragen wird.[169]

2. Ehewohnungs- und Haushaltssachen

41 Will sich ein Ehegatte vom anderen trennen oder leben die Eheleute bereits getrennt, kann ein Ehegatte unter den Voraussetzungen des § 1361b BGB verlangen, dass ihm der andere die **Ehewohnung** ganz oder teilweise zur alleinigen Benutzung überlässt. Voraussetzung einer Überlassung zur **Alleinbenutzung** per einstweiliger Anordnung ist, dass der bestehende Zustand entweder zu schweren seelischen Belastungen eines Ehegatten führt oder das Wohl von Kindern gefährdet, die im gemeinsamen Haushalt leben.[170] Das ist immer der Fall, wenn die Zuweisung einer Wohnung im Gewaltschutzverfahren verlangt werden könnte (siehe Rn 44). Ausreichen können aber z.B. auch ständige Auseinandersetzungen zwischen Eltern, unter denen im Haushalt lebende Kinder erheblich leiden. [171] Ein Indiz gegen ein dringendes Regelungsbedürfnis ist ein längeres Abwarten mit einem Zuweisungsantrag nach dem Auszug aus der Wohnung.[172]

Die bloße Zuteilung einer Wohnung in einer einstweiligen Anordnung ist nicht vollstreckungsfähig. Will der Antragsteller die **Räumung** einer Wohnung erreichen, in der der Antragsgegner noch wohnt, muss dies zusätzlich angeordnet werden.[173] Ein entsprechender Antrag ist zu empfehlen. Zulässig sind auch An-

166 OLG Hamm, Beschl. v. 13.1.2010 – 8 UF 185/09, II – 8 UF 185/09.
167 BGH FamRZ 2004, 102; NJW 1999, 3718.
168 FamRZ 2011, 1081.
169 *Gießler/Soyka*, Rn 888.
170 *Musielak/Borth*, § 200 Rn 12; ähnlich: *Dose*, Rn 128.
171 OLG Brandenburg FamRZ 2010, 1983
172 OLG Köln FamRZ 2011, 118.
173 Z.B. Schulte-Bunert/Weinreich/*Schwonberg*, § 49 Rn 54.

träge, eine Räumungsfrist zu bewilligen,[174] dem Antragsgegner – wenn er dies beabsichtigt – die Kündigung des von ihm allein abgeschlossenen Mietvertrages zu verbieten[175] und ihm aufzugeben, die Wohnungsschlüssel herauszugeben.[176]

Zuweisungsanordnungen wirken sich auf einen **Mietvertrag** der Parteien nicht aus. Der ausgezogene Ehegatte kann verlangen, dass der in der Wohnung verbliebene seiner Entlassung aus dem Mietverhältnis zustimmt, wenn der Vermieter damit einverstanden ist.[177] Bei einem gemeinsam abgeschlossenen Mietvertrag muss im Innenverhältnis der in der Wohnung verbliebene Ehegatte die Miete allein tragen.[178] Die sich hieraus ergebenden Ansprüche können – weil nicht dringend regelungsbedürftig – nur in einem Hauptsacheverfahren durchgesetzt werden.

Das Gericht kann die **Wohnung** einem Ehegatten allein zuweisen, sie aber auch **aufteilen**, wenn dies möglich und sinnvoll ist. Erstrebt der Antragsteller eine Aufteilung, ist ein Teilungsvorschlag zu empfehlen.

Einstweilige Anordnungen über die **Herausgabe von Haushaltsgegenständen** 42
setzen einen Herausgabeanspruch voraus. Er kann sich – unabhängig von den Eigentumsverhältnissen – aus **verbotener Eigenmacht** ergeben. Ein Anordnungsgrund wird dann vermutet (siehe § 3 Rn 59). Nach der **Trennung** kann ein Ehegatte in einem Hauptverfahren die **Verteilung des Hausrats** verlangen (§ 1361a BGB). Eine einstweilige Anordnung setzt voraus, dass er auf die Nutzung der herausverlangten Gegenstände dringend angewiesen ist.[179] Das ist er nicht, wenn er sich schon selbst mit Hausrat versorgt hat oder keinen eigenen Hausrat benötigt, weil er mit einem Dritten zusammenlebt. Die Gegenstände müssen so **genau bezeichnet** werden, dass der Gerichtsvollzieher sie bei einer etwaigen Vollstreckung erkennen kann (§ 95 Abs. 1 Nr. 2 FamFG i.V.m. § 883 ZPO). Im Hauptverfahren kann das Gericht die Vorlage einer Aufstellung sämtlicher Haushaltsgegenstände verlangen (§ 200 Abs. 1 Nr. 2 FamFG). Das ist im Anordnungsverfahren nicht erforderlich, weil nicht alle verteilt werden. Die Verteilung des Hausrats nach der **Scheidung** richtet sich nach § 1568b BGB. Ein dringendes Bedürfnis für die einstweilige Zuteilung einzelner Gegenstände besteht dann im Allgemeinen nicht mehr.

174 Z.B. OLG München FamRZ 1998, 1170.

175 OLG Dresden FamRZ 1997, 183.

176 OLG Hamm FamRZ 1991, 81; KG FamRZ 1991, 467.

177 OLG Hamburg FamRZ 2011, 481.

178 OLG Naumburg FamRZ 2003, 1748.

179 *Musielak/Borth*, § 200 Rn 24; *Dose*, Rn 130; *Gießler/Soyka*, Rn 684.

Verfügungen eines Ehegatten über Haushaltsgegenstände sind ohne Zustimmung oder Genehmigung des anderen unwirksam (§§ 1369 Abs. 1 und 1366 Abs. 1 BGB). Liegen Anhaltspunkte für eine beabsichtigte Veräußerung vor, kann dem mit einer einstweiligen Anordnung auf Erlass eines Verfügungsverbotes oder auf Verwahrung bzw. Hinterlegung der Gegenstände vorgebeugt werden (§ 49 FamFG).[180]

3. Gewaltschutzsachen

43 Das **Gewaltschutzgesetz** (GewSchG) ermöglicht Parteien, gerichtliche Maßnahmen – in der Regel zeitlich befristet – zum Schutz vor vorsätzlichen Gewalttaten und Nachstellungen herbeizuführen (**§ 1 GewSchG**). Das Familiengericht kann Tätern insbesondere verbieten, die Wohnung der verletzten Person zu betreten, sich in einem bestimmten Umkreis ihrer Wohnung aufzuhalten, bestimmte andere Orte aufzusuchen, an denen sich die verletzte Person regelmäßig aufhält, Verbindung – auch durch Fernkommunikationsmittel – zu ihr aufzunehmen oder mit ihr zusammenzutreffen (§ 1 Abs. 1 Satz 3 GewSchG). Nach Gewalttaten oder Drohungen damit oder wenn schon Belästigungen vorgekommen sind, wird ein dringendes Bedürfnis für ein sofortiges Tätigwerden des Gerichts vermutet (§ 214 Abs. 1 FamFG). „Drohungen" reichen nur aus, wenn sie aus objektiver Sicht ernst zu nehmen sind.[181] Betroffene können in diesen Fällen mit einem einstweiligen Anordnungsantrag vorgehen, solange die Vermutung nicht entkräftet ist (z.B. weil der Antragsteller längere Zeit mit dem Antrag gewartet hat[182] oder weil sich die Parteien ausgesöhnt haben[183]). Sie müssen nur darlegen und glaubhaft machen, dass der Antragsgegner eine Tat nach § 1 GewSchG begangen hat oder aufgrund konkreter Umstände damit zu rechnen ist. Eine befristete Schutzanordnung kann verlängert werden. Voraussetzung ist ein Antrag vor dem Ablauf der Wirkungsdauer. Außerdem muss ein Verstoß gegen die Anordnung während ihrer ursprünglichen Geltungsdauer glaubhaft gemacht werden.[184] Anwälte erhalten für einen Verlängerungsantrag eine gesonderte Vergütung.[185]

180 *Gießler/Soyka*, Rn 710.
181 OLG Bremen NJW-RR 2010, 1591.
182 OLG Celle FamRZ 2009, 1751.
183 KG FamRZ 2006, 49.
184 OLG Bremen FamRZ 2013, 1828.
185 OLG Zweibrücken FamRZ 2013, 324.

Der Antragsteller sollte bestimmte Schutzmaßnahmen beantragen. Er kann neben und nach dem Anordnungsverfahren auch das **Hauptverfahren** betreiben. Einige Oberlandesgerichte halten das bei identischen Sachverhalten für mutwillig und bewilligen deshalb für das Hauptverfahren keine Verfahrenskostenhilfe.[186] Mutwillig ist es jedenfalls nicht, wenn dem Antragsteller eine Frist zur Einleitung des Hauptverfahrens gestellt worden ist (§ 52 Abs. 2 FamFG).

Eine Gewaltschutzanordnung tritt mit dem Ablauf der Frist außer Kraft. Endet die Frist während des Beschwerdeverfahrens, wird die Beschwerde unzulässig. Um eine Verwerfung als unzulässig zu vermeiden, kann der Beschwerdeführer sein Rechtsmittel auf die Kostenentscheidung beschränken.[187]

Leben der Täter einer vorsätzlichen Gewalttat und das Opfer auf Dauer zusammen 44
in einer Wohnung, kann dem Opfer auf Antrag – in der Regel ebenfalls zeitlich befristet – im Wege einer einstweiligen Anordnung die Wohnung zur alleinigen Nutzung überlassen werden (§ 2 Abs. 1 GewSchG), nach Drohungen nur in Härtefällen, z.B. wenn sonst das Wohl von im Hause lebenden Kindern beeinträchtigt ist (§ 2 Abs. 6 GewSchG). Ein Anordnungsgrund wird auch in diesem Fall vermutet (§ 214 Abs. 1 FamFG). Wo die Tat begangen wurde, ist unerheblich. Sind Täter und Opfer miteinander verheiratet, kann die Wohnungszuweisung auch im Ehewohnungsverfahren betrieben werden (siehe Rn 41). Klarzustellen ist dann, in welchem Verfahren vorgegangen werden soll. Ein Antrag nach § 1361b BGB ist im Allgemeinen vorzuziehen. Mit ihm kann eine unbefristete Regelung erreicht werden. In beiden Verfahren sind Entscheidungen nach mündlicher Verhandlung mit der sofortigen Beschwerde anfechtbar (§ 57 S. 2 Nrn. 4 und 5 FamFG).

186 OLG Hamm FamRZ 2014, 585, OLG Frankfurt FamRZ 2012, 144 und OLG Celle NJW-RR 2011, 82 (Hauptverfahren neben einem Anordnungsverfahren); OLG Zweibrücken NJW 2010, 540 (Hauptverfahren nach Anordnungsverfahren); a.A. OLG München FamRZ 2012, 1234 (solange nicht feststeht, dass der Antragsgegner die Entscheidung im einstweiligen Anordnungsverfahren hinnehmen wird); OLG Hamm NJW 2010, 539; OLG Stuttgart FamRZ 2010, 1266 (solange Oberlandesgerichte unterschiedlicher Auffassung sind).

187 OLG Hamm MDR 2013, 469; KG FamRZ 2012, 1323.

D. Muster für Anträge in Familiensachen

I. Muster: Übertragung des Aufenthaltsbestimmungsrechts

9.1

▼

45 An das

Amtsgericht

– Familiengericht –

Antrag

auf Erlass einer einstweiligen Anordnung

zur Übertragung des Aufenthaltsbestimmungsrechts

in der Familiensache

der Frau

– Antragstellerin –

– Verfahrensbevollmächtigte: Rechtsanwältin –

gegen

Herrn

– Antragsgegner –

– Verfahrensbevollmächtigter: Rechtsanwalt –

Vorläufiger Verfahrenswert: 1.500 Euro

Namens und in Vollmacht der Antragstellerin beantrage ich,

> der Antragstellerin im Wege der einstweiligen Anordnung das Aufenthaltsbestimmungsrecht für das gemeinsame Kind der Parteien, den/die am geborene(n) , zu übertragen.

Begründung:

Die Beteiligten sind getrennt lebende Eheleute. Aus ihrer Ehe ist das am geborene Kind hervorgegangen. Die Antragstellerin ist mit diesem am aus der Ehewohnung ausgezogen. Das Sorgerecht steht den Parteien noch gemeinsam zu. Ein Scheidungsverfahren ist noch nicht anhängig. Das Wohl des Kindes erfordert es dringend, der Antragstellerin das Aufenthaltsbestimmungsrecht für das Kind zu übertragen (§ 1671 Abs. 2 Nr. 2 BGB). Der Antragsgegner hat nach der

Trennung wiederholt gegenüber der Antragstellerin geäußert, das Kind sei bei ihm besser aufgehoben als bei ihr und damit gedroht, es bei einem seiner nächsten Besuche bei sich zu behalten. Hierüber ist es in der Folge immer wieder zu verbalen Auseinandersetzungen gekommen, zum Teil auch in Gegenwart des Kindes.

Die Antragstellerin befürchtet, dass der Antragsgegner seine Drohung wahr macht. Dies entspräche aber nicht dem Wohl des Kindes, sondern würde es – ganz im Gegenteil – erheblich beeinträchtigen:

Die Antragstellerin war schon bisher die Hauptbezugsperson ___. Sie lebt in geordneten Verhältnissen ___ und hat ihre Berufstätigkeit auf eine Teilzeitbeschäftigung reduziert, um ihr Kind intensiv betreuen zu können. Der Antragsgegner kann sich nicht hinreichend um das Kind kümmern, wenn es bei ihm wohnt. ___.

Den vorgetragenen Sachverhalt mache ich mit der beigefügten eidesstattlichen Versicherung der Antragstellerin glaubhaft.

Nach alledem erfordert es das Wohl des Kindes, der Antragstellerin bereits mit einer einstweiligen Anordnung das Aufenthaltsbestimmungsrecht zu übertragen.

(Rechtsanwältin)

Anlage: eidesstattliche Versicherung der Antragstellerin vom ___

▲

II. Muster: Regelung des Umgang

9.2

▼

An das 46

Amtsgericht

– Familiengericht –

___

Eilt sehr!

Bitte sofort vorlegen

Antrag auf Erlass einer einstweiligen Anordnung

zur Regelung des Umgangs

in der Familiensache

des Herrn ___

– Antragsteller –

– Verfahrensbevollmächtigte: Rechtsanwältin ___ –

gegen

Frau

– Antragsgegnerin –

– Verfahrensbevollmächtigter: Rechtsanwalt –

Vorläufiger Verfahrenswert: 1.500 Euro

Namens und in Vollmacht des Antragsgegners beantrage ich,

> der Antragsgegnerin im Wege der einstweiligen Anordnung aufzugeben, das gemeinsame Kind der Parteien, geb. am , spätestens am 2. Weihnachtstag um Uhr dem Antragsteller an seiner Wohnung in zu übergeben und ihr für den Fall der Zuwiderhandlung ein Ordnungsgeld bis zu 25.000 Euro anzudrohen, ersatzweise Ordnungshaft bis zu 6 Monaten.

Begründung:

Die Beteiligten sind getrennt lebende Eheleute. Ihr im Antrag genanntes Kind befindet sich bei der Antragsgegnerin. Das Sorgerecht steht den Parteien gemeinsam zu. Ein Scheidungsverfahren ist noch nicht anhängig. Der Antragsteller hat das Kind seit einem Monat nicht mehr gesehen. Die Antragsgegnerin lässt vereinbarte Besuchstermine aus fadenscheinigen Gründen ausfallen. Sie beabsichtigt jetzt, mit dem Kind die bevorstehenden Weihnachtstage bei ihrer Mutter in Süddeutschland zu verbringen. Dies hat die Antragsgegnerin dem Antragsteller eröffnet, als er gestern mit ihr eine Besuchsregelung für die Feiertage treffen wollte.

Der Antragsteller ist nicht mehr bereit, sich weiter hinhalten zu lassen. Das Kind ist bei ihm genauso gut aufgehoben wie bei der Antragsgegnerin. Es hat ein vertrauensvolles Verhältnis zu ihm. Ein Besuch wenigstens am 2. Weihnachtstag ist das Mindeste, was der Antragsteller erwarten kann. Da die Antragsgegnerin dies nicht freiwillig einsieht, muss das Gericht ihr dazu verhelfen.

Den vorstehenden Sachverhalt mache ich mit der beigefügten eidesstattlichen Versicherung des Antragstellers glaubhaft.

(Rechtsanwalt)

Anlage: eidesstattliche Versicherung des Antragstellers vom

▲

III. Muster: Herausgabe eines Kindes

9.3

▼

An das 47

Amtsgericht

– Familiengericht –

Eilt sehr!

Bitte sofort vorlegen

Antrag auf Erlass einer einstweiligen Anordnung
auf Herausgabe eines Kindes

in der Familiensache

der Frau

– Antragstellerin –

– Verfahrensbevollmächtigte: Rechtsanwältin –

gegen

Herrn

– Antragsgegner –

– Verfahrensbevollmächtigter: Rechtsanwalt –

Vorläufiger Verfahrenswert: 1.500 Euro.

Namens und in Vollmacht der Antragstellerin beantrage ich,

> den Antragsgegner im Wege der einstweiligen Anordnung sofort und ohne mündliche Verhandlung zu verpflichten, das gemeinsame Kind der Parteien, geb. am , an die Antragstellerin herauszugeben, einen vom Gericht zu bestimmenden Gerichtsvollzieher mit der Vollstreckung zu beauftragen und ihn zu ermächtigen, die Anordnung notfalls mit Gewalt durchzusetzen, insbesondere den Widerstand des Antragsgegners zu überwinden, seine Wohnung zu durchsuchen und die Unterstützung von Polizeibeamten in Anspruch zu nehmen.

Ich beantrage außerdem,

> der Antragstellerin für das Verfahren unter Beiordnung der Unterzeichnenden Verfahrenskostenhilfe zu bewilligen.

Begründung:

Die Beteiligten sind geschiedene Eheleute. Das Familiengericht hat der Antragstellerin mit Beschluss vom (Az.) die elterliche Sorge für das im Antrag genannte, jetzt jährige Kind übertragen. Es hält sich seit dem vergangenen Wochenende beim Antragsgegner auf. Er hat das Kind im Rahmen seines Umgangsrechts abgeholt und weigert sich, es zurückzubringen. Zur Begründung hat er der Antragstellerin bei einem Telefongespräch am erklärt, das Kind wolle bei ihm bleiben.

Der Antragsgegner enthält der Antragstellerin das Kind widerrechtlich vor. Er ist daher zur Herausgabe verpflichtet (§ 1632 Abs. 1 BGB). Das Kind ist bei ihm auch gesundheitlich gefährdet. Es ist Diabetiker und auf regelmäßige Medikamente sowie eine strenge Diät angewiesen. Sonst droht ein Schockzustand mit unabsehbaren Folgen. Der Antragsgegner zieht obskure alternative Heilmethoden vor, die medizinisch nicht abgesichert sind. Er hat darauf immer bestanden, als die Beteiligten noch zusammen lebten. Es ist daher zu befürchten, dass er seine Vorstellungen jetzt durchsetzt. Das entspräche nicht dem Wohl des Kindes.

Zur Glaubhaftmachung des vorstehenden Sachverhalts lege ich eine eidesstattliche Versicherung der Antragstellerin und ein ärztliches Attest des Dr. über die Krankheit des Kindes vor.

Wegen der besonderen Eilbedürftigkeit ist eine sofortige Entscheidung erforderlich und der Gerichtsvollzieher gemäß den §§ 90, 91 FamFG zu Zwangsmaßnahmen zu ermächtigen, um weitere Verzögerungen zu vermeiden.

Die Antragstellerin ist nach ihren persönlichen und wirtschaftlichen Verhältnissen nicht in der Lage, die Kosten des Verfahrens zu tragen. Auf die beiliegende Erklärung über ihre persönlichen und wirtschaftlichen Verhältnisse nebst Anlagen wird verwiesen.

(Rechtsanwältin)

Anlagen:

1) eidesstattliche Versicherung der Antragstellerin vom
2) ärztliches Attest des Dr. vom

▲

IV. Muster: Hausratsregelung

9.4

▼

An das 48

Amtsgericht

– Familiengericht –

Antrag auf Erlass einer einstweiligen Anordnung

über die Benutzung des Hausrats

in der Familiensache

der Frau

– Antragstellerin –

– Verfahrensbevollmächtigte: Rechtsanwältin –

gegen

Herrn

– Antragsgegner –

– Verfahrensbevollmächtigter: Rechtsanwalt –

Vorläufiger Verfahrenswert: 1.000 Euro.

Namens und in Vollmacht der Antragstellerin beantrage ich

> dem Antragsgegner im Wege der einstweiligen Anordnung aufzugeben, folgende Hausratsgegenstände an die Antragstellerin zur alleinigen Nutzung herauszugeben:

Begründung:

Die Beteiligten sind getrennt lebende Eheleute. Unter dem Aktenzeichen ist ihr Scheidungsverfahren anhängig.

Die Antragstellerin hat bei ihrem Auszug aus der Ehewohnung den gesamten Hausrat zurückgelassen. Er gehört den Beteiligten gemeinsam. Die Antragstellerin benötigt dringend wenigstens die herausverlangten Sachen, denn . Der Antragsgegner hat es abgelehnt, mit ihr auch nur darüber zu reden, obwohl er mit dem auskäme, was ihm verbliebe. Er verfügte dann nämlich noch über . Die Antragstellerin ist daher auf die beantragte einstweilige Anordnung angewiesen, um mit dem Notwendigsten ausgestattet zu sein.

Den vorstehenden Sachverhalt mache ich glaubhaft mit der beigefügten eidesstattlichen Versicherung der Antragstellerin.

(Rechtsanwältin)

Anlage: eidesstattliche Versicherung der Antragstellerin vom

▲

V. Muster: Herausgabe persönlicher Sachen

9.5

▼

49 An das

Amtsgericht

– Familiengericht –

Antrag auf Erlass einer einstweiligen Anordnung

zur Herausgabe persönlicher Sachen

in der Familiensache

der Frau

– Antragstellerin –

– Verfahrensbevollmächtigte: Rechtsanwältin –

gegen

Herrn

– Antragsgegner –

– Verfahrensbevollmächtigter: Rechtsanwalt –

Vorläufiger Verfahrenswert:

Namens und in Vollmacht der Antragstellerin beantrage ich,

> dem Antragsgegner im Wege der einstweiligen Anordnung aufzugeben, der Antragstellerin folgende Sachen herauszugeben:

Begründung:

Die Beteiligten sind getrennt lebende Eheleute. Unter dem Aktenzeichen ist ihr Scheidungsverfahren anhängig.

Als die Antragstellerin aus der Ehewohnung ausgezogen ist, hat sie verschiedene Gegenstände zurückgelassen, die zu ihrem persönlichen Gebrauch bestimmt sind, nämlich . Außerdem sind persönliche Sachen des von ihr betreuten gemeinsamen Kindes , geb. am , zurückgeblieben .

Die Antragstellerin hat den Antragsgegner wiederholt gebeten, ihr diese Gegenstände herauszugeben. Der Antragsgegner weigert sich ohne nachvollziehbaren Grund. Er muss daher mit einer einstweiligen Anordnung dazu angehalten werden. Die Antragstellerin und das Kind benötigen die Sachen.

Den vorstehenden Sachverhalt mache ich glaubhaft mit der anliegenden eidesstattlichen Versicherung der Antragstellerin.

(Rechtsanwältin)

Anlage: eidesstattliche Versicherung der Antragstellerin vom

▲

VI. Muster: Unterhaltsanordnung

9.6

▼

An das 50

Amtsgericht

– Familiengericht –

Antrag auf Erlass einer einstweiligen Anordnung

zur Regelung von Unterhaltsansprüchen

in der Familiensache

der Frau

– Antragstellerin –

– Verfahrensbevollmächtigte: Rechtsanwältin –

gegen

Herrn

– Antragsgegner –

– Verfahrensbevollmächtigter: Rechtsanwalt –

Vorläufiger Verfahrenswert:

Namens und in Vollmacht der Antragstellerin beantrage ich,

1) den Antragsgegner im Wege der einstweiligen Anordnung zu verpflichten, ab Eingang dieses Antrags an die Antragstellerin einen monatlichen Ehegattenun-

terhalt in Höhe von Euro und zu ihren Händen für das gemeinsame Kind , geb.am , einen monatlichen Unterhalt in Höhe von Euro zu zahlen, fällig jeweils zum 1. Werktag eines jeden Monats im Voraus;

2) der Antragstellerin für das Verfahren Verfahrenskostenhilfe unter Beiordnung der Unterzeichnenden zu bewilligen.

Begründung:

Die Beteiligten sind getrennt lebende Eheleute. Unter dem Aktenzeichen ist ihr Scheidungsverfahren anhängig.

Der Antragsgegner kommt seinen Unterhaltsverpflichtungen gegenüber der Antragstellerin und dem bei ihr lebenden gemeinsamen Kind , geb. am , trotz wiederholter Zahlungsaufforderungen nicht nach. Die Antragstellerin benötigt die Beträge dringend. Sie betreut das Kind, bezieht das staatliche Kindergeld und verfügt sonst über keinerlei Einkünfte. Das monatliche Nettoeinkommen des Antragsgegners beläuft sich auf Euro. Er trägt davon gemeinsame Verbindlichkeiten der Parteien in Höhe von monatlich Euro ab.

Glaubhaftmachung: anliegende eidesstattliche Versicherung der Antragstellerin und Verdienstabrechnungen des Antragsgegners für die Zeit von bis

Die Unterhaltsansprüche der Antragstellerin und des Kindes errechnen sich danach wie folgt:

Diese Beträge macht die Antragstellerin mit dem Anordnungsantrag geltend.

Wegen des Verfahrenskostenhilfeantrags wird auf die beiliegende Erklärung der Antragstellerin über ihre persönlichen und wirtschaftlichen Verhältnisse nebst Anlagen verwiesen.

(Rechtsanwältin)

Anlage:

1) eidesstattliche Versicherung der Antragstellerin vom
2) Verdienstabrechnungen der Firma

▲

VII. Muster: Unterhaltsarrest

9.7

▼

An das 51

Amtsgericht

– Familiengericht –

Eilt!

Bitte sofort vorlegen

Antrag auf dinglichen Arrest

der

– Antragstellerin –

– Verfahrensbevollmächtigte: Rechtsanwältin –

gegen

den

– Antragsgegner –

Vorläufiger Verfahrenswert:

Namens und in Vollmacht der Antragstellerin beantrage ich ohne mündliche Verhandlung folgenden

Arrestbefehl

zu erlassen:

1) Zur Sicherung der Zwangsvollstreckung wegen einer der Antragstellerin gegen den Antragsgegner zustehenden Unterhaltsforderung in Höhe von Euro sowie einer Kostenpauschale von Euro wird der dingliche Arrest in das Vermögen des Antragsgegners angeordnet.
2) Durch Hinterlegung von Euro wird die Vollziehung dieses Arrestbefehls gehemmt und der Antragsgegner berechtigt, die Aufhebung des vollzogenen Arrestes zu beantragen.

Begründung:

Die Beteiligten sind getrennt lebende Eheleute. Unter dem Aktenzeichen des Familiengerichts sind ihre Scheidungsanträge anhängig. Die Antragstellerin hat am die in Kopie beigefügte einstweilige Anordnung erwirkt, wonach der Antragsgegner ihr ab Ehegattenunterhalt in Höhe von monatlich Euro zu zahlen hat.

Anstatt zu zahlen hat der Antragsgegner Vorbereitungen getroffen, sich nach Brasilien abzusetzen. Die Antragstellerin hat dies von einem Makler erfahren, der das Wohnhaus des Antragsgegners zum Kauf anbietet. Er teilte ihr mit, der Antragsgegner habe ihm am – also in der Woche nach dem Erlass der einstweiligen Anordnung – den Maklerauftrag erteilt und dazu bemerkt, er wolle möglichst schnell zu Geld kommen, um sich in Brasilien eine neue Existenz aufzubauen.

Glaubhaftmachung: anliegende eidesstattliche Versicherungen der Antragstellerin und des Maklers

Die Antragstellerin läuft danach Gefahr, ihre künftigen Ansprüche aus der einstweiligen Anordnung nicht mehr oder nur noch unter erschwerten Bedingungen beitreiben zu können. Zur Sicherung ist ein Arrest erforderlich, der sich auf den Bedarf der nächsten fünf Jahre erstreckt. Vorher kann die Antragstellerin ihren Bedarf nicht selbst decken . Hieraus errechnet sich der beanspruchte Betrag.

Die Kostenpauschale setzt sich wie folgt zusammen:

(Rechtsanwältin)

Anlagen:

1) Kopie der Unterhaltsanordnung vom
2) eidesstattliche Versicherung der Antragstellerin vom
3) eidesstattliche Versicherung des Maklers vom

▲

VIII. Muster: Unterhalt einer nichtehelichen Mutter (Anordnung vor Geburt des Kindes)

9.8

▼

52 An das Amtsgericht

– Familiengericht –

Antrag auf Erlass einer einstweiligen Anordnung

der Frau

– Antragstellerin –

– Verfahrensbevollmächtigte: Rechtsanwältin –

gegen

Herrn

– Antragsgegner –

Vorläufiger Verfahrenswert:

Namens und in Vollmacht der Antragstellerin beantrage ich,

> dem Antragsgegner aufzugeben, der Antragstellerin Euro zu zahlen.

Begründung:

Die Antragstellerin ist im 5. Monat schwanger. Sie wird voraussichtlich um den entbinden.

Glaubhaftmachung: anliegende ärztliche Bescheinigung des

Der Antragsgegner ist der Vater des Kindes. Er hat in der Empfängniszeit bis der Antragstellerin beigewohnt.

Glaubhaftmachung: anliegende eidesstattliche Versicherung der Antragstellerin

Der Antragsgegner schuldet der Antragstellerin daher gemäß § 1615l Abs. 1 BGB Unterhalt für die Zeit von sechs Wochen vor und acht Wochen nach der Geburt.

Der wöchentliche Verdienstausfall beträgt Euro.

Glaubhaftmachung: anliegende Bescheinigung der Firma , bei der die Antragstellerin beschäftigt ist. Das sind in 14 Wochen Euro, so dass der Antragstellerin insgesamt Euro zustehen. Diesen Betrag macht sie gemäß § 247 Abs. 1 FamFG im Wege der einstweiligen Anordnung geltend.

(Rechtsanwältin)

Anlagen:

1) ärztliche Bescheinigung des vom
2) eidesstattliche Versicherung der Antragstellerin vom
3) Auskunft des Krankenhauses vom
4) Bescheinigung der Firma vom

▲

IX. Muster: Zahlung eines Kostenvorschusses

9.9

▼

53 An das

Amtsgericht

– Familiengericht –

Antrag auf Erlass einer einstweiligen Anordnung
wegen eines Kostenvorschusses

in der Familiensache

der Frau

– Antragstellerin –

– Verfahrensbevollmächtigte: Rechtsanwältin –

gegen

Herrn

– Antragsgegner –

– Verfahrensbevollmächtigter: Rechtsanwalt –

Vorläufiger Verfahrenswert:

Namens und in Vollmacht der Antragstellerin beantrage ich,

> dem Antragsgegner im Wege der einstweiligen Anordnung aufzugeben, an die Antragstellerin einen Prozesskostenvorschuss in Höhe von zu zahlen.

Begründung:

Die Antragstellerin beansprucht nach § 1360a Abs. 4 in Verbindung mit § 1361 Abs. 4 Satz 4 BGB für den gleichzeitig eingereichten und in Abschrift beigefügten Scheidungsantrag, auf dessen Inhalt Bezug genommen wird, und dieses Anordnungsverfahren einen Kostenvorschuss.

Sie hat kein Einkommen und betreut die beiden Kinder der Parteien. Der Antragsgegner verdient monatlich Euro netto und ist daher leistungsfähig.

Glaubhaftmachung: anliegende eidesstattliche Versicherung der Antragstellerin

Der verlangte Betrag errechnet sich wie folgt:

1.	Scheidungsverfahren	
	Streitwert	EUR
	Anwaltsgebühr	EUR
	Auslagenpauschale	EUR
	Mehrwertsteuer	EUR
	Gerichtskostenvorschuss	EUR
2.	Anordnungsverfahren	
	Streitwert	EUR
	Anwaltsgebühr	EUR
	Summe	**EUR**

Die Antragstellerin hat den Antragsgegner mit Schreiben vom vergeblich aufgefordert, den Vorschuss zu bezahlen.

(Rechtsanwältin)

Anlagen:

1) eidesstattliche Versicherung der Antragstellerin vom
2) Abschrift des Scheidungsantrags vom

▲

X. Muster: Sicherung eines Zugewinnausgleichsanspruchs

9.10

▼

An das 54

Amtsgericht

– Familiengericht –

Eilt sehr!

Bitte sofort vorlegen

Antrag auf Erlass eines dinglichen Arrestes

zur Sicherung des Zugewinnausgleichsanspruchs

der

– Antragstellerin –

– Verfahrensbevollmächtigter: Rechtsanwalt –

gegen

den ____

– Antragsgegner –

Vorläufiger Verfahrenswert: ____

Namens und im Auftrag der Antragstellerin beantrage ich – wegen der Dringlichkeit ohne mündliche Verhandlung –,

1) wegen einer Forderung der Antragstellerin in Höhe von ____ sowie einer Kostenpauschale von ____ den dinglichen Arrest in das Vermögen des Antragsgegners anzuordnen, wobei die Vollziehung durch Hinterlegung eines Betrages von ____ durch den Antragsgegner gehemmt wird,
2) in Vollziehung des Arrestes an dem im Grundbuch von ____ Band ____ Blatt ____ eingetragenen Grundstück des Beklagten (Gemarkung ____ Flur ____ Flurstück ____) in Höhe der Lösungssumme zugunsten der Antragstellerin eine Sicherungshypothek einzutragen.

Begründung:

Die Beteiligten sind miteinander verheiratet und leben im gesetzlichen Güterstand der Zugewinngemeinschaft. Sie haben sich am ____ getrennt. Die Antragstellerin hat vom Antragsgegner unter dem Aktenzeichen ____ vorzeitigen Ausgleich des Zugewinns verlangt, weil ihr Zugewinnausgleichsanspruch durch das Verhalten des Antragsgegners erheblich gefährdet ist. Der Antragsgegner hat während der Ehezeit das im Antrag zu 2) bezeichnete Grundstück erworben. Es fällt bei der Beendigung des Güterstandes in sein Endvermögen. Über weiteres nennenswertes Vermögen verfügt der Antragsgegner nicht. Er hat der Antragstellerin wiederholt damit gedroht, er werde das Grundstück verkaufen und dafür sorgen, dass sie von dem Geld nichts bekomme. Das ist auch durchaus Ernst zu nehmen, denn der Antragsgegner hat sich bei Bekannten nach Kaufinteressenten erkundigt.

Glaubhaftmachung: anliegende eidesstattliche Versicherung der Klägerin vom ____

und des Herrn ____ vom ____

Die Antragstellerin muss daher befürchten, dass ihr Zugewinnausgleichsanspruch nach einer Titulierung nicht mehr zu realisieren ist. Ihr Ausgleichsanspruch beläuft sich auf mindestens ____. Dies ergibt sich aus der nachfolgenden Aufstellung der beiderseitigen Anfangs- und Endvermögen:

____.

Die Kostenpauschale errechnet sich wie folgt .

Zur Glaubhaftmachung sind beigefügt .

(Rechtsanwalt)

▲

XI. Muster: Anordnung nach § 2 GewSchG

9.11

▼

An das 55

Amtsgericht

– Familiengericht –

Eilt sehr!

Bitte sofort vorlegen

Antrag auf Erlass einer einstweiligen Anordnung

der Frau

– Antragstellerin –

– Verfahrensbevollmächtigte: Rechtsanwältin –

gegen

Herrn

– Antragsgegner –

– Verfahrensbevollmächtigter: Rechtsanwalt –

Vorläufiger Verfahrenswert: 1.500 Euro

Namens und in Vollmacht der Antragstellerin beantrage ich,

1) der Antragstellerin die Wohnung in , -Straße Nr. zur alleinigen Nutzung zuzuweisen;
2) den Antragsgegner zu verpflichten, die Wohnung zu räumen und der Antragstellerin sämtliche Schlüssel der Wohnung und des Briefkastens herauszugeben;
3) die Zulässigkeit der Vollstreckung vor der Zustellung der einstweiligen Anordnung an den Antragsgegner anzuordnen.

Begründung:

Die Beteiligten leben seit zusammen in der Wohnung , die sie gemeinsam angemietet haben. Sie sind nicht miteinander verheiratet.

Der Antragsgegner ist der friedlichste Mensch, solange er keinen Alkohol trinkt. In angetrunkenem Zustand wird er rabiat und tobt herum. Er hat dann die Antragstellerin auch schon wiederholt verprügelt. Als sie ihn in der letzten Woche nach einem erneuten Vorfall aufforderte, auszuziehen, ist er total ausgerastet, hat mit den Fäusten auf sie eingeschlagen und mit einem Messer bedroht. Die Antragstellerin fühlt sich ihres Lebens nicht mehr sicher.

Um dies alles glaubhaft zu machen, überreiche ich eine eidesstattliche Versicherung der Antragstellerin und ein ärztliches Attest des Dr. ______ über ihre Verletzungen bei dem Vorfall aus der vergangenen Woche.

Hiernach ist es dringend geboten, der Antragstellerin die Wohnung allein zuzuweisen und die beantragten weiteren Anordnungen zu erlassen. Für eine Vollstreckung schon vor der Zustellung besteht ein Bedürfnis, um zu befürchtenden Gewalttätigkeiten nach einer Bekanntgabe vorzubeugen (§ 53 Abs. 2 FamFG).

(Rechtsanwältin)

Anlagen:

1) eidesstattliche Versicherung der Antragstellerin vom ______
2) ärztliches Attest des Dr. ______ vom ______

▲

XII. Muster: Antrag auf mündliche Verhandlung

9.12

▼

56 An das

Amtsgericht

– Familiengericht –

______

Az.: ______

In der Familiensache

der Frau ______

– Antragstellerin –

– Verfahrensbevollmächtigte: Rechtsanwältin ______ –

gegen

Herrn ______

– Antragsgegner –

– Verfahrensbevollmächtigter: Rechtsanwalt ______ –

Namens und in Vollmacht des Antragsgegners beantrage ich,

1) über den Antrag auf Erlass der einstweiligen Anordnung aufgrund mündlicher Verhandlung erneut zu entscheiden;
2) die Vollstreckung aus dem Anordnungsbeschluss vom auszusetzen.

Begründung:

Das Gericht hat den Antragsgegner durch einstweilige Anordnung vom ohne mündliche Verhandlung verpflichtet, . Gemäß § 54 Abs. 2 FamFG wird beantragt, aufgrund mündlicher Verhandlung erneut zu entscheiden. Die einstweilige Anordnung ist aufzuheben. Sie besteht aus folgenden Gründen zu Unrecht:

Wegen der Erfolgsaussichten des Antragsgegners ist die Vollstreckung auszusetzen (§ 55 Abs. 1 FamFG). Um eine umgehende Vorabentscheidung über diesen Antrag wird gebeten (§ 55 Abs. 2 FamFG).

(Rechtsanwalt)

▲

XIII. Muster: Antrag auf mündliche Verhandlung

9.13

▼

An das 57

Amtsgericht

– Familiengericht –

Az.:

In der Familiensache

der Frau

– Antragstellerin –

– Verfahrensbevollmächtigte: Rechtsanwältin –

gegen

Herrn

– Antragsgegner –

– Verfahrensbevollmächtigter: Rechtsanwalt –

Namens und in Vollmacht des Antragsgegners beantrage ich,

1) anzuordnen, dass die Antragstellerin innerhalb einer Frist von … Wochen einen Antrag auf Einleitung des Hauptsacheverfahrens oder einen Antrag auf Bewilligung von Verfahrenskostenhilfe für das Hauptsacheverfahren zu stellen hat;

2) für den Fall, dass die Antragstellerin dem nicht nachkommt, die einstweilige Anordnung vom … aufzuheben.

(Rechtsanwalt)

▲

§ 10 Vorläufiger Rechtsschutz nach Urteilen

A. Einleitung

Nach **rechtskräftigen Urteilen** benötigt der Gläubiger keinen vorläufigen Rechtsschutz mehr. Er kann ohne Weiteres aus dem Urteil vorgehen. Will der **Schuldner** dies verhindern, muss er Vollstreckungsschutz beantragen (§ 765a ZPO). Zuständig ist – auch in Familiensachen[1] – das Vollstreckungsgericht. Es kann einzelne Vollstreckungsmaßnahmen ganz oder teilweise aufheben, zeitweilig untersagen oder einstellen (§ 765a Abs. 1 Satz 1 ZPO) und bis zur Entscheidung die Zwangsvollstreckung – gegen oder ohne Sicherheitsleistung – vorläufig einstellen bzw. die Fortsetzung der Vollstreckung von einer Sicherheitsleistung des Gläubigers abhängig machen (§ 765a Abs. 1 Satz 2 i.V.m. § 732 Abs. 2 ZPO). Vollstreckungsschutzanträge sind nur in Ausnahmefällen Erfolg versprechend. Der Schuldner muss **besondere Härtegründe** glaubhaft machen. Das sind vor allem konkrete Gefahren für sein Leben oder seine Gesundheit infolge der drohenden Vollstreckung. Ist z.B. ein Schuldner im Falle einer Zwangsräumung ernsthaft suizidgefährdet, kann das Zwangsvollstreckungsverfahren befristet[2] mit Auflagen eingestellt werden, die das Ziel haben, seine Gesundheit wiederherzustellen,[3] wie z.B., sich in ambulante und – soweit erforderlich – stationäre fachärztliche Behandlung zu begeben und deren Verlauf mit ärztlichen Bescheinigungen zu belegen.[4] Landgerichte haben besondere Härtegründe unter anderem auch bei der unmittelbar bevorstehenden Entbindung einer schwangeren Räumungsschuldnerin bejaht[5] und wenn die Räumung zu einem mehrfachen Wohnungswechsel in verhältnismäßig kurzer Zeit führte, weil der Schuldner konkrete Aussicht auf eine Ersatzwohnung hat.[6] 1

Nicht rechtskräftige Urteile werden von Amts wegen für vorläufig vollstreckbar erklärt. Will der Gläubiger aus ihnen nicht vorgehen, sondern die Rechtskraft abwarten, muss er sicherstellen, keinem Schadensersatzanspruch des Schuldners ausgesetzt zu werden, wenn dieser seiner Verpflichtung aus dem Urteil nachkommt. 2

1 OLG Frankfurt NJW-RR 2013, 776.
2 BVerfG NJW-RR 2014, 584: in „absoluten Ausnahmefällen" sogar auf unbestimmte Zeit.
3 BGH NJW 2014, 2288.
4 BGH WuM 2010, 250; näher dazu: *Kaiser*, NJW 2011, 2412.
5 LG Hannover, Beschl. v. 16.9.2013 – 52 T 54/13.
6 LG München WuM 2013, 625.

Wird es im Rechtsmittelverfahren aufgehoben oder geändert, kann der Schuldner den Ersatz seiner Schäden verlangen, die ihm durch die Vollstreckung des Urteils oder durch Leistungen zur Abwendung der Vollstreckung entstanden sind (§ 717 Abs. 2 Satz 1 ZPO). Dies sind – wie bei einem Schadensersatzanspruch nach § 945 ZPO (siehe § 3 Rn 163) – Einbußen aufgrund eines „Vollstreckungsdrucks", nicht freiwillige Leistungen.

Ein Vollstreckungsdruck besteht bei Urteilen, die gegen Sicherheitsleistung vorläufig vollstreckbar sind, erst, wenn der Gläubiger die Sicherheit geleistet hat und dem Schuldner eine Abschrift der Urkunde mit dem Nachweis zugestellt worden ist (§ 751 Abs. 2 ZPO).[7] Der Gläubiger braucht also – um Schadensersatzansprüche auszuschließen – nur die Sicherheit nicht zu erbringen. Er kann – wenn der Schuldner zu einer Geldzahlung verurteilt worden ist – nach einer zweiwöchigen Wartefrist (§ 750 Abs. 3 ZPO) – ohne Sicherheitsleistung im Wege der Sicherungsvollstreckung bewegliches Vermögen des Schuldners pfänden und in unbewegliches Vermögen eine Sicherungs- oder Schiffshypothek eintragen lassen (§ 720a ZPO). Die spätere Durchsetzung des Anspruchs ist dann ähnlich gesichert wie durch einen Arrest.

Aus Urteilen, die ohne Sicherheitsleistung vorläufig vollstreckbar sind, entsteht ein Vollstreckungsdruck, sobald der Gläubiger sie im Wege der Zwangsvollstreckung durchsetzen kann. Dies setzt bei Unterlassungsurteilen – wie bei einer einstweiligen Unterlassungsverfügung – die Androhung von Ordnungsmitteln voraus (siehe § 3 Rn 163). In jedem Fall ausgeschlossen ist ein Schadensersatzrisiko, wenn der Gläubiger gegenüber dem Schuldner deutlich macht, dass er aus dem Urteil keine Rechte herleiten werde, bevor es rechtskräftig ist.[8]

3 Will der Gläubiger aus einem obsiegenden Urteil in erster Instanz schon vor der Rechtskraft die Zwangsvollstreckung betreiben oder der Schuldner dies verhindern, können beide Parteien hierauf mit Anträgen einwirken, die eine Vollstreckung erleichtern bzw. ausschließen. In Rechtsmittelverfahren und Prozessen, in denen sich Parteien gegen rechtskräftige Urteile oder die Vollstreckung hieraus wenden, ist vorläufiger Rechtsschutz mit Anträgen zu erreichen, die Vollstreckung aus dem angegriffenen Urteil bis zur Entscheidung einzustellen. Häufig hängt dann die Vollstreckung von einer Sicherheitsleistung des Gläubigers ab und die Einstellung der Vollstreckung von einer Sicherheitsleistung des Schuldners. Eine dem Gläubi-

7 BGH NJW-RR 2011, 338; NJW 1996, 397.

8 BGH NJW-RR 2011, 338.

ger auferlegte Sicherheitsleistung dient dazu, Schadensersatzansprüche des Schuldners zu sichern, die ihm durch die Vollstreckung aus einem später aufgehobenen oder abgeänderten Urteils entstanden sind (§ 717 Abs. 2 ZPO). Eine Sicherheitsleistung des Schuldners, die zur Einstellung der Zwangsvollstreckung geführt hat, soll sicherstellen, dass der Gläubiger seine bereits titulierten Ansprüche noch durchsetzen kann, wenn er später endgültig obsiegt. Die jeweilige Partei kann dann im Verfahren nach § 109 ZPO die Sicherheit in Anspruch nehmen. Die Art der Sicherheitsleistung bestimmt das Gericht. Trifft es keine Bestimmung und vereinbaren die Parteien nichts anderes, ist Sicherheit zu leisten durch eine schriftliche, unwiderrufliche, unbedingte und unbefristete Bankbürgschaft oder durch die Hinterlegung von Geld oder mündelsicheren Wertpapieren (§ 108 Abs. 1 Satz 2 ZPO).

Der Gläubiger kann unter bestimmten Voraussetzungen – abgesehen von den im 4
Gesetz vorgesehenen Fällen – auch ohne Sicherheitsleistung aus einem noch nicht rechtskräftigen Urteil vollstrecken und der Schuldner ohne Sicherheitsleistung die Vollstreckung verhindern. Erforderlich und in geeigneten Fällen zu empfehlen ist ein entsprechender Antrag. Das Gericht ordnet dies nicht von Amts wegen an.

B. Vorläufiger Rechtsschutz im Urteil erster Instanz

Die Vollstreckung hängt in den Fällen des § 709 ZPO von einer Sicherheitsleistung 5
des Gläubigers ab. Kann er sie nicht oder nur unter erheblichen Schwierigkeiten aufbringen, ist an den Antrag zu denken, das Urteil ohne Sicherheitsleistung für vorläufig zu erklären (§ 710 ZPO). Die pauschale Behauptung, keine Sicherheit leisten zu können, reicht nicht aus, auch nicht z.B. die Weigerung einer Bank, eine Bürgschaft zu stellen[9] Der Gläubiger muss – wie der Schuldner bei einem Einstellungsantrag nach § 719 ZPO (siehe Rn 12) – seine Vermögenslage konkret darlegen. Von „erheblichen Schwierigkeiten“ ist bei einem Aufwand auszugehen, der zu einer unzumutbaren Beeinträchtigung der Lebenshaltung führt.[10] Weitere Voraussetzung für eine Anordnung nach § 710 ZPO ist, dass die Aussetzung der Vollstreckung bis zur Rechtskraft des Urteils dem Gläubiger einen schwer zu ersetzenden oder schwer absehbaren Schaden bringen würde (z.B. bei einem Zah-

9 OLG Hamm OLG-Report 1995, 167.
10 Stein/Jonas/*Münzberg*, § 710 Rn 2; Musielak/Voit/*Lackmann*, § 710 Rn 2.

lungsanspruch gefährdete Vermögensverhältnisse des Schuldners[11]) oder aus sonstigen Gründen für ihn unbillig wäre. Beispiele sind nach dem Gesetz Verurteilungen zu Leistungen, die der Gläubiger für seine Lebenshaltung oder Erwerbstätigkeit dringend benötigt.

6 Der **Schuldner** kann der Vollstreckung mit einem **Schutzantrag nach § 712 ZPO** vorbeugen. Liegen hierfür hinreichende Gründe vor, kann das Gericht ihm gestatten, die Zwangsvollstreckung durch Sicherheitsleistung abzuwenden bzw. – wenn er dazu nicht in der Lage ist – das Urteil für nicht vollstreckbar erklären oder bei Zahlungsansprüchen die Vollstreckung auf die Sicherungsmaßnahmen des § 720a ZPO beschränken. Voraussetzung ist, dass die Vollstreckung dem Schuldner einen nicht zu ersetzenden Nachteil bringen würde und kein überwiegendes Interesse des Gläubigers entgegensteht. Nachteile, die regelmäßig mit einer Vollstreckung verbunden sind, reichen nicht aus (z.B. Kreditschäden durch die Abgabe einer eidesstattlichen Offenbarungsversicherung[12] oder Vertrauenseinbußen im Geschäftsverkehr[13]).

Ist ein Urteil nur gegen Sicherheitsleistung des Gläubigers vorläufig vollstreckbar, setzt ein Schutzantrag Umstände voraus, aus denen sich ergibt, dass der Betrag nicht ausreicht, Nachteile aus der Vollstreckung abzudecken.[14] Nach § 711 ZPO kann der Schuldner in bestimmten Fällen die Vollstreckung durch Sicherheitsleistung abwenden, wenn nicht der Gläubiger vor der Vollstreckung Sicherheit leistet. Hat der Schuldner Sicherheit erbracht, besteht Anlass zu einem Antrag nach § § 712 ZPO erst, wenn der Gläubiger Sicherheit geleistet hat oder konkrete Anhaltspunkte dafür vorliegen, dass er dies tun und die Zwangsvollstreckung einleiten werde.[15] Von einer Sicherheitsleistung nicht abgedeckte Einbußen sind ein nicht zu ersetzender Nachteil, wenn der Gläubiger nicht in der Lage ist, sie finanziell auszugleichen.[16] Nicht oder nur schwer auszugleichen können auch Schäden aus der Vollstre-

11 Stein/Jonas/*Münzberg*, § 710 Rn 5.
12 KG, Beschl. v. 21.3.2012 – 8 U 202/11.
13 BGH NJW 1952, 425.
14 Z.B. KG, Beschl. v. 21.3.2012 – 8 U 202/11; OLG Saarbrücken MDR 1997, 1157; OLG Frankfurt MDR 1984, 764.
15 BGH NJW-RR 2012, 1088.
16 BGH NJW-RR 2007, 1138; NJW-RR 2014, 969 (Gewinneinbußen bei der Zwangsräumung eines Restaurants).

ckung eines Urteils sein, die die wirtschaftliche Existenz des Schuldners zerstörte,[17] zur Zahlungsunfähigkeit und Liquidation einer verurteilten Gesellschaft führte[18] oder wenn ein zu erwartender Schaden schwer nachweisbar ist.[19]

Ein entgegen stehendes überwiegendes Interesse des Gläubigers kann sich z.B. daraus ergeben, dass er – wie bei einem Antrag nach § 710 ZPO – auf die Leistung des Schuldners dringend angewiesen ist oder ihm ohne die Möglichkeit der Vollstreckung unabsehbar hohe Schäden drohen[20]

Anträge nach den §§ 710, 712 ZPO müssen **vor dem Schluss der mündlichen Verhandlung** gestellt werden, auf die das Urteil ergeht, und die tatsächlichen Voraussetzungen müssen glaubhaft werden (§ 714 ZPO). Nach der ständigen Rechtsprechung des Bundesgerichtshofs[21] ist einem Schutzantrag nach § 712 in der Revisionsinstanz nicht mehr stattzugeben, wenn der Schuldner es versäumt hat, den Antrag beim Berufungsgericht zu stellen, obwohl dies möglich und zumutbar war. In der Rechtsprechung der Oberlandesgerichte ist umstritten, ob auch ein in erster Instanz unterlassener Vollstreckungsschutzantrag im Berufungsrechtzug nicht mehr nachgeholt werden kann. Verschiedene Oberlandesgerichte halten den Antrag für „nachholbar“,[22] andere nicht.[23] Der Schuldner geht also ein Risiko ein, wenn er einen Schutzantrag nicht schon in erster Instanz stellt, obwohl die Voraussetzungen dafür bereits vorlagen. 7

17 KG NZM 2008, 623 (Zwangsräumung eines Hotels mit arbeitsrechtlichen Konsequenzen für die Mitarbeiter).

18 BGH BB 1986, 2018.

19 KG, Beschl. v. 21.3.2012 – 8 U 202/11.

20 LG Hamburg WRP 2013, 1083.

21 Zuletzt NJW-RR 2014, 969 und BGH, Beschl. v. 1.4.2014 – VIII ZR 1/14; ebenso für Anträge beim Rechtsbeschwerdegericht in Familienstreitsachen: BGH FamRZ 2013, 1299.

22 Z.B. OLG Hamburg GRUR-R 2013, 408; OLG Bamberg FamRZ 1990, 184; OLG Koblenz NJW-RR 1989, 1024; OLG Stuttgart MDR 1998, 858; OLG Hamm NJW-1987, 252; ebenso für Anträge beim Beschwerdegericht in Familienstreitsachen: OLG Düsseldorf FamRZ 2014, 870; OLG Bremen FamRZ 2011, 322.

23 Z.B. OLG Naumburg, Teilurt. v. 29.8.2013 – 9 U 58/13 (Hs); OLG Frankfurt MDR 2009, 229; KG MDR 2000, 478; OLG Celle OLG-Report 1994, 326; ebenso für Anträge beim Beschwerdegericht in Familienstreitsachen: OLG Frankfurt, Beschl. v. 12.8.2014 – 6 UF 205/14; OLG Hamm FamRZ 2011, 1678.

C. Vorläufiger Rechtsschutz nach Rechtsmitteln und nach Klagen gegen rechtskräftige Urteile

8 **Rechtsmittel oder Rechtsbehelfe des Schuldners** hindern den Gläubiger nicht an der Vollstreckung aus einem noch nicht rechtskräftigen Titel. Er kann hieraus vorgehen, solange der Titel besteht. Wird er später aufgehoben, sind die Folgen einer bereits durchgeführten Zwangsvollstreckung unter Umständen nicht mehr oder nur sehr schwer rückgängig zu machen. Der Schuldner ist auf Schadensersatz- oder Rückabwicklungsansprüche angewiesen und damit vor allem dem Risiko der Insolvenz des Gläubigers ausgesetzt.

Der Schuldner kann eine Zwangsvollstreckung nur verhindern, indem er sich gegen den Titel zur Wehr setzt und zugleich beantragt, die **Vollstreckung einstweilen einzustellen**. Ordnet das Gericht dies an, sind weitere Vollstreckungsmaßnahmen unzulässig. Der Schuldner braucht dem Vollstreckungsorgan nur eine Ausfertigung des Einstellungsbeschlusses vorzulegen (§ 775 Nr. 2 ZPO).

Eine Einstellung der Zwangsvollstreckung erstreckt sich nicht nur auf den Titel, sondern auch auf einen **Kostenfestsetzungsbeschluss**, der aufgrund des Titels ergangen ist.[24] Sie wirkt – wenn sie nicht auf kürzere Zeit begrenzt ist oder nachträglich abgeändert wird – bis zur Entscheidung über das Rechtsmittel oder dessen Rücknahme.

9 Die Einstellung der Zwangsvollstreckung richtet sich bei Rechtsmitteln, die verhindern sollen, dass ein Titel rechtskräftig wird, nach **§ 707 ZPO**. Dazu gehören Berufungen (§ 719 Abs. 1 ZPO), Einsprüche gegen Versäumnisurteile und Vollstreckungsbescheide (§ 719 Abs. 1 ZPO), Rügen nach § 321a ZPO sowie Widersprüche gegen Arrestbefehle und einstweilige Verfügungsbeschlüsse (§ 924 Abs. 3 Satz 2 ZPO). Gleichgestellt sind Fälle, in denen der Schuldner nach der Versäumung einer Rechtsmittelfrist Wiedereinsetzung in den vorigen Stand verlangt, die Wiederaufnahme eines rechtskräftig abgeschlossenen Verfahrens begehrt oder nach einem Vorbehaltsurteil – unabhängig, ob rechtskräftig oder nicht – das Nachverfahren betreibt (§ 707 Abs. 1 ZPO).

Bei Klagen gegen rechtskräftige Titel, die sich auf nachträglich entstandene Tatsachen stützen, und bei Klagen Dritter ist die Zwangsvollstreckung unter den Voraussetzungen des **§ 769 ZPO** vorläufig einzustellen. Dazu gehören Vollstreckungsab-

24 OLG Stuttgart Rpfleger 1988, 39.

wehrklagen (§ 767 ZPO), Drittwiderspruchsklagen (§ 771 ZPO) und auch Abänderungsklagen nach § 323 ZPO.[25]

Das Gericht kann in allen Fällen die Zwangsvollstreckung gegen Sicherheitsleis- **10**
tung des Schuldners einstweilen einstellen, einzelne Vollstreckungsmaßnahmen aufheben oder anordnen, dass der Gläubiger die Vollstreckung nur gegen Sicherheitsleistung fortsetzen darf. Unter besonderen Voraussetzungen ist auch eine Einstellung der Zwangsvollstreckung ohne Sicherheitsleistung zulässig.

Das Verfahren über einen Einstellungsantrag verursacht **keine Gerichtsgebühren**. **Anwaltsgebühren** fallen nur an, wenn das Gericht über den Einstellungsantrag verhandelt. Der Anwalt erhält dann eine 0,5 Verfahrensgebühr (Nr. 3328 VV RVG). Mit einer mündlichen Verhandlung ist im Allgemeinen nicht zu rechnen. Der Schuldner kann daher in geeigneten Fällen ohne Kostenrisiko beantragen, die Zwangsvollstreckung ohne, hilfsweise gegen Sicherheitsleistung einzustellen.

I. Einstellung der Zwangsvollstreckung nach den §§ 707, 719 ZPO

Der Schuldner kann nach einer Berufung, einem Einspruch gegen ein Versäumnis- **11**
urteil oder einen Vollstreckungsbescheid, einem Wiedereinsetzungsantrag, einer Wiederaufnahmeklage und im Nachverfahren nach einem Vorbehaltsurteil die Einstellung der Zwangsvollstreckung beantragen, wenn er das **Rechtsmittel eingelegt**, die Wiedereinsetzung bzw. Wiederaufnahme beantragt oder den Rechtsstreit im Nachverfahren fortgesetzt hat. Ein Antrag auf **Prozesskostenhilfe** – z.B. für eine Berufung – genügt nach herrschender Meinung in der Literatur nicht.[26]

Ausschließlich zuständig ist das Gericht, das über den Rechtsbehelf zu entscheiden hat, nach einer Berufung gegen ein Vorbehaltsurteil das für das Nachverfahren zuständige Gericht.[27] Im Anwaltsprozess besteht **Anwaltszwang**.

Für einen Einstellungsantrag bestehen nur Erfolgsaussichten, wenn der Angriff des Schuldners gegen den Titel zulässig und nicht völlig aussichtslos ist. Dies kann das Gericht erst nach der **Begründung des Rechtsmittels** beurteilen. Deshalb besteht vor einer Berufungsbegründung in der Regel kein Anlass, die Zwangsvoll-

25 BGH NJW 1986, 2057.

26 Z.B. Stein/Jonas/*Münzberg*, § 707 Rn 2; Zöller/*Herget*, § 719 Rn 3; Musielak/Voit/*Lackmann*, § 719 Rn 2; a.A. OLG Brandenburg MDR 2005, 1192.

27 OLG Nürnberg NJW 1982, 392.

streckung für die Dauer der Instanz einzustellen.[28] In Betracht kommen allenfalls **zeitlich begrenzte Anordnungen**, etwa bis zum Eingang der Berufungsbegründung oder der Äußerung des Gegners hierzu. Dies sollte der Schuldner dann ausdrücklich beantragen. Ein Anlass hierfür kann bestehen, wenn der Schuldner die Begründungsfrist ausschöpfen will und der Gläubiger eine Vollstreckung während der noch laufenden Frist angekündigt hat.[29]

Das Gericht entscheidet über einen Einstellungsantrag **nach pflichtgemäßem Ermessen**, wobei es die wirtschaftlichen Auswirkungen auf den Gläubiger und den Schuldner abzuwägen hat. Dem Vollstreckungsinteresse des Gläubigers ist dabei im Allgemeinen der Vorrang einzuräumen.[30]

Unter welchen Voraussetzungen der Schuldner eine Einstellung der Zwangsvollstreckung erreichen kann, wird im Folgenden nur für die in der Praxis relevantesten Fälle der **Berufung** und des **Einspruchs gegen ein Versäumnisurteil oder einen Vollstreckungsbescheid** dargestellt. Dies gilt sinngemäß auch für Rügen nach § 321a ZPO, Wiedereinsetzungsanträge, Wiederaufnahmeklagen und Nachverfahren nach Vorbehaltsurteilen.

1. Einstellung ohne Sicherheitsleistung

a) Berufung

12 Eine Einstellung der Zwangsvollstreckung ohne Sicherheitsleistung setzt nach § 707 Abs. 1 Satz 2 ZPO neben einer zulässigen und nicht völlig aussichtslosen Berufung voraus, dass der Schuldner – wie der Gläubiger bei einem Antrag nach § 710 ZPO – eine **Sicherheitsleistung nicht aufbringen** kann (siehe Rn 5: „erhebliche Schwierigkeiten" reichen hier nicht aus) und dass ihm durch die Vollstreckung ein **Schaden** entstehen würde, der später **nicht wiedergutzumachen** ist (siehe Rn 6). Dies muss er glaubhaft machen. In Betracht kommt auch ein Schutzantrag nach § 712 ZPO, jedenfalls in Fällen, in denen die Voraussetzungen hierfür in erster Instanz noch nicht vorlagen oder nicht glaubhaft gemacht werden konnten (siehe Rn 7).

28 OLG Bremen MDR 2008, 1065; OLG Köln NJW-RR 1987, 189; Zöller/*Herget*, § 719 Rn 3; Musielak/Voit/*Lackmann*, § 719 Rn 3.

29 KG NJW-RR 2008, 1021.

30 OLG Hamburg GRUR-RR 2013, 408; OLG Karlsruhe GRUR-RR 2010, 120; OLG Düsseldorf NJW-RR 1987, 702; OLG Köln NJW-RR 1987, 189; Zöller/*Herget*, § 707 Rn 10.

Bei einer Berufung gegen ein **zweites Versäumnisurteil** (§ 345 ZPO) ist die Zwangsvollstreckung aus ihm nach § 719 Abs. 1 Satz 2 ZPO ohne Sicherheitsleistung einzustellen, wenn es nicht in gesetzlicher Weise ergangen ist oder die Säumnis unverschuldet war (siehe Rn 13). Die Voraussetzungen des § 707 Abs. 1 Satz 2 ZPO brauchen daneben nicht vorzuliegen, weil nach § 538 Abs. 1 Nr. 6 ZPO schon allein der formale Mangel – anders als bei einem Einspruch gegen ein erstes Versäumnisurteil – zur Aufhebung des Urteils führen kann.[31]

b) Einspruch gegen Versäumnisurteil oder Vollstreckungsbescheid

Die Zwangsvollstreckung aus einem **Versäumnisurteil** oder **Vollstreckungsbescheid** darf nach einem Einspruch nur dann ohne Sicherheitsleistung eingestellt werden, wenn entweder das Versäumnisurteil oder der Vollstreckungsbescheid nicht in gesetzlicher Weise ergangen ist **oder** die Säumnis unverschuldet war (§§ 719 Abs. 1 Satz 2, 700 ZPO). Ersteres muss das Gericht von Amts wegen feststellen, letzteres der Schuldner glaubhaft machen. 13

Ein Versäumnisurteil ist z.B. dann **nicht in gesetzlicher Weise ergangen**, wenn das Vorbringen des Klägers nicht schlüssig war (§ 331 Abs. 2 ZPO), ein Vollstreckungsbescheid, wenn der Schuldner vor der Ausfertigung Widerspruch erhoben hatte (§ 699 Abs. 1 Satz 1 ZPO).

Eine **unverschuldete Säumnis** im Verhandlungstermin, bei der Anzeige der Verteidigungsabsicht im schriftlichen Vorverfahren oder beim Widerspruch im Mahnverfahren kann der Schuldner mit Gründen glaubhaft machen, die nach § 233 ZPO eine Wiedereinsetzung in den vorigen Stand rechtfertigten.

Ob zusätzlich auch die Voraussetzungen des § 707 Abs. 1 Satz 2 ZPO vorliegen müssen, also dass der Schuldner eine **Sicherheit nicht aufbringen** kann und ihm durch die Vollstreckung ein **nicht wiedergutzumachender Schaden** entstehen würde, ist umstritten. Verschiedene Oberlandesgerichte haben dies bejaht,[32] andere verneint.[33]

31 MüKo/*Götz*, § 719 Rn 9; *Gottwald*, § 719 Rn 6.

32 Z.B. KG NJW 1987, 1338, 1339; OLG Frankfurt MDR 1982, 588; OLG Hamburg NJW 1979, 1464 f.; ebenso: Schuschke/Walker/*Schuschke*, § 719 Rn 6; MüKo/*Götz*, § 719 Rn 7.

33 Z.B. OLG Celle NJW-RR 2000, 1017; OLG Köln NJW-RR 1988, 1467 f.; OLG Hamm MDR 1978, 412; OLG Stuttgart NJW-RR 2003, 713 f.; ebenso: Musielak/Voit/*Lackmann*, § 719 Rn 6; Zöller/*Herget*, § 719 Rn 2.

2. Einstellung gegen Sicherheitsleistung des Schuldners

a) Berufung

14 Für einen Antrag, die Zwangsvollstreckung gegen Sicherheitsleistung des Schuldners einzustellen, besteht kein Rechtsschutzinteresse, wenn ihm dies schon im Urteil aufgrund eines Vollstreckungsschutzantrages nach § 712 ZPO gestattet ist.

Ein Teil der Rechtsprechung verneint das Rechtsschutzbedürfnis auch bei Zahlungstiteln, aus denen der **Gläubiger** nach § 709 ZPO nur **gegen Sicherheitsleistung vollstrecken** darf.[34] Die Sicherheitsleistung muss dann aber ausreichend hoch bemessen sein. Sonst deckt sie nicht die Risiken der Vollstreckung ab. Behauptet der Schuldner, dass ihm ein höherer Schaden drohe, muss er dies glaubhaft machen. Hierauf ist insbesondere bei Unterlassungstiteln – vor allem in Wettbewerbsverfahren – zu achten. Hat der Gläubiger zur Vollstreckung Sicherheit geleistet und der Schuldner nach einem entsprechenden Beschluss des Berufungsgerichts Sicherheit zur Einstellung der Zwangsvollstreckung, kann der Gläubiger nach § 109 ZPO die Rückgabe seiner Sicherheit verlangen, wenn die beiderseitigen Leistungen zu einer deutlichen Übersicherung führen.[35]

b) Einspruch gegen Versäumnisurteil oder Vollstreckungsbescheid

15 Eine Einstellung der Zwangsvollstreckung gegen Sicherheitsleistung des Schuldners kommt hier immer in Betracht und ist in der Praxis der **Regelfall**. Der Gläubiger ist dadurch bis zu einer streitigen Entscheidung meistens hinreichend gesichert und der Schuldner auf die Einstellung angewiesen, weil der Gläubiger sonst aus dem Titel (Versäumnisurteil oder Vollstreckungsbescheid) ohne weiteres vorgehen kann.

3. Weitere Anordnungen

16 Das Gericht kann sowohl nach einer Berufung als auch nach einem Einspruch gegen ein Versäumnisurteil oder einen Vollstreckungsbescheid die weitere Vollstreckung von einer **Sicherheitsleistung des Gläubigers** abhängig machen. Diese Anordnung kommt nur in Betracht, wenn der Gläubiger ohne Sicherheitsleistung vollstrecken darf, oder wenn die angeordnete Sicherheit zu gering bemessen war.

34 Z.B. OLG Köln ZIP 1994, 1053; NJW-RR 1987, 189 f.; OLG Hamburg MDR 1990, 931; OLG Frankfurt NJW-RR 1986, 486, 487; a.A. z.B. OLG Celle MDR 1987, 505.

35 OLG Hamm MDR 2013, 935.

Die Einstellung der Zwangsvollstreckung bewirkt, dass keine weiteren **Vollstreckungsmaßnahmen** durchgeführt werden dürfen; bereits eingeleitete bleiben bestehen. Das Gericht kann zusätzlich ihre **Aufhebung** anordnen. Die Zwangsvollstreckung darf dann aber noch nicht beendet sein. Außerdem muss der Schuldner Sicherheit leisten (§ 707 Abs. 1 Satz 1 ZPO). Erforderlich ist ein ausdrücklicher Antrag des Schuldners. Er bietet sich vor allem bei **Kontenpfändungen** an.

Hat das Gericht in einem mit der Berufung angefochtenen Urteil die **Sicherheitsleistung zu hoch oder zu niedrig** bemessen, kann die davon betroffene Partei dies beanstanden und eine Herauf- oder Herabsetzung verlangen. Hierüber verhandelt und entscheidet das Berufungsgericht auf Antrag vorab (§ 718 Abs. 1 ZPO). Dies gilt auch, wenn der Beklagte ein gegen Sicherheitsleistung vorläufig vollstreckbares Urteil teilweise angefochten hat und der Kläger deshalb aus ihm nur gegen eine geringere Sicherheitsleistung vollstrecken will (§ 537 Abs. 1 ZPO). Das Berufungsgericht erklärt dann auf Antrag zugleich den nicht angefochtenen Teil des Urteils unbedingt und ohne Abwendungsbefugnis für vorläufig vollstreckbar.[36]

4. Rechtsmittel

Die Entscheidung über den Einstellungsantrag ergeht durch **Beschluss**. Er ist nach 17
§ 707 Abs. 2 Satz 2 ZPO **unanfechtbar**, auch in Fällen „greifbarer Gesetzwidrigkeit".[37] Die Parteien können mit einer **Gegenvorstellung** auf eine Abänderung hinwirken oder – bei einer Entscheidung, die gegen das Gebot des rechtlichen Gehörs verstößt und davon beeinflusst worden sein kann – mit der befristeten Rüge nach § 321a ZPO.

II. Einstellung nach § 769 ZPO

Bis zu einem Urteil über eine **Vollstreckungsabwehrklage** (§ 767 ZPO), eine 18
Drittwiderspruchsklage (§ 771 ZPO) und eine **Abänderungsklage** (§ 323 ZPO) kann das Gericht auf Antrag dieselben Anordnungen treffen wie nach § 707 ZPO. Eine **Einstellung ohne Sicherheitsleistung** ist unbeschränkt zulässig. Der Schuldner braucht nicht glaubhaft zu machen, dass er sie nicht aufbringen kann und dass ihm die weitere Vollstreckung einen nicht zu ersetzenden Nachteil bringen würde.

36 OLG Koblenz, Beschl. v. 13.2.2013 – 3 U 838/12.

37 BGH NJW 2004, 1577; 2002, 2224; OLG Koblenz, Beschl. v. 4.7.2013 – 3 W 298/13; KG MDR 2008, 1356.

Die **Aufhebung von Vollstreckungsmaßregeln** ist bei einer Drittwiderspruchsklage auch ohne Sicherheitsleistung statthaft (§ 771 Abs. 3 Satz 2 ZPO).

19 Ein Einstellungsantrag ist zulässig, sobald der Kläger die **Klageschrift eingereicht** hat. Er kann den Einstellungsantrag darin aufnehmen, sollte ihn dann aber besonders hervorheben, damit das Gericht ihn nicht übersieht.

Ein Antrag auf Bewilligung von **Prozesskostenhilfe** genügt nach herrschender Meinung nicht, weil der Kläger nach § 769 Abs. 2 ZPO in dringenden Fällen schon vor einer Klage die Einstellung der Zwangsvollstreckung beim Vollstreckungsgericht beantragen kann.[38]

20 Zuständig ist das **Prozessgericht**, bei dem die Klage anhängig ist, bei einer Berufung das Berufungsgericht. In dringenden Fällen – insbesondere wenn eine Versteigerung unmittelbar bevorsteht und die Zeit nicht mehr ausreicht, eine Entscheidung des Prozessgerichts herbeizuführen – kann sich der Schuldner vor und nach der Erhebung der Klage an das **Vollstreckungsgericht** wenden, in dessen Bezirk die Zwangsvollstreckung stattfindet (§ 769 Abs. 2 ZPO). Dort entscheidet der Rechtspfleger (§ 20 Nr. 17 RPflG). Er bestimmt eine Frist, innerhalb der die Entscheidung des Prozessgerichts beizubringen ist. Nach dem Ablauf der Frist wird der Einstellungsbeschluss wirkungslos und gegebenenfalls durch die Anordnung des Prozessgerichts ersetzt.

Der Antrag unterliegt dem **Anwaltszwang**. Der Kläger muss die zur Begründung vorgetragenen Tatsachen glaubhaft machen (§ 769 Abs. 1 Satz 2 ZPO).

Das Gericht entscheidet nach pflichtgemäßem Ermessen. Dabei sind vor allem die Aussichten der Klage und die Nachteile zu berücksichtigen, die beiden Parteien aus einer Einstellung oder Fortsetzung der Zwangsvollstreckung drohen.

21 Die Entscheidung über den Einstellungsantrag ergeht durch Beschluss. Er ist entsprechend § 707 Abs. 2 Satz 2 ZPO **unanfechtbar**.[39]

Gegen Beschlüsse des Rechtspflegers nach § 769 Abs. 2 ZPO ist die befristeten Erinnerung zulässig (§ 11 Abs. 2 Satz 1 RPflG).

38 OLG Schleswig WM 1992, 263, 264; OLG Köln FamRZ 1987, 963; OLG Karlsruhe FamRZ 1984, 186 f.; Thomas/Putzo/*Seiler*, § 769 Rn 7; Zöller/*Herget*, § 769 Rn 4; MüKo/*Schmidt*, § 769 Rn 11; a.A. Stein/Jonas/*Münzberg*, § 769 Rn 8.

39 BGH NJW 2004, 2224 ff.

D. Räumungsfrist

Vor der Vollstreckung aus **Räumungsurteilen über Wohnräume** werden Schuldner geschützt, wenn ihnen das Gericht eine **Räumungsfrist** bewilligt (§ 721 ZPO). Sie sind dann auf einen Vollstreckungsschutz nach § 765a ZPO nicht angewiesen, der nur unter engen Voraussetzungen zu erreichen ist (siehe Rn 1). Das Mietverhältnis bleibt während der Räumungsfrist beendet. Der Gläubiger kann aber erst nach dem Ablauf der Frist aus dem Räumungsurteil vorgehen. Der Mieter schuldet bis zu seinem Auszug den vereinbarten Mietzins oder – nach Wahl des Vermieters – eine Entschädigung in Höhe der ortsüblichen Miete (§ 546a Abs. 1 BGB). Beabsichtigt er, vor dem Ablauf der Räumungsfrist auszuziehen, sollte er den Vermieter hiervon unverzüglich unterrichten. Sonst läuft er Gefahr, für entgangene Mieteinnahmen zu haften.[40] **22**

Eine Räumungsfrist kann auch bei **gerichtlichen Räumungsvergleichen** bewilligt werden (siehe Rn 28) und bei Räumungsanordnungen nach dem FamFG,[41] wegen der Eilbedürftigkeit aber im Allgemeinen nicht bei einer einstweiligen Räumungsverfügung.[42]

Eine Räumungsfrist kommt nur für **Wohnräume** in Betracht, nicht bei gewerblichen Mietverträgen. Der Schuldner muss die Räume nicht zum Wohnen angemietet haben. Es reicht aus, dass er sie tatsächlich als Wohnraum nutzt, auch wenn der zugrunde liegende Vertrag rechtlich als gewerblicher Mietvertrag zu qualifizieren ist.[43] **Ausgenommen** sind nach § 721 Abs. 7 ZPO Zeitmietverträge (§ 575 BGB) und Wohnräume, die eine juristische Person des öffentlichen Rechts oder ein anerkannter privater Träger der Wohlfahrtspflege angemietet hat, um sie Personen mit dringendem Wohnungsbedarf zu überlassen (§ 549 Abs. 2 Nr. 3 BGB). **23**

Bei Mietverhältnissen über **Wohn- und Geschäftsräume**[44] kann grundsätzlich keine Räumungsfrist bewilligt werden, wenn die Räume in einem einheitlichen Vertrag vermietet worden sind und die gewerbliche Nutzung überwiegt.[45] Welche

40 LG Mönchengladbach DWW 1992, 215; Bub/Treier/*Belz*, Kap. VII Rn 32.

41 OLG Brandenburg, Beschl. v. 27.7.2010 – 10 WF 99/10.

42 LG Hamburg NJW-RR 1993, 1233; Thomas/Putzo/*Seiler*, § 721 Rn 2; Zöller/*Stöber*, § 721 Rn 3.

43 KG GE 2013, 618 (Wohnheim für betreuungsbedürftige Menschen); LG Lübeck WuM 1996, 717 („Frauenhaus").

44 Dazu näher *Bühler*, ZMR 2010, 887.

45 BGH NJW 1977, 1394; OLG München ZMR 2010, 962; Zöller/*Stöber*, § 721 Rn 2; a.A. Musielak/Voit/*Lackmann*, § 721 Rn 3.

Nutzungsart überwiegt, ist dem Vertragszweck zu entnehmen.[46] Hinweise können sich aus den Mietzins- und Flächenanteilen ergeben, die auf den Wohnraum und auf den Geschäftsraum entfallen. Bei überwiegend gewerblicher Nutzung kommt eine Räumungsfrist für die Wohnräume nur in Betracht, wenn sie baulich und funktional selbstständig sind und daher getrennt von den Geschäftsräumen herausgegeben werden können.[47]

24 Über die Räumungsfrist entscheidet das mit der Räumungsklage in erster oder zweiter Instanz befasste Prozessgericht im Räumungsurteil (§ 721 Abs. 4 Satz 1 ZPO). Ein förmlicher **Antrag** ist nicht erforderlich, aber vor dem Schluss der mündlichen Verhandlung zu empfehlen. Der Anwalt kann sonst in Regress genommen werden.[48] Wird ein Räumungsschutzantrag im Urteil übergangen, ist hierüber in einem Ergänzungsurteil zu entscheiden, wenn der Schuldner dies binnen zwei Wochen nach der Zustellung des Räumungsurteils beantragt; das Gericht kann auf Antrag die Zwangsvollstreckung bis zur Entscheidung einstweilen einstellen (§§ 321, 721 Abs. 1 Satz. 3 ZPO). Bei Urteilen auf **künftige Räumung** setzt die Bewilligung einer Räumungsfrist stets einen Antrag voraus, wenn das Gericht nicht schon im Urteil eine Räumungsfrist gewährt hat. Der Schuldner muss den Antrag spätestens zwei Wochen vor dem Tage stellen, an dem nach dem Urteil zu räumen ist (§ 721 Abs. 2 ZPO). Das Gericht entscheidet hierüber durch Beschluss.

25 Die Entscheidung, ob und für welchen Zeitraum eine Räumungsfrist bewilligt wird, steht im **Ermessen des Gerichts**. Es hat dabei das Interesse des Räumungsschuldners an der Beibehaltung seiner bisherigen Wohnung gegenüber dem Interesse des Gläubigers an der alsbaldigen Räumung abzuwägen. Die Parteien müssen die maßgebenden Gesichtspunkte vortragen. Das Gericht ermittelt sie nicht von Amts wegen.

Bestimmte **Kündigungsgründe** können gegen eine Räumungsfrist sprechen. Das sind besonders schwer wiegende Vertragsverletzungen des Mieters, wie z.B.

- schwere Störungen des Hausfriedens,[49]
- verbale oder tätliche Angriffe gegen den Vermieter oder Mitmieter[50] oder

46 OLG Stuttgart NJW 1986, 322; OLG Hamburg ZMR 1995, 120.

47 OLG Hamburg MDR 1972, 955; LG Hamburg MDR 1993, 444 f.; Thomas/Putzo/*Seiler*, § 721 Rn 1; Zöller/*Stöber*, § 721 Rn 2; Bub/Treier/*Lüke*, Kap. VIII Rn 126.

48 OLG Hamm NJW-RR 1995, 526 f.

49 LG Münster WuM 1991, 563.

50 MüKo/*Götz*, § 721 Rn 10; Musielak/Voit/*Lackmann*, § 721 Rn 4.

- Beschädigungen der Wohnung.[51]

Muss der Vermieter eine Fortsetzung dieses Verhaltens befürchten, ist ihm im Allgemeinen nicht zuzumuten, dem Mieter weiterhin die Wohnung zu überlassen. Das Gleiche gilt, wenn die Zahlung der Miete für die Dauer der Räumungsfrist nicht gewährleistet ist.[52]

Zu berücksichtigen sind weiter die Möglichkeiten des Mieters, auf dem lokalen Wohnungsmarkt eine geeignete **Ersatzwohnung** zu finden. Er muss sich hierum bemühen, sobald die Wirksamkeit der Kündigung auf der Hand liegt[53] und dann darlegen, was er unternommen hat. Zu erwarten sind aber nur zumutbare Bemühungen. Sie können auch von subjektiven Schwierigkeiten des Mieters oder seiner Angehörigen abhängen, wie z.B. ihrem hohen Alter[54] oder Erkrankungen.[55] Von einem Sozialhilfeempfänger ist nicht zu erwarten, dass er einen Makler beauftragt oder Wohnungsanzeigen aufgibt.[56] Behauptet der Gläubiger, der Schuldner hätte bei hinreichenden Bemühungen eine Ersatzwohnung finden können, muss er sie nennen.[57]

Zugunsten des **Räumungsschuldners** kann überdies z.B. ins Gewicht fallen die ungewöhnlich lange Dauer des Mietverhältnisses,[58] die Notwendigkeit, bei einem sofortigen Umzug ein Kind zu einem ungünstigen Zeitpunkt umschulen[59] oder innerhalb kurzer Zeit zweimal umziehen zu müssen, weil eine Ersatzwohnung zu einem späteren Zeitpunkt bereits vorhanden ist.[60]

Zugunsten des **Räumungsgläubigers** ist nicht zu berücksichtigen, dass er die Wohnung schon weitervermietet hat.[61] Bei einer Kündigung wegen Eigenbedarfs kommt es darauf an, wie dringend dieser ist.[62]

51 MüKo/*Götz*, § 721 Rn 10.

52 OLG Stuttgart NJW-RR 2007, 15: LG Berlin GE 2007, 1253; LG Bonn, Beschl. v. 27.4.2004 – 6 T 91/04; MüKo/*Götz*, § 721 Rn 10; Musielak/Voit/*Lackmann*, § 721 Rn 4; Zöller/*Stöber*, § 721 Rn 6.

53 LG Hamburg WuM 1987, 62 f.; MüKo/*Krüger*, § 721 Rn 12; Musielak/Voit/*Lackmann*, § 721 Rn 6.

54 LG Mannheim WuM 1968, 203; LG Münster WuM 1968, 83; LG Kaiserslautern ZMR 1968, 54.

55 LG Kaiserslautern ZMR 1968, 54; LG Itzehoe WuM 1967, 86.

56 LG Mannheim WuM 1993, 62.

57 LG Mannheim ZMR 1967, 188.

58 LG Essen WuM 1967, 209; LG Dortmund WuM 1965, 120.

59 LG Berlin NJW-RR 1989, 1358.

60 LG Dortmund WuM 1989, 387; LG Stuttgart Rpfleger 1985, 71; LG Mannheim ZMR 1970, 371; LG Köln ZMR 1970, 373.

61 LG Mannheim MDR 1967, 596; LG Essen WuM 1966, 120; LG Heilbronn WuM 1966, 49.

62 LG Köln WuM 1971, 134.

26 Die **Länge der Räumungsfrist** ist so zu bemessen, dass sie voraussichtlich zur Beschaffung einer Ersatzwohnung ausreicht. Die bewilligten Fristen schwanken in der Praxis gewöhnlich zwischen drei und sechs Monaten. Die Räumungsfrist kann auf Antrag verlängert oder abgekürzt werden (§ 721 Abs. 3 ZPO), darf aber insgesamt ein Jahr nicht übersteigen (§ 721 Abs. 5 ZPO). Ein **Verlängerungsantrag** muss spätestens zwei Wochen vor dem Ablauf der Räumungsfrist beim Gericht eingegangen sein. Eine Fristverlängerung setzt voraus, dass sich der Räumungsschuldner hinreichend um eine Ersatzwohnung bemüht hat.[63] Ein Verlängerungsantrag hat insbesondere Aussicht auf Erfolg, wenn der Schuldner eine neue Wohnung gefunden hat, sich aber der Einzug noch verzögert.[64]

27 Wird über die Räumungsfrist im Urteil mitentschieden, können sich die Parteien gegen die Entscheidung über den Räumungsanspruch mit der **Berufung** wenden (bei einem Versäumnisurteil mit dem Einspruch) und im Berufungsverfahren auch die Entscheidung über die Räumungsfrist überprüfen lassen. Wollen sie nur die Versagung, Gewährung oder Bemessung der Räumungsfrist beanstanden, ist – ebenso wie bei Beschlüssen über Räumungsschutzanträge – eine **sofortige Beschwerde** zulässig (§ 721 Abs. 6 ZPO). Der Räumungsschuldner muss daher keine Berufung einlegen, wenn er ausziehen will und nur auf eine Räumungsfrist angewiesen ist. Das Beschwerdeverfahren ist billiger.

28 Eine Räumungsfrist kann nach § 794a ZPO auch bewilligt werden, um die Zwangsvollstreckung aus einem **gerichtlichen Räumungsvergleich** über Wohnräume zu verhindern. Erforderlich ist ein Antrag des Räumungsschuldners spätestens zwei Wochen vor dem vereinbarten Räumungstermin bei dem Amtsgericht, in dessen Bezirk der Wohnraum liegt. Es entscheidet durch Beschluss, der mit der sofortigen Beschwerde angreifbar ist. Vielfach werden an die Gewährung einer Räumungsfrist nach einem Räumungsvergleich **strengere Anforderungen** gestellt als sonst, weil die Parteien den Zeitpunkt der Räumung ausgehandelt haben. Der Schuldner soll sich hiernach nicht auf Umstände berufen können, die ihm beim Abschluss des Vergleichs bereits bekannt waren[65] oder die er durch grobes Verschulden nicht

63 BGH NJW 1990, 2823.

64 Zöller/*Stöber*, § 721 Rn 9.

65 LG Wiesbaden WuM 1998, 440; LG Kiel WuM 1993, 355; LG Waldshut Tiengen WuM 1993, 621; Zöller/*Stöber*, § 794a Rn 2; Schuschke/Walker/*Walker*, § 794a Rn 3; *Baumbach/Lauterbach/Albers/Hartmann*, § 794a Rn 5.

vorhergesehen hatte.[66] Dies ist aber umstritten.[67] Umstritten ist auch, ob der Schuldner in einem Räumungsvergleich wirksam auf einen Räumungsschutzantrag nach § 794a ZPO verzichten kann.[68] Der Bundesgerichtshof[69] hat dies bislang offen gelassen.

Das Gericht kann bis zur Entscheidung auf Antrag die Zwangsvollstreckung aus dem Vergleich ohne oder gegen Sicherheitsleistung einstweilen einstellen oder anordnen, dass die Zwangsvollstreckung nur gegen Sicherheitsleistung fortgesetzt werden darf (§ 794a Abs. 1 Satz 5 i.V.m. § 732 Abs. 2 ZPO).

Eine in einem Vergleich vereinbarte Räumungsfrist kann – anders als eine vom Gericht bewilligte – nicht vom Gericht verlängert oder verkürzt werden.[70] Wollen Parteien dies ermöglichen, müssen sie in dem Vergleich ausdrücklich eine gerichtliche Entscheidung für zulässig erklären.[71] Hieran kann der Vermieter z.B. interessiert sein, um eine Verkürzung der Räumungsfrist zu erreichen, wenn der Mieter die Nutzungsentschädigung nicht zahlt.

66 LG Aachen, Beschl. v. 5.11.2003 – 5 T 197/03; MüKo/*Wolfsteiner*, § 794a Rn 4; *Stein/Jonas/Münzberg*, § 794a Rn 2.

67 A.A. z.B. LG Mannheim ZMR 1994, 21 f.; LG Heilbronn JurBüro 1992, 569; Musielak/Voit/*Lackmann*, § 794a Rn 5.

68 Dafür: LG München I ZMR 2009, 371; LG Aachen WuM 1996, 568; LG Heilbronn DGVZ 1992, 12; *Belz*, in: Bub/*Belz/Lüke*, Kap. VIII Rn 164, dagegen: LG Berlin GE 1991, 403; Zöller/*Stöber*, § 794a Rn 7.

69 WuM 2008, 478.

70 LG München I ZMR 2014, 991; LG Hamburg WuM 2001, 412; LG Stuttgart WuM 1992, 32.

71 LG München I ZMR 2014,991 (mit weiteren möglichen Regelungen zum Schutz des Vermieters bei ausbleibenden Zahlungen).

E. Muster

I. Muster: Schutzantrag des Gläubigers nach § 710 ZPO

10.1

▼

29 An das

Amtsgericht/Landgericht

Az.:

In dem Rechtsstreit

./.

beantrage ich namens und in Vollmacht des Klägers,

> das zu erwartende Urteil ohne Sicherheitsleistung des Klägers für vorläufig vollstreckbar zu erklären.

Begründung:

Ein der Klage voll stattgebendes Urteil ist nach § 709 S. 1 ZPO gegen Sicherheitsleistung des Klägers für vorläufig vollstreckbar zu erklären. Der Kläger kann den Geldbetrag nicht aufbringen. Mit seinem Handwerksbetrieb verdient er monatlich nicht mehr als Euro. Er verfügt über kein Privatvermögen. Das Betriebsvermögen ist seiner Hausbank als Sicherheit für Darlehen übereignet. Von ihr kann er kein weiteres Darlehen erhalten. Sie ist auch nicht bereit, eine Bürgschaft zu stellen.

Glaubhaftmachung: anliegende eidesstattliche Versicherung des Steuerberaters des Klägers und Bestätigung der Hausbank

Bei einem Aufschub der Vollstreckung bis zur Rechtskraft des Urteils wäre die Existenz des Klägers gefährdet. Er benötigt das Geld dringend zur Tilgung von Darlehen, die er nur deshalb aufnehmen musste, weil die Beklagte ihren Zahlungsverpflichtungen nicht nachgekommen ist. Die Bankzinsen kann er nicht länger tragen.

Glaubhaftmachung: anliegende eidesstattliche Versicherung des Klägers

Es ist daher geboten, das Urteil ohne Sicherheitsleistung des Klägers für vorläufig vollstreckbar zu erklären (§ 710 ZPO).

(Rechtsanwalt)

Anlagen:

1) eidesstattliche Versicherung des Steuerberaters vom
2) Schreiben der -Bank vom
3) eidesstattliche Versicherung des Klägers vom

▲

II. Muster: Schutzantrag des Schuldners nach § 712 ZPO

10.2

▼

An das 30

Amtsgericht/Landgericht

Az.:

In dem Rechtsstreit

./.

beantrage ich namens und in Vollmacht des Beklagten,

1) Die Klage abzuweisen,
2) hilfsweise, das Urteil nicht für vorläufig vollstreckbar zu erklären.

Begründung:

Die Klägerin verlangt zu Unrecht die Herausgabe der Lastkraftwagen .

Sollte das Gericht den Beklagten dennoch verurteilen, entstünde ihm durch die Vollstreckung ein nicht zu ersetzender Nachteil. Der Beklagte betreibt mit den Fahrzeugen ein Transportunternehmen, das er einstellen müsste, weil er keine anderen Wagen hat und auch nicht über die finanziellen Mittel verfügt, sich Ersatzfahrzeuge zu beschaffen.

Glaubhaftmachung: anliegende eidesstattliche Versicherung des Klägers und seines Steuerberaters

Der Beklagte ist nicht in der Lage, die Vollstreckung durch eine Sicherheitsleistung abzuwenden, weil er das Geld nicht aufbringen kann. Er ist vermögenslos. Sein Transportunternehmen wirft nur geringe Gewinne ab. Um Darlehen hat er sich schon früher vergeblich bemüht. Banken verlangen Sicherheiten, über die der Kläger nicht verfügt. Dies alles ergibt sich ebenfalls aus den beigefügten eidesstattlichen Versicherungen.

Es ist daher geboten, ein Herausgabeurteil nicht für vorläufig vollstreckbar zu erklären (§ 712 ZPO). Dem stehen keine überwiegenden Interessen der Klägerin entgegen. Die Klägerin ist auf die Fahrzeuge nicht angewiesen .

(Rechtsanwalt)

Anlagen:

1) eidesstattliche Versicherung des Klägers vom
2) eidesstattliche Versicherung des Steuerberaters vom

▲

III. Muster: Antrag auf Vorabentscheidung nach § 718 Abs. 1 ZPO

10.3

▼

31 An das

Landgericht/Oberlandesgericht

Az.:

In dem Berufungsrechtsstreit

./.

beantrage ich namens und in Vollmacht des Berufungsklägers,

> den Ausspruch zur vorläufigen Vollstreckbarkeit in dem angefochtenen Urteil dahingehend abzuändern, dass die vom Kläger und Berufungskläger zu leistende Sicherheit auf Euro herabgesetzt wird und über diesen Antrag vorab zu verhandeln und zu entscheiden.

Begründung:

Der Kläger wendet sich mit der bereits eingelegten und begründeten Berufung dagegen, dass ihm das Gericht in I. Instanz nur Euro zugesprochen hat. Der Beklagte hat Anschlussberufung mit dem Antrag eingelegt, die Klage insgesamt abzuweisen. Das Urteil ist unabhängig davon zu beanstanden, weil die Sicherheitsleistung bei dem zuerkannten Betrag zu hoch bemessen ist. Der Kläger kann aus dem Urteil die titulierte Hauptforderung nebst Zinsen sowie aufgrund der Kostenentscheidung eine Quote von % seiner verauslagten Gerichtskosten und seiner außergerichtlichen Kosten vollstrecken. Das sind insgesamt rund Euro. Ein höherer Schaden kann dem Beklagten aus der Vollstreckung nicht entstehen. Das Gericht hat die Sicherheitsleistung dennoch auf Euro festgesetzt. Das ist bei weitem zu viel. Der Kläger beabsichtigt, die Zwangsvollstreckung zu betreiben. Es wird daher gebeten, die Sicherheitsleistung neu festzusetzen (§ 718 Abs. 1 ZPO). Der Kläger ist mit einer Entscheidung im schriftlichen Verfahren einverstanden. Wenn der Beklagte dies nicht will, wird gebeten, möglichst bald einen Termin zur mündlichen Verhandlung zu bestimmen.

(Rechtsanwalt)

▲

IV. Muster: Einspruch gegen Vollstreckungsbescheid 10.4

▼

An das 32

Amtsgericht

Az.:

Eilt sehr!

Bitte sofort vorlegen

Antrag auf Einstellung der Zwangsvollstreckung

In der Mahnsache

./.

lege ich namens und in Vollmacht des Antragsgegners gegen den am zugestellten Vollstreckungsbescheid vom

Einspruch

ein und beantrage,

1) die Zwangsvollstreckung aus dem Vollstreckungsbescheid ohne – hilfsweise gegen – Sicherheitsleistung einzustellen;
2) die Sache wegen des Einstellungsantrages unverzüglich an das Streitgericht abzugeben.

Begründung:

Der Rechtspfleger hätte den Vollstreckungsbescheid nicht erlassen dürfen. Der Antragsgegner hatte bereits am Tage nach der Zustellung des Mahnbescheids den ausgefüllten und unterzeichneten Vordruck mit seinem Widerspruch zum Amtsgericht gebracht und dort einem Wachtmeister übergeben, der ihn in die Geschäftsstelle bringen wollte.

Glaubhaftmachung: anliegende Kopie der Durchschrift des Widerspruchs und eidesstattliche Versicherung des Antragsgegners

Ob der Rechtspfleger den Widerspruch übersehen hat oder ob er nicht zur Akte gelangt ist, weiß der Antragsgegner nicht. In jedem Fall ist der Vollstreckungsbescheid nicht in gesetzlicher Weise ergangen, so dass die Zwangsvollstreckung aus ihm gemäß § 719 Abs. 1 S. 2 ZPO in Verbindung mit § 700 Abs. 1 ZPO ohne Sicherheitsleistung einzustellen ist.

Dem Antragsteller steht der geltend gemachte Zahlungsanspruch auch nicht zu. Dazu werde ich im Einzelnen Stellung nehmen, sobald er ihn begründet hat.

(Rechtsanwalt)

Anlagen:

1) Kopie der Durchschrift des Widerspruchs vom
2) eidesstattliche Versicherung des Antragsgegners vom

▲

V. Muster: Einspruch gegen Versäumnisurteil

10.5

▼

33 An das

Amtsgericht/Landgericht

Az.:

Eilt sehr!

Bitte sofort vorlegen

Antrag

auf Einstellung der Zwangsvollstreckung

In dem Rechtsstreit

./.

lege ich für den Beklagten gegen das am verkündete und am zugestellte Versäumnisurteil

Einspruch

mit dem Antrag ein,

das Versäumnisurteil aufzuheben und die Klage abzuweisen.

Ich beantrage außerdem,

die Zwangsvollstreckung aus dem Versäumnisurteil ohne Sicherheitsleistung einzustellen,

hilfsweise: gegen Sicherheitsleistung.

Begründung:

Die Zwangsvollstreckung aus dem Versäumnisurteil ist gemäß § 719 Abs. 1 S. 2 ZPO ohne Sicherheitsleistung einzustellen, weil es nicht in gesetzlicher Weise ergangen ist. Der Beklagte war zum Verhandlungstermin am nicht ordnungsgemäß geladen und daher nicht säumig. Ich hatte in dem vorangegangenen Mahnverfahren als Prozessbevollmächtigter des Beklagten Widerspruch gegen den Mahnbescheid erhoben und hätte daher gemäß § 172 Abs. 1 ZPO zum Verhandlungstermin im Streitverfahren geladen werden müssen. Das ist jedoch nicht geschehen. Die Terminsladung ist dem Beklagten zugestellt worden. Diese Zustellung war unwirksam.

Die Klage ist unbegründet. Dem Kläger steht der geltend gemachte Zahlungsanspruch nicht zu (Begründung).

(Rechtsanwalt)

▲

VI. Muster: Berufung 10.6

▼

An das 34

Landgericht/Oberlandesgericht

Eilt sehr!

Bitte sofort vorlegen

Berufung und Berufungsbegründung

mit Antrag auf Einstellung der Zwangsvollstreckung

In dem Rechtsstreit

der

– Klägerin und Berufungsbeklagte –

– Prozessbevollmächtigte I. Instanz: –

gegen

den

– Beklagten und Berufungskläger –

– Prozessbevollmächtigter: –

lege ich namens und in Vollmacht des Beklagten gegen das am zugestellte und in beglaubigter Abschrift beigefügte Urteil des Amtsgerichts/Landgerichts vom (Az.)

Berufung

mit dem Antrag ein,

das angefochtene Urteil zu ändern und die Klage abzuweisen.

Ich beantrage weiter, möglichst bald und ohne mündliche Verhandlung,

die Zwangsvollstreckung aus dem angefochtenen Urteil bis zur Entscheidung über die Berufung ohne Sicherheitsleistung einzustellen.

Begründung:

Das Amtsgericht/Landgericht hat der Klage zu Unrecht stattgegeben. Der Klägerin steht der geltend gemachte Zahlungsanspruch nicht zu. An dem Urteil ist im Einzelnen Folgendes zu beanstanden:

.

Das Urteil wird nach alledem keinen Bestand haben. Das ist aufgrund der vorgelegten Belege, die der Beklagte nachträglich gefunden hat, schon jetzt nahezu sicher. Dem Beklagten droht ein nicht zu ersetzender Nachteil, wenn der Kläger dennoch die Zwangsvollstreckung betreibt. Seine wirtschaftliche Existenz wäre dadurch gefährdet. Er hat sich mit Krediten als Unternehmensberater selbständig gemacht und besitzt kein Vermögen. Der Kläger kann nur mit Pfändungs- und Überweisungsbeschlüssen auf künftige Honoraransprüche zugreifen. Die Kunden würden dann ihre Geschäftsverbindung mit dem Beklagten abbrechen, so dass er Insolvenz anmelden müsste. Der Beklagte ist auch nicht in der Lage, die Zwangsvollstreckung durch Sicherheitsleistung abzuwenden. Er verfügt nicht über die erforderlichen Mittel und hat seinen Kreditrahmen ausgeschöpft.

Glaubhaftmachung: anliegende eidesstattliche Versicherung des Beklagten

Die Zwangsvollstreckung aus dem angefochtenen Urteil ist daher gemäß § 707 Abs. 1 S. 2 in Verbindung mit § 719 Abs. 1 ZPO ohne Sicherheitsleistung einzustellen.

(Rechtsanwalt)

▲

VII. Muster: Abänderungsantrag

10.7

▼

An das 35

Amtsgericht

– Familiengericht –

Abänderungsantrag mit Antrag auf Einstellung der Zwangsvollstreckung

des

– Antragstellers –

– Prozessbevollmächtigte: –

gegen

die

– Antragsgegnerin –

Streitwert: Euro

Namens und in Vollmacht des Antragstellers beantragen wir,

den Unterhaltsbeschluss des vom dahin abzuändern, dass eine Unterhaltspflicht des Antragstellers gegenüber der Antragsgegnerin seit der Zustellung dieser Antragsschrift entfällt.

Wir beantragen weiter,

die Zwangsvollstreckung aus dem Unterhaltsbeschluss bis zur Entscheidung über den Abänderungsantrag ohne – hilfsweise gegen – Sicherheitsleistung einzustellen.

Wir bitten, der Antragsgegnerin die Antragsschrift umgehend zuzustellen und baldmöglichst über den Einstellungsantrag zu entscheiden.

Begründung:

Der Antragsteller ist durch den in Kopie beigefügten Beschluss des vom verurteilt worden, an die Antragsgegnerin, seine getrennt von ihm lebende Ehefrau, eine monatliche Unterhaltsrente von EUR zu zahlen. Dem lag folgende Berechnung zugrunde:

Die Einkommensverhältnisse der Parteien haben sich nach der letzten mündlichen Verhandlung wesentlich verändert. Die Antragsgegnerin kann danach keine Unterhaltszahlungen mehr verlangen.

Der Antragsteller verfügt jetzt nur noch über monatlich ___ EUR. Sein Nettoeinkommen ist nach der beigefügten Verdienstbescheinigung der Firma ___, bei der er als ___ beschäftigt ist, geringfügig auf ___ EUR im Jahresdurchschnitt gestiegen. Seine Belastungen haben sich aber wesentlich erhöht. Hinzugekommen sind ___.

Der Antragsteller musste sie aufnehmen, weil ___.

Die Antragsgegnerin ist finanziell besser gestellt. Sie hat eine Arbeitsstelle als ___ bei der Firma ___ gefunden und verdient dort nach ihren eigenen Angaben in dem beigefügten Schreiben vom ___ monatlich ___ EUR netto. Warum sie dennoch im letzten Absatz des Schreibens auf Unterhaltszahlungen bestanden hat, versteht der Antragsteller nicht.

Aus den beigefügten Unterlagen ergibt sich, dass der Abänderungsantrag nach § 238 FamFG offensichtlich begründet ist. Die Antragsgegnerin muss daher keine Nachteile befürchten, wenn bis zur Entscheidung die Zwangsvollstreckung ohne Sicherheitsleistung eingestellt wird (§ 242 FamFG i.V.m. § 769 ZPO). Sie verdient genug, um sich selbst unterhalten zu können.

Den Gerichtskostenvorschuss in Höhe von ___ zahlen wir per Gerichtskostenstempler bei.

(Rechtsanwalt)

Anlagen:

1) Urteil des ___ vom ___
2) Verdienstbescheinigung der Firma ___ für das Jahr ___
3) Schreiben der Beklagten vom ___

▲

VIII. Muster: Antrag auf Verlängerung einer bewilligten Räumungsfrist

10.8

▼

36 An das

Amtsgericht

___

Az.: ___

In dem Rechtsstreit

___ ./. ___

beantrage ich namens und in Vollmacht des Beklagten,

die in dem Urteil vom … bewilligte Räumungsfrist bis zum … zu verlängern.

Begründung:

Das Gericht hat dem Beklagten im Urteil vom … eine Räumungsfrist bewilligt, die am … abläuft. Diese Frist reicht nicht aus. Der Beklagte hat sich intensiv um eine geeignete Ersatzwohnung bemüht.

Glaubhaftmachung: anliegende eidesstattliche Versicherung des Beklagten

Seine Bemühungen waren schließlich auch erfolgreich. Er hat einen Mietvertrag über eine Ersatzwohnung abgeschlossen. Das Mietverhältnis beginnt jedoch erst am ….

Glaubhaftmachung: anliegende Kopie des Mietvertrages

Ein früherer Einzug ist nicht möglich, weil die Wohnung noch von einem Vormieter genutzt wird. Zur Überbrückung des verhältnismäßig kurzen Zeitraums von … Monaten kann der Beklagte keine andere Wohnung finden. Ein Zwischenumzug wäre ihm auch nicht zuzumuten. Der Beklagte zahlt seine Miete pünktlich. Eine weitere Verzögerung des Auszugs übervorteilt daher den Kläger nicht.

(Rechtsanwalt)

Anlagen:

1) eidesstattliche Versicherung des Beklagten vom …
2) Kopie des Mietvertrages vom …

▲

Stichwortverzeichnis

Fette Zahlen = §§, magere Zahlen = Randnummern

Installations- und Benutzerhinweise

Installationshinweise zur CD-ROM

Auf der beiliegenden CD-ROM sind sämtliche abgedruckten Formulare als (Word-)Datei enthalten.

Systemvoraussetzungen: Windows Vista, Windows 7 oder Windows 8. Für die optimale Funktionsweise wird außerdem Word 2007, 2010, 2013 oder Microsoft Office 365 (Stand 2/2015) benötigt. Für die Installation müssen Sie über Administrator-Rechte verfügen.

Um das Programm zum Anzeigen und Öffnen der Muster zu installieren, starten Sie bitte das Programm Setup.exe von der CD-ROM. Folgen Sie danach den Anweisungen auf dem Bildschirm.

Während der Installation wird die Programmgruppe „AnwaltVerlag" eingerichtet. **Zum Öffnen der Anwendung genügt ein Doppelklick auf den Buchtitel in der Programmgruppe AnwaltVerlag.**

Bei **Problemen bei der Installation** lohnt sich ein Blick auf www.anwaltverlag.de unter der Rubrik Technik-Support.

Hinweis: Sollten Sie nicht mit dem Betriebssystem Microsoft Windows arbeiten oder das Programm zum Anzeigen und Öffnen der Muster aus anderen Gründen nicht installieren können/wollen, so können Sie, eine entsprechende Textverarbeitung vorausgesetzt, das gewünschte Muster auch direkt aus dem Verzeichnis \Muster der CD öffnen.

Benutzerhinweise

Der Formularbrowser stellt Ihnen sämtliche im Buch enthaltenen Muster zur Verfügung. Sie haben die Möglichkeit, durch Blättern oder Navigieren im Inhaltsverzeichnis ein bestimmtes Muster auszuwählen und dieses dann in Ihrer Textverarbeitung weiter zu bearbeiten. Für einige der Funktionen des Formularbrowsers benötigen Sie Word 2007, 2010, 2013 oder Microsoft Office 365 (Stand 2/2015).

Die Aufteilung des Formularbrowserfensters

Das Fenster unterteilt sich in vier Bereiche:

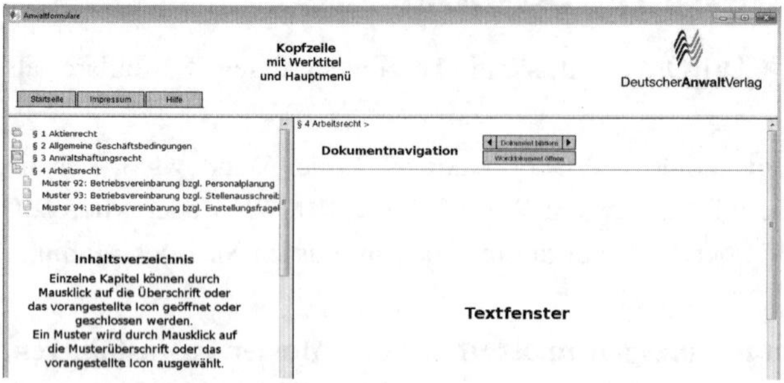

Navigieren

Sie können über zwei Wege zum gewünschten Muster gelangen:

1. **Blättern von Dokument zu Dokument** mit Hilfe der Links-/Rechts-Dreiecke am „Dokument blättern"-Knopf im Bereich Dokumentnavigation: ◀ Dokument blättern ▶

2. Mausklick auf das gewünschte Muster im **Inhaltsverzeichnis** auf der linken Seite des Fensters:

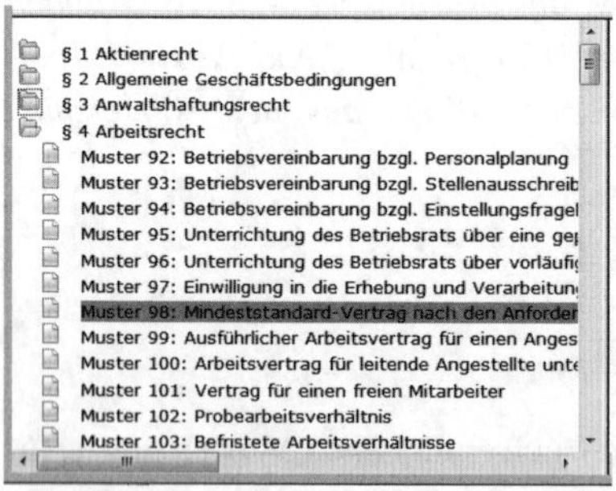

Dabei spielt es keine Rolle, ob Sie auf den Text („Muster ...") oder das vorangestellte Icon (▯) klicken. Das ausgewählte Muster wird im Inhaltsverzeichnis rot unterlegt und im Textfenster angezeigt.

Die einzelnen Ebenen des Inhaltsverzeichnisses können Sie wie gewohnt öffnen und schließen. Ein einfacher Mausklick auf das Icon „geschlossene Ebene" (▯) öffnet diese. Umgekehrt schließt ein einfacher Mausklick auf das Icon für die

„geöffnete Ebene" ( ) diese. Beim Öffnen einer Ebene – dies kann auch durch Klicken auf den Text erfolgen – wird automatisch das erste Muster innerhalb des Kapitels aktiviert.

Kopieren von Texten aus dem Textfenster

Die einfachste Möglichkeit, Text aus einem der Muster in Ihre Textverarbeitung zu übertragen ist der klassische Weg über Markieren – Kopieren – Einfügen. Diese Möglichkeit bietet sich vor allem für kurze Textpassagen an. Bitte beachten Sie, dass hierbei die auszufüllenden Formularfelder als Leertasten kopiert werden und ggfs. Zeichenformatierungen verloren gehen.

Öffnen und bearbeiten eines Musters mit Word

Ein einfacher Mausklick auf den Knopf [Worddokument öffnen] stellt Ihnen das gerade aktive Muster in Word oder ggfs. einer anderen geeigneten Textverarbeitung zur Verfügung.

Funktionen innerhalb von Word

In Word steht Ihnen für die Bearbeitung der Muster ein zusätzlicher Eintrag in der Multifunktionsleiste zur Verfügung:

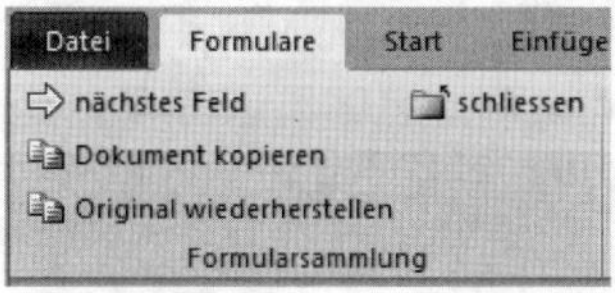

nächstes Feld: Über diese Funktion erreichen Sie das nächste zum Ausfüllen vorgesehene Feld. Im Muster sind Felder durch „____" gekennzeichnet. Diese Feldmarkierung wird automatisch gelöscht und der Einfüge-Modus eingeschaltet, sodass Sie sofort mit dem Ausfüllen beginnen können.

Dokument kopieren: Hiermit wird das gesamte Muster in die Zwischenablage gestellt und kann in der Folge über Strg v bzw. die Funktion „Einfügen" in ein anderes Textdokument übertragen werden.

Original wiederherstellen: Falls Sie bei Ihren vorherigen Arbeiten das Dokument geändert und unter dem Originalnamen abgespeichert, also überschrieben, haben, können Sie hiermit den Originalzustand des Dokuments wiederherstellen.

Schließen: Schließt das gerade aktive Dokument und, abhängig von der Textverarbeitung bzw. Word-Version, ggfs. auch die Textverarbeitung.

Falls Sie Änderungen am Original-Muster vorgenommen haben, die noch nicht abgespeichert sind, erscheint eine Warnmeldung.

Fehlermeldung beim Öffnen eines Dokuments in Word, Makros werden nicht ausgeführt

Das Formularsystem stellt in Word via Multifunktionsleiste zusätzliche Funktionen zur Verfügung (s.o.), die über sog. Makros ausgeführt werden. Diese Makros können nur ablaufen, wenn Sie dies Word vorher „erlaubt" haben. In den verschiedenen Word-Versionen sind die Wege, den Speicherort der Formulardaten als vertrauenswürdig festzulegen, leicht unterschiedlich:

Word 2013: Wählen Sie im Menü „Datei I Optionen I Trust Center" ...

Word 2010: Wählen Sie im Menü „Datei I Optionen I Sicherheitscenter" ...

Word 2007: Drücken Sie im Menü „Datei I Word-Optionen" den Knopf „Vertrauensstellungscenter" ...

... und dann „Einstellungen für das Sicherheitscenter" bzw. „... Trust Center". Sie können nun auf der linken Seite das Formular „Vertrauenswürdige Speicherorte" auswählen. Auf diesem können Sie mit Hilfe des Knopfs [Neuen Speicherort hinzufügen …] den Speicherort Ihrer Formulare hinzufügen (z.B. Windows 7 üblicherweise C:\AnwaltVerlag\Name des Werks). Bitte schließen Sie nun Word und rufen Sie erneut ein Worddokument auf.

Arbeiten ohne Makros

Sie können während der Bearbeitung der Muster in Word natürlich auch auf die Unterstützung durch die Symbolleiste/Multifunktionsleiste verzichten. Die mit dieser Anwendung gelieferten Word-Dokumente sind auch ohne zusätzliche Symbolleiste/Multifunktionsleiste bearbeitbar.

Bearbeiten der Formulare mit einer anderen Textverarbeitung und/oder einem anderen Betriebssystem

Das Formularsystem ist nicht an Microsoft Word als Textverarbeitung gebunden. Falls auf Ihrem PC eine andere Textverarbeitung für die Bearbeitung von .DOC-Dateien eingerichtet ist (beispielsweise Open Office oder LibreOffice), dann wird das gewünschte Dokument in dieser Textverarbeitung geöffnet. Die im vorherigen Abschnitt behandelten Makros stehen dann nicht zur Verfügung.

Sollten Sie den Formularbrowser nicht installieren können/wollen bzw. die DOC-Dateien nicht über den Formularbrowser öffnen können, so stehen Ihnen im Verzeichnis \Muster auf der CD alle Muster zusätzlich separat zur Verfügung. Bitte beachten Sie, dass Sie ggfs. nach dem Kopieren eines Musters noch das Attribut „schreibgeschützt“ entfernen müssen (unter Windows über rechte Maustaste | Eigenschaften und dann bei Attribute das „Schreibgeschützt“ aufheben).

Sonstiges

Ein Klick auf das Anwaltverlag-Logo in der Kopfzeile führt Sie auf unsere Homepage mit vielen interessanten Literaturvorschlägen und anderen Angeboten. Hinweis: Diese Funktion steht nicht bei allen Installationen zur Verfügung.